民族传统体育理论发展与实践指导教程

童富强　岑海龙　刘大鹏　主编

中国纺织出版社

内 容 提 要

本书从理论和实践两方面对民族传统体育进行研究，以民族传统体育为研究对象，在全面、系统阐述民族传统体育基本知识、发展的理论基础、起源与发展、区域与分布、传承与保护的基础上，着重对民族传统体育科学化发展理论、产业化发展理论、教学训练理论进行深入分析和研究。

图书在版编目（CIP）数据

民族传统体育理论发展与实践指导教程／童富强，岑海龙，刘大鹏主编.—北京：中国纺织出版社，2020.3

ISBN 978-7-5180-4660-7

Ⅰ.①民… Ⅱ.①童…②岑…③刘… Ⅲ.①民族形式体育－中国－教材 Ⅳ.①G852.9

中国版本图书馆 CIP 数据核字（2018）第 018066 号

责任编辑：赵 天　　　　　　　　　责任印制：储志伟

中国纺织出版社出版发行
地址：北京市朝阳区百子湾东里 A407 号楼　邮政编码：100124
销售电话：010—67004422　　传真：010—87155801
http：//www.c-textilep.com
中国纺织出版社天猫旗舰店
官方微博 http：//weibo.com/2119887771
三河市宏盛印务有限公司印刷　各地新华书店经销
2020 年 3 月第 1 版第 1 次印刷
开本：787×1092 1/16　印张：23.75
字数：592 千字　定价：98.00 元

凡购本书，如有缺页、倒页、脱页，由本社图书营销中心调换

编辑委员会

主　编：童富强　　岑海龙　　刘大鹏
副主编：赵　峥　　卢绍刚　　唐顺国
编委会：哈征新　　陈爱蛟　　郎　君
　　　　李　阳　　李　政　　李　辉

前　言

　　一直以来，民族传统体育都以其独特而鲜明的民族特色在中华民族的历史长廊之中产生、传承与发展着。中华民族传统体育具有内容丰富、形式多样的特点，同时兼健身、娱乐等特点于一身，是我国各族人民劳动创造与智慧的结晶，是中华民族传统文化的重要载体。

　　民族传统体育作为我国民族传统文化的重要组成部分，不仅是我国少数民族的文化标识，还是体现我国各个民族团结、和谐的优良传统，维护各个民族生存发展的有力保障。特别是近几年，我国越来越多的民族传统体育项目为人们所熟知，成为人们健身、娱乐的项目之一。可以说，民族传统体育不仅蕴藏着丰富的文化内涵，还在培养人的良好品质和身心健康方面有着十分重要的作用。将民族传统体育纳入高校体育不仅能够传承优秀的民族传统文化，还能够作为身体锻炼的有效手段，培养学生良好的心理品质，增进学生的身心健康。

　　虽然，目前我国一些民族传统体育项目在一定程度上取得的了有效发展，但从总体上来看，大多数的民族传统体育项目没有被更好地挖掘与利用，人们对于民族传统体育内涵的认识还存在某种偏差，这就导致教师在进行民族传统体育项目学练时缺乏一定的理论性指导。鉴于此，特编写了《民族传统体育理论发展与实践指导教程》，以期为大学生参与民族传统体育运动锻炼，促进我国民族传统体育的发展提供有效保障。

　　本教材共十六章，从理论和实践两个方面对民族传统体育进行研究，以民族传统体育为研究对象，在全面、系统阐述民族传统体育基本知识、发展的理论基础、起源与发展、区域与分布、传承与保护的基础上，着重对民族传统体育科学化发展理论、产业化发展理论、教学训练理论进行深入分析和研究。然后在分析民族传统体育基本理论知识的基础上，专门针对民族传统体育不同项目的教学实践进行了详细分析和指导，主要精选了武术项目、搏击项目、球类项目、龙舟舞龙舞狮、常见项目以及其他一些项目和民族传统体育游戏进行实践指导，进而使本书突出了民族传统体育理论研究的系统性和民族传统体育教学指导的实用性。除此之外，在最后对民族传统体育项目进行实践指导的同时，还介绍了一些科学保健的具体措施和方法，为民族传统体育项目科学性的教学和训练提供有力保障。

　　本书编辑委员会成员编写分工如下：

　　童富强（铜仁学院）第三章第一节、第四章、第五章、第十一章、第十四章；

岑海龙（内蒙古师范大学）第九章第一三节、第十章第二节；

刘大鹏（大庆师范学院）第三章第二四节、第九章第二节、第十二章第一二节、第十三章；

赵峥（佳木斯大学）第六章、第七章；

卢绍刚（普洱学院）第二章第一节、第十五章；

唐顺国（广州市禺山高级中学）第八章第二三节、第十章第四节；

哈征新（东北师范大学）第十章第一节、第十二章第三节；

陈爱蛟（成都体育学院）第二章第二节、第十章第三节；

郎君（西南大学）第十六章；

李阳（沈阳体育学院）第一章；

李政（华东交通大学）第八章第一节；

李辉（大连海洋大学）第二章第三节、第三章第三节；

最后由童富强、岑海龙、刘大鹏进行串编、统稿与定稿。

本教材的编写凝聚了很多人的心血，是在诸多体育工作前辈与其他体育同行研究工作的基础之上进行的，本教材体例与内容的安排都取自于他们著作的思想与内容的精华，或受到启发而引申的。此外，本教材还吸收和借鉴了一些国外优秀的研究成果和先进的理论，同时也参考了很多国内专家学者的观点。在此，一并对他们表示诚挚的感谢。由于时间仓促，编者能力水平欠缺，教材中难免存在错漏和一些不当之处，如有不妥，恳请读者批评指正。

编　者

2017 年 10 月

目 录

第一章　民族传统体育基本理论综述 ……………………………………………（1）
　　第一节　民族传统体育的概念界定 ……………………………………（1）
　　第二节　民族传统体育的主要特征 ……………………………………（6）
　　第三节　民族传统体育的功能与价值 …………………………………（9）
第二章　民族传统体育发展的理论基础 …………………………………………（18）
　　第一节　民族传统体育发展的社会基础 ………………………………（18）
　　第二节　民族传统体育发展的文化基础 ………………………………（25）
　　第三节　民族传统体育发展的学科基础 ………………………………（28）
第三章　民族传统体育的起源与发展 ……………………………………………（31）
　　第一节　民族传统体育的起源 …………………………………………（31）
　　第二节　古代民族传统体育的演变 ……………………………………（33）
　　第三节　近代民族传统体育的转型 ……………………………………（43）
　　第四节　现代民族传统体育的发展 ……………………………………（45）
第四章　民族传统体育的区域与分布 ……………………………………………（47）
　　第一节　东北和内蒙古地区的民族传统体育 …………………………（47）
　　第二节　西北地区的民族传统体育 ……………………………………（52）
　　第三节　西南地区的民族传统体育 ……………………………………（57）
　　第四节　中东南地区的民族传统体育 …………………………………（63）
第五章　民族传统体育的传承与保护 ……………………………………………（68）
　　第一节　当代民族传统体育的生存空间 ………………………………（68）
　　第二节　民族传统体育的基本传承理论 ………………………………（70）
　　第三节　民族传统体育的非物质文化遗产保护 ………………………（81）
第六章　民族传统体育的科学化发展 ……………………………………………（91）
　　第一节　民族传统体育的科学化挖掘与整理 …………………………（91）
　　第二节　民族传统体育发展的主要趋势 ………………………………（95）
　　第三节　民族传统体育科学化发展的路径 ……………………………（98）
第七章　民族传统体育的产业化发展 ……………………………………………（110）
　　第一节　体育产业化与民族传统体育产业化 …………………………（110）
　　第二节　民族传统体育产业化发展中的物力资源 ……………………（114）
　　第三节　民族传统体育产业化发展中的人才资源 ……………………（117）
　　第四节　民族传统体育产业化创新发展的战略选择 …………………（122）

第八章　民族传统体育的教学与训练 (126)
　　第一节　民族传统体育教学基本理论 (126)
　　第二节　民族传统体育训练原则与方法 (135)
　　第三节　民族传统体育教学的课堂组织与实施 (141)

第九章　民族传统体育之武术项目实践 (145)
　　第一节　武术基本理论综述 (145)
　　第二节　武术的基本技法 (151)
　　第三节　武术基本动作实践 (164)

第十章　民族传统体育之搏击项目实践 (205)
　　第一节　散打 (205)
　　第二节　擒拿 (217)
　　第三节　摔跤 (228)

第十一章　民族传统体育之球类项目实践 (243)
　　第一节　蹴球 (243)
　　第二节　毽球 (246)
　　第三节　木球 (257)
　　第四节　珍珠球 (266)

第十二章　民族传统体育之龙舟、舞龙、舞狮实践 (271)
　　第一节　龙舟 (271)
　　第二节　舞龙 (277)
　　第三节　舞狮 (280)

第十三章　民族传统体育之常见项目实践 (288)
　　第一节　射弩 (288)
　　第二节　跳绳 (290)
　　第三节　跳皮筋 (292)
　　第四节　秋千 (293)
　　第五节　放风筝 (298)
　　第六节　打陀螺 (301)

第十四章　民族传统体育之其他项目实践 (306)
　　第一节　抖空竹 (306)
　　第二节　高脚竞速 (311)
　　第三节　板鞋竞速 (316)
　　第四节　抄杠 (319)
　　第五节　稳凳 (320)
　　第六节　蹴石磉 (323)

第十五章　民族传统体育之游戏项目实践 (327)
　　第一节　走的游戏 (327)
　　第二节　跑的游戏 (333)

  第三节 跳的游戏 …………………………………………………………（338）
  第四节 投的游戏 …………………………………………………………（345）
  第五节 对抗游戏 …………………………………………………………（349）
第十六章 民族传统体育运动的科学保健 ……………………………………（353）
  第一节 民族传统体育运动的科学营养补充 …………………………（353）
  第二节 民族传统体育运动性疲劳的产生与消除 ……………………（356）
  第三节 民族传统体育运动性损伤的预防与处理 ……………………（360）
  第四节 民族传统体育运动性疾病的预防与治疗 ……………………（365）
参考文献 ………………………………………………………………………（370）

第一章 民族传统体育基本理论综述

第一节 民族传统体育的概念界定

概念是反映事物特有属性的思维形式,是构成科学理论的出发点和基本要素。每一门科学都有一些基本概念作为理论系统的前提和出发点,离开概念就不能形成理论系统。理解民族传统体育的概念是认识和揭示民族传统体育现象的本质与发展的规律,以及建立民族传统体育学科体系的需要。恩格斯说:"一门科学提出的每一种新见解,都包括这门科学术语的革命。"在民族传统体育的产生、发展过程中,不同的研究者对民族传统体育有不同的理解和认识,并对民族传统体育概念的界定有不同的见解。

1989年人民体育出版社出版的体育学院通用教材《体育史》一书,把民族传统体育界定为近代以前的体育竞技娱乐活动。后来,又相继出现了对民族传统体育概念的不同界定。在《体育人类学》和《民族体育》中,分别认为民族传统体育是某一个或几个特定的民族在一定的范围内开展的,还没有被现代化,至今还有影响的体育竞技娱乐活动;民族体育是指具有民族特色的体育活动。有学者把民族传统体育界定为在中华大地上产生并流传至今的,和在古代由外族传入并生根发展且有中华民族传统特色的体育活动。还有人将少数民族传统体育简称为民族传统体育或民族体育。

一、民族传统体育概念分解

民族传统体育,顾名思义,是某个或某些民族特有的,而非全民族通用的;是具备传统因素的,而非完全现代化的。要全面深刻地理解民族传统体育的内涵和外延,我们有必要对"民族传统体育"这个概念进行分解:

(一)民族

英语"nation"含有"国家"和"民族"双层意义,"民族"一词在我国汉语中的出现,乃是近代的事情。而在此之前的中国古籍中经常使用"族"这个字,也常使用民、人、种、部、类,以及民人、民种、民群、种人、部人、族类等词,但都唯独没有把民和族组合为一个名词来使用。据考证,梁启超最先在《东籍月旦》中使用该词,尔后该词的使用才逐渐多起来,这同当时中国的局势有直接关系。《辛丑条约》签订之后,中国完全陷入了半殖民地半封建社会,中华民族到了生死存亡的紧要关头。以孙中山先生为代表的资产阶级革命派,为了拯救中华民族,积极进行的民族、民主革命活动促使"民族"一词开始大量进入革命文献之中。但由于受到西欧民族概念的影响,其含义常与种族或国家相混淆。近代政治理论家、法学家J.K.布伦奇利认为民族有八种特质:①其始也同居一地;②其始也同一血统;③同其肢体形状;④同其语言;⑤同其文字;⑥同其宗教;⑦同其风俗;⑧同其生计(经济)。这一观点被中国早期的资产阶级革命派介绍到中国。斯大林对"民族"一词的定义，对我国学术界的影响是非常深远的。迄今为止，我国绝大多数学者仍极力推崇："民族是人们在历史上形成的有共同语言、共同地域、共同经济生活以及表现于共同的民族文化特点上的共同心理素质这四个基本特征的稳定的共同体。"斯大林这一定义将最重要的特征表现出来了，而且还精辟地论述了"民族"定义中四个基本特征之间的相互关系，一改资产阶级以机械地罗列条款或孤立地强调某一因素的错误做法。由于有了"民族"一词，也就正式产生了"中华民族"这一民族学词汇。

今天的中国是一个统一的多民族国家，56个民族总称中华民族。其中汉族人口最多，占总人口的90%以上，分居在全国各地；总人口超过100万的有壮族、蒙古族、回族、藏族、维吾尔族等18个民族；总人口在10万~100万之间的有傈僳族、佤族、拉祜族等15个民族；总人口在1万~10万之间的有布朗族、撒拉族、毛南族等22个民族。中华民族正是由这些民族共同体结合而成，其人口约占世界人口的五分之一，由于汉族以外的55个民族相对汉族人口较少，习惯上被称为"少数民族"。中华民族大家庭的分布呈现以汉族为主体的大杂居、各民族小聚居的局面。

中华民族的起源具有多样性。从许多远古文化遗存来看，到距今五六千年的新石器时代，已出现北方、中原、南方三种不同的系统特征。在华夏、夷、三苗等族开发黄河流域、东部沿海一带和长江流域的同时或稍后，氐、羌、戎诸族开发西北和西部地区，濮、越等族开发长江中下游以南地区，狄、匈奴开发北部草原地区，肃慎、东胡等族开发东北地区。使这些地区的经济、文化得到了巨大的发展并与中原地区的交往与交流更为密切，为形成统一的多民族国家奠定了基础。公元前221年，秦始皇结束了多年的诸侯割据，建立起统一的多民族中央集权的封建国家。此后两千多年，统一得到不断巩固和发展，成为中国历史发展的主流和本质。汉族在中华民族中人口最多，建立的中央王朝也最多，这些王朝在与各个少数民族的不断斗争和磨合的过程中得到延续。此外，匈奴、鲜卑、吐蕃、回鹘、契丹、女真、蒙古、满等少数民族，也在部分地区乃至全国范围内建立过政权。可以说，各民族都为中国这个统一的多民族国家的形成做出过贡献。可见，中华民族内各民族共同体自古以来就形成了互相依存的密切关系；在国家统一这个问题上，各民族共同体的努力与追求始终是一致的。到近代，随着帝国主义侵入中国，直至新中国成立，帝国主义与中华民族的矛盾成为中国社会的主要矛盾。作为帝国主义的对立物，中华民族真正成了政治上的整体，中华民族一词也开始真正得到广泛的应用。

无论"民族"的定义经历了何种演变，可以确信的是，每一个民族在发展的过程中必然会逐渐形成本民族地区特有的身体运动形式。这些运动形式经过长期的、复杂的流传过程，成为了今天民族传统体育大家庭中的一员。

(二) 传统

关于"传统"的意义，不同的学者从不同的学科角度做出了多样的解释。

美国学者 E. 希尔斯在所著《论传统》一书中，从社会角度着重探究了传统的含义、形成、变迁、传统与现代化、传统与创造性、启蒙运动以来的反传统主义、社会体制、宗教、科学、作品中的不同传统，以及不可缺少的问题，指出传统是围绕人类的不同活动领域而形成的代代相传的行为方式，是一种对社会行为具有规范作用和道德感召力的文化力量，同时也是人类在历史长河中创造性想象的沉淀。传统是一个社会的文化遗产，是人类过去所创造的种种制度、信仰、价值观念和行为方式等构成的表意象征。它使代与代之间、一个历史阶段与另一个历史阶段之间保持了连续性和同一性，构成了一个社会创造与再创造自己的文化密码，并且给人类生存带来了秩序和意义。希尔斯认为传统就是文化的密码。

英国学者亚·卡尔·桑德斯对传统理解更为具体化，他认为，所谓传统就是储存，储存是这样积累起来的：过去世世代代的知识传到这一代，经过某种程度的修改再传给后代；传统就是知识，更确切地说是观念的流传，这种流传是通过符号、语言、形象与概念，通过学习、传授、交感、模仿与启示等活动发生和完成的；传统的内容便是储存在语言、风俗、民间传说、制度和工具等中的，因此，它们是人类达到高级思维过程而产生的，传统的运动特征引导和制约精神活动"按常规向前推进"。因此，传统一旦形成，便"支配各种精神过程运用的程度和方向"。而中国学者大都把传统视为"文化凝固"或"遗传因子"。如商戈令博士认为，"是什么力量使生活的各个方面凝固成文化的呢？我认为是传统。传统使社会生活或实践活动的各个方面、各种特征凝固成特定的文化样式，并使其稳定下来而成为漫长的文化史的持存点，人类就是通过这些形似断裂的点，实现其文化的历史进展的。"就这个意义而言，文化凝固也可看作传统本身。所谓传统，就是决定文化及其类型形成、延续、发展或停滞的相对稳定的内在要素。也可以说，传统是社会、民族或区域文化的"遗传因子"。

综上所述，传统是代代相传的行为方式；是规范社会行为的文化力量；是知识；传统的内容是储存于语言、风俗、民间传说、制度和工具中，这些不同层面的解释并不矛盾，而是互补的。因此，我们可以试着将多个层面的介绍拼合成为一个完整的图景，那就是：传统，是世代相传，具有特点的社会因素，如风俗、道德、思想、作风、艺术、制度等。

不过，对于体育文化而言，传统有着独特的展现方式。体育文化是有关人类身体，进而也是人类思维运动的文化，有强盛的生命力，也有很强的激活性。一些在中国历史上存在过，但已经失传的体育文化项目，经过挖掘和整理，注入一些现代体育的养分，是能够使其焕发出新的强盛生命力的。体育项目的失传一般只是一些运动形态的失传，而其文化内涵并没有因为运动形态的失传而消失。因此，"古为今用"是中华民族传统体育文化研究的方向标，同时也是我们经过长期实践和思考得出的对传统体育文化的认识和把握。

（三）体育

"体育"一词是由国外传入中国的意译词。长期以来，国内的体育工作者和学者们对体育的概念进行了多方探讨研究，赋予了它多种不同的定义。归纳起来，具有代表性的有两种：

第一种观点认为，体育就是体育教育或身体教育。体育就是以发展体力、增强体质为主要任务的教育。这一观点认为，任何一种事物，其目的是什么，取决于这件事物的本质，而任何一件事物的本质，起决定作用的因素都是单纯的或单一的。而这一单一的决定因素就是，体育的实质在于增强人的体质。只有严格地把握这一思维方法，才能对体育的概念给予确切的定义，才能把握体育发展的客观规律，才能使人的意识、观念、思维、理论和实践不产生误差，才能真正达到体育的科学水平和科学化水平的提高，才能保证体育事业的正确发展。持有该观点的学者反对"多元论"、"多因素论"，认为竞技比赛、休闲活动、娱乐活动等无论在本质内涵还是目的方向上都与增强体质为主的体育不一致，不能包括在体育的范畴之内。而且，严肃批判了"以体育运动来代替体育教育或身体教育的观点"和"以运动技术、技能教学来代替体育教学的做法",甚至认为,这样的观点和做法不利于我国体育教育和全民健身事业的健康发展。

第二种观点认为,体育即体育运动,其中既包括"身体教育"为主的学校体育,又包括竞技体育和群众体育,并且认为竞争意识是体育的精髓,集中体现竞争意识的竞技体育是体育的主要组成部分,是在群众体育、学校体育的基础上发展起来的尖端部分。这种观点也被称为"体育运动观"或"大体育观"。"大体育观"在考查体育产生和发展过程的基础上认为:"体育(亦称体育运动)是在人类社会发展中,根据生产和生活的需要,遵循人体的生长发育规律,以身体练习为基本手段,增强体质,提高运动技术水平,丰富社会文化生活为目的的一种有意识、有组织的社会活动,它是社会文化教育的组成部分,受一定社会的政治经济制约,也为一定社会的政治和经济服务。"这一观点得到了国内多数体育工作者的认可,《中国大百科全书》、《体育词典》和国内体育院校的教材等在给体育的概念下定义时主要遵循这一观点。我们认为,相比狭义的"身体教育观",这种观点的可接受性更强。

不过,"体育运动观"或"大体育观"也有它的不足之处。其一,作为定义,它未能从哲学角度用清晰、简洁的语言揭示出体育的本质属性,而是更多的对体育的多种属性进行描述。其二,未能对体育各个属性的质的规定性进行深入的揭示和阐述。如"体育是……受一定社会的政治、经济制约,为一定社会的政治和经济服务",表明的是体育与政治和经济的关系,但却不是体育的特有属性;又如"丰富社会文化生活为目的的一种有意识、有组织的社会活动"等,也不是体育的特有属性,应作为一般性质加以研究。体育的特有属性(或本质属性)应该是,以发展身体、增进健康、提高身体机能为目的的人类活动,不以此为主要目的的活动就不叫体育。当然,体育的目的和作用是很广泛的,除上述基本目的外,它还能"增知识、调感情、强意志、进行思想教育"等,但这些性质都不是体育的特有属性,也不能列入体育的定义中来。

随着人类社会的发展,随着体育学科的逐步健全,体育这一特殊的社会活动在与其他社会事务的各种关联互动中,逐步显露出它深层次的社会价值和社会意义。在这样的背景下,诸多学者通过探讨和研究,对体育提出了一些新的认识,其中代表性的观点也有两种:

第一种观点认为,体育是一种文化。从各国各民族的传统体育项目到现代高水平的竞技运动,体育都是各民族历史文化发展过程中的一种特殊积淀,是力与美的撞击和融合,是动态的运动着的文化。它蕴藏着丰富的社会内涵,它有震撼亿万人的精神和情绪的能量,它给人类社会带来了高水平的精神享受。就其社会性和国际性的传播而言,可称为"当今世界最大规模的一种文化活动"。在现代科学技术高速发展,尤其是在通信、交通、信息产业发展的影响下,体育已渗透到人类社会的政治、经济、文化、教育、军事等各个领域。

第二种观点认为,体育是人体科学的组成部分,是一个手段和目的高度统一的事物。人在体育运动中的对象就是人体本身,通过运动,达到的预期目的就是人体本身的身心变化。体育与人这一生命体的生存、发展,与人这一生物体的形态、结构、机能都有着密切关系。体育在揭示人体奥秘、探索人体未来发展中将会起到重要作用。所以,体育概念和定义理应涵盖人体科学理论和原理。

上述两种观点都阐述了体育的一些侧面,让我们明了以下问题:体育确实维系着人类社会生活的各个侧面;体育的对象是人,人具有生物性,同时也具有社会性,所以,以人为对象的体育,必然要有广泛的生物效应和社会效应;同时,随着社会交际和科学技术的高速发展,体育活动在人类社会生活中所占的比例将会越来越大,体育对人类社会发展所起的促进作用也会越来越重要。

除上述两种观点外，对体育的含义还有很多理解。诸如"二重性"论，认为体育的"二重性"表现在多方面，一是既作用于人体，又作用于社会；二是在作用于人体上，既有肌体的，又有精神的；三是作用于社会时，既可促进生产力的发展，建设物质文明，又可建设精神文明，在阶级社会中突出地作用于生产关系的变革。因此，体育是"人类社会群体，为了在人的肌体方面强筋骨，即增强体质、肌体机能、肌体活动技能技巧；在人体精神方面增知识、调感情、强意志，达到身心俱健，从而促进社会生产力的发展与生产关系的变革，增进人类的物质文明与精神文明而进行的社会群众性的肌体动作体系，或称之为有目的、有意识、有计划、有步骤的社会群众性的身体训练过程，是增进人体身心健康，建设社会物质文明与精神文明的重要内容和手段"。更多观点，在此不一一罗列。

上述各种对体育定义的观点给了我们许多启示，体育既有自然属性，又有社会属性，既反映自然界对人体提出的要求，又反映社会对人体提出的要求。我们认为体育的本质属性是"以发展身体、增进健康、提高身体机能为目的的人类活动"。人类社会在不断地发展，人们对体育的认识也会在新的探索与争论中不断深入和提高；经过一番分解探析，我们对民族传统体育有了更加清晰的认识。综上所述，我们认为：民族传统体育是指特定的民族在一定的范围内开展的、从传统社会沿袭下来的、具有浓厚民族文化色彩的、对人体生理特征进行改造的各种身体活动的总称。

二、民族传统体育的内涵与外延

1997年，国家教育部将"民族传统体育学"列为一级学科"体育"下的四个二级学科之一。该领域得到越来越多学者的关注，然而，人们对"民族传统体育"的解析仍然不尽清晰，甚至可以说仍处于混沌状态。

部分学者将民族传统体育划分为"民族体育"和"传统体育"两个部分，分别出版专著进行研究。应该说民族性和传统性确实是民族传统体育的两个最为根本和最具统摄性的特质，将它们区别开来进行阐述也具有深入挖掘中国民族传统体育特点的重要意义，然而，把具体的民族传统项目按照"民族体育"和"传统体育"两类进行简单区分的做法，例如，把武术视为传统体育，把其他民族传统体育视为民族体育，是存在逻辑问题的。我们可以对事物的特质作抽象的区分，而在对事物作具象认识时，我们不能人为地割裂事物和把事物简单化。因此，认识上抽象的必要性并不能替代客观上具有的实在性。

此外，在论述民族传统体育的概念时，还有学者认为民族传统体育仅指"中华民族独有的"，这虽然是一种习惯性的可能含有题中之意的说法，但是，只要我们没有在民族传统体育前面加上"中华（国）"二字，我们就不应该把其他世界各国的民族排除在民族传统体育的概念之外。毕竟，世界各国的民族大多数都有自己的传统体育，既具有一般民族传统体育的特点，也或多或少地呈现其自身鲜明的民族特色。

在对前人相关成果进行借鉴的基础上，我们试对"中华民族传统体育"作如下界定：在中国近代之前产生发展、由中华民族世代实践并留传或影响至今的体育。

以往的相关研究，对民族传统体育的分类往往采用多元方法。李鸿江的《中国民族体育导论》一书，对中国民族体育的分类依照民族体育运动项目、民族体育运动的功能、民族体育运动的参与情况、地域及其他等方面进行。他主编的另一本著作《中国传统体育导论》则按照传统体育的功能、传统体育的项目、特点、传统体育的存在与发展状况、传统体育的参与人数、传统体育的文化源流及综合分类法，对中国传统体育进行了分类。其他学者的分类方法不尽相同。可见，不同学者之间甚至是同一学者的不同时段，所采用的分类都各自游离。这一情况表明，对民族传统体育认识方面存在的不足，导致在分类时出现困难。目前，尚缺乏一个可以统管全局的可操作性分类规范。但是，我们可以从外延的层面来认识民族传统体育的各个组成部分，进而确定一个相对固定的分类方法。根据这一要求，我们应该从始至终保持鲜明特色的民族传统体育、民族体育向外界传播、传统体育向现代化迈进这样的层面来对中华民族传统体育作范畴界定。它主要由以下几部分组成：

在个别或部分民族出现并至今保持独特个性和有限传承范围的体育，如竿球。这些体育项目始终较为稳定地保持着自身原有的民族传统特色，发展至今且变化很少。

在中国远古和古代产生发展并保留较为固定形式而影响至今的体育活动，如射箭。这些项目随着时代的变迁由极近似的体育活动不断顺应社会变革而产生变化。

在中国各民族中出现并逐渐成为中国乃至世界各民族普遍流行的体育，如武术、龙舟、风筝。这些项目已经大大跃出原有民族乃至国家边界逐渐走向世界。

需要指出的是，对一些不符合体育一般含义，却曾经归入中华民族传统体育范畴之内的活动，如围棋、象棋和一些生殖崇拜舞蹈、宗教舞蹈、智力游戏等，本书不再列入民族传统体育范畴。

第二节 民族传统体育的主要特征

受地理环境、社会生产、生活方式、文化水平以及宗教民俗等各个方面的影响，不同民族传统体育项目在长期发展的历史进程中逐渐形成了各自鲜明的个性。从整体上来讲，中华民族传统体育具有民族性、地域性、交融性、多样性、适应性（广适性）的特点。

一、民族性

民族传统体育的民族性就是指某一个民族的传统体育区别于其他民族体育的差异性体现，它表现在人们从事民族传统体育活动时所用的物品、价值追求、运动生活方式和体育关系等各个层面。我国的民族传统体育内容丰富、形式多样，几乎每个民族都有各自所具有的民族风格和浓郁民族色彩的传统体育项目，带有强烈的民族文化气息和内涵，在相当程度上成为本民族和地区的象征。如：藏族的赛牦牛、纳西族的东巴跳、彝族的跳火绳、朝鲜族的顶水罐赛跑、傣族的孔雀拳等都是其他民族所没有的，即使是同一体育项目，也各有其民族特点，如已列入全国少数民族传统体育运动会（以下简称"全国民运会"）比赛项目的蒙古族式摔跤"搏克"、维吾尔族式摔跤"且里西"、彝族式摔跤"格"、藏族式摔跤"北嘎"等，虽然都是民族式摔跤，但比赛方式和规则上都不同，表现出迥然不同的风格。

中国各民族开展的体育项目不尽相同，但它们共同组成中华民族体育的统一体。中国传统文化比较重视人与自然、人与人之间的和谐统一关系，在此文化底蕴之下，中华民族体育自然而然地就注重自然、和谐、内心的愉悦。主流的中华民族体育文化，强调人与自然的和谐，追求内外合一、形神合一身心的全面发展，以静为主，动静结合，修身养性，以"健"和"寿"为目的。例如，中国武术习练者就特别强调"内外兼修，形神兼备"的民族风格，追求形体和精神的同步发展。

由于民族语言、民族性格、风俗习惯、生活方式、宗教信仰等差异，中华民族传统体育诸多项目都具有浓郁的民族文化特色。同其他民族和世界流行的现代体育运动相比，中华民族传统体育在服饰、活动仪式、风俗、历史传承等方面都具有独特性。也因为自身的独特文化特色，赋予了诸如风筝、龙舟、秋千、舞龙、舞狮等民族传统体育无穷的魅力，吸引了中外不同人群的参与。

可以说，民族性既是民族传统体育区别于其他体育文化的重要特点，也是民族传统体育文化传承发展的根本。在现代化转型过程中，民族传统体育在不断输入现代性的文化特质，追求与时俱进的同时，也应该保持自身鲜明的民族特色。

二、地域性

某一地区的一个民族或几个民族所处的区域环境以及由区域环境而带来的自然条件不同，使各个民族都在自己文化背景之上形成了有别于其他民族的传统体育活动方式，这就是民族传统体育的地域性。

一定地域的地理环境是一个民族长期生息、繁衍的空间条件。在古代，由于各个民族所处的地理环境以及由地理环境而带来的自然条件的不同，加之交通不便，信息量少，受经济自给性、地方封闭的影响，常常有着较强的地域性。因此，各民族都在自己的文化背景下形成了独具特色的传统体育项目，所谓"北人善骑，南人善舟"，就反映了地理环境对人们生产方式以及体育的影响。如有着"草原娇子"之称的蒙古族，过着随草迁移的游牧生活，精骑善射。"随草迁移"形成了以骑射为特点的赛马、赛骆驼等传统体育项目。而居住在青藏高原的藏族以及西南地区的其他民族，善于攀登、爬山、骑马、射箭等传统体育。中国的南方气候温和，江河较多，大多少数民族善于游戏，赛龙舟活动长久不衰。总之，南方民族以集体性体育项目为主，如赛龙舟、抢花炮等；北方民族更多以个体化的体育项目为主，如摔跤、马上项目等。

基于各自区域独特的自然环境下的生产方式不同，造成了各民族间体育的差异。如从事畜牧业生产的蒙古族、哈萨克族等，得天独厚的生产、生活方式创造了赛马、叼羊、骑射、飞马拾银、姑娘追等马上骑术项目。苗、侗等少数民族，在农业生产中，牛的作用较大，因此在节日里保留了"斗牛"的风俗。被誉为"沙漠之舟"的骆驼，历来是漠北少数民族载货和骑乘的工具，由此产生了"赛骆驼"。另外，赫哲族的叉草球项目与叉鱼有关，同时也是叉鱼工作的陆上训练；鄂伦春族、鄂温克族的滑雪项目与林海雪原中的游猎活动有关；高山族的投梭镖、挑担赛、舂米赛、畲族的赛"海马"、登山，壮族的打扁担等都来源于当地人民的生产劳动。

文化、风俗习惯、民族心理等人文地理环境的不同，同样也造成了民族体育的差异。北方人崇尚勇武、豪爽奔放，因此，力量型的项目较为突出，如摔跤、奔跑、搏斗、举重等；南方人的性格趋于平和而细腻，富于思考，长于心智活动类的项目和技巧型项目，如游泳、弈棋等。仅以舞龙为例，即可明显反映出南北方体育风格差异。北方以武为主，强调龙的威武豪迈、气壮山河；南方以文为主，突出龙的灵活敏捷、变化自如。这些都是地域人文心理、性格的差异性造成的各民族体育文化的异质性。

三、交融性

民族传统体育在数千年的发展过程中,形成了独具风格的文化体系,它是一个相对封闭而又开放的系统。不同文化模式、类型的相互碰撞、交流,促进了民族体育的发展。随着社会的进步和文明程度的提高,各民族之间的相互交流与渗透,民族文化进一步融合,民族产生时所具有的地域特点、血缘关系、文化等都发生了不同的变化。因此,人们在进行体育活动的同时,便将各民族许多传统的体育项目相互交融、共同学习,最终达成共识。同时,它体现了民族体育发展规律中的一种共融性特征。

每一体育项目最初总是从某一地区、某一民族中首先发展起来,而后随各民族间的文化交流,逐渐被具有相同自然条件的民族所接受和改造,这一项目也因此丰富、成熟起来。以龙舟比赛为例,据考证,最初应起源于古越一带,后来由于古越文化和长江中游文化的交流往来,逐渐扩展至我国南方大部分省区。据统计,仅地方史书对龙舟活动有详细记载者即达数百条,涉及我国南方15个省(区)。其他如马球、秋千、骑术、武术、气功、围棋等项目,也都是各族人民共同创造的结果。

在民族体育融合、交流的过程中,不断发展、创造出一些的新项目。如在清代乾隆年间,满族人就把足球与滑冰结合起来,发明了一种称为"冰上蹴鞠之戏"的冰上足球,作为禁卫军的训练内容。另外,把射箭与马术结合,出现骑射,把球技与马术结合,发展出马球,蹴技与游泳相结合则有水球等。

此外,民族体育的交融性还表现在文化和艺术的相互融合。我国少数民族能歌善舞、能骑善用,形成体育技击性和艺术性相统一的传统体育项目,既强身健体又愉悦身心,达到健、力、美的和谐统一,如黎族的"跳竹竿",击竿者跪、蹲节奏越打越快,难度越来越大,跳竿者随竿的分合、高低灵巧地跳跃其间,千变万化,展现出各种优美的姿势。这就要求参与者不仅具有良好的身体素质,还要具备较高的音乐素质和舞蹈技巧。在这些因素的共同作用下,构成了中华民族体育丰富多彩的内涵。

四、多样性

民族传统体育是由各民族共同创造的,其内容丰富、形式多样。据《中华民族传统体育志》不完全统计,中华大地55个少数民族,每一个民族都有自己民族的传统体育项目,合计有676项,汉族传统体育301项,共计977项。中华民族传统体育分布之广,项目之多,在世界上绝无仅有。这些项目中,有的项目与种族的繁衍有关,如哈萨克等民族的姑娘追、羌族的推杆、朝鲜族的跳板等;有的活动源自生产、生活习俗,如赫哲族的叉草球、草原的赛马和骑射以及江南水乡的竞渡等;有的项目来自宗教习俗;有的项目则直接由军事技能转化而来,如各个民族的武术等,从而构成了多姿多彩的民族传统体育项目。

民族传统体育类别繁多、结构多元。由于民族传统体育项目各具特色,风格迥异,动作结构多元,其技术要求也不同。如舞龙、舞狮、龙舟竞渡、扭秧歌、斗牛、拔河、放风筝、姑娘追、武术、毽球、抢花炮、珍珠球、蹴球、木球、射弩、打陀螺、押加、马术、踩高跷、荡秋千、赛马等各种活动都具有各自不同的技术特征。因而形成了各具特色、风格迥异的运动项目。有以养生、健身、康复和预防疾病为目的的导引,如太极拳、气功等健身体育运动;有富有趣味性、轻松愉快的各种民族舞蹈，如钓鱼、围棋、象棋、风筝等娱乐性体育运动；也有按严格的竞赛规则、确定的比赛场地、器械以及其他特定的条件进行智力、体力、心理、技术、战术等方面的竞赛类的体育运动。同时，有些是在人们农忙之后，生产之余进行，有些则附着在民俗的一些祭祀、节令中；有一人参加的运动，也有由多人参加的集体运动；有适合成年男子的运动，也有适合于妇女儿童的运动。

总之，中华民族传统体育犹如纳百川的大海，以宽阔的胸怀容纳了多种多样、异彩纷呈的体育内容和文化。作为一个多民族的国家，中国地域经纬跨度大，各民族、各地区人们生产、生活方式迥异是形成中华民族传统体育起源、项目和组织活动形式多样性的主要原因。同时，在中华56个民族大家庭中，由于民族之间传统的差异，从而形成不同民族的文化类型和特点。每一民族的人民都生活在一定的文化氛围中，有其区别其他民族的宗教信仰、礼仪、习俗、制度、规范、文化心理等。这也是导致中华民族传统体育民族性、多样性特征的重要原因。

五、广适性

民族传统体育内容丰富、形式多样，其动作技术结构、技术要求、运动风格和运动量也各具差异，个人可根据需要从中选择适合于自己的项目进行健身锻炼活动。有的项目不受时间、季节的限制，有的项目在场地、器材上可因地制宜，就地取材，还有的项目可徒手或持器械进行，这就给开展群众性体育活动提供了便利的条件。因此，民族传统体育有着广泛的适应性，可以满足不同年龄、不同性别、不同层次、不同人群的需要。少年儿童天真好动，但力量弱小，多三五成群开展一些娱乐性强、体力消耗在中度以下的活动，如抽陀螺、踢毽子、跳皮筋、跳绳等；中青年人的体育活动重视规则，讲究形式，在较高的力量及技巧水平上强调竞技性，在任何民族都开展得最为广泛与充分的项目不胜枚举；老年人体力渐衰，在从事体育活动时以性情的陶冶为核心，如太极拳、养生气功、钓鱼等，这些项目不仅使筋骨得到基本的舒展，还可把丰富的文化内涵与社会生活相结合，达到开阔心胸、颐养天年的目的；男性可以参加如赛马、摔跤、骑射等运动，崇尚力量与惊险，力求表现勇武精神，女性可以参加秋千、跳板等活动；也有许多项目是男女共同参与的，如哈萨克族的姑娘追，就需要男女青年借助于骑马追逐，展示他们朝气蓬勃、热情奔放的精神风貌。

人们也可根据各自的生理、心理和喜好，选择不同的项目进行锻炼，无论是舞龙、舞狮、赛龙舟、拔河等群体对抗的项目，还是摔跤、赛马等个体项目，或者各种娱乐游戏活动都可以选择。民族传统体育中许多项目不受场地、器材的限制，可以因地制宜地进行选择锻炼。民族传统体育的广泛适应性将推动全民健身计划的实施，促进大众体育的发展。

第三节　民族传统体育的功能与价值

有关中华民族传统体育的价值，我们看到了不少相关的说法，不同的研究者从不同的角度得出结论。盛琦、丁志明在其编著的《中国体育风格》中专门就体育民俗的活力、功能与效益作了区分，并且认为体育民俗具有吸引力、抗扰力、辏合力、内（外）化力、辐射力、整合力等活力，具有传承、感染、强健身心、亲缘、导向、美育等功能，具有政治、经济、外交、教育、移风易俗、历史、娱乐等效益。郭泮溪在《中国民间游戏与竞技》一书中，则从四个方面探讨了中国民间游戏与竞技的社会价值：早期的启蒙功能、培养认同感和民族精神的有效形式、文艺体育的滋养源、自娱谐和的功能。

虽然以上两位学者针对的并不是完整意义上的中华民族传统体育，但毕竟是关系极为密切的中国体育民俗和中国民间游戏与竞技，因此，对于我们探讨中华民族传统体育的价值具有一定参考价值。上述对中国体育风俗活力、功能与效益的论述虽然对活力、功能、效益作了区分，但在理论上仍显不够。作者在区分三者时用了一个形象的比喻：鲜花的香味、形状和色彩是内在生命力的表现。香味、形状和色彩使人赏心悦目，精神焕发，这是鲜花的功能。种植鲜花和销售鲜花所得的功利，是利用鲜花的生命力和功能作为手段取得的效益。然而，仔细推敲这个比喻，对比作者列出的中国体育风俗的活力、功能和效益，我们还是可以看出其中的疏漏，特别在区分功能与效益方面，作者考虑得显然不够严谨。诚如作者所谈的历史效益是指"体育民俗事象具有进行民族历史教育的意义和作用"，与教育效益明显重叠，而传承功能、强健身心功能、美育功能等也是与教育效益直接相关的，但作者对此并未进行阐述。至于上述第二位作者对中国民间游戏与竞技的社会价值的论述，则没有注意区分功能与价值的关系，大标题为社会价值，下面的小标题则成了功能。

到底应该如何审视中华民族传统体育的价值？首先必须区分一些基本概念，并建立相关概念的合理框架。上文中所说的活力、功能、效益虽然有一定的区分度，但三者之间关系仍不明了，或者说没有构架一个合理的解释体系。以系统论中最重要的结构和功能理论为基础，我们能够更加清晰地阐明价值问题。

一、对结构、功能、价值的认识

系统论的最大优势在于，它将事物视为一个可以分解成有机结构的整体组成部分，并且通过事物内部结构的相互关系的变化来体现事物的运动状态。它的"整体大于各个部分之和"的表述就鲜明地说明了这一点。在系统论中，结构是构成事物的各个组成部分，是事物之所以成为该事物的内在组织形式。从一般的意义上说，功能是事物具有的不以人的意志为转移的作用。由于人是一切文化的主体，因此，功能往往是根据事物对人的作用来阐述的，功能的有无和大小，往往要取决于人一定程度上的主观感受，或者至少是以往经验认识的积累。与之相比，价值是事物满足人们主观需求的产物，更多的是人们主观追求的结果。当然，功能与价值受到的第一个也是最根本的制约是，事物客观具有的结构状态。相对而言，功能是人们的主观感受对事物客观属性的妥协，而价值是事物客观属性对人们主观需求的折中。也就是说，某一事物的功能首先是这个事物具有某些客观属性，人们根据自己对该事物的客观属性的理解来进行功能的挖掘，根据自己对事物的需求程度来进行对事物价值的开发。

举例说，树木具有光合作用，这是树木作为事物所具有的内在客观属性所决定的，在人们没有认识到树木的光合作用前，显然不可能挖掘出光合作用这种功能。而树木可以用来做建筑材料，可以用来做燃料等，则往往是人们产生了需要建筑材料的需求后，在总结生活经验的基础上开发出来的价值。如果说功能更多地受限于事物的客观属性，价值则更多地受限于人们的主观追求。树木的结构是决定事物客观属性的基本条件，这个结构是不以人的意志为转移的本质属性。而功能是人们对这种属性认识的产物，价值是人们对这种属性利用的结果。可以假设，在人们尚未认识到某一事物的某项属性时，就很难揭示出事物的功能，更难以谈得上事物的价值。

再举例说，树木具有的属性决定了它具有什么功能，它可以用来制作家具和建筑，水和云这样的物质是不具备这样的功能的，因为它没有树木的韧度等特征。因此，树木的可以制作家具的功能是它区别于很多其他事物的标志和本质之一。在这个基础上，人们会想到将树木砍倒去卖，有上述制作家具需求的人就有可能是买主，这就实现了买卖树木的人的价值。如果树木的可以制作家具的功能没有被揭示，就很难有人砍倒树木去做买卖，因此就不能实现树木本身的价值。从这个意义上来认识民族传统体育的功能与价值，我们就能发现：功能和价值虽然都是在事物客观属性的基础上产生的，都要经过人们的认识过程来体现，但前者往往是人对事物属性的妥协，后者往往是事物对人的主观需求的让步。或者说，功能更多的是一种基于事物客观属性基础上的认识，而价值也基于事物客观属性，但更多的是一种顺应主观需求而产生的实践，往往是已经实现或即将实现的现实。从这个意义上说，探讨功能问题不如探讨价值问题更有意义。因为从一般的意义上说，每一种功能都有其对应的价值，而并不是每一种价值都能找到十分对应的功能。如足球场上的前锋虽然从来没有做守门员的经历，但在特殊条件下被迫做守门员。人们往往认为前锋不能做守门员，因此在前锋功能的范畴内看不到守门，即使有也是极其次要的。但是，当球队需要一个非守门员来充当守门员，以实现守门的价值时，前锋的功能就被迫向守门员的需求妥协，这就是典型的超越功能而发挥价值的例子。

必须强调指出的是，虽然事物的价值是由事物的客观属性决定的，建立在事物的功能基础上，并且在一定条件下可以超越事物的功能，但是，这种超越的限度不是无限的，而是有条件的。上文所说的足球队前锋充当守门员的例子中，如果不是足球队员或者没有任何守门的直接和间接体验，只是一个与足球和守门技术无关的人，恐怕也不能胜任或勉强胜任守门员的职责，其价值的实现就成为无源之水、无本之木。因此，对事物价值超越功能的认识应该慎重，具体实践中试图超越事物功能而追求某项价值时，也应该充分考虑事物的客观属性和功能。

根据上述对结构、功能和价值三者关系的阐述，我们不难看出，功能与价值都受到事物结构的局限，二者之间也有相互促进的关系。但是，功能更多的是一种对事物客观属性的认识和理解，而价值更多的是出自一种对事物主观需求满足的追求。在一般情况下，事物价值的发挥应该建立在事物的本质属性和功能基础上。

之所以人们常常说挖掘事物的功能、开发事物的价值，是因为功能更多的是人们对事物所具有的作用的认识，它是客观事物作用在人们意识中的反映，而价值是人们主观诉求施加于事物之上的结果。当然，价值的发挥也必须考虑事物的客观属性和功能。

二、中华民族传统体育的个体价值

中华民族传统体育具有博大宏富的内容和精深的文化内涵，在其漫长的演进过程中，人们对其的认识不断拓展，对其价值的开发也日益深广。然而，作为一本概论性书籍，无意列举这些功能和价值，只能从最一般的意义上选择合理的思考维度，来讨论中华民族传统体育的价值。

既然价值更多的是主观实践者自身需求加之于事物的产物，在讨论其价值的归类时，我们就应该更多地从价值追求的维度出发。个体和社会是我们把握民族传统体育乃至其他事物价值维度的一个较好的出发点。据此，从个体价值和社会价值的视角来阐述中华民族传统体育的价值。

根据前文对体育的界定，我们不难看出，身体活动是体育最根本的和标志性的手段，而改善身体素质和完善体质是合理身体活动最一般而自然的结果，而身心完善与自由全面发展等目标追求则是从个体和社会双重价值主体出发而得出的结论。至于传统体育概论对体育功能的阐释中所提及的丰富社会文化生活、加强思想道德修养等，更多的是从社会的维度予以解析的。

（一）健身价值

健身可能是人类第一个追求。当先民们为了生存还必须从事劳动时，当他们需要足够的体力从事各类活动时，当动物的身体活动能力对其提出挑战时，当繁衍后代需要提高族群的体质时，当战争对体能提出更高的要求时，强身健体就成为先民从事各类活动的前提性追求。虽然早期的健身意识可能不太自觉，但众多的生产劳动和其他对体力要求较高的活动逐渐改善了人们的体质时，健身意识就有可能被呼唤出来，从而成为一种自觉的追求。

许多从生产劳动中衍生出来的民族传统体育项目，就是人们健身意识自觉的产物。从事畜牧业的许多少数民族，如哈萨克族、蒙古族、塔吉克族等，在狩猎活动中需要培养使用马匹的能力，牧民们练就了高超的骑术。后来又衍生出赛马、叼羊、骑射、马球、姑娘追等相关的民族传统体育项目。虽然这些项目并不一定是以健身为主要目的，但或多或少具有健身价值。如姑娘追的含义就有强壮的男性有获得配偶的优先权，也具有生育健康后代的基本条件，因此这个项目表面上是择偶，但其背后的价值追求中具有明显的健身价值。在以小农经济为主的少数民族，如苗族、彝族、侗族中，更多地需要使用牛的能力，因此衍生出了许多类型的斗牛习俗和赛牛比赛活动，这些活动也具有较明显的健身追求。至于南方丛林中的少数民族猎手，则经常使用弓弩进行狩猎，还有一些其生产劳动中衍生出的推杆等活动。这些活动直接或间接地具有健身价值。如羌族的推杆活动，瑶族的扭棍子游戏、四川甘孜一带藏族的格吞都是较量全身或身体不同部位力量的活动，对参与者的体质尤其是力量具有很高的要求，这无疑体现了这些民族生产劳动中需要的力量向民族传统体育项目价值的转移。

此外，还有一些从作战技能和宗教仪式中演化而来的民族传统体育也具有健身价值。从根本上说，不存在不具有健身功能的体育，只是人们在体育活动中对健身存在有意和无意、意识多少的问题。当人们在其从事的民族传统体育活动中鲜明地提出健身目标时，健身价值就从中被开发出来了。一个较有意思的现象是，一些中国古代武术史料表明，在宋代以前，武术往往被用来防身或者搏斗乃至作为谋生手段，但很少有人鲜明地提出其练习武艺是为了健身这样的说法。这说明武术的健身功能很长一段时间被别的功能所掩盖，没有得到充分认识，人们过多地追求武术的其他价值，因此忽略了武术的健身价值。当整个社会的健身意识被唤醒，其他体育活动越来越呈现出健身取向的时候，武术的健身价值才引起了人们的重视，于是健身开始成为武术价值之一。这个现象在当代中国似乎又发生了一个逆转，太极拳本来是具有很强技击功能的，人们在很长的时间里也追求其技击价值，但当今有许多人练习太极拳只是为了健身，甚至有人认为太极拳只有健身功能，个别学者竟然把太极拳摒除于武术之外，出现了"武术和太极拳"这样的说法。

民族传统体育的健身价值，一方面是由民族传统体育的各类活动的基本属性和早期各项民族活动较多依靠自然力的特点所决定的，另一方面也是时代不断发展、人们健身需求不断增长的结果。可以预见,在当前人类"文明病"频发、日常生活中的身体活动越来越少的背景下,追求身体素质的改善和体质完善,将成为现时代人们的主动选择,具有独特健身功能的民族传统体育将在满足人类健身需求方面发挥更大的作用,其健身价值将得到更加深广的开发。

(二) 娱乐价值

游戏和娱乐是人的本性。德国美学家席勒鲜明地指出,"野蛮人是以什么现象来宣布他达到人性呢?不论我们深入多远,这种现象在摆脱了动物状态的奴役作用的一切民族中间总是一样的:对外观的喜悦,对装饰和游戏的爱好。"而席勒在《美育书简》指出的,"只有当人充分是人的时候,他才游戏;只有当人游戏的时候,他才完全是人"的论断,更是深刻地道出了人的游戏原欲。俄国的普列汉诺夫也曾提出过"游戏是劳动的产儿"的著名论断。虽然游戏有许多种,但不容否认,身体活动类游戏是早期游戏中相当重要的组成部分。有人类学家就曾指出,在早期人类上升的过程中,最大的快乐是从对自己身体活动能力尤其是狩猎等技术的满足中获得的。这充分说明了从身体活动中寻求娱乐是人类一种根本的心理欲求。

很多从各民族生活环境和生产劳动中提炼出来的民族传统体育活动就具有明显的娱乐价值。人们为了体验在生产和生活中的某些场景和情境以及需要重现当时的快感,而创造出一系列的满足其娱乐需求的体育活动,一些活动的娱乐性和健身性就丝丝入扣地交织在一起,形成许多娱乐性极强的活动,在今天还难以从体育或文艺的角度将它们截然分开。具有悠久历史和流传广泛的扭秧歌就是其中的一个典型。它是在插秧等农业劳动的过程中产生出来的一种舞蹈和体育兼容的活动。李调元在《南越笔记》中描述秧歌的早期形态时说,"农者每春时,妇子以数十计,往田插秧,一老挝大鼓,鼓声一遍,群歌竞作,弥日不绝,谓之秧歌。"《晃州厅志》记载说,"农人连袂步于田中,以趾代锄,且行且拨,塍间(田埂上)击鼓为节,疾徐前却,颇以为戏。"这些早期的记载说明,秧歌最初是一种自娱性娱乐活动。到了清代,秧歌在我国广泛流行开来,并且与各地的风情民俗相结合,产生出一系列新的样式和风格。如陕北秧歌豪迈矫健,东北秧歌欢快红火,河北秧歌健朗风趣,山东秧歌奔放有力。尽管如此,人们还是从秧歌中看到其娱乐价值的遗存。

还有一些后来向杂技等过渡的民族体育项目,也具有鲜明的自娱性。踢毽子、冰嬉、荡秋千、翘板、抖空竹、跳橡皮筋等活动都是具有很强娱乐价值的体育活动。甚至一些早期具有较强的军事意味和竞技特色的民族传统体育项目,也逐渐显现娱乐价值。角抵动作后来与舞蹈相结合,奠定了戏曲艺术的雏形,可以用于军事训练的蹴鞠后来也出现了娱乐性更强的蹴鞠舞,类似的例子不胜枚举。

总之,许多民族传统体育的娱乐价值从这些活动产生的那一刻起,就在逻辑上具有从必要的劳动和生活中摆脱出来,追求健身价值的取向,随着人们娱乐原欲的不断迸发,娱乐性终于发展成为民族传统体育最鲜明的个体价值之一。现代社会物质文明的高度发展更使得娱乐性成为人们缓解紧张生活的追求。人们不仅直接参与娱乐性强的体育活动,而且从观看运动竞赛和表演中获得身心娱乐。许多少数民族的体育项目就因为强烈的娱乐性而得到广泛传播,我国少数民族运动会上的众多项目就体现出这个鲜明特点,项目自娱性越强的,越受到人们的普遍欢迎。

(三) 竞技价值

竞争是竞技运动的灵魂,超越自我和对手是竞技运动的精神和本质内核。作为具有鲜明的身体活动特性的人体文化，民族传统体育往往是在相互竞争和较量的氛围中发展起来的，参与这些运动的人们也常常通过与他人的竞争和较量来检验自身的水平。在民族传统体育中所需要的如力量、耐力、平衡、柔韧、灵敏等各项素质中，几乎都存在着竞技，甚至许多活动离开了竞技便失去其发展的基本动力。

许多民族传统体育活动的形式就是同场的两两相较，有不同个体间的对抗，也有两个群体甚至多个群体间的竞争。龙舟竞渡就是一种典型的集体对抗的民族传统体育活动，一个"竞"字突出了这项活动的竞争性。为了有效地促进竞争，这项活动的形式也格外有针对性。清朝乾隆年间徐家干在其著述的《苗疆闻见录》中专门提及"好斗龙舟"。苗族的一支龙舟队伍常常由鼓头、锣手和水手组成，鼓头是总指挥，是全寨选出来的最有声望的人，十几岁的孩子担任锣手，水手共38人，由寨子里最彪悍的小伙子担任。比赛时，铳炮三声响后，几十只身披红绸绿缎的龙舟就飞速冲出，奋勇争先，其激烈竞争的场面激动人心，表明龙舟运动是一项赛体力、比技术、显勇敢的民族传统体育活动。至于许多北方少数民族中流行的各种赛马、赛骆驼、摔跤、拔河、推杆，以及各种集体球类活动和各种武术拳术、器械等，都是具有显著竞技价值的民族传统体育活动。

还有很多民族传统体育活动，虽然不是同场的直接对抗，但也是以竞技作为其基本活动规则和评价标准的，并且竞技的意味往往十分深远，风筝、秋千是其中的典型。古往今来一直体现竞技性的秋千，既有比高度的，也有比花样的。比试高度时，要求参与者注意掌握用力的技巧，充分借助秋千的惯性适时加力，使秋千荡得更高。我国朝鲜族妇女比试荡秋千的高度时有多种方式，有以树梢和树花为目标的，有的在秋千的横板上拴一根标有尺寸的绳子，以便在秋千荡起来时作测量高度之用，获胜者有时能获得奖品。花样技巧比赛要求参与者在荡起的横板上表演一些难度较大的动作，不论在荡起的秋千横板上转身换手而立，跷起一只脚而立，还是做三花五击或鸢戾仙飘等动作，都具有很高的难度。而我国唐五代以后出现的水秋千更是一项需要绝技的运动，它将跳水和秋千结合起来，在船上高竖秋千架，人荡到横板上时，从高空中翻身跳到水中。这种活动虽然不是同场的贴身搏斗和竞争，但技术的难度的要求以及参与者之间的竞争强度，丝毫不亚于那些同场竞技的民族传统体育项目。

可以说，正是由于民族传统体育项目具有的上述鲜明竞争性，满足人们相互较量和比试的心理需求，其竞技价值便受到越来越多参与者的重视。尤其在当今社会，世界各国都在进行政治、经济、科技等的竞争，迫切需要具有竞争精神的人来实现这一切。竞技运动由于具备较强的竞技性、公开、公正以及直观性等特点，故能充分发挥和检验人的多方面水平和能力，这种优胜劣汰的竞争活动越来越被世界各国看成是人类竞争的重要象征。由此，竞技性强的运动竞赛往往成为各国体育文化交流的重要内容，民族传统体育的竞技价值在国际体育文化交流中也将占据越来越重要的地位。

三、中华民族传统体育的社会价值

中华民族传统体育是中国文化巨系统中一个具有自身独特功能的子系统，它与整个社会紧密相连，对政治、经济、文化均产生过重要影响。由于它独特的亲和力、渗透力、辐射力等特质，社会组织机构与制度往往会利用其来达成各种目标，进而实现中华民族传统体育的社会价值。相对而言，个体价值更多的是每一个独立的个体通过参与具体的传统体育活动来实现，而社会价值则是指作为主体的社会在利用中华民族传统体育的功能来实现的社会需求。必须指出，中华民族传统体育的个体价值和社会价值是紧密相连、相互影响的。个体价值的放大往往就是社会价值的实现，而社会价值的实现往往是个体价值的满足。当然，两者的矛盾也具有根本性，当无数不同的个体具有其自身特殊的需求而社会不一定能容许或者满足时，矛盾自然就产生了。同时，当社会实现其价值时也可能出现对某些个体价值的压制等诸问题，从而形成两者的矛盾。

根据约定俗成的说法，社会往往是由文化、经济和政治三大主体构成的，三者各自的发展及相互关系的演进共同推动社会的进步。中华民族传统体育的社会价值就是挖掘中华民族传统体育的潜能，顺应和满足社会文化、经济、政治的既定规则，并在文化、经济、政治事务的具体过程中来得以体现。

（一）道德教育

教育是人类繁衍自身并推动社会进步的一个文化领域。自从人类产生，教育就开始占据其不可缺少的重要地位。早期人类的合群生活虽然主要是为了聚合群体力量而产生的，但它为当时教育的萌生提供了必要的条件。在早期人类狩猎技术的人际交流与传授、劳动经验的代际传承与遗传、生活习惯的承继和遵循等活动中，身体活动能力的培养往往是其核心。它是早期人类教育的最为基本的组成部分。中华民族传统体育作为一种具有深刻的历史内涵和丰富的活动内容的文化类型，在儿童启蒙、劳动教育、道德修养和审美情趣的培养等方面都发挥着不可替代的作用，从而保证了其社会文化价值的实现。

众多的儿童体育活动是启发儿童身心的最好的教育手段。儿童参与各项体育活动的过程，就是他们获得体验、获取知识的过程。无论对于其日后的体育生活还是日常的社会生活，都能产生积极而深远的影响。在中华民族传统体育中，有相当多的活动为儿童的教育提供了极佳的条件。幼儿的老鹰捉小鸡等活动热闹有趣，愉悦身心；跳房子等活动培养准确性和耐力；斗拐等活动训练竞争能力和腿部力量；滚铁环等活动培养耐心和技巧……参与这些民族传统体育活动，不仅满足了儿童的游戏欲望，增强了儿童的体力和发展了智力，更是培植了儿童参与社会生活必备的许多道德和审美素质，社会正是通过民族传统体育及其内容和方式来实现对儿童教育的目的。

成人参与民族传统体育活动则对于整个社会增进谐和、提升文明素质等具有重要作用。由于民族传统体育是一种从逻辑上脱离生产劳动的文化活动，它自然将精神的愉悦与充实作为其主要目标，从而增进整个社会的精神文明。不少民族通过其传统体育活动来实现道德水准的检验和审美习惯的养成。如中国武术就是一种典型的将道德和审美等作为其重要文化内涵的民族传统体育。在武术的整个文化体系中，惩恶扬善、锄强扶弱、重气轻生、己诺必诚、尊师重道、孝悌为先、救厄济困等，始终是广泛推崇的道德标尺——武德，它是每一位习武者的精神航船。万籁声在他的《武术汇宗》一书中专门列举了所谓少林寺传授门徒的十二条规、十不许及门徒进堂的"十愿"，这些条规体现在戒色、戒财、戒恶、助弱、谦让、尊师等六个方面。陆草先生在其《中国武术》一书中将武林的道德规范归纳为五个方面：谦和忍让、立身正直、见义勇为、尊师重道、武林义气。可以说，这些道德规范是习武者相当重要的行为准则，体现出传统武术对于整个社会道德水准的建构具有的独特作用。当大量的武侠小说和武术影视在民众中普遍流行之时，这些与传统武术水乳交融的道德准则也逐渐在整个社会扎根。

(二) 民族认同

民族传统体育是各民族中普遍流行的、满足民族的健身娱乐等需求的社会文化。正是由于它的普遍性、亲和性、地域性、民族性等特点，才造就了它对民族内部的认同，乃至一个国家和社会共谐的价值。

民族的认同感是在团体内部的相互依赖、相近的价值观念、伦理道德和审美情趣的基础上形成的，它是一种民族内部成员对本民族的自豪感和亲近感。由于体育活动鲜明的身体表征属性、参与者接触的频繁性、对情感和意志体现的直观性等特点，使得参与民族传统体育的人们很容易进行情感的交流、思想的交锋、意志的考验，从而不断增进相互了解和理解，达到培养民族认同感的显著效果。

有很多与神话传说或民间图腾密切相关的民族传统体育项目就是民族认同的最好媒介。龙舟竞渡就是在龙图腾崇拜的基础上产生的，后来因为纪念伍子胥或屈原的关系而在各民族间普遍流行开来。直到今天，端午节的龙舟竞渡依然是中国各民族间普遍开展的一项民族传统体育活动。这项运动的流行，无疑与两位历史人物的道德品行密切相关，人们就是在这种历史杰出人物的精神的感召下热衷于龙舟竞渡，中国各民族之间的认同也在这个过程中得到体现。当我们需要区分自身与外国人的区别时，龙舟竞渡就成为我们常常摆出来的证据之一，成为中国实现民族认同的重要媒介。

在民间广泛流行的并有众多人参与的其他民族传统体育活动，也有力地促进着民族文化的认同。如舞龙、拔河、放风筝、踩高跷等活动，往往参与者和观赏者众多，场面热闹，为人们之间的相互接触与交流创造了良好条件，从而培养各族人们的自豪感和自信心，促进人们群体意识和团队意识的加强。

一些经常在节日和特定季节举行的民族传统体育活动也以其新颖的形式、活泼的内容等吸引各族人们积极参与，并且营造浓厚的人文氛围。就是在以家庭、社区、村寨等为单位参加的体育活动中，各个参与单元共同体验同一种体育活动的乐趣、感受同一种体育活动的意境。尤其是一些竞争性较强的运动，往往能够培植参与者的集体荣誉感，将个人的荣誉与集体的荣誉融为一体，达到群体成员间相互认同的效果。著名的蒙古族"那达慕大会"就是一种培养民族文化认同极有效的群众性集会，其中的三项竞技使得参与者和观赏者都能得以尽情愉悦。对于栖息于草原上过着游牧生活且一般集会机会不多的蒙古族人来说，那达慕大会为他们提供了极好的接触和交流的机会，以此有效地增进了民族成员间的感情，促进了蒙古族内部的文化认同。

(三) 经济发展

体育从本质上属于一种精神文化，它无疑需要物质支撑和物质消耗，但精神文化生产所需要的成本和精神消费本身都属于经济的一部分。因此，民族传统体育的广泛深入开展，不仅具有文化学意义上的道德教育价值和政治学意义上的民族认同价值，而且具有培植产业门类、带动经济振兴的显著效果。

参与各项民族传统体育活动所需要的专门服装、器材和设备，需要一定的物质支撑，支持和辅助各类民族传统体育活动需要人力、物力和财力，几乎所有的民族传统体育活动所创造出来的观赏效应和愉悦效果都可以作为产业来开发。可以说，民族传统体育活动的广泛开展所带来的大量注入人群，是民族传统体育的经济价值得以发挥的社会市场。对外，它以其神秘的样式和新奇的感受吸引人；对内，它以惯常的形式、亲和的感受感染人。无论是参与者还是观赏者，都有可能从中获得无可替代的乐趣。正是借助这样的关注度、参与面、辐射力，民族传统体育活动的组织者可以在商业开发的基础上获得显著的经济效益，进而带动村寨乃至整个地区和民族的经济发展。

宋代城市中的瓦肆就为广大的体育艺人提供了施展自己能力、获取经济报酬的条件，它在获取经济效益的同时也有力地推动了古代传统体育活动的开展。而自20世纪80年代后期以来，中国一些逐步走向国际化的民族传统体育项目也在大力拓展各自的活动空间，不时举办一些中外人士共同参与的传统体育活动，如龙舟比赛、国际风筝节、太极拳大会等。当众多人士参与这类活动，并饶有兴趣地购买与民族传统体育相关的各种器材设备、服装及文化产品时，就推动了民族传统体育的产业化发展。中国100多家武术用品生产厂家就是在这样的群众基础上产生和发展起来的，而遍布全国各地的上万家武术馆校，每年平均的习武人数据说也超过100万，由此赢得了良好的经济效益。还有，像中国武术散打王擂台赛的广泛影响，也同样附带着巨大的经济利益。全国武术爱好者的关注和投入是支撑武术这个庞大市场的基石。据报道，20世纪90年代以来，中国举办的一系列武术节产生了良好的经济效益，部分城市因举办某个武术节而获得上亿元资金已经不是什么新鲜事了。至于国内各族人们参与的其他民族传统体育节日也聚合了大量的人流、物流和资金流，成为拉动地方经济增长的重要因素。

随着时代的发展和社会的进步，随着全球经济一体化、社会综合化、政治多极化的发展，随着人类对内在精神实质和自我生命质量的追求，中华民族传统体育将在经验与科学相结合、民族与世界相统一、福利与产业相依存、自我与组织相适应、专业与社会相借鉴、民俗与法制相匹配等方面迈出新的步伐，越来越凸显其在人类社会生活中的重要地位和价值。

第二章 民族传统体育发展的理论基础

第一节 民族传统体育发展的社会基础

民族传统体育作为一种社会现象，有它自身的发展规律，同时也是整个社会结构的一个组成部分，与其他社会活动，如政治、经济、教育、军事、宗教、艺术等都有着密切关系。因此，要全面地认识民族传统体育，不仅要研究民族传统体育的内部结构，还要研究它的外部联系，研究它与其他社会活动的相互关系。而民族传统体育课程设置的社会基础是指影响民族传统体育发展的一切社会因素。其中一些因素对民族传统体育发展具有直接、深刻和广泛的影响，而一些因素的影响则是相对间接、表层和局部的。因此，人们在分析民族传统体育课程的一般社会基础时，通常集中分析影响民族传统体育发展的直接、深刻和广泛的社会因素。

一、民族传统体育与政治

政治作为一种社会现象，是任何人都无法回避的社会事实。但是，随着人类社会的进化，尤其在社会关系日益复杂的过程中，政治的含义变得众说纷纭。具有代表性的观点是，其一，政治是国家制度；其二，政治是权力现象；其三，政治是价值分配活动；其四，政治是管理过程。政治这一范畴的多种含义，一方面在向人们昭示其复杂程度；另一方面也在说明，作为一种社会现象，政治对社会的各个领域都具有强大、广泛和深刻的作用，对民族传统体育发展的作用同样不能例外。民族传统体育和政治的关系，可以从政治对民族传统体育的影响和民族传统体育对政治的促进两方面来认识。

（一）政治对民族传统体育发展的影响

政治制度发展方向对民族传统体育的发展方向有着巨大的规定作用，并影响民族传统体育的兴衰。如在我国《宪法》序言中明确写道："中华人民共和国是全国各族人民共同缔造的统一的多民族国家。平等、团结、互助的社会主义民族关系已经确立，并将继续加强。在维护民族团结的斗争中，要反对大民族主义，主要是大汉族主义，也要反对地方民族主义。国家尽一切努力，促进全国各民族的共同繁荣。"宪法不仅是法的一种表现形式，而且在一国法律体系中居于最高和核心的地位，有"法律的法律"之称。宪法是规定国家的根本任务和根本制度，保障公民基本权利和自由的国家根本大法，是治国安邦的总章程，具有最高的权威和最高的法律效力。从《宪法》中可以看出，维护和发展各民族的平等、团结、互助关系是国家根本大法的基本要求，这一基本要求也是我国民族传统体育发展应遵从的基本要求。

2011年2月25日，第11届全国人民代表大会常务委员会第十九次会议通过的《中华人民共和国非物质文化遗产法》中第四条指出，"保护非物质文化遗产，应当注重其真实性、整体性和传承性，有利于中华民族的文化认同，有利于维护国家统一和民族团结，有利于促进社会和谐和可持续发展。"由此看出,该法的"三个有利于"规定了我国民族传统体育发展的内在方向。

国务院于2009年7月5日颁布《国务院关于进一步繁荣发展少数民族文化事业的若干意见》,其中第十一条指出,"大力开展群众性少数民族文化活动。鼓励举办具有民族特色的文化展演和体育活动,支持基层开展丰富多彩的群众性少数民族传统节庆、文化活动,加强指导和管理。尊重群众首创精神,发挥各族群众在文化建设中的主体作用,努力探索保护和传承少数民族优秀传统文化的有效途径。进一步办好全国少数民族文艺会演和全国少数民族传统体育运动会。"再次表明了政治上支持和鼓励民族传统体育的发展。

再如,国务院于2011年3月正式颁布了《全民健身计划(2011—2015年)》,其中目标任务第四条强调:"大力开展田径、游泳、乒乓球、羽毛球、足球、篮球、排球、网球等竞技性强、普及面广的体育运动项目,广泛组织健身操(舞)、传统武术、健身气功、太极拳(剑)、骑车、登山、跳绳、踢毽、门球等群众喜闻乐见、简便易行的健身活动。"工作措施第四条要求:"积极发展少数民族体育。建立健全基层少数民族体育协会。重视培养少数民族体育教师、社会体育指导员和高水平体育人才。在少数民族地区开展以民族优秀体育项目为主要内容的体育竞赛和活动,在学校体育课和课外活动中设置与优秀民族体育项目相关的教学内容。建立少数民族传统体育项目培训基地,发展'少数民族传统体育项目之乡',办好少数民族传统体育运动会。"国家从增强人民体质,加快体育强国建设进程的政治高度,来重视民族民间传统体育传承、交流与展示工作,重视民族民间传统体育项目的发掘整理和传播推广工作,以促进各民族、地区间交流,扩大各民族民间传统体育的国际影响力。该意见的颁布为我国少数民族传统体育的进一步发展提供了良好的政策基础,从政策上保障了我国民族传统体育的发展。

总之,各类政策文件和法律文本体现了政治制度的方针,规定了我国民族传统体育发展方向,同时为我国民族传统体育发展奠定了坚实的政治基础。

(二) 民族传统体育对政治的服务

民族传统体育对政治的服务和影响是多方面的,主要表现在维护国家主权,维护社会安定、民族团结和增强民族凝聚力,强化民族形象,更好地为社会主义建设服务。

1. 维护国家的主权

民族传统体育在维护国家主权和民族尊严方面,显示出其鲜明的政治立场;在宣传民族自强和爱国主义精神方面,起到了积极的政治作用。民族传统体育来源于生活,服务于社会。当今世界,民族问题是世界性的热点问题,在世界许多地区为民族问题纷争不已、战乱四起的时候,唯独我国是"风景这边独好"。民族传统体育的政治意义超越了运动本身,已经成为建设中国特色社会主义事业不可缺少的组成部分,是社会主义精神文明建设的重要方面,充分显示了我国政治稳定、经济发展、文化繁荣、民族团结的大好局面。

2. 维护社会安定、民族团结和增强民族凝聚力

"稳定是压倒一切的大事",是我国加紧社会主义现代化建设的前提条件。我国社会的发展与广大人民群众的根本利益是一致的,但是由于改革所带来的各种社会阶层和个人利益分配上的差异,也可能引发某些社会矛盾。

民族传统体育运动的开展,有利于加强民族团结和边疆稳定。我们知道,我国许多民族分布在漫长的国境线上，处理好民族关系，对于边疆的稳定意义重大。民族传统体育是各少数民族节日活动的重要内容，已成为少数民族的生活需要。民族传统体育活动是各民族兴旺发达、繁荣昌盛、幸福美满的象征，组织民族传统体育活动，使各民族欢聚在一起，既尊重少数民族风俗习惯，有利于民族团结，又增强了民族自信心、自豪感，为各族人民在一起相互学习、相互帮助起到了桥梁和纽带的作用。我国举办全国少数民族运动会正是体现了各民族相互团结、共同奋斗、共同繁荣发展的民族政治目标。

3. 为社会主义建设服务

1981年，国家体委和国家民委联合召开全国民族传统体育工作座谈会，分析了民族传统体育的发展形势，提出了在新的历史时期我国民族传统体育工作的主要任务是贯彻落实中国共产党的民族政策，积极开展民族传统体育和现代体育活动，提高民族的健康水平和体育运动水平，活跃群众的文化生活，促进民族团结，建设社会主义精神文明，为社会主义现代化建设服务。

在现代化建设中，健壮的体魄会对生产的发展起到十分重要的作用。同时，体育锻炼无论对增强人民体质，还是对发展生产力、对社会的进步都具有重要的意义。尽管我国各族人民的体质健康状况已有很大的提高，但与现代化建设的需要还很不适应，为了给我国现代化建设培养大批的合格人才，为了中华民族的兴旺和未来，应更加重视民族传统体育工作，使民族传统体育更好地为现代化建设服务。

二、民族传统体育与经济

经济基础决定上层建筑，上层建筑是经济基础在政治上和思想上的表现。民族传统体育的发展依赖于经济的发展，受经济的制约。经济发展决定着民族传统体育的速度和规模，反过来，民族传统体育发展反映着经济发展状况和水平，对经济的发展又起着促进和推动作用。正确认识民族传统体育与经济的这种相互联系、相互制约、相互促进的关系，并依次建立起良性循环、协调发展的机制，已成为关系到民族传统体育事业发展的一个重要问题。

（一）经济对民族传统体育发展的影响

经济发展是社会发展的基础和前提。民族传统体育始终以经济生活为依托，经济作为体育活动的基础始终不会改变。

1. 经济发展决定民族传统体育的社会需求

民族传统体育与人们的其他活动一样，是社会经济发展到一定阶段的产物。体育活动产生于物质资料的生产活动，物质资料生产是体育赖以存在和发展的基础。马克思主义认为，人的社会需要是人们一切活动产生和发展的动力，体育也毫不例外。也就是说，体育和人们其他行为一样，它的产生和发展不能用思维或其他东西解释，而应用需要来解释。体育是人需要的产物，人对体育的需要正是体育产生、发展的原因和动力。而人的需要则取决于人们所处的社会条件和生活条件，取决于人们在经济关系中所处的地位。所以，人类社会对体育的需求，对体育运动的创造，是以经济为第一前提的。它不是由人的主观愿望意志决定的，而是由当时的社会经济条件决定的。当然，其最终的实现程度和实现方式，还是取决于社会生产力的发展水平。

按照马克思的理论，人的消费是分层次的，而体育作为人们消费的组成部分，一般属于消费的中高层次，即属于在个人消费所含的生存资料、享受资料和发展资料三个层次中的享受资料和发展资料的层次。所谓享受和发展资料,是使劳动者的体力和智力得到全面发展,物质生活和精神生活过得更舒适的需要。随着社会生产力的发展和人均收入的增加,消费资料的层次划分是可以发生变化的。社会向人们提供什么样的消费资料,它的数量和品种的多少,决定了人们的消费结构及生活水平的高低,这是由生产力水平决定的。生产力水平决定人们的收入水平,从而决定了人们的消费水平,消费水平则决定了人们对民族传统体育产品的有效需求。

原始社会生产力水平极其低下,体育只是在人与自然界斗争的物质生产活动之中孕育萌芽,并没有成为物质生产活动之外的独立活动形式。奴隶社会、封建社会的生产力有了一定程度的发展,但社会剩余产品不多,自然经济形态占统治地位,产业分工与分化程度还很低,体育发展仍处于萌芽状态。新中国成立以来,我国社会主义经济建设取得了巨大成就,特别是改革开放四十年来,国民经济实现了9%以上的年均增长速度,创造了举世瞩目的"中国奇迹"。我国经济实力大幅提升,人民生活水平显著提高,人们开始关注自己的健康和文化,体育活动也逐渐成为人们日常生活的一部分,为体育包括民族传统体育发展提供了一定的空间和良好的经济环境。然而,我国少数民族聚集区大多在边远山区,经济水平较低,大部分地区还停留在解决温饱的水平线上,想要开展大规模的民族传统体育运动较为困难。

2. 经济制约民族传统体育发展的规模和水平

体育的发展离不开经济的支持,体育的发展速度和水平,受国民经济发展的规模、速度和水平制约,归根到底,是由社会产生力发展水平决定和制约的。

(1)经济为民族传统体育发展提供资金和物质条件。

没有社会生产力的发展,没有经济为体育提供的资金和物质条件,体育的发展将是一句空话。历史上,欧洲之所以能够成为现代体育的主要发源地,其根本原因还是由于其生产力发展水平高,经济较发达。

经济发展是民族传统体育发展的基础,民族传统体育的发展依赖于经济发展所提供的资金和物质条件。我国少数民族主要分布在西北、西南、东北等地区,经济文化相对落后,人们的经济收入较低,生活还不富裕,体育设施比较差,交通闭塞,与外界来往少,致使民族传统体育发展还不是很理想。随着国家对群众体育活动的重视,各级政府加大了对民族传统体育发展的投入。如从2007年起,湖北省政府每年拨付100万民族传统体育专项经费,扶持民族传统体育事业的发展,湖北省民委将100万资金用于民族传统体育的集训、外出比赛交流、教练员和裁判员的培训等。虽然湖北省对民族竞技体育训练基础投入较大,还是难以满足基地人才培养的需要。目前,我国经济发展水平不平衡,致使一些经济落后地区的民族传统体育项目的发展速度较慢。但总体上来说,随着我国经济的快速发展,政府对民族传统体育的投入加大,我国许多优秀传统体育项目已经从高山、峡谷、边陲村寨、大漠草原走向中华大地,走向了全民健身的行列。例如,藏族同胞的锅庄舞,以其娱乐趣味性浓,节奏性强,健身效果好而深受广大群众喜爱;风格独特的舞龙舞狮的快速发展,不仅让人一饱眼福,其商业化、产业化让参与者在社会上赢得生存、发展的空间;除此之外,我国武术体系已渐成规模,气功养生潮汐翻涌,龙舟竞技走向世界,少数民族运动会也在定期举办,都可以看出中华民族传统体育在实践中正走向一个空前发展的新时期,并将在开拓外向、多元化的道路上不断前进,为全民健康提供强有力的后盾。

(2) 经济制约民族传统体育自由支配的时间。

经济制约用于体育的自由时间，是通过经济制约消费结构的变化而实现的。根据马克思生产与消费的理论，生产决定消费。消费结构，即人们在消费过程中各种不同消费资料的组合关系和量的比例关系，而消费资料的组合关系，归根到底，是时间的比例关系。社会生产力的发展，不仅会改变人们的劳动方式，而且还通过劳动生产率的提高，消费品的数量和品种的增加，从而改变人们的消费结构，即用于生产劳动、工作和家务劳动时间逐步缩短，用于劳动者自由支配的时间逐步增加。随着人类社会经济的发展，消费时间结构的变化，参加体育运动的人数和时间必将越来越多，体育活动的内容也会日益丰富，从一定程度上反映了用于体育活动方面的自由时间的增多和当代人们生活方式的变化。而这种消费时间结构的变化不仅会引起体育结构的变化，同时也必然会影响和制约人们总体有限时间结构的变化。

在余暇时间人们主要从事何种活动，喜爱什么活动，清晰地反映民族传统体育在人们生活中的地位。少数民族在余暇时间的活动内容单调，少数民族城乡居民还不能从繁重的家务劳动时间中解放出来。而造成少数民族空闲时间不足的主要原因，是少数民族群众迫于生活的压力，还没有从繁重的劳动中解放出来。这表明少数民族从事体育活动的时间和条件还有待改善，有限的闲暇时间阻碍了少数民族体育消费的行为。参与民族传统体育活动是人们的较高层次需求。只有经济发展到一定水平，劳动生产率提高到一定程度，人们不需将全部时间用于物质生产时，才会有自由时间去进行体育活动，去欣赏民族传统体育比赛和表演。

(3) 社会关系制约民族传统体育的社会性质。

原始社会的社会生产关系以原始群体为主体，他们在动物界的自然斗争中求生存。人与人之间的社会关系是一种平等的与自然斗争的关系，相互之间不存在利益的差别。那时的体育只是在人群与自然界斗争中的一般生产劳动中或活动中孕育着、萌生着，并没有成为社会活动之外的独立形式。在奴隶社会中，奴隶制生产关系占统治地位，体育的社会性质只能是为奴隶主阶级的利益服务。在封建社会取代了奴隶社会之后，封建的社会生产关系占统治地位，它不仅促进社会生产力的发展，也使农民有了参加身体锻炼的自由，出现了一些民间的体育活动，如划龙舟、武技等，成为农民强身健体和农闲时期的娱乐方式。但从封建地主阶级的利益出发，体育主要用于为统治者"练兵习武"，成为培养封建专政工具的手段。在封建统治阶层，体育活动则主要成为封建阶级养生、健体和消遣的手段。到了现代资本主义社会，因为有了比较完善的收入再分配制度和政策，以及生产力的发达和人们总体收入水平的提高，体育产业开始发展起来。一方面，体育活动已经成为劳动人民强身健体和休闲娱乐的基本需要；另一方面，体育已经深深融入了市场经济社会而成为经营者盈利的事业，满足了不同的体育需求。在社会主义社会，社会主义的生产关系是以生产资料公有制为基础的，劳动者在社会主义生产关系中的地位也发生了根本的变化，劳动者的社会需要越来越具有社会的性质。在社会主义生产关系条件下，不仅保证劳动者有一天比一天充裕的物质生活，而且尽最大可能满足劳动者体力、智力、道德素质全面发展的需要。推广各类民族传统体育项目，是让更多的人了解、认识、参与到民族体育活动中来，让更多的人感受民族传统体育项目所带来的快乐和健康。当前我国积极推行"全民健身计划"就是最大限度满足社会和人民群众对体育的需要，它充分体现了社会主义生产关系对体育的制约关系。

第二章 民族传统体育发展的理论基础

（二）民族传统体育对经济的促进

经济发展水平决定着民族传统体育发展的速度和规模，反过来，民族传统体育对经济发展也起着促进作用。

1. 民族传统体育对提高劳动力素质的作用

随着人口老龄化进程的加快，作为最重要的生产要素，劳动力的总量供给和结构变化都会对产业结构的优化升级产生重要影响，从而影响整个社会经济的发展。劳动力的教育和训练的水平、高技术和技能的掌握至关重要。有较高质量的劳动力供给，才能发展技术集约程度较高的产业。民族传统体育对经济的贡献主要表现在对劳动力素质的提高和发展有直接的作用。所谓劳动力是指人们征服自然、改造自然的能力，即生产某种使用价值时所运用的体力与智力的总和。劳动力的素质包括身体素质、文化技术素质、思想道德素质。劳动者身体素质提高，一靠物质条件，增强身体营养；二靠体育锻炼。而劳动者身体素质的提高，又是劳动者文化素质和思想素质提高的物质基础。因为，人体是一个有机整体，人的身体素质不仅直接决定体力活动的质量，也直接影响着脑力活动。长期以来我国少数民族的社会经济活动大部分以渔猎、游牧、农耕和养殖业为主，在这些生产活动中，人的体力劳动占极大的比重。因此，强健的体魄、良好的身体素质与熟练的生产技能是民族经济得以发展的重要因素。从经济学中我们知道，生产力三要素是劳动者、劳动工具和劳动对象。在这三种要素中，劳动者是劳动工具的创造者和使用者，是生产力中最活跃、最积极的因素。劳动者的精力和体力是劳动者提高工作效率的先决条件。广泛开展民族传统体育活动，不仅能有效地改善和提高劳动者的身体素质，还可以在活动中进行劳动技能的学习与训练。民族传统体育活动的开展，无疑有助于劳动生产率的提高，例如我国许多游牧民族开展的骑技、赛马、叼羊、摔跤；农耕民族开展的斗牛、秧歌舞、农耕舞；渔猎民族进行的泅水、渡船、射箭、射弩、武术等，都对人们体力的增强与劳动技能的提高都起着良好的作用。

劳动者参加各项劳动、工作、活动，无论体力和脑力都会有较大的消耗，产生的疲劳需要尽快地消除，以保持劳动力回到正常发挥的状态。民族传统体育运动由于它本身的游戏性、竞技性、艺术性、娱乐性的特点，决定了劳动者参加体育活动，可以达到娱人娱己的效果，无论参加者还是观赏者，都可以得到精神上的享受和自我满足的心理平衡。所以，民族传统体育活动，无论是参加还是观赏，都能起到愉悦身心、振奋精神、丰富文化生活、充分休息以恢复劳动者身心平衡的作用，促进劳动者以充沛的体力和精力参加下次的劳动、工作及其他各项活动。

2. 民族传统体育拉动第三产业的作用

随着我国各族人民经济收入和生活水平的提升，人们对充满自然和谐性、地域风情性、民族风俗性、观赏体验性的民族传统体育活动更加推崇和热衷，并在参与、体验和观赏民族体育的过程中，满足现代人们求新、求健、求乐、求知的身心需求以及感受民族文化与风情的精神需要，因此，民族传统体育产业逐渐成为我国第三产业的经济增长点，为许多地区经济的发展带来了生机与活力，推动着整个民族经济的快速发展。

目前，借助民族传统体育竞赛活动，推动地区经济发展的模式，在我国已被广泛采用。如在第五届全国少数民族传统体育运动会举办期间，广西壮族自治区人民政府本着"体育搭台，经济唱戏"，开创了市场经济与民运会结合的先河。运动会期间，招商引资举办商品贸易洽谈

— 23 —

会，其显著的经济效益引起了社会的广泛关注，同时也为广西经济发展注入了强劲动力。

民族传统体育本身也具有巨大的商业价值潜力。例如，民族传统体育的竞赛与体育表演、民族传统体育的咨询培训服务、民族传统体育器材、服装，民族传统体育运动会期间的门票、奖券、彩票、吉祥物、纪念品、电视转播费、商品广告费等都具有特殊的商品经济价值，对促进社会经济的第三产业的发展具有重要意义。借助民族传统体育活动拓展少数民族地区旅游业，也具有显著的现实意义，旅游本身就是第三产业。其中云南最具代表性，作为一个旅游大省，有着丰富的自然资源与社会人文资源，民族传统体育资源更是其中最为独特、最具吸引力的文化资源，其观赏价值和健身娱乐价值对国内外游客具有极大的吸引力。因此，民族传统体育旅游资源的开发，有效提高了第三产业的经济发展和服务能力。

3. 民族传统体育促进区域经济发展的作用

目前，借助民族传统体育竞赛活动推动地区经济社会跨越式发展，已成为区域经济发展中重要的产业资源与文化资本。如山东潍坊市自20世纪80年代以来，每年都举办规模宏大、富有特色的潍坊国际风筝节，吸引着数十个国家和地区的风筝队前来参赛。与此同时举办的大型经贸与招商引资活动成交额逐年上升，被人们称为"风筝牵线、文化搭台、经济唱戏"成功的区域经济发展模式。

再如，河南郑州举办的国际少林武术节，现已成为我国地方文化节日中的精品项目，也成为推进郑州城市经济社会发展中的一张特殊名片，其影响已扩大到海内外。在2010年国际少林武术节期间开展的经贸洽谈活动，对地方经济社会的发展产生了极为重大的推进作用。

1991年在广西南宁举办了第四届全国少数民族传统体育运动会，这届民运会广西借助体育舞台，把振兴民族经济的戏唱得轰轰烈烈，创造出巨大的社会与经济效益，使全国少数民族传统体育运动会逐渐成为闪闪发光的文化品牌与区域经济发展的推进器。随后，在昆明、拉萨、银川、广州、贵阳举办的第五～九届全国少数民族传统体育运动会，越办越好，所产生的社会和经济效益越来越大，并带动了各民族地区基础设施与体育设施的建设，推动了少数民族地区经济社会的全面跨越式发展，充分显示了少数民族传统体育运动会在民族地区经济社会发展中的特殊作用。

再如，三月街是云南白族人民具有悠久历史的传统节日。如今这一单纯的民间集会已演进为多民族共同参与的集民俗、体育、文艺、娱乐与经贸活动为一体的民族节日盛会，成为当地对外开放和招商引资的重要窗口。2008年大理白族自治州举行的三月街活动，当地政府邀请全国8个省、市、区的运动员前来参加活动，使三月街的赛马更为激烈壮观、丰富精彩，来自海内外的30多万游客相聚一堂，观赏精彩纷呈的赛马、霸王鞭、赛龙船及民族歌舞表演活动。

与此同时所举办大型的商贸与牲畜交易活动，有力地推动了大理及周边地区民族经济的繁荣与发展。因此，大理三月街又被人们誉为"洱海边上的广交会"。

上述实例表明，少数民族传统体育在今天已不再是单一的民间娱乐活动形式，而是民族地区特色经济和旅游产业发展中重要的产业资源、文化资本和招商引资的重要媒介，对我国少数民族地区的扶贫致富和小康社会的建成将发挥特殊而巨大的作用。

第二节 民族传统体育发展的文化基础

文化是民族的血脉，是人民的精神家园。悠久的中国历史，深厚的多元文化融合与积淀，形成了影响深远的中国传统文化。传统文化对民族传统体育产生深刻的影响。同时，民族传统体育也起到了丰富和强化民族传统文化的作用。

一、文化对民族传统体育的渗透

在漫长的文化历史进程中，中华民族传统文化对民族传统体育发挥着渗透的作用，经过历史积淀和不断发展，形成具有丰富文化内涵的民族传统体育体系。

（一）天人合一思想对民族传统体育的渗透

天人合一是中国传统哲学中关于人与自然相互统一和谐的学说。儒家所说的"天"其实就是指宇宙、自然界，认为"天"是万物的本源，"唯天为大""生死由命，富贵在天"。其观点，天与人本来是一体的，天与人是有感应的，大宇宙的变化可以影响人体这个小宇宙，而人体自身的变化可以反映自然的运动规律，天与人的最佳状态是相互和谐，合而为一，即天人合一。天人合一思想重视人与自然的关系，即重视人的一切生命活动要适应和顺从天、地自然的变化。民族传统体育受到这种思想的作用，在发育成型过程中逐渐产生了人与天协调统一的活动类型。表现比较突出的中国传统体育养生文化，在运动项目内容上强调内外合一、动静有常，活动形式上主内不主外，习练方式上顺应天时地利。中国武术基本上都讲究师法自然，追求人与自然的和谐统一。古代习武者从大自然中吸收营养，模拟自然界中各种事物的动作、姿态、神情，结合人体运动的规律和技击方法的要求，创造和丰富了武术的流派。

人的有机体作为一个系统，同样存在着协调统一。中国的民族传统体育将人作为一个系统，将主体的自我意识与客体的有机体进行了有机的统一，形成了中国特色的民族传统体育。中国传统文化思想是多元的，从太极、阴阳、五行到八卦，综合地构建了古代武术的理论体系，这些思想引领武术的发展，达到塑型的作用。同时，在这些思想基础上结合武术技术实际而产生的拳谚秘诀，比如太极拳大师依据道家"反者道之动，弱者道之用"。"反者道之动"，即道之反动，是指一切事物常常反向发展；"弱者道之用"，即道之弱用，是说无论宇宙自然还是个人，其最具智慧的真实表现，乃是保持一种柔弱的姿态。由此可以得出"柔胜刚，弱胜强"的观点指导着具体的太极拳运动实践。中华武术不仅要求练习时要内练一口气，外练筋骨皮，技术完成时也到达内外兼修、神形统一状态。这种代表中国的民族传统体育是人类文化中的奇葩，与西方竞技体育相比，突出地体现为主客合一，是人类健康体育文化的代表。

（二）以人为本思想对民族传统体育的渗透

从历史上看，中国是一个始终重视人的文明古国。人为万物之灵，天地之间人为贵，是中国传统文化的基调。中国传统文化是一种伦理本位的文化。儒家的"三纲八目"、道家的"修道积德"，都以道德实践为第一要义，因而可以称之为"道德的人本主义"。道德的人本主义的重要表现，是把人放在一定的伦理政治关系中来考察，把个人价值的实现、个体道德精神境界的升进，寄托于整体关系的良性互动中，从而构成"五伦"。

"以人为本"的思想传统，把道德实践提到至高地位，有利于人的精神开发和个体道德的自我建立，丰富了中国文化的人文精神。在这种以道德为主体的文化影响下，中国形成了以人为本的伦理文化。在中国大地上涌现的民族传统体育绝大多数体现着这种文化印迹，特别是在民族传统体育文化形成阶段，以人为本的痕迹很重。其中表现最直接的是民族传统体育的传播和传承过程中的师道尊严倾向、严格的拜师求艺程序、严谨的师徒关系、严肃的武德武戒。对一个人的民族传统体育技能评价更是讲求"德艺双馨"，尤其重视一个人德行，因为技术是人之外的内容，而重人轻物则是对人格、人性和人品的极大尊重，克服了西方体育文化易导致的人格分裂问题。在重视道德的社会中，德至关重要。这种文化的内在力量至今发挥着作用，也是中华民族传统体育对人类文明的贡献。这种塑性的完成，是中国儒、道伦理本位思想极端推崇道德至上的文化作用的结果。在缺乏法治、宗教的宗法社会，道德伦理确为社会控制的唯一有效手段，人人处在"五伦"关系中，而"五伦"各有其特定的道德行为规范，包括君仁臣忠、父慈子孝、夫敬妇从、兄友弟恭、朋友有信，每个人既处于五伦的关系网络之中，又同时处于整个社会家国一体的宗法政治关系网络之中。从事民族传统体育的人群，自然不能摆脱这个宗法关系。

（三）贵和尚中思想对民族传统体育的渗透

中国虽然是大一统的君主专制国家，但是在中国的传统文化中有一种非常关键的思想，这就是"贵和尚中"，它始终影响着中国的统治集团，使其政治制度趋向于包容，文化倾向于融合，以致于中国文化中始终保留着这种传统，影响着民族传统体育的多元并存。民族传统体育文化中有很多同类项目存在着多元的表现形式，例如：马上运动，可以分成竞速、走马、花样、射击、角力等；水上运动，有徒手、持械、泛舟、竞渡等；武术运动流派繁多，拳种丰富，仅传统太极拳运动就可分陈式、杨式、武式、吴式、孙式等；角力运动几乎是每个民族都有自成风格的形式，流传较广的是蒙古族的搏克、维吾尔族的且里西、彝族的格、藏族的北嘎、回族的回回跤、汉族的摔跤等。民族传统体育的多元并存，充分地体现了这一文化影响。这一文化价值的关键在"中"，是指事物的度。恰当的度促进"和"，不恰当的度阻碍"和"，"持中"的方式和方法十分重要。孔子倡导的是以"礼"持中促和。民族传统体育在这方面经历了长期的磨炼，把符合这一文化价值的项目内容保留下来，而将其余项目摒弃。这种文化力量和历史变迁法则，使流传至今的民族传统体育保持着较高的文化价值。在文化全球化的现代社会，这种文化价值依然是中国民族传统体育文化发展的重要指南。

（四）刚健有为思想对民族传统体育的渗透

中国的海岸线有限，很多的地域距离海洋较远，但是中国人对水的理解却较为深刻，逐步形成了"上善若水"的理念。在这个理念中，告诫人们应该像水一样为人处世，事物的发展也要如水一般汇涓涓细流，遇阻迂回，始终奔腾向前。水看似柔弱，力量却是无穷的。在这一点上，中国人对水的理解更看重的是水的刚强和坚韧，滴水穿石、惊涛骇浪这些词就从不同的侧面反映着水的力量。这种思想逐步被强化，"天行健，君子以自强不息"、"刚健而文明，应乎天而顺乎人"、"刚健中正，纯粹精也"，这些思想集中体现了中国人力求刚健有为的意识。恰恰是这种意识对民族传统体育发挥着塑性的作用，使民族传统体育中的刚健属性得以激发。民族传统体育项目中具备阳刚类型的内容占据主流，即使是部分如静似柔的项目，也包含着刚柔相济的成分。特别是在尚武崇力的社会环境中，民族传统体育彰显着文化价值，从而得到充分发展；在重文轻武的背景中，虽然受到一定的遏制，但民众心中始终涌动着热情，民族传统体育是保持民众刚健意识的载体。历代统治集团也清醒地认识到民族传统体育的功能和价值，通过民族传统体育的锤炼，民众的身心得到了刚健思想的陶冶，民族体质得到提高，民族精神得到提升，民族文化得到发展，这是刚健之后"有为"的具体表现。少数民族地处自然环境相对恶劣的地域，以民族传统体育来提升其民族的生存能力。试看拔河、押加、拔棍、顶杠、角力、拔腰、登山、斗牛、石锁、颈力、叼羊、爬杆、花炮等，无一不是通过力量型的身体活动来锻炼民众的刚健，以求提高其体能，振奋其精神，为本民族的生存和发展奠定有为的基础。

"一身动则一身强，一家动则一家强，一国动则一国强，天下动则天下强。"刚健有为、自强不息的精神对促进社会发展、国家强盛和文化繁荣具有重大意义。在以机器生产为主导的现代社会，体能的丧失不仅仅带来了身体的羸弱，更易产生精神上的萎靡和迷茫，所以，在现代社会更应加强和重视民族传统体育文化的建设。

从以上的实例来看，民族传统体育文化不仅不落后，而且在很大程度上具有丰富、充实文化的作用，是保持文化传统的基础，是实施文化的精神和物化载体。

二、民族传统体育对文化的体现

民族传统体育是民族文化的重要组成部分，在丰富、充实和强化传统文化等方面具有重要的贡献。

（一）民族传统体育丰富、充实传统文化，是文化认同标识

身体文化是一种以身体活动为基本手段的"动"的文化。身体文化，是一种可以长期有效保留民族文化的载体。这种身体文化被人们普遍掌握，形成了相应的技术体系和技能，并且在长期的传承中稳定为固定的行为模式，长久地流传，形成了能够代表中国传统的、生动而形象的文化表现，正是这种文化表现丰富了中国的民族传统文化。在民族传统体育中，较多的项目保留了中国的传统文化因素，但凡是缺乏中国民族文化的内容都逐步被时代所淘汰。比如蹴鞠就是民族传统文化含量不足而被淘汰的项目之一。富含传统文化的项目则被人们普遍的推崇，得到长足的发展。比如源于汉武帝为求千秋之寿而兴盛的，无身体对抗且有重尊君、敬祖、爱国意向的秋千得到广泛流行，现存的有彝族秋千、土族秋千、纳西族秋千、朝鲜族秋千、打磨秋等形式。中国的武术将中国传统文化的理论精粹加以运用，保留在套路和拳法阐释之中，同时又生动形象地丰富这些哲理，普及这些哲理，在践行尚武行侠与修身齐家治国平天下中，使人们能够形象地体验中国传统哲学抽象的生命价值和现实具体的社会责任，这样的文化表现得到中国社会广泛的保护和推崇。

民族传统体育文化不仅能够丰富民族文化，更可成为民族的文化认同标识。人们习惯使用最直接的符号来标识自己的归属，如自称、图腾、禁忌等。民族传统体育文化在这方面作为一种身体符号，是一种有效区别于其他民族文化的标识。如搏克是蒙古族的摔跤，且里西为维吾尔式摔跤，格是彝族摔跤的形式，北嘎则是藏族摔跤的形式，从体育活动内容上看，同为摔跤，但起源的民族不同，所表现的形式各异，具有标识不同民族的符号作用。这种由自然血统而造就出来的文化认同符号更具有凝聚力，更容易使人识别不同的民族。目前，中国的武术已经成

为代表中国的民族文化标识，在国际上产生极大的文化影响，成为识别中华民族的重要标志之一。

（二）民族传统体育对传统文化价值的强化

西方竞技体育在西方文化的影响下，追求"更高、更快、更强"的价值观。这种价值观随着西方竞技体育全球化渗透，已经对中国的民族传统体育产生了一定的影响。民族传统体育在长期的发展过程中，沐浴在中国传统文化的雨露中，形成了与西方竞技体育大相径庭的价值取向。

民族传统体育追求的价值是"健身修心、德艺双馨、成己兼善"。所谓"健身修心"，恰好是中国传统文化影响下，天人合一、以人为本在民族传统体育中特化的、世间少有的主客合一的表现。从事民族传统体育活动，不仅能够强健机体，更能磨炼人自强不息的意志，充分体现了人的主体地位和价值；而非西方竞技体育已经异化成为锦标的工具，人也沦落为构成这种工具的附属。所谓"德艺双馨"是指在道德人本、尚义尊利的指导下，通过民族传统体育使人在道德水准和竞技能力方面得到均衡发展，达到一个至真、至善、至美的成己及人的境界；而非西方竞技体育在挖掘潜能的终极追求中，失去了人性的关怀和培养，以至于屡现人性扭曲的现象。所谓"成己兼善"，强调的是每个个体在完善自我的同时，更要以群体和国家的利益为重。即人要在成己、修己、独善其身后，积极践行成人、安人等"兼善天下"的社会责任和义务。通过民族传统体育完善自我，积累报效国家的健康能量，以求完成报效国家的重任；而非西方竞技体育过分强调个人权利，忽视群体和国家利益。

综上所述，民族传统体育在中国辽阔大地上，在特殊的政治、经济和文化影响下，形成了特色鲜明的民族传统体育文化，是人类文化中的奇葩。

第三节　民族传统体育发展的学科基础

民族传统体育的发展离不开学校民族传统体育课程的开展。所谓民族传统体育发展的学科基础是指影响与制约体育课程目标、内容、实质、评价的基本领域。它们包括生理学、心理学、教育学、哲学等基础学科，这些基础学科为民族传统体育课程理论与实践提供了必不可少的理论支持。

一、生理学基础

（一）体育活动受人体的生理结构与功能的制约与影响

体育锻炼过程是一个复杂的机体运动过程，无论是运动内容，还是运动负荷、运动方式等都受到人体的结构与功能的制约。因此，在进行体育活动时应充分考虑人的身心发展的阶段性与差异性，遵循人体解剖与生理学的规律；在参与体育活动时应遵循人的机体工作能力的发展变化规律。

（二）体育活动遵循人体机能适应性规律

人体机能适应性规律是根据生理学新陈代谢规律提出的。人体运动时体内会产生一系列的变化，而机体对这些变化是有一定的反应与适应过程的，这种变化是有一定规律的，即当身体承受一定运动负荷时，体内的异化作用加强，能量储备下降；当身体经过休息与调整时，体内的同化作用加强，能量储备上升；当进一步经过调整与休息时，体内的能量超过原来水平。上述三个阶段可划分为工作阶段、相对恢复阶段及超量恢复阶段。这一阶段特征为体育课程如何安排练习，有效地提高身体机能水平提供了理论依据。

（三）体育活动遵循人体生理机能活动能力变化规律

在体育活动过程中，人的身心同时参加活动，在反复的练习与休息的交替过程中，人体的生理功能变化有一定的规律性。在运动过程中，人体机能活动能力的变化是逐步进入工作状态的，由逐步上升，达到一定的高度，最后再逐步下降。从一节体育课来看，也是遵循这个"上升—稳定—下降"的趋势，这就是划分体育课结构的生理依据。

二、心理学基础

民族传统体育课程理论目标体系的确立、动机的激发、内容的选择、方法的应用都离不开心理学的支撑。

（一）不同年龄阶段的身心特点对体育学习内容与效果有直接的影响

不同年龄段的学生具有不同的身心特点。据此特点来选择适当的体育锻炼内容、组织形式与方法，才能保证体育过程的科学性，提高体育锻炼的效果。心理学关于不同年龄段学生的身心特点的研究，为体育课程内容的选择与教学过程的实施奠定了基础。

（二）运动技能的学习活动和效果与学习者的动机密切相关

学习动机是学习活动开展的前提与基础，只有具有强烈的学习动机，才能积极主动地开展体育学习活动，并取得良好的学习效果；而良好的学习效果又反过来作为激发学习的动机而影响新的体育学习。心理学为如何充分激发学生的学习动机，调动学生学习的积极性，提高学习兴趣，养成运动习惯提供了理论依据。

（三）体育活动对良好个性的形成产生积极的影响

体育活动不仅对学生的身体发展起到良好的促进作用，而且对学生的个性形成具有重要的影响。在体育活动中，学生是活动的主体，通过学生之间广泛而频繁的人际交往，个性可以得到充分的发展；体育活动是伴随人一生的活动，对人的个性具有稳定而长久的作用；体育活动具有很强的选择性，每个人都能找到合适的角色，更好地开展自我个性。

（四）身体健康与心理健康密不可分、相互作用、相互影响

健康是指人在身体、心理、社会适应等各方面都处于良好的状态。身体健康是心理健康的物质基础，身体健康的状况直接影响和制约心理健康。心理在本质上就是身体各方面有机统一的产物，心理健康对身体健康具有重要影响。

三、教育学基础

民族传统体育课程作为整个教育课程的有机组成部分，教育学的理论与观点直接制约着学校体育课程的发展方向。

（一）体育课程是全面发展教育的重要组成部分，也是国民教育的构成要素

学生的身体与精神是一个有机的整体。学校教育的主要任务是如何促进学生身心的和谐发展。将体育从整个教育中游离出来，孤立地发展体能和运动技能的做法是十分有害的。体育与德育、智育、美育存在着有机联系，只有将体育课程与教育有机融合、相互作用，体育才能从"育体"走向"育人"，真正实现其自身的价值。

（二）体育课程全方位适应教育改革的步伐，呈现出全新的气象

体育课程作为教育改革的重要组成部分，也在素质教育的指导下发生着深刻的变革。第一，体育课程从学科中心论向素质教育的转移。素质教育的理念把体育课程的价值导向融入学生的主体发展，因此在构建体育课程时，不仅关注知识和技能的结构，更关注学生的学习结构，从而有效地通过教育，实现学生的身心协调发展。第二，体育课程从精英教育到全员教育，以提高整体国民素质为根本宗旨，以培养学生的创造精神和实践能力为方向，实行因材施教，发展个性，为国家的发展培养全面发展的合格人才。第三，健康第一理念的确立，从客观上对原来单纯生物观的体育教学起到了纠偏的作用，体育是人体自然规律和人文社会规律的统一，比起学校体育以增强体质为主更全面、确切。第四，体育教师角色的转变。在素质教育的指导下，体育教师的角色不再是支配与控制，而应该转变为引导、激发、指导，经历了一个由课程执行者向课程设计者的角色变化。

四、哲学基础

民族传统体育课程应当以广泛的学科为基础，增加更多的人文关怀。体育课程在理念和目标方向上也增加了人文关怀。科学人文主义成为体育课程理论的重要哲学根据。

科学包括自然科学和社会科学，而在这里所指的人文，是以文、史、哲、艺术为基础的人文学科。体育课程所指的科学基础是和人体发展相关的生物力学、生物化学、生理学、运动医学；所指的人文精神是指以文、史、哲、艺术为精髓的对价值的判断。科学人文主义的两者兼容，共同促进的发展趋势将是高校民族传统体育学科发展的重要保障。

第三章 民族传统体育的起源与发展

第一节 民族传统体育的起源

民族传统体育是伴随着人类社会的发展而萌生的。新石器时代，人类的生产方式开始由渔猎、采集向畜牧和农耕过渡。到了父系民族社会时期，出现了专门的手工业与经常性的商品交换，生产力不断提高，剩余产品增多；后期出现了私有制和阶级划分，爆发了部落之间的原始战争，有了原始的文化、艺术和宗教信仰（图腾崇拜、祖先崇拜和祭祀活动），原始教育也由直接的劳动技能的传授，发展成以模拟劳动动作和提高身体素质为目的的"身体练习"。

一、民族传统体育萌发于生产劳动

原始体育的萌生与生产劳动是分不开的。20世纪70年代，考古工作者在山西阳高许家窑文化遗址中，挖掘出了古人类化石和数以万计的石器。值得我们注意的是，在这个距今至少10万年的文化遗址中，有1500多枚大小不一的石球。据专家们考证，这些石球是当时许家窑人狩猎所用的最有力的投掷武器。后来，由于弓箭等先进工具的发明，人们猎取野兽的能力逐渐提高，很少再需要用到石球这种笨重的工具，于是石球的功能便开始向娱乐性转化。扔石球的目的不再是为了击伤或击倒野兽，而只是为了消遣，增加一些欢乐的情趣。在距今4万~5万年前的西安半坡人文化遗址中发现的三个石球，被放置在一个三四岁小孩的墓葬中，距今约有7000年的历史。很显然，这些石球已经不仅是狩猎的工具和保卫自身安全的武器，同时也是一种游戏的工具。

弓箭是狩猎民族的又一主要工具。据古籍记载，原始人可能是通过发现桑柘一类树木的弹力而制成了弓箭，"乌号弓者，柘桑之林，枝条畅茂，乌登其上，下垂着地。乌适飞来，后从拨杀，取以为弓，因名乌号耳。"（东汉，应劭《风俗通义·卷二·封泰山禅梁父》，中华书局《四部备要》）因而，古代良弓亦称"乌号"。它的发明是原始狩猎时代的一件大事，恩格斯在《家庭、私有制和国家的起源》一书中明确指出，"弓箭对于蒙昧时代，正如铁剑对于野蛮时代和火器对于文明时代一样，乃是决定性的武器。"发明弓箭以后，狩猎的效率就有了很大提高。后来，当人们学会种植庄稼和饲养牲畜的时候，狩猎也不像以前那样重要了，人们弯弓射箭已不再是为了射得野兽饱腹充饥，而是为了显示射箭技艺。于是，具有体育性质的射箭活动出现了。

在出土的文物中，还有原始社会后期的骨制鱼镖和鱼钩，说明捕鱼在当时已是经常性的活动，与之相应的投掷鱼镖、垂钓、游水等活动也已出现。

二、原始战争促进了民族传统体育的萌生

原始社会进入氏族公社阶段后期，我国已存在着华夏、东夷、南蛮、西戎、北狄五大民族

集团，各民族集团内部或外部为了争夺生存空间、复仇就出现了原始的战争，这些原始的军事活动是促成民族传统体育萌芽的一个重要社会因素。

从有关战争的传说中，我们发现了传统体育萌发的一些具体情况。《管子·地数篇》载："葛芦之山，发而出水，金从之出，蚩尤受而制之，以为剑铠矛戟，是岁相兼者诸侯九。"（《诸子集成》第五册）《述异记》描写得更具体："轩辕之初立也，有蚩尤兄弟七十二人……与轩辕斗，以角抵人，人不能向，今冀州有乐名蚩尤戏。其民两两三三，头戴牛角而相抵。"（《百子全书》第七册，浙江人民出版社，1984年影印本）从这些传说中，我们可以看到角抵（后来的角力、相扑、摔跤等）最早起源于蚩尤，据说他们还是铜兵器剑、矛、戟等的发明者。这些虽然不一定是真实的历史，但东夷民族集团中英勇善战的蚩尤部落改进了原始兵器则是可能的。原始兵器往往是仿照兽角和鸟嘴的形状制成的，后来随着战争的频繁发生和规模的扩大，专门的武器就出现了，有石刀、石弹、石斧和石铲，以及石或骨制的标枪头及弓用的矢镞等。

战争的出现，促成了武器和战斗技能的演进，以及对战斗人员进行身体和军事技能的训练，蹴鞠最早便是为了训练将士，以提高战斗力而创造出来的，正如南朝梁人宗懔《荆楚岁时记》引刘向《别录》的"蹴鞠，黄帝所造，在练武士，本兵势也"，就是很好的说明。

三、原始宗教对民族传统体育萌发的影响

原始人类由于对自然现象不理解和恐惧，认为万物是有灵的。原始宗教就是在万物有灵的观念上产生的，主要包括图腾崇拜、自然崇拜和祖先崇拜，以及在此基础上产生的原始巫术活动，其中，图腾崇拜和原始巫术对民族传统体育产生了深远的影响。

世界各国古老民族在早期都普遍存在图腾崇拜这一原始宗教的信仰仪式，据古文献记载和考古研究所知，我国上古时期曾有鸟、蛙、蛇、熊、虎等多种图腾。据说，长江以南广大地区的赛龙舟活动，最初也是龙图腾崇拜的一种仪式。闻一多先生在《端午考》和《端午的历史教育》等文中认为，龙舟竞渡早在屈原之前就在古越族中盛行了。古越族人为表示他们是"龙子"，有"断发文身"的习俗，还乘着刻画成龙形的独木舟在水中模仿龙的姿态进行竞渡。在我国各地的民间传统体育活动中，除了赛龙舟之外，舞龙灯、纸龙等活动中对龙图腾崇拜的影子都依稀可见。

原始人不能理解各种自然现象的客观规律及其因果关系，幻想自然界对人存在着一种不可见的影响，而人也可以采取相应的方式影响自然界和其他人。原始巫术就是在这样的基础上产生并流行的，其主要目的是通过一定的巫术来祈祷狩猎成功、庄稼丰收、家畜强壮多产等。拔河就是一种祈祷丰年的巫术活动，人们希望通过众人的拔河之力感应农作物，使之借助这种力量茁壮成长，从而获得丰收。

随着原始宗教信仰的出现，崇拜祭祀仪式也渐渐渗透到人们社会生活的方方面面，在生产劳动和日常生活中都要举行一定的祭祀。每遇重大祭日，其祭仪就更为盛大，而舞蹈是一切宗教祭典的主要组成部分，它贯穿于宗教仪式的始终，从而促进了原始舞蹈中萌芽状态的民族传统体育的发展。此外，由于各个民族崇拜和祭祀的"神灵"不同，祭祀中所跳的舞也有所差别，譬如，自命为"虎族"的彝族，在祭祖时，仍要身披"虎衣"，在雄浑的锣鼓声中，模仿虎的动作，翩翩起舞。又如汉族的"傩舞"、傈僳族的"飞舞"、白族的"绕之灵"等都是祭祀中体育活动的事例。

四、民族传统体育在原始教育中的显现

原始教育最初尚未从生产劳动过程中分化出来,成为一种专门的活动,实际上,就是在生产劳动实践过程中进行简单的生产技能传授。进入氏族公社时期,随着人类文明的发展,有了最早的文字(记事符号)、信仰、艺术和风俗习惯等观念,教育内容也相应地复杂了。此时,"氏族公社成员除在生产实践中受教育外,又在政治、宗教和艺术活动中受教育。他们参加选择领袖、讨论公共事务以及宗教等社会活动,利用游戏、竞技、舞蹈、唱歌、记事符号进行教育,利用神话与传说作为材料和手段。"(毛礼锐《中国古代教育史》)这时的教育是在劳动之外进行的,模拟化的劳动动作代替了劳动技能的直接传授,大量使用了人设计的各种动作和活动形式。

生活在我国东北黑龙江畔的鄂温克人,在新中国成立前夕还处于原始社会末期阶段,他们的一种习惯是"男子达到十几岁时,即开始跟随父兄学习狩猎技术,父亲有义务给新猎手准备一支猎枪,负责教育。这种教育,是通过游戏和体育来完成的。"由此可以推断,原始教育中包含着大量的体育内容,并且这些体育内容带有明显的地域性特征,这是由于散居在不同区域和环境下的各民族,需要学习和掌握不同的生产劳动技能与工具的使用,因而,各民族的原始教育便含有各自独特的传统体育内容。

第二节 古代民族传统体育的演变

一、古代民族传统体育的形成

夏朝建立,不仅标志着我国中原地区从部落状态发展为国家状态,也标志着人们共同体从氏族部落发展为民族。经过夏、商、周、春秋战国两千多年的统治,氏族部落内部和地区差别日益减小,逐渐凝聚核心——汉族最终得以确立,并成为当时我国居住区域最广、人数最多的民族。而此时,我国少数民族大多还未进入阶级社会,处于部落联盟的氏族公社时期,生产力落后,经济不发达。社会文明的进步程度直接影响传统体育的形成与发展。因而,这一时期的汉族传统体育得到了快速发展,少数民族传统体育则处于缓慢发展阶段。

(一)战争的演进推动了民族传统体育的形成

进入阶级社会以后,汉族内部为争夺地盘、奴隶、猎获物甚至王位继承权而战事不断,汉族与四方少数民族的战争也十分频繁。当时,北方多是游牧民族,骑马作战,随水草而居,他们的经济文化,与中原汉族差别较大,生活习惯也很不一致,加之北方民族有南移之趋势,所以矛盾就比较多,战争时常发生。到了春秋战国时期,随着阶级矛盾的日益尖锐,又爆发了奴隶起义和新兴地主阶级与奴隶主贵族的战争,以及诸侯兼并争霸。战争次数增多,战争规模扩大,作战方式演变,是整个奴隶制时代战争的主要特点。

从夏朝到春秋战国,弓箭始终是战争中的主要武器。射箭成为主要的军事技艺之一,传授射箭技术、进行射箭训练成为一项十分重要的活动,传说夏时的后羿不但善射箭,而且善教射。到了西周时期,射箭被赋予了特殊的地位,发展迅速,对西周的成年男子来说,射不但是作战的必备手段,也是一种军事体育活动,具有敬德遵礼的性质,可用于进行道德方面的教育,也

可用于维护奴隶主阶级的等级名分。

春秋战国时期，为了适应战争需要，还发明了射程远、杀伤力强的弩射，《战国策·韩策一》说，韩国的强弓劲弩，皆射六百步之外，"韩卒超足百射，百发不暇止；远者达胸，近者掩心"。由此可见，弩射是战争中有力的远射武器。

对于我国北方以狩猎为主的少数民族来说，射箭是猎取食物、防御野兽侵害的工具，也是运用于战场的军事武器，因而，他们的射箭技术精湛，不逊色于汉族，弓箭制造也十分精良，早在两三千年前就能造出工艺精细的弓箭。据记载，公元前11世纪的西周初年，满族人就曾向周王进献过"矢石弩"。这些具有先进造箭本领的少数民族，当时过着无城郭、耕地和不知礼仪、迁徙不定的游牧生活。当牧区水草丰茂的时候，他们满足于自己的草原生活，但是每当草枯水乏之际，饥饿使游牧人躁动起来，竞相南下劫夺，而善骑战使他们来如飙风，去若闪电。为此，以笨重车战为主的中原农耕民族遭受了无数次的重创，发展骑兵已是势在必行。赵武灵王在总结历史经验和吸取胡人长处的基础上，首先建立了一支强大的骑兵部队，提倡"胡服骑射"，习练骑射蔚然成风。从此，骑马和射箭这两项古代的军事技能在汉族地区广泛开展起来。

（二）文化的进步促进了民族传统体育的形成

进入奴隶制社会，就进入了中国古代文化的创建和初步发展阶段。首先出现了文字，促进了人类思维能力的增强，为教育的发展创造了条件，使教育进入了一个新阶段。同时，随着人类知识技能的日益广博，社会分工日细，对人才的要求也从文武兼备演变为专于文或专于武。到了春秋战国时代，出现了"百家争鸣"的学术繁荣景象。这些对我国民族传统体育的最终形成都起到了积极的推动作用。

1. 古代教育中包含的民族传统体育

人类最初的教育只是一些简单生产技能和自卫本领的传授，进入奴隶制社会，教育的内容丰富了，出现了专门的场所和人员。据考古发现，商朝已出现了学校，当时称为庠或序，实行文武兼习偏于武的教育，在"习射"和"习武"中，以"习射"为主要内容。西周的学校教育比夏、商时有了较大发展，出现了以礼、乐、射、御、书、数为基本内容的"六艺"教学体系。其中有三项（射、御、乐）与体育有关。

到了战乱频生的春秋战国时期，教育中更是包含了大量的体育内容，从孔子、荀子、墨子的教育思想中便可以看到这一点。孔子指出，"有文事者必有武备。"（《史记·孔子世家》）教育弟子治国要"教民以战"、"善人教民七年，亦可以即戎矣。"（《四书五经》中的《论语·子路》）而荀子在《荀子·乐论》中指出，娱乐是人们不可缺少的生活内容，主张进行肢体运动来达到娱乐身心的目的。墨子更是一位注意培养弟子武艺技能与勇敢精神的教育家，在他的教育内容中，军事体育占有一定的地位。

2. 文武分途对民族传统体育的影响

殷商西周时期是"武士"的时代，武士属于贵族阶级，占有土地与农奴，他们主要受"六艺"教育，这种武士教育是文武兼习而以武为主的。但随着社会的发展，这种"复合型"人才越来越不能满足社会对专门性人才的需要。于是，人们便根据自己的条件和专长，或偏于文，或偏于武。"文武分途"是历史发展的必然，是社会进步的表现，对民族传统体育的发展起到了良好的促进作用。专门从事武事活动的人，促进了武艺技术的发展和提高，出现了具有总结性的技击理论。例如，越女在与越王勾践谈论剑术时，提出了先静后动、静中求动、动静结合的理论，至今仍是武术理论的重要组成部分。

3. 学术繁荣为民族传统体育理论奠定了基础

春秋战国时期呈现的百家争鸣的繁荣局面，是我国古代学术文化空前发展的黄金时代，也为我国体育思想形成的重要时期。

春秋战国时期的哲学思想主要是对宗教性的"天"的动摇与否定，由重神轻民转变成重人贵生。老子与孔子分别从不同的思想体系对这种哲学观念作了表述。《老子》提出了"道"作为超越时空的本体，粉碎了"天"、"上帝"等神秘的宗教传统。《道德经》提出的丰富的朴素辩证法思想，即道家的哲学思想，是中国古代体育思想（如养生思想、武术思想）的重要根源。古代武术理论从对武术本体的认识论到武术技击的方法论都与道家哲学有着不可分割的血肉联系。

而孔子及先秦儒家的"仁学"思想，也对中国古代体育有深远影响。在儒家有关"礼治"的文献中，对古代体育的社会效能有不少论述。其中，荀子的"人定胜天"及"动以养生"的观念是古代体育思想中对运动作用的正确认识的重要思想渊源；先秦的阴阳、五行学说是朴素的辩证法和唯物论，对中国古代文化有着极为广泛深远的影响，是构成中国古代体育思想的重要因素，也为民族传统体育理论的形成和发展奠定了基础。

（三）经济的发展为娱乐性传统体育活动创造了条件

进入奴隶制社会以后，生产工具的改善和社会制度的更新，极大地促进了生产力的提高，经济的日趋繁荣。一些较为简单、娱乐性较强的传统体育迅速崛起，譬如龙舟竞渡、举重、秋千、飞鸢（风筝）等。这些传统体育活动，既满足上层统治阶级喜好，也受到广大人民群众的欢迎，在民间得以广泛开展。

有一些娱乐性较强的民族传统体育活动，早在奴隶制社会以前就已经出现。但随着社会的变迁，它们从最初的生产劳动、宗教祭祀以及原始战争的母体中脱胎而出，演变成具有新的功能和意义的传统体育形式。譬如，龙舟竞渡在战国时期的荆楚大地被赋予了纪念屈原的意义，而在吴地则被赋予了纪念伍子胥的新内涵，成为民众津津乐道的一项传统的娱乐竞技体育活动。此外，在许多民族中广泛开展的风筝活动，最初被称为"飞鸢"、"纸鸢"，军事战争中用于刺探他国情报，随着社会的发展和人们对娱乐活动的需要，逐渐演变为一项娱乐性的传统体育活动。战国时期民间还流行一种小球游戏叫"弄丸"，其玩法为抛接数个小球，这个古老的项目在今天的杂技表演中还常常看到。与此同时，某些原先流行于一隅的体育活动项目，也因战争等原因传入中原。实际上，秋千就是一项起源于山戎地区民族中的游戏活动。齐桓公在北伐山戎的战役中，看到少数民族中有人踩在用两根绳子吊在半空的板子上，晃来荡去，显得十分轻捷矫健，于是就把这种游戏带回了齐国（《通俗篇》卷三十一引《古今艺术图》），并在汉族民众中得到开展。

总之，进入奴隶制社会以后，特别是春秋战国时期，生产力提高，经济繁荣，人们的思想空前活跃，文化观念和文化需求也呈现出一种多元化的格局，为娱乐性的传统体育活动在当时的流行与发展创造了条件。

二、古代民族传统体育的兴盛

秦汉三国是我国历史上继往开来的重要发展时期，从思维方式、统治思想、政治制度到民风民俗、节日节令，都为后来的发展打下了坚实的基础。体育作为社会文化的重要组成部分，也同样适应新时代的要求，在继承先秦体育与引入外来体育的基础上有所扬弃，形成了后世体育发展的基本格局。

两晋南北朝时期的体育，无论在开展的项目方面，还是在发展的规模方面，与秦汉时期相比，都显得有些逊色。但玄学的兴起、少数民族的大量内迁，为民族传统体育的发展注入了新的活力，使这一时期的传统体育极具时代特征。

（一）民族融合中的传统体育

秦王嬴政统一六国，结束了自春秋战国以来五百余年四方民族与华夏民族之间及其内部的兼并纷争，在各族文化长期互相融合的基础上，以中原农耕型的周秦文化为基本模式，采取向兼并地区大量移民的方式，向全国推广。汉取代秦而立，继续推行统一政策。同时，我国北方也建立了多民族的匈奴帝国。由此，我国多民族的统一国家最终得以确立，即北匈奴、南秦汉。在大一统的局面下，各民族的社会经济和文化迅速发展，各民族间的交往开始频繁起来。

西晋"永嘉之乱"之后，中国经历了空前广泛的民族大融合时期。原处西、北边境的匈奴、鲜卑、羯、氐、羌等民族先后进入黄河流域建立了政权，北方汉人大批南渡避乱，又引起了南方的民族变动。

持续的民族交往和融合，丰富了体育活动内容，促进了部分传统体育活动在各地区的传播，使一些地方性活动项目开始在全国各地开展。譬如，目前在我国十几个民族中流行的摔跤运动，秦汉时期已经形成了3种不同风格的方式，当时称为"角力"、"角抵"、"争跤"。1975年湖北江陵凤凰山出土的漆绘木篦上所绘画的角力图，代表了一种风格，其特点是无固定抱法，可采用击、打、摔、拿等动作，相当于古希腊的摔跤。1955年陕西长安客省庄出土的角力纹透雕铜饰上的角力，代表了另一种风格，角力方法有固定搂抱的要求，即一手抱腰、一手抱腿，至今在维吾尔等少数民族中仍沿用这种摔跤方式。吉林集安洞沟出土的东汉时期高句丽角力图，也采取固定搂抱方式，但与客省庄角力者的抱法不同，采用双手搂住对方的腰，与后世相扑的抱法完全一样。

两晋南北朝时，原本是游牧民族的匈奴、鲜卑等少数民族入主中原后，骑马射箭仍然是为战争服务与健身结合的军事体育项目，但后来受中原文化的影响，骑马射箭常与汉族的传统节日结合在一起。三月三是汉族的传统节日，远在西周时，每年三月的"上巳"日，女巫要在河边举行仪式，为人们除灾去病，这种仪式叫"祓禊"。自魏晋以后，祓禊的目的，不是专为祓除不祥，而是与游春相结合，追求健康和欢乐，因而，祓禊的内容不再有什么礼仪，而是临水饮宴。这种起自上古礼仪的三月三，在民族融合过程中，也成了少数民族的节日，只是活动内容变成了骑马射箭。

（二）传统体育的娱乐色彩日趋浓厚

秦汉之前，许多传统体育活动是练兵的重要手段，或是祭礼的附庸品，功利性较强，娱乐性淡薄。秦始皇统一中国后，战乱结束，文化娱乐上的需要较为突出，人们开始更多地关注体育的娱乐性，特别是两晋南北朝时期玄学的兴起，又进一步解除了礼教、军事对传统体育的束缚，使其更多地按照体育本身具有的娱乐性、竞技性特点发展。

1. 从军事训练项目转化而来的民族传统体育

春秋时期以来，部分军事训练项目逐渐从军事中分化出来，朝竞技、表演方向发展，"田忌赛马"不以进退周旋必中规矩的"五御"为务，而以竞赛速度为赌；项庄舞剑，其借口是"军中无戏乐，请以剑舞"，杀伐决斗的技艺，被转化为娱宾助兴的表演手段；特别是百戏（角抵戏）的产生，又包容了角力、举鼎、击剑、射箭、投石等有关身体训练形式与军事技巧。百戏脱胎于西周的"讲武之礼"，当时的"讲武之礼"本是一种以比赛形式进行的军事训练或军队检阅，丝毫没有娱乐的意义。到了秦二世时，才增加了杂技、舞蹈等内容，纳入了宫廷娱乐之中。两汉以来，其内容和形式又有了很大的变化。到东汉时已经成为一项内容庞杂的综合表演形式，以险、难、奇的特征而著称于世，表演者大多是经过严格训练的专职艺人。于是，这种"讲武之礼"便成为具有极强观赏性的娱乐活动了。

带有军事色彩的围棋，在汉代班固的《围棋赋》中就有"略观围棋兮，法于用兵"的说法，可见当时仍用军事的眼光来阐述围棋的一般原则和要领。到了南北朝时，在崇尚智巧的社会风气下，围棋迎来了发展的黄金期。弈棋人员，遍及社会各个阶层（包括政治家、军事家、文士名流和贵族子弟），为前代所少见；而对棋艺研究之精，对后世围棋发展影响之大，也是前代所莫及。这一时期，围棋高手辈出，且出现了评定围棋水平的"品位制"，以及专记棋艺的棋谱，并对原有棋制进行改革，确立了十九道的围棋棋盘，使围棋更加变化莫测，妙趣横生，更富于竞技性和娱乐性。

2. 来源于祭礼活动的民族传统体育

我国许多传统体育活动发生的基础，原本是宗教祭礼仪式。如王充《论衡·明雩篇》记载，春秋时期，鲁国有一种在暮春时举行的名为"雩祭"的求雨仪式，参加仪式的人要排成队伍，模仿龙出水的样子。春季缺雨，鲁地人模仿龙的形象舞于水中，含有表明自己是龙的后裔，请龙降雨滋润大地，使谷物苗壮成长以降福于龙之子孙的意图，后世的舞龙灯等活动即源于此。秦汉三国以后，这些存在于祭礼活动中的传统体育，逐渐摆脱了宗教祭祀的束缚，与节令、节日结合在一起，游乐的气氛日渐浓重。据考证，纪念屈原或伍子胥的龙舟竞渡在东汉时就与农历五月初五的端午节结合在一起，在南北朝时更是成为全国性的节令活动。

3. 冲破礼教束缚的民族传统体育

汉代的田猎（打猎）活动基本上摆脱了"顺时讲武"的束缚，与其他娱乐活动联系在一起，发展成为一项重要的休闲娱乐活动。尽管不少儒生为"蒐狩之礼"的变质而长叹，为"违时纵欲"的田猎而苦谏，其结果依然不能使田猎回复到演礼施仪的"先王之礼"，就连热衷于"礼教"的汉成帝，也经不住驰骋山野所带来的身心欢愉的诱惑，未将田猎归入讲礼之类。

春秋战国时代，由于文武分途的出现，社会上兴起了大量不会舞刀弄枪的文士，但他们也有参加体育活动的需求。因而，出现了从"射礼"演变而来的投壶活动，其繁琐、形式化与射礼完全一致。在《礼记》中就有《投壶》一章，专记投壶之方法礼仪。汉魏间，投壶基本摆脱了原来那一套繁文缛节，进一步游戏化，并且花样翻新，仅从《投壶赋》中可见"骆驿联翩，爰爰兔发，翻翻隼集，不盈不缩，应壶顺入"的参连法，以及交叉投掷法、左右开弓法等。

（三）棋类游戏的大发展

汉武帝采纳了董仲舒的意见，"罢黜百家，独尊儒术"。并在长安设置太学，开创了政教分离的官办学校教育。汉代官方学校的教育以"经学"或"辞赋"取代了先秦时期的"六艺"，基本上排除了有关身体技能的学习内容。

官方教育思想的改变，也影响了官僚成分的改变，汉初孝惠吕后时，"公卿皆武力有功之臣"的状况，开始被"公卿、大夫，士吏斌斌多文之士"的局面所取代，开创了重文士、轻武夫的先河。"重文轻武"的观念与"引以为荣"的士大夫地位，影响了人们对体育活动的看法，深深地打上了"君子劳心，小人劳力"的印记。于是，社会上形成了"雅"、"俗"两类不同的体育活动，其中，有利于陶冶情操、修身养性的棋类游戏活动，得到王孙贵族和士大夫的喜爱。魏晋玄学的兴起，又进一步促进了这些"雅"体育向娱乐性、竞技性方向的发展。

汉成帝和魏文帝都是弹棋迷。三国时期，在魏文帝曹丕的倡导下，朝臣名士无不争能，一时间掀起了"弹棋热"。曹丕和王粲等人还分别作过《弹棋赋》，称颂这种非常令人迷恋的游戏活动。先秦时期盛行的六博，到了汉代得以更广泛的传播，尤其在宫闱、王府和富豪之中特别盛行。汉景帝、汉宣帝、汉桓帝以及不少大臣，都是见诸记载的六博好手。汉代上流社会中还流行一种叫作"格五"的棋类游戏，它是在六博的基础上发展起来的，取消了用骰子掷彩的方式，靠行棋的技术来战胜对手，这样便与六博这种带有一定赌博性的游戏分野，成为汉代贵族和士大夫们喜爱的一种雅戏。樗蒲，大约是在西汉时期从西域传入中原地区的，到了西晋以后，这种游戏已在皇帝和达官贵人中流行开来，晋武帝、宋武帝、周文帝以及桓温、王献之、颜师伯等人都擅长樗蒲。握槊流行于北朝，本是西北少数民族的游戏，后传入汉族贵族之中。双陆则盛行于南朝，它与握槊只不过是名称不同，流传地区不同，但形制是一样的。

三、古代民族传统体育的繁荣

隋唐在我国历史上是一个国力强盛、文化繁荣的时期，从总体上来说，其文化呈现了一种恢宏壮阔、热烈昂扬的格调，这为隋唐传统体育的兴盛营造了良好的氛围。隋唐两代也正是依靠"稻米流脂粟米白，公私仓廪俱丰实"这样的物质基础，以及由此带来的"外户不闭"的社会环境，大力发展了形式多样的传统体育活动。隋唐时期，体育发展的主要特点是开展的项目多、参加活动的人数多和中外体育交往的频繁。

（一）节令中丰富多彩的民族传统体育

我国的传统体育在长期的流传过程中，被古人赋予了一定的思想内容，特别是与节令有联系的传统体育内容，甚至带有某种宗教目的和迷信色彩。譬如重阳登高，最初含有避瘟神逃灾去难的意义；元宵节的灯火是为了祭祀太一而创。到了隋唐时代，这些节日、节令中的传统体育内容与形式进一步向娱乐性和竞技性方向发展，赢得了更广泛的发展空间。

唐代，拔河不仅在民间流行，还进入了宫廷，成为一项规模宏大的娱乐活动。开展拔河的时间，常在正月十五，参加拔河的人数动辄上千，颇有声势。薛胜在《拔河赋》中称，"皇帝大夸胡人，以八方平泰，百戏繁会，令壮士千人，分为二队，名拔河。"秋千又是一项与传统节日、节令结合在一起的民族体育项目，据《开元天宝遗事·半仙之戏》记载，"每年寒食清明期间，唐代宫女都打秋千取乐，唐玄宗呼之为'半仙之戏'，都中士民因而呼之。"竞相效仿，风靡一时。许多唐诗中都写到过荡秋千，如杜甫《清明二首》中有"绿杨交映画秋千"、"秋千竞出重阳里"、"万里秋千习俗同"。端午龙舟竞渡，是我国特有的民间体育活动，具有悠久的历史。在隋唐时代，其娱乐竞技特色尤为突出。从张建封的《竞渡歌》中我们可以看到当时龙舟竞渡的热闹场面，《上巳日陪刘尚书宴集北池序》中的"观其猛厉之气，腾陵之势，崇山可破也，青天可登也"，(《全唐诗》)也反映了竞渡时的磅礴气势。寒食节是我国古代的传统节日，即现在的清明节。寒食节前后，除个别地区外，正是"春风不热不寒天"，人们借着节日机会，走出户外，一面饱赏大好春光，一面参加有益的体育活动。寒食蹴鞠就是在这样的背景下应运而生。最早出现寒食蹴鞠是在南北朝，至唐代时兴盛。白居易在《洛桥寒食日作十韵》中就写道"蹴球尘不起，泼火雨新晴"。(《全唐诗》卷699页)除了以上几种代表性的节令体育外，重阳登高、元宵赏灯游戏等都是在唐代开展得较好的传统体育活动。

(二) 体育交流频繁

隋唐时期处在我国封建社会上升时期，统治阶级具有开拓、进取的精神风貌和开明、民主的统治思想，对内采取平等相处、爱之如一的民族政策；对外来文化，敢于兼收并蓄，积极发展与外邦的友好关系，从而促进了国内各民族之间以及中外的体育交往，许多传统体育项目就是在这一时期得以走出国门，同时，异域的体育文化也充实了我国的民族传统体育。

今天新疆维吾尔族中开展的一种立于小圆毯上旋转而起的舞蹈，在唐代的出土文物上便可以看到，当时称为胡旋舞。胡旋舞出自中亚细亚的米史、康居、那色波等昭武九姓国，这些国家的居民原先居住在祁连山北的昭武城（今甘肃高台县），后迁移到中亚细亚，分为九国，同姓昭武，并与唐王朝保持着友好的来往。开元、天宝年间，康居等国曾多次向唐王朝进献胡旋女子，于是胡旋舞传入中原。此外，据唐人封演的《封氏闻见记》卷六《打毬篇》载，唐太宗李世民听说西蕃人好打马球，就专门派人去学习，不久马球就在王公贵族间流传开了，唐高宗李治也曾礼请吐蕃击球好手到长安传艺，这些都是我国各民族人民体育交流的历史明证。

繁荣强盛的唐王朝当时曾引起世界许多国家的关注，京城长安成为国际交往的城市，世界四十多个国家的使臣先后到达大唐帝国。其中以日本和朝鲜与中国的交往最为密切，公元630年开始，日本多次大规模派出遣唐使和留学生；中国扬州高僧鉴真也应日本僧侣的邀请，克服重重困难，到达日本。双方的友好往来大大促进了两国之间的了解，增进了经济、文化等方面的交流。中国的投壶、蹴鞠、击鞠、围棋、步打球先后传入日本，日本射手在唐高宗年间也曾来我国表演射技。作为中国近邻的朝鲜，也曾多次遣使来我国，与唐朝建立了深厚的友谊，我国的围棋、蹴鞠等传统体育项目也正是在此时传入朝鲜，并在朝鲜扎根、发展。张乔的《送棋待诏朴球归新罗》就是一首反映中朝体育交流的诗篇。

(三) 女子传统体育活动的兴起

两晋南北朝后期，少数民族大量地涌入中原，其妇女普遍受到尊重的社会风气，冲击了汉族地区男尊女卑的陋习，为女子体育的发展扫清了思想障碍。隋唐时期，由于佛教和道教的盛行，儒学的地位始终没能达到两汉时期的高度，因而，封建礼教对女子的束缚，也没有达到两汉时期那样的严紧，汉族妇女普遍获得了参与体育活动的权利，于是出现了我国历史上少有的女子体育的繁荣景象。受隋唐时期传统体育项目发展状况的影响，这一时期在女子中开展的传统体育项目，主要有击鞠、蹴鞠、步打球、射箭及舞蹈等。

以前，主要是男子参加蹴鞠活动，到了唐代，女子也参与其中，主要是活动量较小的"白打场户"，即一种在圆形场地内进行、中间拦有十字形丝围的蹴鞠玩法，分左右班对踢。唐代诗人王建的《宫词》一诗中就描写了唐代女子在寒食节期间蹴鞠比赛的情景："宿妆残粉未明天，总立昭阳花树边。寒食内人长白打，库中先散与金钱。"（《全唐诗》卷302）在击球盛行的唐代社会，为了迎合妇女参与击鞠活动的要求，在骑马打球的基础上，又发展了驴鞠和步打球。北京故宫博物院收藏的一面唐铜镜上，刻有四个妇女打球的图像，这是唐代女子开展击球活动的生动例证。此外，在唐代诗人杜甫的《哀江头》中，追忆了当年唐玄宗和杨贵妃在南苑游猎的盛况，写了宫嫔射箭的情景："辇前才人带弓箭，白马嚼啮黄金勒。翻身向天仰射云，一箭正坠双飞翼。"

在一些诗文和出土文物中，还有反映女子体育的。如刘禹锡《同乐天和微之深春二十首》描写女子秋千的情景："妆坏频临镜，身轻不占车。秋千争次第，牵拽彩绳斜。"新疆阿斯塔那唐墓出土的仕女围棋绢画，证明唐代有女子围棋。

（四）围棋娱乐活动的开展

在南北朝及其以前，围棋以它的军事性、娱乐性、竞技性受到历代政治家、军事家和社会名流的喜爱，其中，围棋的军事性受到许多围棋名家的重视。随着唐朝社会生活的安定，人们对围棋价值观的认识开始发生变化，从围棋著作的归类上也反映出这一变化。《隋书·经籍志》把辑录的围棋著作全部归入《子部·兵书》类，与《司马兵法》、《孙子兵法》、《吴起兵法》等著作同列一类。但是，专记唐朝一代藏书之盛的《旧唐书·经籍志》和《新唐书·艺文志》，则把围棋著作归入《子部·杂艺术》类。这说明围棋的存在已不取决于它的军事价值，而主要在于陶冶情操、愉悦身心、增长智慧。下棋与弹琴、写诗、绘画被人们认为是风雅之事。因而，社会上出现了以善弈为荣，以不善弈为耻的风气。

四、古代民族传统体育的完善

北宋虽然统一了南方，但北方仍由契丹、党项、女真等少数民族相继统治着，先后建立了辽国、夏国、金国。后来的元、明、清三代中，元、清虽都是少数民族政权，但他们所倡导的体育项目有所不同，加速了少数民族传统体育的发展。

（一）与军事有关的民族传统体育项目空前活跃

宋、元、明、清时期，我国封建社会开始步入下坡路的时期，但由于统治阶级采取了一系列新的政策，仍保持了生产力进步、经济繁荣的良好社会环境。但安定平和的政治局面是相对而言的，大、小规模的战争仍然不断地发生，对军事训练的重视，使某些与军事有关的传统体育项目愈加完善。以畜牧、狩猎为生的少数民族参与到逐鹿中原的战争后，他们强悍的民风和全民皆兵的制度，又进一步刺激了具有军事意义的传统体育活动的发展，使之出现了空前活跃的发展态势。

契丹族、女真族和蒙古族都是以畜牧狩猎为生的民族，牧放、狩猎离不开骑射，交通、作战也必须使用弓、马。所以，骑马、射箭是这三族人民的基本生活技能，而统治者"因弓马之力取天下"（《元史·兵志》中华书局，1976年点校本）更促进了骑术和弓箭术的发展与提高。

为了推动骑射技术的发展，辽、金、元朝都设有专门的骑射节日。辽国三月三日为射兔节，"三月三日为上巳，国俗刻木为兔，分朋走马射之。"（《辽史·卷五十三·礼志六》，中华书局，1974年）辽国和金国还定五月五日为射柳节。而辽国的"那达慕大会"，有男子三项竞技，即射箭、骑马、摔跤比赛，获胜选手被称为勇士。

对于女真族的后裔——满族而言，骑射既是他们长期生活和生产的主要手段，又是清代宫廷中主要的军事训练活动，其政治色彩相当浓厚，在宫廷中的地位和在统治者眼中的作用确如道光皇帝所说的"八旗根本，骑射为先"。自顺治皇帝定都北京之后，便经常在南苑行猎，康熙继任之后，更是频繁地举行行围狩猎。公元1683年，在承德府北四百里处建立木兰围场，从此"木兰围猎"作为定制，每年秋季皇帝都要率领大臣和侍卫的虎枪营到此行围，并要召集旧藩四十九旗喀尔喀青诸部，分班从围，这既是一次军事训练和政治聚会，又不失为一次娱乐活动。除了行围狩猎以锻炼军队的骑射本领之外，清代皇帝还经常举行专门的骑射检阅，观看射箭（比赛）。

蒙古族更是把角抵（摔跤）放在与骑马、射箭同等重要的位置上，元朝统治阶级大力推崇这种活动，凡是在那达慕大会上获得摔跤冠军的人，都能得到"国之勇士"的称号。清王室更是提倡摔跤，其形式与元代摔跤相同，即现在着跤衣的民族式摔跤。

在清代，除了骑射和摔跤之外，由于满族人的提倡，冰嬉得到了快速的发展。清王室是女真族的后裔，世代居住在长白山附近，狩猎和采集是其主要的生产方式。在天气寒冷的环境中，他们不仅擅长骑射，而且还掌握了滑雪、滑冰的技术。清王室统治全国后，仍旧保持了以滑冰来训练军队的旧俗，每年都要在太液池（北海）进行一次大规模的滑冰检阅，称之为冰嬉。乾隆皇帝在《冰嬉》一诗中写的"冰嬉仍寓诘戎行"，道出每年在太液池举行的冰嬉具有训练军队的意义。但是随着承平日久，军队例行的冰嬉检阅便成了行赏和娱乐活动，冰嬉的内容也随之改变。当时的冰嬉活动主要有三种：第一种是竞赛快慢的速度滑冰，名曰抢。第二种是杂技滑冰，也就是现在所说的花样滑冰。现藏故宫博物院的乾隆画苑画师金昆、富隆安合绘的《冰嬉图》，生动地表现了当时冰嬉表演的情景，图中不仅有大蝎子、金鸡独立、双飞燕等花式姿势，还有各种杂技式的动作。第三种是冰上蹴鞠，作为练武之用，完全是仿照古代蹴鞠而创造的。

（二）市民文化的兴起促进了民族传统体育的发展

两宋在以自然经济为主的基础上，手工业和商业呈现了前所未有的发展势头。城市中，"自大街及诸坊巷，大小铺席，连门俱是，即无虚空之屋"。商品交易活跃，城市人口大大增加，促进城市文化兴起。于是，出现了我国民族传统体育发展的新现象，即市民体育的蓬勃发展。

市民体育，指的是宫廷、官僚及军队体育以外的城市中下层人民的体育活动。中国古代体育的发展，大致经历了一个从宫廷到民间、从上层社会走向下层社会的过程。中国古代开展的宫廷体育有相当优越的条件，但这种贵族体育的范围很窄。民间、村社的体育活动受到强烈的季节性影响，一般多在农闲时开展，而且形式不多，加之经济条件的限制，也抑制了人们对体育的兴趣。而宋元时期市民体育的兴起，拓宽了民族传统体育的发展空间，特别是符合市民休闲娱乐需求的表演性与自娱性的传统体育得以广泛地开展和传播。

1. 观赏性传统体育项目的兴起

瓦舍，又叫瓦子、瓦市，是两宋时期城市中综合性的游乐场所。在瓦舍里表演的节目有说唱、杂剧、讲史、杂技，也有踢球、相扑、举重、使拳等观赏性的传统体育项目。《东京梦华录》、《西湖老人繁胜录》都记录了诸如相扑、使棒（后来的武术）等艺人在瓦舍卖艺的情况。城市的街头广场，则是"路岐人"献技的地方。大都市之外，还有星罗棋布的小城镇，不少艺人在大城市中难以谋生，于是就到这些地方献技。以体育表演为生的大批职业艺人的出现，正是宋代观赏性传统体育兴起的标志。

随着职业体育艺人的大批产生，特别是他们又相对集中地居住在某些大城市中，于是体育行会组织相继建立和发展起来。当时蹴鞠有"齐云社"（又称圆社）、相扑有"角力社"（又称相扑社）、射弩有"锦标社"等，这些行会组织主要负责协调体育艺人与方方面面的关系，制定职业规则和组织"社"的成员进行体育训练与交流。

2. 自娱性传统体育活动在市民中广泛开展

宋代的象棋，家喻户晓，深受市民的喜爱，在城市的商店里、小摊贩处，都可以买到棋子和棋盘。城市里还有职业的棋手——"棋工"，专以赢棋谋生。到了明清时期，象棋又发展成为闺阁女子喜爱的一项活动，杨慎在他的《升庵长短句集·棋姬》中写道："红袖乌丝罢写诗，翠蛾银烛笑谈棋。"

踢毽子是宋代市民所喜爱的一项体育活动，当时的临安城有专门制作毽子的手艺人。明代出现了有关踢毽子的民谣："杨柳儿活，抽陀螺；杨柳儿青，放空钟；杨柳儿死，踢毽子；杨柳儿发芽儿，打拨儿。"

秋千是宋代民间盛行的节令体育活动。陆游《感旧未章盖思有以自广》诗云："路入梁州似掌平，秋千蹴鞠趁清明。"到了明代，仍有一些地方盛行这种习俗，当时的山东就非常普及秋千活动，在小说《金瓶梅》中，有整整一回是描写荡秋千活动的，表明荡秋千是当地妇女喜爱的活动。

放风筝是宋、元、明、清时期市民体育中广泛开展的又一项自娱性体育项目。宋代放风筝的普遍性可以从临安城卖风筝的情况来推测，《武林旧事·卷六·小经纪》记载临安城制作、贩卖风筝的小手艺人，"每一事率数十人，各专籍以为衣食之地"。在《帝京岁时纪盛·清明》还载有清明扫墓后放风筝的盛况："清明扫墓，倾城男女，纷出四郊……各携纸鸢线轴。祭扫毕，即于坟前施放较胜。"

此外，宋元以来，市民中盛行的传统体育项目还有龙舟竞渡、跳白索（跳绳）、打砖（从投壶发展而来）等。

（三）武术的兴盛与发展

到了宋代，武术仍与军事武艺有着不可分解的因缘，如武术表演在北宋属于军中百戏，是由"花妆轻健军士百余"来表演的。直至明清时期，武术才出现从军事技术中分化出来的迹象，逐渐发展成为具有健身娱乐性质的运动项目，并形成了发展的高潮，武术技术进一步丰富，理论与方法日渐系统。其表现为：

1. 武术内容丰富

在明代，已经有了十八般兵器，即"弓、弩、枪、刀、矛、剑、盾、斧、钺、戟、鞭、锏、镐、殳、杈、钯头、绵绳、白打"，又称为武艺十八事（朱国桢《涌幢小品》卷十二）。清代，又增加了锤、拐、钩、三节棍、狼牙棒等。明代的拳术有宋太祖三十二势长拳等二十余家拳术，到了清代已增至百种，如形意拳、八卦掌、查拳、花拳、六合拳等，都具有独特的风格。随着兵器、拳种的增加，各个项目的基本动作也丰富起来。以拳术为例，手法有砍、削、磕、靠……步法有拓步、碾步、冲步、撤步……除了手脚的招式之外，还有翻腾、跳跃、滚翻、旋转。由此而组成的套路千变万化，丰富多彩，既提高了表演性、健身性，又具有一定的实用性。

2. 武术门派的分立

武术门派的分立，大都在少林拳法名闻四方之后。据黄宗羲《王征南墓志铭》记载："少林以拳勇名天下，然主于搏人，人亦得而乘之；有所谓内家者，以静制动，犯者应手而仆，故别少林为外家。"（《南雷文定》前集卷八，摘自《四部备要》，中华书局）可见当时已有"内家"与"外家"之分。两派的划分，由拳法不同引起，也与其习武的出发点有一定关系。"内家"以静制动与"外家"主搏于人的出现也标志着武术的进一步发展。所谓"外家"即指少林派，因"内家"附会武当张三丰为其创始人，故亦有少林、武当两派之说，此外还有峨眉等派别。也有以拳种和风格分立，则有八卦、形意、迷踪以及长拳、短打等。

3. 武术理论的丰富

明清时期，有关武术的著述较前代丰富，在理论探讨方面也取得了显著成绩，这一时期武术著作主要有程宗猷的《耕余剩技》、戚继光的《纪效新书》、吴殳的《手臂录》、王宗岳的《太极拳经》、俞大猷的《剑经》等，在这些著作中我们可以看到当时武术理论的发展状况。

首先，肯定了套路存在的必要性和重要性，批驳了有些人单纯从军事角度鄙薄套路为"虚套""花法"的片面性。其次，在传习方法上也总结了不少行之有效的经验，如"学武先学拳"，《纪效新书·拳经》认为各种兵器的练习"莫不先由拳法活动身手，其拳也为武艺之源"；又如"练习器械，由棍法开始"。再次，在身体训练和因材选项上也有了明确的认识，如《纪效新书·赏罚》中就有身体全面训练的具体方法和要求，包括"练心之力"、"练手之力"和"练足之力"等。最后，以歌诀表达技术要领，且被广泛使用，如王宗岳《太极拳经》中的太极拳歌诀有"掤、捋、挤、按须认真，上下相随人难进"，突出了关键性的内容，易懂易记，对教学训练颇有助益。

第三节　近代民族传统体育的转型

1840年鸦片战争至1949年新中国成立前，中国处于半殖民地半封建社会。这一时期，中国的体育在形式和内容上主要由两个部分组成，一是中华民族固有的以武术为基本内容的传统体育，二是西方传入的欧美近代体育。研究中国近代传统体育，主要是研究西方近代体育传入中国后，民族传统体育在特定的历史环境中继承、演变和发展的历史。

西方近代体育传入中国之后，以武术为基本内容的传统体育在自然延续演变的过程中，逐步退出了主导地位而流行于民间，西方近代体育在中国传播发展，并成为中国近代体育的主流。但民族传统体育并没有消失，而是在新的历史条件下继续生存和发展，并且在接受西方近代体育的基础上，进一步完善和发展自己，完成了民族传统体育在近代的转型。

一、民族传统体育观念的转变

随着西方殖民主义者的向外扩张和帝国主义的入侵，从西方国家发展起来的许多近代体育项目开始传入中国，这无疑是对中国传统文化的一次冲击。在中华大地上土生土长的民族传统体育，在与西方体育的冲撞中，不断地重新认识、改造和发展自己。

这种重新认识的过程，早在洋务运动时就开始了，洋务派与维新派认为西方除有强大的军事工业外，还重视体育、全民皆兵，并认为，尚武与重视体育非西方国家所独有，我国古代早就有尚武之风。为此，大力提倡将中国的习武传统发扬光大，以强国强民。

1915年，体育界一批有识之士，在西方体育传入我国后，对民族传统体育的发展进行检讨，认为各国的体育运动，因其风俗和习惯等不同，各有其自身的特点，未必符合我们的国情，因此，发展体育，应从我国的实际出发。这种观点促进了体育界开始对传统文化的再认识，并重新评价民族传统体育。当时不少人认为，由于受政治、经济、文化发展不平衡的限制，刚刚传入中国的西方体育，尚不能完全被我们接受，因而，主张对民族传统体育进行深入研究，找出其在时间上、能力上、经济上都能合算的"适宜运动"来。体育界一些人士更著文称道传统体育"较诸新法各游戏（指西方近代体育）优点良多"。上述的认识和观点的出现，形成了一场关于西方近代体育与我国民族传统体育比较的大争论，把对传统体育的认识与反思推向了高潮。

二、民族传统体育内容的改造

在对传统体育的再认识与改造中，人们不再单纯地从练兵、娱乐、礼教等意义上去认识和看待传统体育，而是认为传统体育与西方体育一样具有强身健体和教育等功能，应当受到重视。这样一来，对传统体育中的健身术和武术的研究与推进，成为这一时期近代体育演变过程中的重要内容。

20世纪20年代前后，体育界人士开始对传统体育的活动形式进行整理研究。以精武体育会、北京体育研究社等为代表的一些组织和人士，在继承传统的基础上对传统体育（主要是武术）进行了整理。他们的贡献在于用新式的体育组织取代了旧式武馆等带有浓厚封建宗法色彩的组织形式，这种整理和改造促进了武术运动的推广与普及。

以马良为代表的一些人则利用近代运动形式对传统体育活动进行了改造。如五四运动前后的"新武术"，20世纪30年代褚民谊的太极操等，都采用了近代徒手操的某些形式。这种改造无论成功与否，都不失为一种有益的尝试。

另外，有不少人从民间游戏中整理出一些项目，提供给中小学作为体育教学的内容。金兆钧所著《中国游戏》、潘蜚虹的《踢毽术》和王怀琪的《正反游戏法》等，这些著述也为民间游戏的推广起到了积极的促进作用。还有滑冰、空竹、跳绳、风筝等也都得到一定的整理与研究。在对传统体育活动进行整理和改造的基础上，以传统体育活动为内容的运动竞赛也逐渐增多，其中规模较大的有1924年长沙风筝比赛、1933年河南第一届民俗运动会、1933年天津踢毽子比赛和旧中国第五届全运会上的踢毽子表演等，这些比赛的规则对民族传统体育项目的普及与提高有着积极的作用。

三、民间流行的传统健身活动

近代民间还流传许多与武术有关的健身活动，主要有八段锦、易筋经、五禽戏等。八段锦起源于宋代，流传到近代，发展成多种形式，原本有文武之分，明清时流行文八段，近人在原八段的基础上增加了四段，取名为十二段锦。易筋经最初见于明天启四年的手抄本，但直到清道光以后，才得到较广的流传。由于古本易筋经中许多与呼吸结合的方法含有不少糟粕，因而近代流行的主要是易筋经的肢体运动部分。传为汉末华佗所创的五禽戏，是模仿虎、鹿、熊、猿、鸟五种动物的动作而编成的一套健身操，至近代，它已有多种形式，有的偏重内功，有的着重练"刚"劲，有的着重练"柔"功。以上几种与武术有关的健身形式，都在这一时期得到了较大的发展。

近代民间的传统健身活动，还有杠子、皮条、石担、石锁等形式。杠子相当于现今的"单杠"表演，皮条则与"吊环"相仿，而石担、石锁则是一种练力的形式。这些场地易找、设施简单而又易于普及的健身活动，主要流行于乡间田野，具有相当强的生命力，它们与传统武术类的健身活动，共同成为当时民间常见的、易于推广的主要形式。

此外，在少数民族居住地区，许多具有地域特征的民族传统体育项目也成为人们强身健体的活动内容。譬如哈萨克族的姑娘追、叼羊，藏族的碧秀（响箭），以及在蒙古和朝鲜等民族中广泛开展的摔跤活动等。

第四节 现代民族传统体育的发展

新中国成立后，党和政府提出了"积极倡导，加强领导，改革提高，稳步前进"的民族体育发展方针，为各民族体育的交流和发展创造了良好的条件，民族传统体育迎来了新的发展机遇。其发展历程大致可分为三个阶段。

一、挖掘与整理阶段

历代统治者对少数民族文化（包括民族体育）持弃之不顾、任其自生自灭之态。新中国成立后，党和各级政府以"清理古代文化的发展过程，剔除其封建性糟粕，吸收其民主性精华，是发展民族新文化提高民族自信心的必要条件"的精神，作为少数民族传统文化和少数民族传统体育发展的根本方针，通过挖掘、整理，使少数民族传统体育逐渐摆脱了狭隘的地域限制，逐步由地区向全国扩展。

1949年，人民政府对民族传统体育进行了大规模的整理和发掘，把具有浓厚民族色彩的少数民族体育发展成为对抗性较强的竞技运动。譬如，流行于各民族中的摔跤活动，经过综合和改造，发展成为具有民族特色的中国式摔跤，列为第一届少数民族传统体育运动大会的竞赛项目，并在1953年成立了中国摔跤协会。随后，国家体委颁布的《中华人民共和国运动竞赛制度的暂行规定》把中国式摔跤列为实施竞赛制度的43个运动项目之一，并规定每年举行一次单项锦标赛。1956年在北京举行了中国式摔跤锦标赛，1957年制定了《中国式摔跤竞赛规则》，至此，我国的传统体育项目——摔跤完成了它的竞技性改造。1984年有21个省、市、自治区代表队参加了全国民族体育形式表演及竞赛大会，大会期间，各队表演了蒙古族摔跤、朝鲜族摔跤、维吾尔族摔跤，以及国际比赛中的古典式摔跤和自由式摔跤，交流了各种摔跤技术，充实了中国式摔跤技术的宝库。

此外，1953年举行的少数民族传统体育运动大会也是民族传统体育获得新生的一个标志，是我国民族体育运动史上的一个里程碑。首届民运会确定了少数民族体育的发展方向，加强了全国各族人民的团结，为民族体育的研究和整理打下了基础，标志着少数民族传统体育开始步入新的历史时期。

二、停滞与恢复阶段

20世纪50年代后期至70年代后期，少数民族传统体育不可避免地受到"左倾"思想的严重干扰。党的十一届三中全会之后，少数民族地区的经济有了长足的发展，为民族传统体育的发展奠定了坚实的物质基础，营造了良好的社会环境，复兴民族传统体育的时机已经成熟，只是由于二十多年的停滞造成的损失难以弥补。进入 20 世纪 80 年代后，国家有关部委召开了全国少数民族体育工作座谈会，将民族体育工作重新列入工作议题，各级有关部门力排极左思想的干扰，积极倡导挖掘、整理民族体育，但民族传统体育仍然呈现出不容乐观的状态。以第二届民运会为例，虽然参加人数与第一届民运会相比有所增加，但竞赛项目只有两项，并且采用全国其他运动会的比赛规则和形式，缺乏民族特色，比赛规则、项目设置等均有待于进一步完善和规范。总之，此时的民族传统体育项目仍处在一个百废待兴的时期。

三、普及与提高阶段

到了 20 世纪 80 年代后期，民族传统体育经历了数年的重新崛起后，进入普及与提高阶段。其显著性的标志就是从 1982 年开始，我国少数民族传统体育运动大会每四年举行一次，至今已分别在天津、内蒙古、新疆、广西、云南、北京等省区市举办了十一届。由于国家的支持和各省区的共同努力，该项赛事以其民族性、广泛性和业余性为特色，成为全国较有影响的大型综合性体育运动会之一，为挖掘整理各民族传统体育，弘扬民族体育文化，发展民族体育事业和全民健身运动，提高各民族人民身体素质，促进各民族团结等方面做出了积极的贡献。

此外，民族传统体育的提高还体现在以下三方面。第一，对一些民族传统体育项目进行改革和综合创新。譬如，1984 年，国家体委综合蹴鞠、花键和现代足球、排球、羽毛球运动特点，推出键球项目，这是贯彻古为今用、开发民族传统体育的成功尝试。进入 20 世纪 90 年代后，由北京民族体育协会根据古代蹴鞠的方法，并结合流传于我国民间的一些球法，整理挖掘出一项新兴的民族传统体育项目——蹴球。1991 年第四届和 1995 年第五届民运会上，蹴球被列为表演项目，在表演过程中没有统一的规则，也没有统一要求的场地、器材，运动员在场上随意踢、蹴。1996 年国家体委、民委将蹴球项目的研究和整理工作交给了北京体育大学，该校科研处组织有关专家对蹴球进行了为期 3 年的研究和整理，通过大量的实践和比赛，经过反复的修改，为蹴球项目制定了比赛规则，成为第六届民运会的正式比赛项目。第二，对一些民族传统体育活动中存在的陋习进行了革除，如傈僳族的"东巴跳"，经过提炼改革，摒弃封建文化的糟粕，弘扬健身和艺术的价值，成为一项独具特色的民族体育活动。流行于江浙一带的龙舟竞渡活动，具有极强的民族特色，蕴涵着我国丰富的传统文化，但其中迷信成分也占有很大的比重，经过改进，革除了陈俗陋习，使现代的龙舟竞渡成为深受全国各地民众欢迎的一项传统体育运动。第三，独具特色的民族传统体育开始走出国门，走向世界。1990 年北京举行的第十一届亚运会上中国武术被列为正式比赛项目，并成立了国际武术联合会。1991 年在内蒙古举办了国际那达慕大会，向世人展现了具有草原风采的民族传统体育文化。另外，键球、龙舟、风筝、围棋等项目的国际性表演和竞赛日趋增多，呈现出前所未有的发展趋势。

综上所述，新中国成立后，在挖掘、整理、研究和提高的方针指导下，民族传统体育项目得到进一步丰富和完善，完成了组织建设，正确处理了继承、改造、创新与发展的关系，并通过各种形式的运动会和活动，增强了各民族之间的相互了解、相互学习和相互促进。几十年的事实表明，民族传统体育已成为我国各族人民体育生活中不可缺少的重要组成部分，并已逐渐成为整个人类所共有的财富。

第四章 民族传统体育的区域与分布

在中华大地上世代繁衍着 55 个少数民族,据第六次全国人口普查,少数民族现有人口约 1.1 亿,约占全国人口总数的 8.49%。少数民族大部分分布在东北、西北、西南、东南以及南方的广大边疆地区,千百年来,他们以自己的勤劳与智慧,创造和发展了各具特色的少数民族体育。少数民族体育的发展受到区域地理、生态环境、生产生活方式、风俗习惯和宗教信仰等的影响,以其特有的方式存在并延续至今。下面就东北和内蒙古、西北、西南和东南四大区域,对少数民族体育作简要叙述。

第一节 东北和内蒙古地区的民族传统体育

东北、内蒙古地区包括辽宁、吉林、黑龙江三省和内蒙古自治区,面积 189 万平方千米,约占全国领土面积的 1/5,不仅战略地位十分重要,自然资源丰富,而且是我国游牧文化、渔猎文化的主要发源地。本区域的少数民族主要有满族、蒙古族、朝鲜族、达斡尔族、赫哲族、鄂温克族、鄂伦春族 7 个民族,其中,满族人口在全国少数民族中仅次于壮族和回族居第三位,大多数的满族分布在东北三省,以辽宁最多;蒙古族主要分布在内蒙古自治区;朝鲜族分布在吉林省,尤以延边朝鲜族自治州最多;赫哲族和鄂伦春族是全国少数民族中人口较少的民族,人口总数不到万人,主要分布在黑龙江省和内蒙古东北部。

自古以来,生活在这片土地的各族人民,在与大自然做斗争,求生存的过程中,创造了悠久的历史文化,其中比较突出的有民族文学、民族建筑、民族风俗、民族舞蹈、民族体育等,而民族传统体育就是穿缀在民族文化光环上的一颗璀璨明珠。多姿多彩的传统体育活动和丰富的儿童游戏,养育了一代又一代体魄顽健的人民。据统计,该地区民族传统体育项目主要包括满族的赛马、马术、骑射、射箭、跳马、跳骆驼、赶石弹、打瓦、采珍珠、冰嬉,蒙古族的打布鲁、马球,朝鲜族的顶水罐走、跳板、铁连极、转瓢,鄂温克族的打棍,鄂伦春族的打靶、滑雪、赛皮爬犁以及赫哲族的叉草球、顶杠等。由于各种历史原因以及社会发展、经济生活、自然环境、风俗习惯和宗教信仰等各方面的差异,使得东北和内蒙古地区的少数民族传统体育有着各自不同的特点,这些传统体育文化的具体表现并不是以一种独立的纯粹单一的体育形式存在,而是渗透在各种社会活动之中,由此形成了本区域少数民族传统体育的特色和优势。

一、源于生产劳动和生活实践

东北、内蒙古地区地域辽阔,北抵额尔古纳河下游和黑龙江,南濒渤海,东起乌苏里江,西至北山,南北跨越寒温带、温带两个温度带,分布着长白山脉、大小兴安岭、阴山山脉等众多山脉,而松辽平原和蒙古草原,则一东一西覆盖其间,地理位置的复杂性和生态环境的特殊性,决定了该地区少数民族主要以畜牧业、狩猎业、渔业和农业为传统经济文化类型。为了适应牧、猎、渔及农业生产生活的各种需求，各少数民族在与大自然抗争中孕育出与之紧密相关的体育活动项目。这些传统体育项目的产生，是该地区少数民族人民的智慧结晶，深深扎根于人们生产的土壤里，融汇在广大群众日常生活中，并逐渐成为他们生产生活中的一个重要部分。

　　内蒙古自治区是我国蒙古族最大、最主要的聚居区，境内多山脉、草原、荒漠。丰富多样的草原生态环境，使草原畜牧业成为蒙古族人民最基本的经济行为和生计选择，历史上，蒙古族过着"逐水草迁移"的游牧生活，我国的大部草原都留下了他们的足迹，因而蒙古族被誉为"草原骄子"。生活在这块土地上的蒙古族人民，以擅长骑马著称，由此演绎出了独特的"马文化"。因而，体育运动多与他们的草原和牧马生活密切相关，具有浓郁的草原民族特色。如赛马、赛骆驼、套马、马术（马上技巧、乘刀斩劈、来马射箭、超越障碍、驯马、马球等）等，这些项目是北方大草原上牧民勇猛、顽强、坚毅、好胜性格的真实写照，也是传统风尚的体现。因此，蒙古族素有"马上民族"的美称。此外，达斡尔族是一个"马逐水草、人仰湩酪、挽强射生、以给日用"的民族。在历史上，达斡尔人虽然几经迁徙，但是从未中断过狩猎生产，它成为达翰尔人经济生活中的一个重要组成部分。对于他们来说，马匹成了生产、生活中不可缺少的工具，骑马和放牧成为其必要本领，这无疑给达斡尔族民族体育的产生提供了丰富的源泉。于是，各种各样的赛马以及马上运动便产生了，每逢节日或重大集会都举行赛马。他们把赛马看得很重，将获得的优胜视为最高荣誉。另外，到群山峻岭去捕鹿是他们经常从事的狩猎活动之一，由此创造出一种以鹿为中心的娱乐活动——鹿棋，以嬉戏娱乐的形式再现了达斡尔族的狩猎生活。

　　满族视"白山黑水"为自己民族的发祥地，山上森林茂密，山间河流纵横，山下沃野千里；达斡尔族则主要居住在富饶美丽的嫩江两岸；鄂伦春族聚居在今内蒙古自治区和黑龙江接壤的大小兴安岭中，这里众山峻林，多丘陵、高原，气候寒冷，终年积雪；赫哲族先民长期以来就生息在东北松花江、黑龙江、乌苏里江等流域。面对独特的生态环境，狩猎与采集成了各民族生产方式中最重要的内容，因而也成为少数民族体育项目最主要的反映内容。如满族的采珍珠最初是满族古老的生产活动之一，远在清太祖努尔哈赤时代，居白山黑水之间的青年男女，在采珠之余，欢庆收获，在陆地上将绣球比做大颗珍珠，竞相往鱼篓里投，投中者预示着未来采到更多的珍珠。为了表示与风浪搏斗的艰险，满族人把蛤蚌神化了，"蛤蚌精"张开贝壳，防卫着珍珠不被夺走，于是一种攻防兼备的民族球类项目——"珍珠球"出现了，发展至今，仍深受满族青少年喜爱。另外，满族的一些民族传统体育项目还与生活环境、交通工具有关。木马就是今天的滑雪板，独木船就是今天的赛威呼（赛船），狗车、爬犁、拖床是他们富有民族特色的交通工具。木马、赛船等娱乐活动随之产生，再现了原始交通工具的遗风。达斡尔族的射箭，过去，在狩猎生产中，族民们用弓箭猎取禽兽作为一种重要的生活手段，后逐渐演变成比赛项目，每个部族和氏族都把射箭运动列为各自的职能范围，每隔几年，组织进行比赛，这种比赛分为少年男童的"萨克、哈日博贝"（射动物踝骨）和成年男子的"通库、哈日博贝"（射靶）。

　　渔业是渔文化的主要内容，其经济和文化价值在人类的文化发展史上居于特殊的地位。赫哲族是我国北方唯一以捕鱼为业，使用狗拉雪橇的民族，历史上曾因穿鱼皮和使犬被称为"鱼皮部"、"使犬部"，该族人民长期从事渔猎生产劳动，捕鱼成为其主要的生计方式，鱼类产品是维持赫哲人生存和发展的主要资源。因而，传统体育项目大多与渔猎经济息息相关，带有浓厚的渔猎风格，如叉草球就是赫哲族人民在长期的生产劳动中逐步发展起来的独特的民族体育。

— 48 —

生活在黑龙江流域的赫哲族人民在长期的生产劳动中积累了丰富的捕鱼经验，他们可以根据鱼在水中游动的波纹鉴别鱼的种类，然后用鱼叉刺去。为了熟练掌握叉鱼的生产技术，人们先用草编成一个草球扔在地上向前滚动，象征鱼在水中游动，然后将鱼叉迅速掷出去，只要目标准确，就能叉中草球，由此形成了"叉草球"的民族传统体育项目。桦皮船是鄂伦春人河上叉鱼、沼泽湖泊里狩猎的生产工具，鄂伦春青少年从小就学驾船，桦皮船赛成为他们娱乐活动的内容之一。此外，滑雪、毛皮球、皮爬犁等体育活动也随生产、生活方式而产生。

朝鲜族长期从事农业，以擅长在寒冷的北方种植水稻而著称，是属于稻作农耕的经济文化类型，这对他们的衣食住行、心态及体育娱乐活动都产生了深远的影响。古代，朝鲜族人民大多生活在草原、森林等地方，生活条件较为严酷，人类思维也较为简单，使用的工具较简陋，从漫长的生产劳动中逐步发展了独特的民族体育。如：顶罐走是朝鲜族妇女在顶水罐的劳动生活中演变而来的，形成现今的比赛。每逢节日，朝鲜族妇女身着各色彩裙，举行顶罐走比赛，这种活动可训练身体的平衡能力，对腰部、下肢的耐力锻炼也有一定的作用。

总之，一定的地理自然环境必然产生与之相适应的生产劳动方式，并由此演化出具有民族特征的民俗活动及体育活动，成为民族精神的象征和维系民族情感的重要纽带。东北、内蒙古地区少数民族传统体育的起源离不开自然环境，是各少数民族民众在长期的社会生活与劳动生产过程中，创造和实践、传播和发展延续下来的，体现了独特的地域特色和民族特点。

二、与节日庆典、宗教祭祀相交融

不同民族聚居的地方，都有各自的风尚习俗，"一方水土养一方人"，由于各地的居民生活在不同的自然环境，经过长期的生产和生活，逐渐形成了自己民族独特的性格及民间的传承习俗，而民族节日是一种独特的表现形式，它带有强烈的人为因素，其文化色彩很浓，表现形式多种多样。除全民性的节日之外，各地区、各民族中还流行着许多地域性、民族性的节日。这些节日随着社会的发展往往与人们的宗教祭祀、生产活动、纪念活动、社交活动、文化娱乐等密切相关，虽然其时间、纪念意义、活动内容等方面有所不同，但是把传统体育作为节日风俗的一项重要纪念活动内容却是相同的。东北地区少数民族在长期发展的过程中创造了独特的民族文化、民族风俗和民族习惯，形成了喜闻乐见、形式多样的少数民族传统体育项目。这些传统体育活动与民间习俗、民风民情水乳交融，以其丰富多彩的表现形式和绚丽多姿的文化内涵，成为民族节日庆典中不可缺少的重要组成部分。如蒙古族那达慕大会上，赛马、射箭和摔跤是必不可少的传统三项比赛；朝鲜族在秋夕节等多数传统节日里都有荡秋千、跳板、顶瓮等比赛。锡伯族的西迁节、马奶节，柯尔克孜族的肉孜节、库尔班节，鄂温克族的米阔勒节，达斡尔族的阿涅节、抹黑节等多个民族的节日庆典里，都要举行马上运动、角力、狩猎等比赛。人们在参与民族传统体育活动中，既锻炼了身体，陶冶了情操，又增进了民族凝聚力，继承和弘扬了本民族传统体育文化。

其中，那达慕大会是蒙古族最盛大的传统节日，它在蒙古族人民心目中既古老又神圣，是草原人民的狂欢节。每年七、八、九月间，在大雪山下，辽阔的草原上，鲜花怒放，绿草如茵，正是水草丰美、牛肥马壮的黄金时节。广大牧民穿着节日的盛装，骑着骏马，从四面八方聚集到一起，参加传统的盛会——那达慕（蒙古族娱乐或联欢的意思），按照风俗，大会上要举行射箭、摔跤、赛马、蒙古象棋、马球等比赛和歌舞表演，民族乐器的演奏等文娱活动，其中，射箭、摔跤和赛马是那达慕大会男子三项比赛的固定形式，被称为"男儿三项游艺"。那达慕大会不仅是蒙古族的盛大节日，亦是鄂温克族、达斡尔族的传统节日，届时，各族人民来自四方会聚一堂，进行各种文化交流，会场上人欢马叫、笑语欢歌，呈现出五彩缤纷的节日盛况。摔跤和赛马是最受关注的项目，夺冠的摔跤手被誉为雄鹰，受到人们的崇敬，最先到达终点的骑手成为草原上最受人赞誉的健儿。由此可见，在喧天的锣鼓声中，在欢天喜地的民俗岁时节日里，在万众欢腾、载歌载舞的氛围当中，无不显现出人与自然、社会的融洽和谐，无不展示出民族体育、民俗活动、民族艺术的无穷魅力。

"元日"，即春节，为朝鲜族最为隆重的节日。节日的突出特点是离不开歌舞游戏和传统体育活动。如欢度节日时，妇女们荡秋千、跳跳板，小伙子们摔跤、射箭，儿童放风筝、拔河等；晚上，孩子们玩捉迷藏、燃灯赛，青壮年男女参加歌舞晚会，老年人打数千（类似扑克）等。此外，朝鲜族崇尚敬老，因而有老人节，节日上除祝寿大会外，还举办花甲宴席和传统的体育活动。

乌日贡是赫哲族的传统节日，从1985年起，每三年举行一次，时间在农历五月中旬，节期2至3天，届时由赫哲族乡或村举办。过节期间，白天进行的体育竞技项目有游戏划船、撒网、拔河、叉草球、射草靶、射箭等，晚上在江边燃起篝火举行群众性的歌舞晚会。

马奶节是内蒙古锡林郭勒地区的盛大节日，在每年秋高气爽的农历八月底举行。赛马是节日的主要活动。这天，赛马场上人声鼎沸、彩旗飘扬，骑技娴熟的勇士们头缠彩巾，腰扎五颜六色的长绸缎，足蹬马靴骑在马背上，随着发令声响，如离弦之箭飞向前方。赛马结束后，还有摔跤、拔河、打布鲁等体育活动。

米阔勒节是鄂温克族人们庆祝牧业丰收的盛会。这一天，要进行羊马烙印、剪鬃、剪耳记、除坏牙等活动，同时还要互相访问，搞文体活动。鄂温克人在每年5月下旬，传统的米阔勒节庆丰收的日子里，要举行套马、赛马、狩猎、摔跤、打熊、打棍等传统体育活动，其中，套马比赛深受鄂温克族男子喜爱。在套马比赛中，小伙子骑上最好的杆马，挥舞手中的套马杆，争相飞驰追套烈马，比试套马技艺。这种活动需要强壮的体力、熟练的骑术和勇敢顽强的意志。此外，达斡尔族的抹灰节、端午节、腊八节，鄂温克族的敖包会、帕斯克节，柯尔克孜族的肉孜节、库尔班节、冬希曼等民族节日中，都伴有民族传统体育活动的内容，如波依阔、比劲力、赛马、射箭、摔跤、鹿棋、爬树、滑雪、滑冰、扳腕等。其中，波依阔类似于曲棍球运动，在东北、内蒙古地区仅有达斡尔族继承并发展了这项运动。

宗教祭祀是民族文化的一个重要组成部分，是一个民族特有的传统庆典活动。东北、内蒙古地区的诸民族，在漫漫的历史长河中，各自世代继承着宗教信仰习俗。大量与此有关的少数民族传统体育项目得以产生，如祭海、中幡等具有民族代表性风格的起源，均与原始宗教活动有关。

三、与民族历史、军事战争息息相关

战争是体育的摇篮，各少数民族在长期的、各种形式的战争中，不断地发展着自身的体能和技能，并创造了多种多样的战争手段。这些战争手段在少数民族人民步入新社会，摆脱了战争的噩梦之后，其野蛮残酷的内涵宣告结束，进而逐步演化成今天少数民族民间丰富多彩的体育内容。中国古代东北、内蒙古地区少数民族在起源与发展过程中，为了民族的生存或利益，在反对侵略、保卫边疆、维护祖国统一的战争中,用生命和热血写下了可歌可泣的战斗诗篇,并总结出一套御敌技能,通过反复演练,不断加工完善,逐渐形成了富有民族特色的体育活动,如蒙古族的摔跤、射箭、赛马,满族的冰嬉、跳马和跳骆驼等。

蒙古族素有"马上民族"的美称,爱马和善骑是蒙古族的优良传统。据文献记载,赛马已有近两千年的历史。在古代战争中"马"占有极其重要的军事地位,马给军队提供极强的机动能力,可以疾袭、速退,可以代人之劳,负粮食、运器械;到了元代,由于蒙古王公贵族的推崇,将马上运动与兵役结合起来,成为当时的一项制度,每当举行大型集会时都把赛马作为大会的活动内容;到了清代,不论男女老幼,未有不能骑马者;新中国成立后,这项运动得到快速发展,成为富有民族特色的传统体育活动。摔跤是蒙古族人民十分喜爱的一项传统体育活动,据考证,早在西汉初期,我国北方匈奴人中就盛行摔跤,与出土文物中匈奴人摔跤相似;至元代,在辽阔的草原广泛开展起来,并成为军事体育项目,是训练士兵的手段;到了清代,蒙古族摔跤又有大的发展,重大喜庆节日和祭祀都把摔跤作为活动内容之一;新中国成立后,蒙古式摔跤成为一项重要的民族体育活动得到了发展。射箭、摔跤与赛马被称为"男儿三项游艺"。据记载,早在13世纪,成吉思汗统一蒙古诸部落后,射箭有了迅速发展,骑射之风闻名于世,其军队发展尤为显著,随后,每逢喜庆集会,都要进行射箭比赛。

满族是个能骑善射的民族。他们深知骑射对于他们生存的重要性、对于决定战争胜负的巨大作用,把"骑射"列为满族之根本,地位至高无上,从此,训练骑射的体育项目便应运而生。此外,满族的跳马和跳骆驼项目,就是从古代满族先民们与敌兵迎战时飞身跃上敌骑,擒拿敌人的军事技巧演变而来的。

冰嬉,即滑冰,是满族的传统体育活动。此外,还有跳马和跳骆驼,所谓跳马就是在马飞跑的时候,纵身一跃,飞快骑上马背,这种活动要求参加者纵跳要高要快,身手要十分敏捷,否则是无法跃上马背的;跳骆驼与跳马稍有不同,跳马是横跃上马,而跳骆驼是人从奔跑着的骆驼的后面跳身跃上驼背,难度很大。最初,这个项目是清朝八旗士兵提高体质和作战技巧,飞身跃上敌骑擒拿的军事训练项目,后演变成民间的体育活动。每当春节及秋收后,满族人民都要举行跳马、跳骆驼比赛。

颈力比赛是达斡尔族人民酷爱的一种类似拔河的活动。每年除夕之夜,在达斡尔族草房中,人们都会围坐在热炕一端,一边喝着节日的美酒,一边兴高采烈观看青少年"布库"(达斡尔语为大力士)进行的颈力比赛。早在清朝,凡是年满十五岁的达斡尔族男青年都要定期参加军事训练。练兵习武的项目中就有颈力比赛,后来,逐渐成为民间体育活动。

四、寓传统体育活动于娱乐之中

由于自然环境及社会制度的影响,交通闭塞,经济落后,社会发展不平衡,居住在东北、内蒙古地区的少数民族为了满足文化娱乐需要,以健康、文明、科学的方式度过余暇时间,各族人民在生产实践和生活实践中创造了许多娱乐性的体育活动,并将传统体育活动寓于娱乐之中,以这种方式达到自娱自乐、修身养性的目的。这些体育活动项目大多来源于身体娱乐活动,特别是少数民族聚居地区的传统体育项目,包含了大量的娱乐因素。如蒙古象棋,是蒙古族社会流行的特有的一个棋种,它集蒙古族的豁达、智慧于一体,体现了本民族的性格特征。牧民常以下棋为娱乐游戏,交流感情、增进友谊。此外,朝鲜族的荡秋千、跳板、投骰,满族的冰嬉、花毽、老鹰抓小鸡，鄂温克族的狩猎、猎狗熊游戏，柯尔克孜族的追姑娘、马上拔河，锡伯族的踢毽子、捉迷藏以及各少数民族传统的棋类游戏等活动，对场地器械要求比较简单，易于开展，具有典型的娱乐特征，深受人民喜爱。这些传统体育活动将表演性、娱乐性、艺术性融为一体，通过独特的形式、强烈的动感、美妙的音乐、节奏鲜明的舞蹈、绚丽多彩的民族服饰，让参与其中的人们不仅领略到浓郁的民族风情和强烈的艺术气息，还能在民族体育活动的参与和观赏中增进交流，拓宽民族内部以及族际之间的人际交流渠道，消除各族人民因地理环境封闭和社会文化差异带来的隔阂，产生民族认同感和凝聚力，促使个人与个人、个人与族群、族群与族群、族群与社会之间的和谐相融、和谐共荣。随着社会进步与发展，民族传统体育作为一种非物质文化遗产，人们越来越注重它的文化价值和娱乐健身价值，本地区传统体育项目所具有的鲜明的娱乐性和趣味性的特点日益呈现出较大的吸引力，逐渐被各民族人民所接受，成为广大群众日常生活的重要组成部分。

综上所述，东北、内蒙古地区是一个多民族聚居的地区。世居该地区的蒙古族、满族、朝鲜族等多个民族，一直生息繁衍在这块地域辽阔、富饶而神奇的土地上，它蕴藏了丰富多彩的民族文化资源，是中华民族灿烂文化的重要组成部分。其独特的地域生态环境、经济文化类型、生产生活方式和民族风俗习惯的差异，创造了绚丽多彩、风格迥然的民族传统体育文化。各少数民族在漫长的历史文化发展过程中，构筑了各种各样传统体育活动方式，其内容丰富、形式多样、风格独特，具有很强的健身性、娱乐性和观赏性，成了诸多民族民众日常生活中不可或缺的重要内容。这些体育活动形式从不同的角度和侧面深刻地反映了本民族的社会历史和民族文化风俗，体现了这一区域不同民族人民所共有的思想感情、智慧和意识行为，是一种风格各异的民族文化的典型代表，成为中华民族体育文化的重要组成部分。

第二节　西北地区的民族传统体育

西北地区通常指陕西、甘肃、宁夏、青海、新疆5省区，总面积310万平方千米，占全国陆地总面积的近1/3。在这片辽阔的土地，自古以来，就是羌、氐、党项、突厥、吐蕃等古老民族的活动区域，在数千年的历史长河中，由于不同的地理环境、意识形态、宗教信仰、传统观念及情感等多方面因素影响，有的民族在流动迁徙中离去，有的民族从他方迁徙而来，有的相互融合发展成为新的民族，这样东迁西移，南来北往，从而使西北成为少数民族众多的地区之一。今天，西北地区的民族除汉族外，主要包括回族、东乡族、保安族、撒拉族、土族、裕固族、维吾尔族、柯尔克孜族、锡伯族、塔吉克族、乌孜别克族、塔塔尔族、俄罗斯族等14个少数民族。据2010年全国第六次人口普查统计，西北5省区少数民族总人口2037万人，占该地区人口总数9664万的21%。从地域分布来看，上述14个民族又相对集中分布在以新疆为主和以甘肃、宁夏、青海为主的两大地区，以新疆为主要聚居区的民族有维吾尔、哈萨克、塔吉克、乌孜别克、柯尔克孜、俄罗斯、锡伯、柯尔克孜等，以甘宁青地区为主要聚居区的民族有土、撒拉、东乡、保安、裕固等。其中，土族、撒拉族为青海省特有的少数民族，东乡、保安、裕固3个民族为甘肃省特有的少数民族。

西北地域辽阔，由蒙新高原大部、青藏高原和黄土高原的一部分共同组成。按照自然环境的特点，可划分为甘宁青地区和新疆地区两大部分，从地形上看，甘宁青地区位于三大高原交会处，新疆地区位于祖国西北边陲，深居亚洲内陆，西跨帕米尔高原，南有昆仑山，北有阿尔泰山，南北分别为塔里木和准噶尔两大盆地，它们都与高山、大川、荒漠、边陲等自然和社会条件联系在一起，形成了相对独立的区域文化，它将不同要素的文化系统，不同区域的文化圈结合，孕育出丰富多彩的民族传统体育项目。西北地区少数民族传统体育项目，有的反映了本民族的自然现象，有的反映了民族风俗，有的反映了民族宗教，有的反映了本民族的情感特征，也有的折射出民族的征战观，突出再现了体育文化的进取精神和创造精神，具有鲜明的地域性和民族性，极大地丰富了西北地区体育文化的内涵。

一、地域环境是催生、孕育西北少数民族传统体育活动的摇篮

文化生态理论认为，"离开了人类创造的一定地理环境中的气候、地形、土壤、水分、植被、动物以及矿产、能源等自然条件，离开了人类生存繁衍的自然地域环境，一切文化创造活动都将会失掉客观的基础。"以地域环境作为民族共同体生存和发展的地理、物理基础，借地域维护民族文化的生存和发展，是民族传统体育理性化自然选择的前提条件之一。西北民族地区地域辽阔，全区土地资源可依海拔、气温等条件划分为 4 个区：①黄土高原区，境内涵盖了平原、高原与台地、丘陵和山地 4 种基本形态；②甘新区，境内多沙漠、戈壁；③青藏区，其中海拔 2800 m 以下多为农牧区，2800～3000 m 为牧农交错区，3200～4300 m 为高寒区，草木难以生长；④宁夏部分地区，处于东部平原向蒙古高原过渡地带。上述地域环境使整个西北形成了与众不同的有机统一的自然地理单元，复杂的地理状况造成了多元化的生态环境。其中，每一种生态环境的相对独立为一定的文化繁衍创造了条件。空旷的草原便于游牧生活，河谷平原宜于农耕文明，就此呈现出的种种差异是人类面对地域环境做出的文化选择的结果。正是由于这种相对独特的地域环境以及地域环境的地域分异，导致自然条件的"有形区位差异"或"有形区位优势"。这种"有形区位优势"为开展西北少数民族体育活动创造了条件和基础，同时也在很大程度上影响着西北少数民族的发展和民族传统体育文化的创造。从而，成为不同类型的民族体育文化的渊源，成为催生、孕育西北少数民族体育活动的摇篮。

历史上，我国的黄河流域曾是华夏文明的发祥地，这种"有形区位优势"得益于靠近河流的地理环境。温和的气候、肥沃的土地对农业文明的发源和发达提供了优越的自然基础。得益于这种优越的地理环境，人们发展了农业，创造了精耕细作的农耕经济文化，同时也繁衍了多姿多彩的民族体育项目。居住在黄河上游或中上游流域的沿河两岸地带的保安、东乡、撒拉、土等民族，世代用羊皮筏、木头作为交通工具，往来于黄河两岸，创造了西北仅有的牛、羊皮筏竞渡、游渡黄河、骑木划水、夹木过河、人牛泅渡等特色水上项目，反映出乡土气息的民族体育情怀。

西北地区的青藏高原和部分黄土高原共同形成了黄土地貌，境内都与高山、大川等自然和社会条件联系在一起。在地理与自然环境特点的影响下，形成了相对独立的区域文化，孕育出套马、拉棍、拔腰、竞速斗智等民族体育项目，具有浓郁的地域特征，显示了黄土地的民族体育色彩。

沙漠是西北少数民族地区最博大的地貌景观，居住着维吾尔、哈萨克、塔吉克、回、藏、土等少数民族，而骆驼历来是他们载货和骑乘的工具，由此产生了赛骆驼。其中，宁夏中卫沙坡头构成了独具魅力的地形结构，这里沙丘高大、沙垄起伏、沙响雷鸣，非常适合开展滑沙运

动。同时，灼热沙疗是西北内陆沙漠地区的人们利用当地地理气候条件治疗疾病的一种创造，用以治疗风湿性关节炎、慢性腰腿病等疾病，是一种集热疗、磁疗、按摩于一体的综合理疗法。

总之，西北少数民族传统体育是人类为了适应一定的地域环境而创造的一种民俗文化，地域环境为民族传统体育文化的形成、发展和演变提供了背景，成为民族体育文化建构的重要基础，影响着民族体育文化的空间扩散，制约着民族体育项目的类型和结构，表现出强烈的文化地理学特征。西北地区典型区域民族体育文化的生成，都可以从各具民族独特的地理形态和地域环境中找到说明。

二、不同类型经济活动方式成为西北少数民族传统体育建构方式的物质基础

在长期的历史发展过程中，西北少数民族地区各民族受其聚居的自然环境、生产技术和社会经济条件的影响，逐渐形成了不同类型的经济活动方式。虽然这些经济活动方式在空间分布上互相交叉，在时间进程中互相转换更替，在具体内容上互相重叠融汇，但从民族主体看，形成了以藏族为主体代表的高山草场畜牧型；以蒙古族为主体代表的戈壁草原游牧型；以维吾尔、哈萨克族为主体代表的盆地草原游牧型；以回族为主体代表的山地平川耕牧型。这些不同的经济活动方式共存于物质生产民俗形态中，决定着本区域的发展水平和该民族民众的经济民俗的性质，成为民族体育建构方式的物质基础，影响着各个民族体育文化的自然选择与定位。

世居青藏高原的藏族、蒙古族、土族和撒拉族等特有民族，以自己勤劳的双手和坚韧不拔的精神铸造了坚强的民族脊梁，以畜牧业生产为传统经济，创造出具有鲜明世界屋脊特色的游牧民族体育文化。在这种高山游牧文化的影响下，雪域高原的民族体育趋向于体力积蓄与自然较量的文化内涵，使得大象拔河、套马、拉棍、拔腰、竞速斗智、压走马、押加等民族传统体育项目，既具有浓郁的地域特征，又饱含浓郁的雪域色彩和民族性。祁连山麓的裕固族是一个能歌善舞的民族，逐水草而居的流动生活，培育出了他们强悍、勇武、粗犷的民风，围绕这一习性的体育项目体现了一定的地域特征。如赛骆驼的走驼和跑驼，反映了裕固族群众融生产、娱乐和健身为一体的社会生活特征。

处在帕米尔高原区的维吾尔、塔吉克、哈萨克、乌孜别克、柯尔克孜、乌兹别克、塔塔尔等民族，由于自身尚存的游牧、农耕等经济活动方式及信仰伊斯兰教等民俗文化的相互碰撞，形成了绿洲与草原并存、农耕生产方式与游牧生产方式共在的复合型经济文化。正是这种复合型的经济文化，使得赛马、赛牦牛、叼羊、骑射、马上角力、姑娘追、飞马拾银等草原骑射类民族传统体育孕育而生，展现了粗犷、豪放和热情奔放的民族特点。如姑娘追就是一种民族色彩浓郁、充满情趣的活动，是男女借助表演骑术来传递爱情的一种方式，既为古代所已有，又为现代所盛行。

而陇中平原的东乡族、保安族、撒拉族等少数民族，其文化类型趋向于山地麦作的农耕经济。围绕着这一经济文化类型而形成的系列生产习俗、生活方式以及传统体育项目，深刻地反映人类的生存活动与大自然之间千丝万缕的密切关联。东乡族的打尕达，即为打土块仗，多在麦收以后犁地的时间里进行。在新翻的黄土地里，双方随手抓起地下的黄土块相互对掷、奔跑跳跃，呈现出黄土地的民族体育色彩。保安族、撒拉族的民族传统体育形式多以竞速斗智、压"走马"，保安腰刀配"花儿"、"夺腰刀"、"抱腰"、"拔腰"等，显现出特有经济文化的风采。土族的大车，生产时搞运输，休息时将车横过来，便成为传统体育活动项目——轮子秋，

他们将生产劳动与体育天然和谐地统一，既富于竞技魅力又独具艺术情趣。

贺兰山下是我国最大的回族聚居区。回族人以农为主，兼营商业，以信仰伊斯兰教为民族文化背景，选择了具有西域特色的民族体育内涵。膜拜健身、西夏拳术、赛走马、赛走骡等民族传统体育项目，正是回族人从以农耕经济文化为主步入多种经营的多元文化经济类型的理性化自然选择的必然结果。

可见，西北民族体育文化的形成与定位，是其民族共同体在广泛的劳动生产生活经验的基础上，对民族体育活动方式的认同感，是人类生产习俗在传统体育领域中展开的形式和结果。不同的文化经济类型和风格迥异的物质文化，为一定民族传统体育文化的繁衍奠定了物质基础。草原骑射、赛马、叼羊、竞速斗智、西域拳术等由本民族经济文化类型所传承和孕育的，具有鲜明区域特色的体育活动内容，伴随着地方文化的演进沿袭至今，表现出世代相袭的传承性特征。

三、西北少数民族传统体育是民族传统文化自然选择的外在表现形式

每个民族都有其独具特色的民族传统文化。在西北少数民族文化中，如古代军事战争、宗教祭祀、节日庆典、民歌舞蹈和风俗习惯等，这些民族传统文化反映了人与自然的严酷斗争，歌颂了劳动人民的聪明才智和优良品质，表现了各民族的文化内涵和伦理道德观念，从一个侧面折射出民族体育文化是民族传统文化最具形象、最具代表性的典范之一。因而，从一定意义上讲，西北地区丰富多彩的民族传统文化为创造符合时代潮流并形成独具西北区域特色的体育文化形态培植了土壤，而民族体育是民族传统文化自然选择的外在表现形式。民族体育活动在民族中的历代传承，不仅是民族传统文化的延续，还是民族体育文化自然选择的再生产。具体体现在以下三个方面：

（1）以配合节庆习俗的民族传统体育项目。我国的大西北，地处亚洲腹地，地理与气候条件的复杂性和生态环境的多样性，使长期居住在这里的各族人民，创造了适应当地地域环境的各种风尚习俗。其中，节日是一个民族特有的传统庆典活动，构成了一种寓意深刻的独特文化表达方式，作为一种文化传递起着重要的作用。从节庆活动中透视出古老而丰富的民族体育文化，展现出形形色色的民族传统体育项目。西北各民族有着丰富多彩的传统节日，其中，回、维吾尔、哈萨克、柯尔克孜、塔吉克、乌孜别克、塔塔尔、东乡、保安等信仰伊斯兰教民族，因受宗教影响，共同拥有三大节日，即开斋节、宰牲节和圣纪节。开斋节，新疆维吾尔等民族称肉孜节，是穆斯林斋月结束后的第一天；宰牲节又称古尔邦节或忠孝节，时间在伊斯兰教历12月10日；圣纪节是纪念穆罕默德诞生日，同时也是逝世日，另外，诺鲁孜节是新疆维吾尔、哈萨克、柯尔克孜、乌孜别克和塔吉克共有的传统民族节日；俄罗斯族的传统节日有复活节、圣诞节；藏族的传统节日有香浪节；锡伯族的传统节日有"四·一八"、西迁节和娱乐性的正月十六抹黑节；裕固族则有喇嘛教的宗教节日；纳顿是青海民族和地区土族一年一度的庆丰收、谢神恩节日。这些节日，不管是祭祀和纪念性的，还是庆贺、社交和娱乐性的，几乎都与传统的体育活动结下了不解之缘。节日之际，他们除了表演音乐歌舞外，还要举行赛马、叼羊、摔跤、马上角力、达瓦孜及斗狗、牛羊等民族体育活动。

锡伯族的杜因拜专扎坤节也叫"四·一八"节，节日的由来是纪念历史上锡伯族迁居活动。清朝乾隆二十九年（公元1764年）四月十八日，清朝抽调东北盛京各地部分锡伯族军民西迁新

疆伊犁边，临行前与留居故乡的同胞于农历四月十八日这天聚集沈阳太平寺，祭奠祖先，共勉相祈，会餐话别。两百多年来，每逢此日，锡伯族都要举行各种娱乐活动以及射箭等体育竞技比赛，以示纪念。开斋节是伊斯兰教的三大节日之一，节日期间，除了大家互相祝贺、互致问候、唱歌跳舞、聚会言欢等民俗活动的内容外，有的民族还要举行叼羊、赛马、套马、摔跤等体育活动。望果节是藏族祈祷丰收的节日，每逢节日，藏族同胞身着盛装，敲锣打鼓、饮酒、歌舞、赛马、射箭，以预祝丰收。香浪节是甘肃夏河藏族地区传统娱乐节日，多在风和日丽的天气举行，项目有赛马、赛牦牛，还要举行赛跑、摔跤以及拔河、扔石子等各种各样的活动。新疆塔塔尔族群众，每年春节挑选一个风景优美的地方，过传统的撒班节。节日里，有歌舞、摔跤、拔河、赛马等传统体育活动，还要举行一种深受群众欢迎的"赛跳跑"。

西北地区是我国多种民族文化、宗教文化的荟萃地区之一，形成了不同的文化类型和宗教文化。其中，伊斯兰教与藏传佛教是西北少数民族主要的两大宗教文化，其他还有东正教、萨满教的原始信仰与崇拜。传统体育活动是其必不可少的内容之一，成为宗教祭祀中不可缺少的重要组成部分。每逢古尔邦节，男子聚集清真寺广场，拉手成圈，共跳舞蹈，妇女则在家中庭院，在手鼓伴奏下跳起轻快的民族舞，维吾尔、哈萨克等民族还要举行赛马、叼羊等体育活动。另有那卜楞寺、塔尔寺等每年举行的佛事活动，除寺院的宗教仪式外，还有信教群众的滚芒茶等宗教活动，即俗称"跳观经"，它由寺院中神舞院演出，其节日有法王舞、马首金刚舞、摔跤、赛马、射箭、跳毽子等民族传统体育活动，内容丰富而热闹。可见，无论是藏传佛教的喇嘛庙，还是寺院，都是信教群众文体活动的主要场所，人们在这里欢度宗教节日，互通信息，交流思想。正是在民族文化的潜移默化中，在进一步强化宗教的同时，孕育出民族传统体育的花蕾。

（2）以反映民族发展史、古代军事战争为内容和形式的民族体育项目。我国的大西北，自古就有中华民族的众多成员在这里生息、繁衍、发展。由于受自然的或社会、经济、政治、军事等种种原因影响，西北民族的渊源呈现出一幅复杂的画面。历史上，突厥语系的各民族在游牧生活中，伴随着战争纷争，他们往往挑选善骑之人和善跑之马，这种历史背景不仅使其成为一个精于骑射的民族，而且也使民族体育项目更多地与马匹征战有关，诸如摔跤、套马、赛马、马术、骑射等项目。锡伯族传统的射箭比赛，反映出他们原是擅射的民族，映照了清代从东北迁徙至西北屯兵边疆的史实。维吾尔族的"高空转轮"，是13世纪时两位贵族为争夺权力，便运用这种游戏吸引农牧民前来投奔。古朵是一种投掷运动，即藏族牧羊人用毛线或牛皮制成一条软鞭，中间一段编得较大，套上石块，快速旋转将石甩出。1904年，江孜人民在抗英保卫战中，曾用古朵作为武器，打得英国侵略军狼狈不堪，当时英军传说这是"一种长眼睛的子弹"。可见，这些传统体育项目不可避免地带有少数民族历史发展的痕迹。

（3）以游戏娱乐为主导的民族体育项目。西北民族体育作为民族文化的一种综合反映，它满足于人民的身心需要和情感愿望，以自娱自乐、消遣性与游戏性的特征方式，迎合各族人民的需要。青海地区蒙藏祭海会盟活动期间，各民族的男女老少着节日盛装，汇集到青海湖畔，祭礼过后，待观看声势浩大的赛马、摔跤、射箭、唱歌、跳舞等比赛项目。除了参赛者相互配合和协作外，旁观者也会下意识地进入到民族成员的角色，为竞赛欢呼呐喊，这种将个人荣誉和集体荣誉融为一体的竞赛，体现了民族体育活动的巨大生命力。

历来被誉为"诗的海洋、歌舞之乡"的新疆，其众多民族体育项目大多有歌舞和音乐相伴，如叼羊比赛常在婚礼上为助兴而进行，骑手们在乐声中更加振奋、神勇；又如蒙古摔跤手上场之前，唱着赞歌，喝一碗马奶酒，边唱边跳着去攻击对手。这些项目在音乐、歌舞的点缀下，更富有民族风情。居住在新疆的俄罗斯族，每年农历的六月底或七月初，要为男女青年过成年节。过成年节的姑娘和小伙子身着盛装，成群结队，举行歌舞娱乐活动，欢度节日。柯尔克孜、塔尔克族的姑娘追是青年男女追求自由恋爱的一种形式。通过这些众多的体育活动，相互交流，增进友谊。

综上所述，我国西北地区是一个多民族地区，在其特殊的地域环境、多元化的经济方式和源远流长的民族文化中，造就了剽悍、勇敢、尚武的民风，筑造了鲜明的西北民族体育文化的特色，并得以形成西北特色的区域性传统体育项目，这些丰富多彩的民族传统体育项目在广大民众体育生活中构成了五彩斑斓的绚丽景观，以一种寓意深刻的独特的文化表达方式，折射了不同民族社会历史和文化的轨迹。

第三节 西南地区的民族传统体育

西南地区西藏、云南、四川、贵州和重庆等省市自治区世居的少数民族有29个，即藏族、门巴族、珞巴族、彝族、白族、哈尼族、傣族、傈僳族、佤族、拉祜族、纳西族、景颇族、布朗族、阿昌族、普米族、怒族、德昂族、独龙族、基诺族、羌族、壮族、苗族、土家族、回族、蒙古族、布依族、水族、瑶族、满族。据统计，藏族主要分布在西藏高原及与之相连的滇、川横断山脉地区；门巴族、珞巴族主要分布在西藏自治区东南部；彝族、傈僳族、普米族、怒族、羌族、独龙族、白族、纳西族主要分布在滇、川横断山脉地区及其南延地区；土家族主要分布在重庆市长江以南与川、湘、黔等省交界山区；白族主要分布在重庆、四川南部、云南东部地区；傣族、壮族、水族、布依族、哈尼族、佤族、拉祜族、瑶族、阿昌族、德昂族、布朗族、基诺族、景颇族主要分布在滇南、滇西南河谷或平坝区；回族、满族、蒙古族主要分布在平坝和交通沿线。

西南地区民族传统体育项目种类繁多、形式多样，具有深厚的群众基础。据统计，该地区民族传统体育项目几乎占了全国民族体育项目总数的一半，多种传统体育项目具有交叉性，是多个民族共同的传统活动，如荡秋千、划龙舟、射箭等项目，这些项目涵盖了生产劳动、民俗、宗教、歌舞等多元因素，以节日、风俗、宗教等形式进行交流、传播与发展，构成了西南地区蔚为壮观的体育文化资源。

一、以传承社会生产方式，展现"狩猎和农业文化"特色的民族传统体育活动

生产方式是不同的人类群体为适应不同的环境所采取的一整套的谋生手段，它的生成与一定区域的自然生态条件和人文历史密不可分，是在特定的地理环境和社会发展中逐渐形成的，贯穿于人类生产实践的全过程，对经济民俗的构成与发展具有重要的制约与影响作用，也由此决定了民族传统体育的主要内容和存在形式。俗话说："十里不同风，百里不同俗。"不同的人类群体在选择、传承不同的社会生产、生活方式方面，呈现出的种种差异是民族传统体育自然选择和定位的必然结果。

西南地区辽阔，面积有225万平方千米，占全国总面积的22%。少数民族生活地域从总体

上讲，一块是青藏高原，海拔4000～5000米，平行岭谷相间，藏北多湖泊，该高原东部是横断山脉地区，江河南北走向；另一块是云贵高原，海拔1000～2000米，地面崎岖，内部气候差异大，除此之外，有山地、河谷、草原和森林，这就为各族人民提供了不同的生态环境，造就了不同的生产方式。藏族居住在海拔3000米以上的高原，主要从事畜牧业和农业；普米、白、纳西、羌、怒、傈僳、门巴等民族主要居住在海拔1800米以上的山区和坝区，主要从事旱地农业；傣、壮、佤、拉祜、布朗、基诺、景颇等民族主要居住在亚热带河谷地区，主要从事水稻、旱谷及其他经济作物种植；云南蒙古族从事水田农业和捕鱼，从而决定了西南地区民族传统体育活动具有不同于全国其他地区的特殊性，其中，狩猎和农事是生产方式中最重要的内容，因而以体现狩猎和农事生产为主的少数民族体育成为最主要的反映形式，以展现"狩猎和农业文化"特色的民族传统体育活动得以广泛开展。

狩猎生产方式的出现最早可追溯到旧石器时代，实属一种原始、不发达的小规模的文化形态。自人类从动物界中分离出来，便主要以狩猎和采集为谋生方式，依靠天然食物为生，之后又发明了捕捞，为人类的生存和发展提供了重要的物质基础，是人类摆脱动物性、获得社会性的依赖，是一切经济类型的先驱。游离于狩猎生产民俗中的民族体育，均带有由这一经济类型所造成的"文化残存"，它既不能脱离这种物质生产方式，又是对这种生产习俗的一种补偿。西南地区各种不同类型的民族体育活动，都真实地记录了各民族狩猎的生产状况，反映了各民族狩猎生产方式的历史和特点。围绕狩猎而开展的体育项目主要有跑、跳、投、攀、射、骑等。藏、彝族的射箭，藏、彝、白、怒族的赛马，土家族的飞石子、打飞棒等投掷类项目，均从不同角度反映出狩猎所需的技能技巧，是人们对早期狩猎情景的真实写照。射弩是生活在高山峡谷的傈僳族、拉祜族、怒族、独龙族狩猎的重要方法，傈僳族有一句俗话，"拉不开弓的就不算男子"，弩弓和箭成为傈僳族男子的标志和随身之物，现在，这个项目已经成为全国民运会的正式比赛项目，深受各族人民喜爱。

农业生产方式是在狩猎、采集生计基础上发展起来的经济类型。这种生产方式多发生在自然条件较优越的地区，集中在土质肥沃、灌溉便利、适于耕作的平原地带。秦岭和淮河以南的长江流域世居布依、傣、侗、水、白、阿昌、壮等民族。这里气候温暖湿润，植物生长茂盛，区域内河汊纵横，特殊的自然环境和丰富的资源，决定了民族经济生活多从事以稻作经济为主的农业生产，经提炼与浓缩后的民族体育项目，成为民族生产方式中最为重要和经常反映的内容。如苗族的跳鼓，是根据犁田、插秧、割谷、挑担等各种姿势编成的，用以反映丰收后喜悦心情的一种舞蹈，其主要动作与反映农事生产的各个内容紧密联系在一起；土家族的摆手舞就是由粗糙的插秧、播谷等直接来源于农事生产的单一动作，如挞谷摆、薅草摆等组成。现代的摆手舞增加了一些艺术的动作和美妙的构思，逐渐趋向于追求表演效果。此外，土家族的土山球、脚马球、马舞等，苗族的天地球、苗岭球、芦笙舞、鼓舞；怒族的过溜索等无不保留了不同历史、地理环境下，一定生产和生活方式的遗迹。

西藏位于我国西南边陲，幅员辽阔，居住着以藏族为主体的十多个少数民族，人口占地区总人口的95.5%。从地形上看，分为藏北高原、藏南谷地、藏东高山峡谷、喜马拉雅山地，被喜马拉雅山脉、昆仑山脉和唐古拉山脉所环抱，境内地势险峻、气候恶劣，使得在高原成长起来的藏族人们只能把生存的希望寄托在游牧生产上，农业对畜牧业的依赖成为必然，畜牧业成为高原的主体生产方式。在以自然经济为主的农牧业社会中，藏民满足生存需要的唯一手段就是向自然界索取物质生活资料，这必然要与大自然发生抗争，由此发生了与生产方式密切相关的，具有浓郁民族气息和特色的藏民族传统体育项目，成为人类文明宝库中珍贵的精神财富。如赛马、射箭、吉韧、押加、抢石头、踢踏舞等活动趋向于大自然，达到张扬个性、抒发情感和增强欢乐的目的。此外，藏族的转山活动，一来可以互相了解乡情、庄情、丰收情，二来把农业生产、民风习俗和体育有机地结合起来，丰富了体育的内涵和艺术色彩。

总之，一定的地理环境是一个民族长期繁衍生息的空间条件，一个民族的传统体育活动及其形成的宗教观念、审美情趣等民族体育文化现象，在很大程度上受到所处地域和社会生产、生活方式的影响。西南地区民族传统体育的内容和形式，从某个侧面反映了该地区社会生产、生活方式及社会风俗，构筑了鲜明的西南民族体育文化特色。

二、以文化形式传承和保留下来的民族传统体育活动

民族节日和宗教活动是民俗文化的综合体现，涉及每个家庭，拥有很强的社会性，活动方式千姿百态，西南少数民族地区以农业生产为主，形成了春种、夏锄、秋收、冬藏的生活节奏，自给自足的自然经济又导致了家族为中心，以家庭为单位的自我封闭的生活环境，从而使许多重要的社会生活都与一定的民俗节日和宗教活动相联系，许多传统体育活动往往源于某一农时节令，或某一宗教活动。某一活动的开展常常是对某一民族传统习俗的沿袭和传承，或是对某一人物的纪念与缅怀，或是对某一事物的崇拜和信仰。通过这些活动把一个民族的传统文化通过一种形象直观的方式表现出来，使得民族古老文化得以复活重现。因此，以文化形式传承和保留下来的民族传统体育活动已成为民族盛大节日和宗教活动的点缀。

西南少数民族地区民族节日纷繁多姿、种类繁多、交叉融贯，多达七八十个，按其起源的内容来分，有五大类：宗教祭祀节日、生产活动节日、集贸性节日、纪念庆贺节日和社交娱乐节日。

（一）宗教祭祀节日

对每个民族来说，宗教祭祀是一个重大的活动，气氛极其热烈。独龙族在年节里要举行剽牛祭天仪式；正月二十三是藏历新年（西藏最大的传统节日），源于18世纪中叶颇罗鼎时期。这一天，拉萨有白色拉寺东麓至布达拉宫后的长约15千米的赛马，大街上有角力、举重、射箭比赛，还有幼童裸体跣足自布达拉宫西至拉萨东进行长约15千米的赛跑，初二、初三有飞绳戏、翻竿戏表演。据不完全了解，除了藏历新年外，在萨葛达瓦节、香浪节、插箭节、望果节、亚季节、雪顿节、白朗斗牛节和沐浴节等节日活动里，都有各式各样的体育娱乐比赛。

（二）生产活动节日

在古代，生产活动与祭谷神、禳灾祈丰收等活动相联系。农事生产是丰富多彩的生产活动节日的重要组成部分，以欢庆劳动丰收或预祝来年更加幸福为主要内容。大理白族地区每年芒种前后是种水稻最关键的黄金时段，几十户或全村人自愿联合起来进行拔秧、栽秧比赛；水稻抽穗扬花时，为了确保水稻丰收，哈尼族人们在农历六月除虫节里，全寨男女老少要到田里捉蝗虫；藏族望果节是藏民预祝农业丰收的节日，是农区的佳节，藏语"望"为田地，"果"是转圈之意，望果节也就是一个转地头的节日；过去，每逢节日，藏族同胞身着盛装，高擎彩旗，敲锣打鼓，边唱边围绕田地转行，以求得天神保佑丰收。现在，宗教仪式活动大为减少，取代

的则是各种丰富多彩的文娱体育活动，如歌舞、拔河、赛马等，这种节日有固定的日子，各地因时因事而定，即根据当地农事安排，在谷物成熟期选定节日日子，活动日期三五日不等。

（三）集贸节日

除传统的节日外，近来往往以该地区特有文化或名特产为名以招客商的集贸节日，如恐龙节、酒节、茶节、花节等。纳西族的这类节日比较突出，如骡马会，每年分别在农历三、七月中旬举行，会期一般十几天，以大牲畜交易为主，直接为农业生产服务。届时，滇西北各地的群众前来交易，此外，还举行赛马、文艺演出，推动了民族传统体育活动的开展。白沙农具节，每年正月二十开门一次，它标志着春节活动的高潮，也是春节结束后春耕的开始，主要是人们进庙拜大黑天神，后来，庙会期间，在白沙街和寺庙附近买卖农具，逐渐演化成春耕前的农具交流会，届时远近赶来的各族人民云集准备各种各样的农具交易，同时进行舞龙、耍狮活动，热闹非凡。

（四）纪念庆贺性节日

西南民族中，纪念庆贺性节日很多。每年农历二月初八傈僳族要举行刀竿节。相传明朝时，外敌入侵云南过境，朝廷兵部尚书率兵前往，依靠当地傈僳族人民的鼎力相助，很快赢得了胜利，但在回朝途中二月初八被杀害。为纪念抗击侵略的英烈，人们以上刀竿表示前赴后继的决心，并将此定为"刀竿节"。傣族的泼水节是庆祝傣历新年，节日的第一天称"桑刊日"，这一天，在西双版纳州的沧江畔，万人云集观看龙舟比赛是节日中的主要内容之一。苗族为纪念清代苗族起义英雄石柳邓，每年农历腊月二十至正月十五以及六月初六，都要"打花鼓"，届时，每个寨子都把花鼓抬到路口上，把守要道，即摆鼓，连过路者都要被邀上前来敲打一番，否则不许通过。彝族每年阴历六月二十四割大草节时，要跳铃铛舞，相传很久以前，彝族祖先为了民族的利益，率众反抗官府的残酷压迫而英勇献身，后人为了悼念这位英雄，便开展了此项活动，并成为彝族青年十分喜爱的文体活动。哈尼族的十月节又称"年收扎勒特"，节日中，人们探亲访友，赶场聚会，男女青年除了唱歌跳舞外，荡秋千、摔跤也是必不可少的内容。四川马尔康地区的赏花节，每年7月的花开季节，人们带着青梨酒来到山花烂漫、禾苗青青的野外欢度，赏花节除了唱歌跳舞外，还要举行摔跤、赛马、射箭等活动。水族在传统"端节"，举行盛大的赛马会。另外，还有许多节日，如端午节、纳西族的三朵节，彝、白、拉祜等民族的火把节，苗族的拉鼓节等众多节日都伴有体育活动的开展。此外，在四川阿坝藏区，每当春播结束，就会举行赛马会，比赛速度、马术和马上射击三个项目。四川甘孜藏族自治州还流行一种叫格吞和牛奔（藏语）的传统体育活动。这些比赛既锻炼了臂力、腰力、颈力、腿力等，同时也为节日（"达玛节"）增添了喜庆的气氛。

（五）社交娱乐节日

西南地区少数民族传统体育项目中，有不少反映社会现实生活的。布依族每年正月初一到二十一要举行传统的跳花会，在平坦的大草坝上，青年男女莺歌燕舞，谈情说爱，跳花会结束后，小伙子要将私订终身的姑娘带回家中相看，除此之外，还要举行各种体育活动；在贵州地区的不同民族中，每年农历二月十五和三月十五为摔跤节，届时，要举行各种摔跤比赛，有拉摔、绊脚摔、提摔等，采用三战两胜制，有的选手连摔二三十次而不倒，最后的擂台得主，便可树旗、挂榜称雄；苗族的爬山节，每年的农历六月二十九日，苗族人都要举行攀登比赛，最先达到山坡的被称为爬山英雄，备受人们的爱戴。此外，傣族的丢花包、哈尼族的打磨秋、白族的绕山林等都是一种较为大型的青年男女社会活动，通过这些活动，既交流了感情，又锻炼了身体。

西南地区所传宗教很多，其中，佛教传入此地区已有上千年历史，分为南传上座部佛教、藏传佛教、汉传佛教三种。据史籍、文物的考证和对该区少数民族原始体育形式的考察，都印证了该地区少数民族体育与原始宗教有着密切的联系。自然崇拜是原始社会中最古老的一种信仰，西南地区地处高原，境内层层重峦叠嶂、沟谷交错、地貌奇特。在远古时期，这种凶险而奇异的自然环境给人们带来一种恐惧而神秘的感觉，由于生产力低下，无力控制自然灾害，该地区少数民族便把天灾、瘟疫疾病等都归因于超自然的神秘力量，从而产生了万物有灵和崇拜自然的观念。天地、日、月、山川等都成了崇拜的对象，每遇大灾人祸或特定的祭日，都由本族的祭师主持举行各种祭祀。祭祀中，无不贯穿着传统的体育竞赛活动和体育舞蹈，如祭献土地神的摆手舞，每三至五年举行一次，届时，男男女女成群结队，身披西南卡卜（土花被面），举着龙凤大旗，聚集于摆手堂内，在土师的指挥下，族民们在土地神像前摆上猪头、鸡、鸭、鱼、美酒，烧香磕头，祈求土地神保佑。之后，即进行鼓舞，它的活动形式有"单摆""双摆""回旋摆"，这些舞蹈动作简洁精练、生活气息浓郁、舞姿舒展大方，表现出土家族人民粗犷豪放的性格。祭山神、天神的仪式——天地球和芦笙舞，农历大年三十、阴历八月十五，是苗家山寨族民们的祭神日。届时，族民们端上猪肉、美酒，聚集在地坝或山坡上的草原上，烧香磕头，祈求山神、天神的保佑，敬神完毕，即进行天地球比赛和跳芦笙舞。又如藏传佛教的藏族祭祀中的宗教内容——祭鄂博，就隐含着浓厚的民族体育成分。祭鄂博意为祭山神、财神，庙宇设在山顶或两山连接的山腰，喇嘛念完经，祭祀的人们都要穿上新衣，开始登山，实质就是登山活动，寓意祈求来年的人畜平安，生活富裕。哈尼族的打磨秋，是通过祭神仪式祈祷平安，预祝五谷丰登。

图腾崇拜则是在自然崇拜的基础上发展起来的一种原始氏族社会的信仰形式，西南地区少数民族是一个有着图腾崇拜的民族，人们曾以龙、狮、虎、鸟、葫芦、竹、树等为图腾，例如，崇龙的龙舟竞渡，每年端午节，该地区少数民族都要进行龙舟竞渡。由于原始的狩猎，农业常常受灾害性天气影响，在这种不可抗御的自然力面前，远古时代的族民们唯有寄希望于神灵的保佑，于是族民们把龙图腾装饰在舟前头，为的是祈求上天庇护，以期风调雨顺，避凶灭灾。久而久之，进而演化成具有民族团结、联系友谊、文化交流、锻炼身体的民族传统节日——龙舟节，它生动表明了人类同某一自然物的亲缘关系，包含着极其可贵的民族体育成分。此外，傣族泼水节的孔雀、马鹿跳，佤族的武舞、猎舞，布朗族的甩棍舞等少数民族体育活动，都与宗教祭祀活动有着密切联系。

在图腾崇拜、鬼魂崇拜的基础上，还形成了一种以父家长制为社会基础的英雄崇拜和祖先崇拜，人们的崇拜对象是与自己亲族集团有真正血缘关系的故人，通过这种崇拜表明全民族祖先的英雄具有神异的力量和不凡的使命，并以此来增进民族的团结和统一。因此，大批与此有关的少数民族传统体育项目得以产生，如基诺族的跳大鼓，传说是因为他们的祖先麦哩、麦妹在一次水灾中由于得到了大鼓的帮助而幸免于难，以后便繁衍了基诺族，所以每到年节，村村寨寨都要举行跳大鼓活动，以祭祖先。随着时代的变迁，这项活动便成了人们喜闻乐见的体育活动了。

三、各种武术拳种、器械和带有军事体育色彩的传统体育项目

西南地区少数民族多居于边陲地区，地处国防要冲，由于历史上各统治阶级间的相互斗争和民族矛盾，致使少数民族人们不得不拿起武器投身于战斗，正是这样的历史条件使他们形成了一种崇尚武功的社会风气。在长期的战争中，少数民族人民积累下丰富的持械或徒手格斗的经验，并随着社会的变迁与历史的发展，形成了各种武术拳种、器械和带有军事体育色彩的体育项目。如回族所创立的众多拳法中，影响较大的就有心意六合拳、太极拳、查拳、教门弹腿等，其中，心意六合拳在武林中素以狠拳著称，是一种刚柔相济的拳种，具有良好的健身防卫功效。傣族武术的内容也极为丰富，据统计，仅西双版纳的武术套路就有上百种，逐步形成各有所长。其中，孔雀拳便是傣族人民长期观察他们喜爱的孔雀的行为举止后，模仿其动作并融入了太极拳、长拳、绵拳和气功等技法后，创编出来的一套特色鲜明、外柔内刚的拳种。器械打斗中，在中华武术中占有重要的地位，所用器械种类繁多，当属云南彝族跳的花鼓舞，表演者十数人，其中的舞者手握大刀、两节棍、三叉戟、双钩、水火棍等武术器械，他们除表演各种古代战争的各种情节外，还上场演武，重现战争的厮杀情景，表演气势威猛，形象逼真。苗族的双环刀，景颇族的平头长刀，阿昌族的户撒刀等，也是在古代军事战争中形成的主要器械。此外，藏族的大象拔河，最初就是对格萨尔王征服敌人后为自己的战士分封土地，及以决定土地多少的一种方法，传承至今，成为藏族人民所喜爱的传统体育项目。土家族摆手舞的最初形态，也是一种瓦解敌人的战术，以及景颇族的射弩，藏、彝、回族的摔跤等民族传统体育项目，都以人类身体文化为表现形式，反映着全民族从产生到发展这一完整社会历史过程，具有鲜明的历史特征。

由此可见，西南各个少数民族在长期生存发展过程中，不仅开发了祖国边陲，捍卫了国家统一和民族团结，同时，他们在长期的社会历史发展和民族征战中创造了各具民族特色的拳术和器械项目，这些传统体育项目反映出不同的民族社会历史和文化变迁的轨迹，再现战争的格斗情景，是民族社会历史与征战观的清晰流露和更为具体的体现。随着时代的发展和社会的进步，西南地区开始逐步脱离自我封闭的经济文化体系，多渠道、多层次和多形式的文化交流更加频繁。民族传统体育伴随经济发展步伐、多元文化的交融和教育水平的提高，已从山寨、村落、峡谷、边陲走向中华大地。以弘扬民族文化，展示区域地方特色的民族传统体育活动得到全面提升和发展。

四、以弘扬民族传统体育文化、增进各族人民交流具有娱乐性的民族传统体育活动

西南地区少数民族体育活动纷繁多姿、层出不穷，这些体育活动常与嬉戏、娱乐交织在一起，以表达人们的喜悦心情，满足交往的需要。白族的"绕三灵"，成千上万的人们结伴巡游歌舞，有吹唢呐、弹三弦、唱民族曲艺的民间艺人，有一对对打霸王鞭、敲金钱鼓、舞双飞燕的男女青年，人们吹拉弹唱，一路欢歌笑语，既锻炼了身体，又愉悦了身心，这些民族传统的跳、跑、舞等体育活动，使人们在劳动之余陶冶了性情，愉悦了身心。四川白马藏族的搭底板（即踢毽子），藏族的丢窝，哈尼族的斗牛，阿昌族的耍青龙，布朗族的藤球，凉山彝族的蹲牛，苗族的跳芦笙、射背牌、划龙舟，瑶族的长鼓舞，怒族的跳竹，基诺族的踩高跷，壮族的抛绣球，佤族的百戏，景颇族的射包游戏、百步射线以及许多少数民族共同喜爱的打陀螺、荡秋千等娱

乐体育活动，无不表现出人们丰收的欢娱和对美好希望的追求。通过这些体育活动，不仅能满足人身心需要和情感愿望，还有助于弘扬民族传统体育文化，增进民族间的交流，加强民族团结。

由此可见，西南地区少数民族体育以其丰富多彩的内容、生动活泼的表现形式和独具特色的民族风格而著称于世，呈现出多姿多彩的体育文化形态与类型。它们从各种角度和层面反映着西南地区各民族的社会生产、生活状况和风尚习俗。这些形式多样、风格迥异、具有鲜明地方特色的体育活动内容，作为西南地区民族文化的载体，土生土长，伴随着民族文化的演进沿袭至今，并以其强大的生命力，为丰富西南地区人民群众的社会生活、传承民族优秀文化和增强民族凝聚力做出了积极的贡献。

第四节 中东南地区的民族传统体育

中东南地区包括广东、广西、湖北、湖南、福建、浙江、江西、安徽、海南、台湾地区，除汉族外，全地区主要分布有壮、苗、土家、布依、瑶、侗、水、仡佬、毛南、仫佬、黎、畲、高山、京14个少数民族。据统计，该地区少数民族人口在百万以上的有壮、苗、土家、布依、瑶、侗、黎7个民族，壮族是我国少数民族中人口最多的一个民族，大多分布在广西壮族自治区。中东南民族地区的自然条件与生态环境比较优越，多属丘陵地带，土地肥沃，气候温和，雨量充沛，十分有利于各种农作物的生长，因而，该地区少数民族主要从事农业，兼营林业和渔猎，男耕女织，自给自足，属于以犁耕农业为主的经济文化类型。如壮、布依族、水族、仡佬族、毛南族、黎族等民族，主要从事稻作，素有"水稻民族"之称。京族和台湾高山族人们以渔业为主，农业为辅，大分散、小集中是本地民族分布的特点，该地区在文明历史的长河中，以其独有的地理环境和民族杂居创造了许多独特的文化和风俗习惯，其中独树一帜的当属丰富多彩、形式多样的民族传统体育活动。据统计，中东南民族地区少数民族传统体育项目达184种，占全国民族传统体育项目的18.4%，其中有成人的，也有少年儿童的体育游戏；有中国古代的，也有现代民间体育内容。既有大家熟知的各类竞技运动，也有许多不为人知的游艺性娱乐活动。它们从不同侧面和角度在一定时期和程度上，反映了各民族的历史、政治、经济、文化、宗教、风俗习惯以及心理状态等。

一、源于自然环境与生产生活，表现出鲜明的地域文化特征和浓郁的原始传承性

俄国哲学家普列汉诺夫在谈到原始生产时指出："人是从周围自然环境中取得材料，来制造用来与自然斗争的人工器官。周围自然环境的性质决定着人的生产活动、生产资料的性质。"所谓"靠山吃山、靠水喝水"即是最好的佐证。地形、气候、自然资源中的水以及生物资源的分布与民族体育项目的形成紧密相关。

我国中东南地区地处温带、亚热带气候，雨量充沛，年降水量平均在1000～2200 mm，境内河流大都东西走向流注入海，主要河流在南岭山脉以北的有长江及其支流乌江、湘江、沅江等，南岭山脉以南的有珠江及东江、西江、郁江等。

在这些水资源较丰富的地区，人们往往利用这些水域发展与之相关的体育项目，如苗族、白族、侗族、布依族的龙舟，瑶族的踩独木划水、游泳，侗族的潜水摸鱼等，均与水结下了不解之

缘。此外，该地区地势西北高、东南涉海，地势较低，境内中部绵亘着南岭山脉，山岭重叠，峰峦起伏，丘陵密布，海拔一般在 500～1500 m，为适应这种特定的地理自然环境，其体育项目表现出浓厚的山地风味，如苗族的爬花竿、爬坡竿，土家族的攀藤，白族的跳山羊、登山、老虎跳等民族传统体育活动随之诞生，我们从中可窥见早期先民在急流中勇敢飞渡，在千山万水中艰难跋涉的身影。可见，中东南地区丰富多彩的传统体育活动类型，折射了自然环境对民族传统体育文化性质与样式的种种规定，是人们创造性适应自然环境做出的文化选择，表现出鲜明的地域文化特征。自然环境的差异性造成了民族传统体育文化的异质性，不仅直接制约着一个民族物质文化的发展，也不同程度地影响其民族传统体育文化的构成方式，成为不同类型的民族体育文化的渊源。

马克思曾经说过，"物质生活的生产方式决定着社会生活、政治生活及精神生活的一般过程，一切社会的性质和结构，都是由占统治地位的生产方式所决定的，物质资料的生产是决定社会民俗构造及其发展的力量。"世居中东南地区的壮、苗、土家、瑶、侗、亿佬、毛南、仫佬等民族，其经济文化类型以狩猎和农业为主，他们在长期的生存实践中，形成了一整套有关狩猎和农事相关的生产习俗惯制及文化观念，同时也演变出形式多样的民族体育活动，呈现出浓郁的原始传承性特征。

土家族的经济生产是由最初的狩猎逐步转入刀耕火种的粗放农业的。当时，耕地很少，种在山地的粮食作物常被成群的禽兽吃食。土家人为了保护庄稼，常抛打石头、木棒以驱赶飞禽走兽。于是，石头、木棒成为一种体育器械，"打飞棒"、"打罚碑"和水面"漂石子"等由模仿打禽兽的动作而形成的各种体育活动由此演变而来。土家族人民每年正月初二开始的"围山打猎"，也生动地再现了维系原始部落群居生命的狩猎活动，该活动由一老猎人指挥，众多参加者被分别安排到各组，一旦有猎物被杀，先到者要连呼三声，在归途中要鸣枪放炮，回到村寨，猎物被当众开膛。先民们把这种生产方式作为一种欢乐喜庆、强身健体的活动形式，因此，在这类活动中，集中表现出其根深蒂固的民族文化特征，呈现出较为原始的性状。土家族的茅谷斯，纯粹以身体活动的形式，表现出原始社会狩猎活动在传统体育中的遗存。参加茅谷斯表演的人们身披隐蔽的服装，手持各种武器，从整队出家开始，做爬山、涉水、过桥、埋伏、发现猎物、模拟追捕、搏斗等围山赶猎动作，据说这种茅谷斯活动是土家先民在长期狩猎活动中总结出来的一套行之有效的打猎方法，并以舞蹈的形式将其传授给后代。久而久之，形成了这项深受土家人民喜爱的健身娱乐活动，此类活动，在该地区少数民族体统体育中比比皆是。如苗族人们早在 2000 多年以前就以投掷石块来进行狩猎了，甩岩石就是由这种狩猎活动慢慢演化而来的；"飞标"（类似标枪，但枪身系长绳，可令其收回，枪尾系锦鸡毛）、"追鸭"（在水中追捕活鸭）这种简单的体育活动，不仅锻炼了臂力，也培养了人们朴素的美感情操，从而使这项活动充满了一种自然而素淡的审美意蕴，包含着丰厚的民间文化内涵。此外，边寨少数民族先民的跑、跳、投掷、攀登和射猎等活动，无不直接以生存和生活为目的。

另外，中东南地区有相当一部分民族传统体育项目是直接从农事生产劳动中诞生，并保持着本民族生产方式上的鲜明特色。广西壮族擅长稻作，他们将许多农业生产情景歌舞化，如打扁担舞就形象地再现了"耙田插秧、戽水耘田、收割打场、舂米尝新"的劳作过程。生活在广西和云南边疆的瑶族同胞，也保留着少量原始民族的生活，采用刀耕火种的耕作方式。其运动项目"对顶木杠"和"推杠杠"等，活动用具是土产的碗口粗的木头或竹竿，活动形式为双方用力顶杠，主要是比力量、缺乏技巧，表现了原始时代的生产习俗，体现着悠久而古老的风尚。

侗族人民大多从事农业生产，因此，他们的民族体育项目较多地模仿了农耕的动作，具有浓厚的农耕文化的气息。每年立春时，侗族要举行舞耕牛庆祝活动，用竹篾编成耕牛，以劳动能手和能歌善舞者装扮为耕耘的农夫、农妇，代表全寨把春牛舞到各家各户，祝福丰收，并在特定场所跳起耙田、施肥、揪种等耕耘舞蹈。壮族妇女们喜爱的打扁担活动，是源于唐宋时代，最初是用木杆敲米糟，并以竹筒配打节奏，称为谷榔，后来感到木杵太笨重，不便舞弄出更多的花样，便改用扁担来打，现在壮族妇女的打扁担活动已由生产劳动演变为一项文体健身活动得以广泛开展。侗族的哆毽也产生于此，相传在若干个世纪以前的一个初夏，侗族山寨迎来了一年一度的插秧季节，勤劳的后生们来到明镜般平静的水田里，姑娘们站在田埂上，远远扔出一把又一把稻秧，都被灵活的种田能手稳稳地接住，四周响起赞赏的欢笑声。休息时，精力充沛的青年们用野草扎成把，相互抛接不让落地，一项传统的娱乐健身活动哆毽就伴随着生产劳动诞生了。此外，黔南瑶族的猎棍操等，都是在农事生产劳动中形成的。不仅如此，在另外一些活动中（如"跳香会"、"三棒鼓拜"、"大摆手"等）所表现的"闹春耕，收割打场，庆丰收"等农事活动的场景及挖地、撒种、栽秧、挑担等模拟农业劳动的动作形象，显然是受到先民从事农耕活动及农耕文化的影响，再现了早期先民山区的生活方式。由此可见，出于种种原因，中东南地区民族体育仍保留着体育的原始性，它是融知识和技能学习、身体训练、共同感情和习惯的培养等为一体的多功能活动，并且没有完成体育本身与生产、劳动过程的分离，许多体育器材如弓箭、船只、飞棒、竹竿、藤条等，本身就是劳动工具或武器，跑、跳、投掷、攀爬、划船、格斗等运动技能本身就是生产和军事技能，这种原始性使其不仅具备一般意义上的健身性和竞技性，还表现出强烈的为生产生活服务的特殊性，体现出鲜明的地域文化特征和浓郁的原始传承性，这种情况是中东南边区恶劣的自然环境状况和落后的经济状况决定的，该区域民族传统体育文化突出地反映了这一本质。

二、源于节日习俗，是娱人与娱神、缅怀与渴求、欢乐与怡情的综合体现

中东南各少数民族由于所处自然环境、物质、生活条件的差异，经济发展的不平衡以及社会历史发展过程的不同，使得各民族的风俗习惯有所不同。节日是风俗习惯的一个突出表现形式，自古以来，生长于此的各族人民就以各种形式来庆祝自己本民族的节日，经过历史的洗礼，某些仪式和活动已成为有着浓厚文化底蕴的传统体育项目，在当地人民中流传广远。这些活动反映了少数民族的民族生活、精神气质、价值取向和审美情趣。

（一）祭祀性质的节日活动

在贵州黔东南苗族侗族自治州等地的苗族群众中，每年有祈求风调雨顺、五谷丰登的龙船节，届时往往有几十只龙船在清水江中竞渡，参赛人数相当多，江畔人海歌潮，节日气氛浓郁。节日期间还举行跑马、斗牛、踩鼓等体育活动，六月节是哈尼族人传统节日，又称"若扎扎"，每年农业六月二十四前后，哈尼人以秋千代"马"，迎神进寨，转起磨秋来驱害除邪。生活在台湾岛的高山族人，保持有最为隆重的五年祭节，顾名思义，即每隔五年祭祀一次，意思是感谢祖宗保佑丰收并赐予来年的收获和幸福，每到节日，都要举行竿球比赛。广西壮族人民对农作物贡献极大的青蛙与牛特别敬爱，农历正月还要举行祭青蛙、跳桌等活动，四月初八有过牛魂节的习俗。

（二）纪念性质的节日

这类节日大都是各民族为纪念本民族历史上的重大事件和缅怀本民族英雄人物而确立的，

一般都有准确的日期。白族的打仗鼓是白族人们反饥饿的集会；湘西凤凰苗族的爬竿，是为了纪念苗族英雄石孟子；城步苗族的打泥脚、江华瑶族的人龙等，都与反抗压迫、纪念英雄人物有关，在这些节日中大都伴随有体育活动。

（三）社交娱乐节日

少数民族多居住在边远的山区，或是高原地区，由于居住分散，交通不便等原因，他们平时交往很少，节日规定了固定日期和地点，使大家能够有个社交和经济文化交流的机会。例如，壮族的"三月三"节，每年农历三月初三，广西壮族地区都要举行歌圩，这天，青年男女穿上节日盛装，云集在山头野坡即兴对唱山歌，相互盘答，充分反映了壮族人民的聪明才智，之后，男女青年还开展抛接绣球等民族传统体育活动。在众多的民族节日中，有些是直接用单项传统体育项目命名的，如在广西壮族聚居的地方，每年都要举行一次有名的体育盛会——陀螺节，时间为除夕前两三日开始到正月十六结束，历时半个多月。节日期间，村寨热闹非凡，比赛方法各式各样，获胜者冠以"陀螺王"的美称。此外，在苗族盛大的赶秋会节日里，人们自觉集中到一起，进行各种体育、文娱活动，并通过这些活动择配佳偶。高山族的背篓球又称背篓会，原是高山族青年男女求爱的一种形式，逐步发展成为传统体育项目之一。参加活动的大部分是未婚青年，女的背着篓子在前面跑，男的随后紧跟，相距四五米，用象征长青、吉利、幸福的槟榔朝女方的背篓里投掷。现在此项运动已经普及到学校当中，深受欢迎。又如土家族的抢贡鸡、侗族的哆毽等，这些活动也具有鲜明的娱乐性和社交性。届时，青年男女要么云集在竹林草坡中，互赠礼物传递爱慕之情，要么坐在河边弹琴吹笙、吹木叶、敲乐器，谈情说爱。

三、源于宗教信仰，具有"纪念祖先"或"民族英雄"的共性

原始宗教的遗存与中东南少数民族传统体育也有着一定的渊源。长期以来中东南少数民族都有自己的自然崇拜、图腾信仰、巫术崇拜、祖先崇拜和多神信仰，尤以多神信仰与祖先崇拜为最突出。土家族的摆手舞据传源于祖先崇拜，最初是由巫师主持祭祀土家祖先"八部大王"仪式中的原始歌舞。首先，由一名有威望的老人带领大家跪敬祖先八部大王，然后才开始跳摆手舞。过去摆手歌舞唱词内容生动地描绘了八部大王开天辟地创世纪英雄业绩，舞蹈动作也由此分为纪念八部、家事活动等，现在的摆手舞已剔除了迷信色彩，多在大院、广场上进行，其唱词和舞蹈内容都有所更新，成为民间喜庆时极为热烈的一项群众性体育娱乐活动。

高山族的竿球也是如此，传说很久以前，一个小伙子机警勇敢，用长竿刺死扑来的老虎，保卫了火种，后人开展竿球活动来纪念他。每逢祭祖庆丰收（每五年隆重举行一次，俗称五年祭），竿球都是重要的活动内容之一，后逐渐发展成为一项传统体育活动得以开展。

瑶族人们每逢每年农历五月二十九，都要举行盛大的达努节，这是瑶族最大的传统节日，为了报答祖娘，瑶族人民都要敲起铜鼓，载歌载舞纪念始祖母，久而久之，就逐渐形成了习俗，打铜鼓也就成了民族传统体育的一项主要活动了。此外，类似祖先崇拜的遗存还表现在跳香会（祭五谷神）、九子鞭（祭二十八星宿之一的"尾"）等文体活动。

舞龙活动来源于宗教习俗，中东南地区土家族聚居地区早有"牵火焰"的习俗，每年五六月间烈日当头之时，多举行舞草把龙的宗教活动，以祈神来驱旱、求雨、免除火灾。玩"秧龙"即边区农民在每年的五六月间，久晴不雨，田间害虫滋生，危害庄稼之时，为保农业丰收，编草把龙在田

间习舞，以祈神去虫、求雨并配以锣鼓，放三连炮，这两种舞法都是用草编的草把龙，虽各有特点和侧重，但其玩法则大同小异，共同的目的是祈神驱瘟、消灾。今天的舞龙活动已演变成为一种文化体育娱乐活动，伴有庆祝国泰民安，寄托着边区人民对未来美好生活的愿望和祈求。

可见，宗教活动在边区少数民族生产生活中占有特殊地位，它与边区民族体育相互渗透、相互影响、相互作用，集中体现了纪念祖先或民族英雄的共性特征。

四、源于古代军事，展现了自强不息的民族精神和民族风骨

中东南各少数民族人民有着对自由和平等的执着向往与追求，有着勇于反抗压迫和剥削的革命斗争传统，写下了可歌可泣的战斗诗篇，造就了刚健的尚武精神和积极向上的体育观，展现了自强不息的民族精神和民族风骨。尚武强体是其成为提高生存能力，抵御外侮的有效手段。湘西是苗族武术之乡，有七十二手、三十六手、十八手的拳术秘诀。每年冬闲时节，壮族许多村寨延聘师傅传授武艺，此俗经久不衰，每逢歌圩、庙会等大型活动时，都少不了武术献艺。畲族武术分棍术和拳术，具有短促有力、迅速凶猛的特点，体现了鲜明的民族风格。

除武术活动处，先民早期军事活动的遗存还表现在节日聚会和儿童游戏之中。如苗族新年的"百狮会"，在迎狮闹寨时，主狮、客狮既要比武艺，又要比智慧。土家的"毛谷斯"，很讲究队形的排列变换，表演者亦需具备较好的武术基础。在众多的儿童游戏中，类似"偷营"（又叫"摸营"，分队进行，模拟互相偷袭营寨指挥部）、"年江山"（又称"抢山堡"，模拟攻守、争夺王位）等活动形式，无不是中东南少数民族的先民早期历史、军事活动的遗存。此外，土家族摆手舞中的战舞，悲壮雄深，气氛感人。千余名青年壮士身穿黑色战袍，高举五彩战旗，刀矛林立，喊杀声惊天动地，仿佛激战就在眼前。边区流行的射弩、射箭等也正是古代征战的反映。

五、寓舞于体的民族传统体育活动彰显了文体交融性与健身娱乐性的自然融合

中东南地区由楚巫文化、苗瑶文化以及其他文化交融构成了一个独特的民族文化圈，在这个独特的文化圈里，孕育出各种与其他地域有着迥异风格的传统体育活动。如苗族的芦笙舞，舞者边吹笙边做快速旋转、矮步、倒立等技巧动作，没有一定的训练基础是无法表演的。土家族、布朗族的藤操，练习时男女混杂，每人手持一条青藤，时而对舞，时而穿插，并不断地挥动青藤跳动。苗族的"八人秋"是在一定条件下把健、力、美的高度统一，加上韵律和谐，节奏鲜明、配合微妙，呈现突出的艺术性，不仅促进了运动者的个体发展，也使观众感受到美的愉悦。此外，苗族的跳芦笙、接龙舞，土家族的三棒鼓、划龙船、踩高跷等，都是为了满足人们的生活、娱乐需要而创造出来的，这些活动不仅使人们在劳动之余获得积极性休息，达到陶冶性情、愉悦身心的目的，又有强身健体的效果。由此可见，众多寓舞于体的民族传统体育活动构成了中东南地区民族体育最主要的反映内容之一，成为本地区独具魅力的特色项目，彰显了文体交融性与健身娱乐性的自然融合。

中东南地区体育文化源远流长，中东南地区各族人民在长期的生产实践和社会实践中，创造了绚丽多彩的传统体育项目，它与生产劳动、宗教习俗、民族历史、古代战争、文化艺术等紧密联系，相互融合，有的项目反映了早期先民的生产、生活活动，有的反映了民族的宗教观和征战观，有的项目体现了文体交融性与娱乐趣味性的有机结合，有的映射了坦荡纯朴的生活与爱情，筑造了鲜明的中东南民族体育文化的区域特色。

第五章　民族传统体育的传承与保护

第一节　当代民族传统体育的生存空间

一、全球化背景下民族传统体育生存现状

20世纪80年代中期以来，全球化（globalization）取代国际化（internationalization）、一体化（integration）和跨国化（transnationalization），成为人们耳熟能详的学术关键词。全球化已经是一个不争的事实，它影响着当今世界的各个层面，给人们的生活带来巨大影响。实质上，全球化是一种不断变化的过程，是人类社会整个发展历程中不断跨越自然和空间屏障，跨越制度、文化和社会障碍，在全球范围内充分实现信息相互沟通，以求达到更多共识和共同行动，实现人类文明成果共享的过程。

我们可以从两个主要方面来分析全球化，其中一个方面是文化多元性，另一个方面是全球一体化。

（一）文化多元性

德国历史学家奥斯瓦尔德·斯宾格勒把目前具备较强话语权的地域性文化类型区分为八种，英国历史学家阿诺德·J.汤因比进一步将世界文化分为20多种，其实，世界文化远不止这些分类，人类在不同地域所创造丰富多彩的地方性文化浩如烟海，世界文化本身就是由众多地方文化有机融合而成。全球文化多元性的形成与下面三个主要因素相关。

1. 文化多元性与人和人类社会存在形态密切相关

人的存在方式具有多样性，这就决定了人类文化发展的多元性的客观必然性。不同的个体、人群之间由于聚居环境的不同，导致了由此所发展起来的文化也呈现差异，这种差异也被文化学家称为"文化相对性"。如20世纪50年代，文化学家吉尔兹在其《地方性知识》中介绍，他在巴厘（爪哇东部不远），发现这个与爪哇在15世纪原属同一文化体系的人群却表现出截然不同的生活，其生活更趋向戏剧化，难觅爪哇大众化的哲学情结。对这两个人群的田野研究以其翔实的人类学素材，再次证明受地理因素的制约而表现出文化相对性的客观存在。

2. 文化多元性与人类文化发展多方向、多层次、多方式密切关联

人们曾经设想的许多事物由于受当时生产力的制约而无法实现，随着人类生产力提高，生产方式的不断完善，人类文化向多方向、多层次和多方式发展逐渐成为可能。尤其是工业化以及科技进步对人类的影响，这些变革，不断提高着人类的认识能力和水平，促进着人类对自然和自身的深入掌握，有利于地方性文化进步。同时随着文化进步以及多边交融，不同地域人群的自我认同情结也越发成为文化多元性的强大动因，尤其是民族的认同情结，使民族文化得到了高度重视和不断地发展，促使世界文化变得异彩纷呈。

3. 文化多元性与文化交融、涵化息息相关

人类文化多元性的根本原因在于文化间交融，具备差异的文化可使交流的双方在互动中受益。当文化间出现差异时，易引起互动双方产生彼此学习、交流的兴趣和动机，尤其是本土文化中所缺少的内容，可以采借、借鉴异质文化的优点，弥补本土文化之不足，逐渐达到文化涵化。美国人类学家林顿认为，现今世界90%以上的文化特质都是在文化接触过程中因文化采借而产生的文化涵化中出现的。在涵化过程中，每种地方性文化都会沿着自己文化发展的轨迹使异质文化产生地域性变化，进而演变为本土特色。

由此我们可以这样认为，全球化本身就是一种多元性文化的有机组成，它是民族体育生存的基础所在，更是中华民族传统体育生存的根本。

(二) 全球一体化

比较狭义的全球一体化是从大约30多年前的第一个全球性通信网络联络系统地建立而开始的。这一系统创立了新的经济运行的机制。相对而言，全球一体化是在一个更加久远的历史过程中逐渐形成，它不仅仅是经济领域的运行机制一体化取向，更有文化等领域意识、价值观念和行为方式一体化趋势，对此，有学者就认识到这是文化帝国主义的作用效应。如汤林森在他《文化帝国主义》一书开篇中展示的一幅照片所示，一个澳洲偏远的塔纳米，一个土著家庭席沙而坐观看电视。观看的内容自然是好莱坞大片、选美比赛、拳王争霸赛或是欧美电视连续剧。世界文化趋向大同，并形成文化全球化趋势，使文化组成部分的各个方面趋于一致。我们可以清楚地看到，西方体育文化在这种环境下逐渐地渗透到不同地域人群生活之中，使现代奥林匹克运动会成为全球一体化的典型代表。

导致这种格局的出现也有以下三个主要的因素。

(1) 全球一体化与边界消失有关。边界是构成一个国家、地区的自然屏障，这种屏障在人类社会发展中阻碍着彼此的交流，当然也发挥了维持民族特色的作用。随着时代的进步，多种相互交织在一起的跨越边界的交流过程已经得到了技术上支持。边界还是一种文化差异的表现，它被人们称为"文化疆域"。构成一个民族共同认同的文化疆域，影响和制约着人们的深入交流和文化间的融合。随着英语等使用者人数众多的语言的普及，以及翻译手段的进步，更主要是开放价值观念的树立，人们消除了互动的语言屏障，冲破了边界的限制。其中一个不容忽视的问题是在此过程中强势文化具有较多的话语权，因此强势的西方文化构成了现代全球一体化的主导文化。

(2) 全球一体化与网络化有关。电信领域，特别是大众传播媒介和网络被看作是全球一体化的动力之一。全球一体化的通信业引发了非物质的、价值观念的广泛交流与变化，并且带来了文化的交融，同时这种时代产物还带动了经济运行的新格局。受网络化的影响，原本难得一见的异域文化现在可以图文并茂、生动鲜活地呈现在人们面前，人们可以实现足不出户便晓天下事的愿望，地球村有望成为现实。传播媒介已经帮助世界形成一个全新的"交流的世界系统"，通过这个系统人类能够实现信息共享。当然，人们也不难发现，高度工业化的国家控制着这个过程和系统，因此表现出相对的一体化趋势。

(3) 全球一体化与现代化有关。现代化是指从农业经济向工业经济、农业社会向工业社会、农业文明向工业文明转变的历史过程。在此过程中可以发现，文明发展具有周期性，存在着第一次现代化和发达国家的第二次现代化。现代化具有加速性，尤其是在第二次现代化过程中，知识时代的加速性表现得十分明显。知识时代不是文明进程的终结，而是驿站，将来还会有新的现代化发展阶段。第二次现代化与第一次现代化相比，有些变化是新出现的，如网络化、智能化等；有些变化是对第一次现代化的继承和发展，如政治民主化、平权化等；有些变化是对第一次现代化的否定，如工业比例下降、城市居民向郊区迁移、自然主义等。如果说，第一次现代化是对大自然掠夺和征服，追求的社会经济目标是加快经济增长，那么，第二次现代化则是对大自然的保护和回归，其社会经济目标是为提高人的生活质量。现代化与发达国家紧密联系在一起，在某种程度上就是发达国家发展模式的全球一体化。

对此，可以认为强势文化软硬兼施地取代各民族的本土文化，使文化多元性丧失了民族特质的记忆，失去真实的意义，成为空洞的形式，迫使着全球文化向着单向性、趋同性发展。这一点体育文化表现得十分突出，西方竞技体育蔓延全球，随处可见，因此，全球一体化制约着民族传统体育的生存和发展空间。

如果说全球化的一体化趋势制约着民族传统体育的生存和发展空间，那么，全球化的文化多元性则是各民族传统体育生存和发展的福祉。如何面对挑战和机遇并存的全球化，关键看民族传统体育自身是否能够把握全球化文化多元性的机遇。

二、融合性是中华民族传统体育生存的灵魂

中华民族文化一刻也没有离开过交流和融合，也正是中华民族文化与异质文化悠久和广泛的交流，不断地融合铸造了中华民族文化的博大与精深。就中西文化交融而言，近现代中西文化的交流可从器物层面和意识层面两个方面着手分析，这两个层面是文化的重要组成部分，文化的交流往往是从器物层面开始，因为器物具备满足人们物质文化基本需要的特征，十分容易被人们认可和认同，不易引发人们的抗拒和逆反。随之而来的是意识层面的交流，意识伴随器物，蕴涵在器物之中，意识又引导器物文化的发展，两者有机相融。它们的传播需要大量的时间，特别是对于一个具有悠久历史的、延续性的文化。尤其是意识带有强烈的民族文化特性，容易引起人们的警觉和对抗。器物和意识有机地融合为一体，在传播过程中，在意识的指挥下，器物扮演先锋角色，最终以意识灌输、占据、改造、同化异质文化为目标。对于中华民族文化而言，无论是器物层面还是在意识层面都表现出高度的融合能力，因此融合性是构成中华民族文化的属性之一。作为中华民族文化有机组成部分的中华民族传统体育，自然也带有鲜明的融合性。

第二节　民族传统体育的基本传承理论

民族传统体育作为民族文化的一个重要组成部分，在各民族间互相交流、冲突及发展中，既保留了本民族活动方式，也借鉴和吸收了其他民族的活动内容，特别是在西方强势体育文化的冲击下，其传承面临着诸多问题。如民族传统体育特有的浓郁的民族文化气息正在减弱，文化信仰和精神内核不断流失，似乎已走到历史的边缘，逐渐被人们淡忘、淘汰……如何使优秀的民族传统体育的技艺、理论、文化等内容在代际进行传承，是民族传统体育所面临的共同问题。

一、民族传统体育传承的内容

每一种文化都是由各种文化特质构成的价值整体,既包括不同民族所创造的物质文化,也包括其风俗、习惯、伦理、道德、宗教、信仰、政治、法律、哲学、艺术以及种种文化制度和精神产品。克莱德·克鲁克洪则明确指认"文化具有结构"。文化结构层次是当今社会文化研究最为重要的思想方法,是宏观审视系统文化的一种思路,同时也已成为各相关学科进行问题解析的一般方法论之一。

本节依据民族传统体育项目传承的共性特点,从文化"三结构"学说,即物质、制度和精神三个层面加以阐述。这三个层面是由表及里和由内到外交互作用的,具有双向性,相互渗透,相互转换,共同构成民族传统体育的结构,形成一个完整的系统。

(一) 物质层面

据文化学的观点,物质文化以满足人类最基本的生存需要为目标,既包括人们的生产方式,又包括由人类加工自然物所创造的各种器物,是人的物质生产活动及其产品的总和。它是最活跃的因素,是最不稳定、最容易改变的。如民族传统体育项目中的动作技术要素、时空条件、民族服饰、技能演练等,这些要素间的非线性相互作用是项目产生无穷变化和新颖性的原因所在。

1. 动作技术

动作技术是运动主体的一种操作性行为,是人类技术的一个组成部分,是各体育项目动作技术的总称。民族传统体育项目均由一系列动作技术组成,而这一系列动作技术是人类通过多年运动实践总结出来的技术方法,是经过研究探索而形成的,不是主观随意捏造的。大部分动作技术都是符合人体运动科学原理,能充分发挥身体潜在能力并有完成动作的合理方法。依据要素-结构-功能哲学范畴的解释,我们可知,运动形式的变更往往会引起其属性的变化,而失去原有的文化特征。所以,动作技术是民族传统体育传承的首要内容。

2. 项目时空条件

文化空间是联合国教科文组织在保护非物质文化遗产时所使用的一个专有名词,用来指人类口头和非物质遗产代表作的形态和样式。就其自然属性而言,它是具有一定的物理、地理空间的独立文化场所,并具有一定景观价值,例如,文化广场、古村落、宗教寺庙等;就文化属性而言,其表现形态则有岁时性的民间节日、神圣的宗教聚会纪念日、周期性的民间集贸市场、季节性的文化交流场所、娱乐性的歌会舞节和盛大的运动会及其场所等。文化空间就是记载和保留该项目的重要形式和载体。众所周知,多数民族传统体育活动来源于该民族的宗教文化和节庆文化。如火把节是我国西南地区彝、白、傈僳、佤、布朗、纳西、拉祜、普米等少数民族的传统节日,在节日期间,将会举行多种盛大的传统体育活动。每到会期,人们要在一起举行唱戏、赛龙舟、对歌、跑马等文体活动。同时也有一些项目主要依附于各省、市、自治区或民族自治州(县)举办的本区域民族体育运动会。

场地、器材和时间三要素作为项目的时空条件,其变迁会对本项目的开展有一定的促进作用,但并不会改变其属性。随着民族传统体育的影响力越来越大,各种体育运动项目逐渐有了规范合理的场地设备和器材。当然,器材的变化和发展并不是无止境的,它一方面受内在规则、技术、战术的制约;另一方面与社会经济、文化和科学技术进步的成果密切相关,这当中无不体现人类体育文化进化过程的开放性与创造性。众所周知,民族传统体育来源于各民族的生产生活环境,具有淳朴自然、贴近生活、简单易行、群众喜闻乐见的特点。这些特点不外乎是很多民族传统体育项目对场地、器材要求不高,运动技术难度不大,并且也不受季节性气候的影响,甚至有些项目只需一块平地、一片草坪、村前寨后即可开展,以日常的生产、生活工具如船、马匹、刀、枪、箭、弩等或自然资源,如竹、木、藤、石等作为运动器材,所以受时空条件影响很少的项目就易于普及、开展。但是从整个民族传统体育项目来看,项目之间的时空条件会有很大的差异,因为民族传统体育项目分布区域广泛,各项目所属的民族、地域和气候环境有很大区别。譬如沙漠是西北少数民族地区最博大的地貌景观,独具特色的赛骆驼、滑沙等民族传统体育项目也只能在此区域内进行。然而,与同属此区域的摔跤项目相比,赛骆驼的时空条件限制要大得多。所以,项目的文化空间也是民族传统体育传承的内容之一。

3. 项目民族服饰

中国少数民族的传统服饰有着深刻的文化内涵,起着族徽的作用,成为民族的重要形象特征。对外,它区别于其他民族;对内,则是互相认同的旗帜。如蒙古族的蒙古袍和蒙古靴,满族的旗袍和高底花鞋,朝鲜族的交领短衣和长裙,鄂温克与鄂伦春族的狍皮衣,维吾尔族的袷袢(对襟长袍)和绣花小帽,回族的白帽,彝族的披毡,藏族的藏袍和氆氇围腰等。纳西族妇女披肩缀有刺绣精美的七星,肩两旁缀以日、月形,象征披星戴月,表示勤劳之意;大小凉山彝族男子用青布或蓝布包扎头部,并在右前额处扎长锥形的结,称为"英雄结",表示英勇威武的气概。这些服装给人们留下了深刻的印象,为人们所认同。

民族传统体育表演的服饰与动作技术,都是动态形象传承文化的组成部分,通过它们增强了动态形象美,扩大了表演项目的表现力,更显示出这一民族文化之悠久。如民运会上,云南代表队选送的竞技类表演项目舂新米。素有"黑珍珠"之称的佤族姑娘们特有的黝黑肌肤、乌黑长发是那个特殊民族与众不同的标志,舂新米是佤族人民庆祝每年稻米丰收而展开的喜庆竞技活动,姑娘们在比赛活动中不时有节奏地甩动她们乌黑的长发,以示丰收和胜利的喜悦,凸显出阿佤人民独特的民族情怀。所以,民族服饰也是民族传统体育传承的内容之一。

4. 运动技能演练

运动技能通常是指在特定运动形式下,有着确切运动技术的内容和个体运动的能力。它是在特定的运动技术要求下运动能力的具体搭配和组合,反映出运动能力不同层次的关系,以及不同要素结合的特点。运动技能演练的高、难、美、新、真、准、险、奇、绝以及完整情节等要素,使其运动呈现和具备了表演的艺术性和审美价值。民族传统体育运动项目给人以艺术启迪和美的享受,具有陶冶情操、娱乐心身的作用。孔雀舞,傣语称"戛洛勇"或"戛朗洛",意即孔雀跳,是傣族人民最喜爱的有着古老传统的广场表演性项目。孔雀舞有严格的程式和要求,有规范化的方位和步法,每个动作有相应的鼓语伴奏,讲究手及臂的造型,感情内在含蓄,舞姿有如雕塑。孔雀舞的内容多为表现孔雀飞跑下山、漫步森林、饮泉戏水、追逐嬉戏、歇枝、开屏等,表现了人和自然和谐共处的生活状态。所以,项目的运动技能也是民族传统体育传承的内容之一。

(二)制度层面

制度层面主要指人们从事民族传统体育活动的各种社会组织制度、宗教信仰习俗、传统礼仪以及各民族特定的开展传统体育活动的文化空间等。

1. 制度规范

规范属于制度性文化范畴,是制度层的核心内容。体育规范是体育意识形态外化的直接体现。体育规范虽然具有社会意识属性,但由于上升为国家体育管理者们的意志,经过一定的制度规范程序,被国家体育管理层认可或创制,取得了国家体育管理层意志的属性,成为人人必须遵守的体育准则。例如,国家民族事务委员会制定了《少数民族传统体育运动会申办办法》,规定少数民族传统体育运动会是经国务院批准,由国家民委、国家体育总局主办,省、自治区、直辖市人民政府承办的综合性全国少数民族运动会。举办全国少数民族传统体育运动会的宗旨是:展示少数民族传统体育特色,提高运动水平,巩固和发展平等、团结、互助的社会主义民族关系,弘扬民族优秀传统文化,促进各民族团结进步和共同繁荣。全国少数民族传统体育运动会每 4 年举办一次。会期(包括开幕式、闭幕式)根据竞赛、表演项目的设置确定,不少于 8 天,不多于 12 天。定期举办少数民族传统体育运动会制度的形成,不会因某个人或者某个管理者的改变而改变,规范和保障了民族传统体育传承,有力地推动了少数民族传统的社会化发展。

《全国少数民族传统体育运动会竞赛项目立项暂行规定》是为弘扬中华民族传统体育文化,促进各民族间的体育文化交流,提高全国少数民族传统体育运动会的组织和科学管理水平,使之朝着规范化和科学化的方向发展而专门制定的。该规定中明确要求,设立的竞赛项目必须是源于民间,具有鲜明民族特点并形成民族传统的体育项目;必须具有广泛的群众基础,易于普及推广,便于组织比赛;必须符合体育竞技要求,有完善的竞赛规则、裁判法和规范的比赛器材,便于公平竞赛和客观评判;要有一定的体育文化内涵,内容健康向上,具有较高的健身价值和观赏性。规定还对竞赛项目进行划分,把竞赛项目分为非常设项目和常设项目两类。非常设项目是由有关单位提出申请,国家民委、国家体育总局经过立项审批程序批准的项目,并且仅限当届全国民族运动会有效,下届全国民族运动会必须重新申报立项。非常设项目申报时可免去"立项申报程序"中的"初审"和"答辩",但仍需提供规定的全部申报材料。如果超过申报期还未申报,该项目是否列入总规程则由国家民委、国家体育总局共同决定。常设项目从非常设项目中产生。技术委员会对上届全国民族运动会的非常设项目进行综合评估和充分论证后,认为符合综合性运动会项目设置标准的,报国家民委、国家体育总局批准后定为常设项目。常设项目原则上保持相对稳定,但在规则、裁判法、场地、器材等方面,如不能及时修改和完善以适应比赛的需要,一经技术委员会审定,报国家民委、国家体育总局批准后,即改为非常设项目。连续两届列为省级民族运动会的竞赛项目具有全国民族运动会竞赛非常设项目立项资格。该办法使全国少数民族传统体育运动会朝着规范化和科学化的方向健康发展,使全国少数民族传统体育运动会的立项工作更加规范。

民族传统体育竞赛规则也是制度层的重要部分。在原始的民间体育活动中,一些竞赛项目往往是无组织程序、无规则,比赛简单,有的根本无裁判,显露出粗糙、简单、不规范等缺点,在低水平上徘徊,难以普及。随着民族传统体育的发展,民族传统体育运动协会制定颁布了若干个民族体育项目的竞赛规则,使一些民族体育项目逐步变得更为合理、完善,安全性也明显增强,摒弃了不规范性,强化了科学性和竞技性的元素。一些项目还与国际体育项目接轨,如我国少数民族的摔跤与国际摔跤、赛龙舟与国际赛艇、射箭与国际射箭、赛马与国际赛马、藤球与国际藤球、抢花炮与国际橄榄球等项目的对接,并引入国内外科学的训练理论与方法进行训练。

民族传统体育运动协会也是制度层中不可缺少的组织部分，它是非营利性社会团体。其任务是开展民族传统体育项目比赛，主办、承办各级各类民族、民间传统体育项目赛事；协助有关部门做好各民族传统体育项目的教练员、裁判员、运动员的培训、考查、审核工作，开展传统体育项目咨询服务；组织参加和观摩全国民族传统体育比赛和表演活动，参与国际、国内各种有关民族传统体育的交流和体育活动；深入开展传统体育项目的挖掘和鉴评等工作；进行传统体育项目的创编、音乐制作及器材、服装等开发设计；积极拓宽民族体育文化产业资源开发渠道。随着民族传统体育发展，其运动协会发挥的作用越大，越来越重要，是民族传统体育传承中不可忽视的部分。

总之，制度规范，竞赛规则、协会组织的完备是确保项目所倡导的运动宗旨和价值观得到实现的必然要求，是我国民族传统体育走向世界的必由之路，也是民族传统体育传承的条件之一。

2. 宗教信仰习俗

宗教是一种与神圣事物相联系的信仰与习俗的完整体系，是独立的和有所禁忌的一个把其所有追随者团结于一个称为"教会"的道德共同体之中的体系。宗教是人们对现实生活的幻想和想象，包括自然崇拜、图腾崇拜、祖先崇拜、神灵观念、巫术、禁忌、宗教节日以及民间传说等。体育与宗教可以说是有着不解之缘。虽然原始宗教不是产生民族传统体育的一个源泉，但却是其形成的一个动因。大多数民族传统体育活动，都寓于民族宗教活动之中。我国民族众多，各个民族都有着自己的宗教信仰，因此，宗教不仅仅是一种个体信仰，也是一种民族文化现象。

在民族传统体育项目中，可以发现还有许多没独立出来，仍然属于原始宗教活动的体育萌芽。如云南南部的彝族妇女每逢旱灾就要以一种裸体摔跤的形式来祈天降雨；我国一些地区的藏族人民以射箭的方式来纪念民族英雄格萨尔王；云南景颇族为亡者送葬时跳"恩载载"，使亡魂平安升天。又如纳西族的东巴跳，有很多的宗教活动，在什么场合跳什么动作都有严格的规定。每一次进行东巴跳时，都要根据对象和场合来确定要杀多少牛、要念什么经、跳什么动作，同时东巴们所穿服饰、所用法器等也都有严格的规定。通过对东巴跳动作进行整理、加工，现在的纳西族东巴跳除了原有的宗教含义外，已经开始加入体育活动和娱乐表演活动的因素。在历届全国少数民族传统体育运动会上，东巴跳作为表演项目已经让广大观众大开眼界。这表明东巴跳已开始从一种宗教活动向体育活动、艺术活动转化了。过去的宗教规范现在已经有了非常明显的变化，人们已经在越来越多的非宗教场合举行东巴跳了，而且东巴跳的主体、对象、形式、内容都发生了许多的变化。研究者专门挖掘其中的艺术和体育素材，进行加工提炼，使其具有一定的体育或艺术规范。

宗教使早期体育由自发的、不定期的、不定型的运动形态升迁为有组织的、相对定时的，各种运动项目的程序及具体动作也由自然的操练变得规范化了。毫无疑问，这对民族传统体育向较高层次发展起到了推动作用。所以，宗教习俗是民族传统体育传承中不可忽视的内容之一。

3. 礼仪规范

"礼仪"一词，在中国古代早就作为典章制度和道德教化来使用了。"礼"在字典上的解释是：由一定社会的道德观念和风俗习惯形成的、大家共同遵守的礼节。"仪"是指人的容貌、举止。在人际交往中，凡是把人内心待人接物的尊敬之情，通过美好的仪表、仪式表达出来就是礼仪。所以，"礼仪"指的就是人类社会交往中应有的礼节和仪式的总称，具体表现为礼貌、礼节、仪表和仪式等。古人说："不学礼，无以立。""礼"是人际关系的调节器和润滑剂，任何"礼"的背后，都有着一定的价值观念和社会心理的支撑。"礼"对维护社会的稳定、调节人际关系、构建和谐社会具有重要的意义。我国是一个文明古国，素有"礼仪之邦"的美称，礼仪文化源远流长。我国少数民族在日常生活中就保持和盛行着许多古朴、淳厚的优良礼节和习俗。这些礼俗，大多通过长辈老人日常生活及生产过程，言传身教，潜移默化，影响和启示后辈青年。

注重礼仪已不是某国某地区的问题，而是世界性的，只是各地在礼仪的内容和形式上略有不同罢了。如古代武术主要靠父言传身教，所以历来有尊师的美德。有"徒弟技艺高，莫忘师父劳"、"尊师要像长流水，爱徒要像鸟哺雏"的拳谚。武术讲究以理服人，不恃强凌弱。传习中强调武德教育，要求习武者具有手德、口德、公德。手德即较技时不以武力伤人，就是对待坏人，也以擒拿、点穴等方法来制服敌手为尚；口德即不以语言中伤他人；公德即遵守社会道德规范，不做扰乱社会治安的事。因此，通过礼仪教育，不但能使青少年养成良好的文明习惯，同时也将礼仪背后的价值观潜移默化地传递给了他们，对他们自主性的形成及自我认同与社会认同的构建都会产生不可估量的作用。所以，礼仪是民族传统体育传承的重要内容。

（三）精神层面

精神文化是人类在社会实践和意识活动中长期育化出来的价值观念、思维方式、道德情操、审美趣味、宗教感情、民族性格等，是人类文化心态在观念形态上的反映。精神层决定了物质层和制度层。有什么样的精神层就会有什么样的物质层和制度层。精神文化是一个相对宽泛而抽象的概念，对其进行传承并非易事。一方面，精神文化涵盖领域广，传承时较难具体化，需要对外显行为进行合理性推断；另一方面，精神文化形成或改变所需时间长，影响范围广，不易改变，较难找到有效的改善方法。民族传统体育项目系统是人类进化中主体智慧和意志的产物，它的进化总是在人类各个时期所持价值观的主导和干预下，通过文化积累实现的。基于这样的事实，可以把体育项目的进化问题归结为人类身体运动价值观的进化。针对各民族传统体育项目具有的心理、价值观念、思维形式、道德情操和审美情趣的不同特点，从项目的民族认同感、审美情趣以及价值观三个方面进行阐述。

1. 项目的民族认同感

民族文化认同是当代民族认同的核心，是国家利益的重要组成部分。民族的认同感是在团体内部相互依赖和相近的价值观念、伦理道德、审美情趣的基础上形成的，它是一种民族内部成员对本民族的归属感和亲近感。

"认同"的含义包括以下两方面：一是认为跟自己有共同之处而感到亲切，承认、认可和赞同；二是自觉地以自己认可的对象的规范要求自己，按所认可对象的规范行事。龙狮是中国传统文化的符号，一直是海外华人在春节闹元宵时的特定活动，已经持续了几百年，这就是民族认同感的直接展现。当你身处异国看到龙狮表演时，会从内心感觉一种亲近和温馨，突然意识到自己是一个中国人，这种感觉就是民族认同。在各民族之间也存在着认同，如踢踏舞、跳锅庄舞就是藏族的标志，就联想到藏族的文化。再如在景颇族的刀舞、彝族的黑虎祭等活动中，无形中渗透出民族的亲近力和凝聚力。民族传统体育活动具有鲜明的身体表征属性、参与者接触的频繁性、对情感和意志体现的直观性等特点，使得参与活动的人们很容易进行情感的交流、思想的交锋、意志的考验，从而不断增进相互了解和理解，达到培养民族认同感的显著效果。

2. 项目的凝聚力

某一种传统文化具有的民族向心凝聚力正是这种文化的生命力所在。民族传统体育活动是一种群众性的社会活动，对于少数民族来说，又是一种民族性的活动。它包含着共同文化、共同地域、共同社区与群体人们的生活方式、价值观念和审美情趣，因此对于各民族共同的心理素质起着重要的凝聚作用。如赛马、斗牛、摔跤、赛龙舟等体育项目，多和民族传统节日结合在一起开展。每当举办这些活动时，村寨和部落的人们都是参与者。男女老少同乐，自觉或不经意中进入了这个民族群体成员的角色。参赛者除了有强烈的竞争心理外，还具有集体荣誉感，使得族内人际关系更加密切，增强了民族凝聚力。总之，这种凝聚力表现为集体主义精神、集体荣誉感和自豪感。它是项目精神层面中需要强化的内容，但往往又是容易被忽视的部分。

3. 项目的价值观

文化的最深层次是价值观，这是文化的核心，与一定时期群体共同的理想和信念密切相关。所谓价值观，就是人们关于某种事物对人的价值、意义、作用的观点、看法和态度。人的活动是由价值观所指导的，人的活动及其结果，说到底不过是人的价值观的外在表现。

中华民族传统体育在其形成与发展过程中，文化的"安土地、尊祖宗、崇人伦、尚道德、重礼仪"的价值模式对其产生了非常大的影响，使其表现出独特的文化特色。以"天人合一"和"刚柔相济"为哲学基础，以保健性、表演性、娱乐性为基本模式，以崇尚礼让、宽厚、和平为价值取向的体育形态，这种模式造就了中国民族传统体育的文化优势。如大家所熟悉的武术，学习中国武术，不仅仅是学习它的技术动作，更重要的是领悟武术蕴涵的哲理和伦理道德，也就是说中华武术对人类价值观的塑造。拿岳飞创立的岳家拳来说，学习和传承岳家拳，除了技术本身传承外，更不能忽视岳飞的爱国主义情怀。民族传统体育中许多项目，除了技术本身的独特性以外，它的重要作用和吸引力就是民族情怀与价值观支撑着该项目的发展。

只有加强对中华民族传统体育精神层面的深入研究，才能给其以合理的存在与发展空间，才能使得中国传统体育项目在体育全球化的大趋势下保持自身良好的发展态势，在新时期内保持旺盛的生命力。

二、民族传统体育传承的途径

民族传统体育传承的途径历来是多种形式并存的，随着社会的变迁，不同时期传承途径的变化呈现出明显的时代性和多样性，而这些变化都受到传承理念、历史时空、社会环境和个人性情等因素的影响，并对该项目的传承起到举足轻重的作用。归纳起来，主要有以下六种途径，即大众健身、学校教育、竞技比赛、文化交流、非物质文化遗产保护和产业运作。

（一）大众健身

随着人们生活水平的不断提高，工作压力的持续加大，生活节奏的不断加快，运动健身已成为人们缓解生活压力、调节生活节奏的有效手段，已是人们生活中一个不可缺少的有机组成部分。我国民族传统体育中的许多项目都兼有娱乐、健身和竞技等多种功能，通过比较研究，抛绣球、抢花炮、板鞋舞、跳竹竿等民族传统体育大众化项目对人体形态有积极的影响，对力量、速度、耐力、灵敏等身体素质的提高，特别是对心血管系统、呼吸系统和免疫系统的增强等都有明显的效果，并得到广大民众的充分肯定和广泛认知。

民族传统体育的多重健身功能，让越来越多的人参与到丰富多彩的健身运动之中，民族传统体育也由乡间村落走向城市社区。2011年9月10日，第9届全国少数民族运动会在贵阳举办，此次运动会之前，一项名为"走进千家万户、感受民族运动会"的欢乐社区行活动，在3个月的时间里吸引了数万人参加。另外，来自北京的蹴球、活跃于藏族群众中的押加和珠江三角洲民众崇尚的南狮、龙舟等，都出现在贵州各地、州、市的社区里，一时成了贵州省全民健身的新项目。

民族传统体育的大众健身，首先要开展以群众体育为主题的民族传统体育普及活动，在学校、社区等人口聚集区建立民族传统体育的活动组织；其次，积极开展民族传统体育健身俱乐部的建设试点工作，创建一批有代表性的、有影响力的民族传统体育健身俱乐部，推动民族传统健身知识的普及，政府和体育行政管理部门通过法律、法规及有关规定对各协会进行管理，行使建议权、指导权和监督权，建立群众性民族传统体育健身科普活动的规章制度，保证民族传统体育健身活动的实效性和普及性；最后，开展多层次的民族传统体育健身讲座，让蕴含丰富民族智慧的传统健身知识和朴素健身理念进入千家万户，保障健身活动的科学、简单、易行，建立健全全民健身服务体系，全面提高全民族人民的身体素质。

民族传统体育健身活动与方法，不仅为传承少数民族独具特色的文化奠定了基础，同时也为当代经济的增速以及现代社会体育产业的发展提供了必要的支持和保证。敏锐的投资者看到了民族传统体育潜在的商业价值和庞大的健身队伍及习练群体，开始涉足开发民族传统体育大众健身资源。总之，民族传统体育通过大众健身已成为传承民族传统体育的新的生力军，成为传承活动中常态化、经常性的基本途径。

（二）学校教育

人是体育活动主体，也是传播者，学校是培养人的摇篮，中华民族传统体育这一笔文化财富，必须用教育的渠道来聚敛。冯骥才先生曾表达过这样的忧心："民间文化的传承人每分钟都在逝去；民间文化每一分钟都在消亡。"不可否认，传统的民族体育生存环境的改变，以及保护资金不足、政策不健全等因素，致使许多优秀的民族传统体育项目面临着"人亡技绝"的危险。学校作为文化传播的重要阵地，肩负着传承与传播民族传统体育的责任和使命。学校教育可分为两大类，即课堂教学和师传徒受。

1. 课堂教学

课堂教学是一个对知识、经验、技术方法和能力的传授过程，它依据制定的相应的教学大纲，来实施和完成教学任务。把民族传统体育项目纳入学校教育的课堂教学，一方面促进了民族传统体育的普及和推广，拓宽了民族传统体育文化的传承路径；另一方面极大地丰富了学校体育的课堂教学内容和课外活动形式。尤其是在一些民族地区，民族传统体育活动进入课堂教学，不但兼顾了民族地区学校体育发展，还凸显了国家课程、地方课程和校本课程的区分度，特别是校本课程的亮点和特色。

除了体育教学一般特点和共同规律外，民族传统体育还具有自身的教学特点和特殊规律。由于不同的地域，民族的文化背景差异较大，再加上不同的学校教育目标、教育对象、师资、条件等客观的差异性，民族传统体育资源开发利用的差异也客观存在。每个学校必须根据本地区本民族的实际情况去选择民族传统体育项目，如东北寒冷地区的学校适宜选择滑冰、滑雪等冰雪项目，在蒙古大草原的牧区学校适合选择射箭类项目，在南方水乡的学校适合选择游泳等水上项目。同时，学校要努力营造良好的校内、校外文化氛围，利用各民族节庆、体育夏令营、体育冬令营、体育节、艺术节、游戏节、舞蹈节和传统项目节等各种节日，开展丰富多彩的民族传统体育课程文化活动，将课内活动和课外活动有机地结合起来，相互补充，相互促进。

2. 师传徒受

自古以来，我国就有师徒制度的文化传承，社会有，学校也有，从来就没有消失过。师传徒受是我国民族传统体育传承的一种传统方式，以单个或几个教学对象为主要教学形式，是对课堂教学的补充。传统的师传徒受是一个师傅带一个或几个徒弟，教会并使其掌握技术和技能的一种传统人才培养方式。在一定程度上，弥补了学校课堂教学的应试教育、学历教育和职业教育的不足。师传徒受虽然保留了民族传统体育项目的独特性，但在一定程度上也制约了该项目传播的速度、广度和深度，使其生命力减弱。因此，我们应区别对待、科学选择、有效利用。

民族传统体育要保护好、传承好、发展好，不能忽视学校教育环节，特别是要抓好课堂教学形式，从孩子入手，从青少年着手，让学生从小接触民族传统体育项目，了解中华民族传统体育文化，热爱中华民族传统体育文化的传承与传播，发挥各级各类学校在民族传统体育的教育和传承中的主导作用。学校教育是我国民族传统体育传承的主要途径。

（三）竞技比赛

竞赛是实现体育目的和任务的基本途径之一，也是提高体育运动水平、推动体育事业发展的重要手段。事实证明，比赛能够推动体育活动的开展，是体育活动的主要形式之一。如今，每年都有以国家、省、市、地州的名义组织的民族传统体育运动会和单个项目的友谊赛、邀请赛、争赢赛等，不仅可以推动各地区民族传统体育的开展，而且有利于民族传统体育项目水平的提高。加强民族传统体育竞赛工作应从如下几个方面着手。

1. 借鉴现代体育的经验，融入现代体育竞赛体系之中

竞赛工作应从动作技术、组织制度建设、科学管理三个层面来推进民族传统体育的发展，丰富现代体育体系。培育一批民族传统体育项目逐步向现代竞技体育靠拢，力争从民族的健身活动和庆典表演活动中的项目转化成为具有比赛规则、具有专门从事该项目的运动员、裁判员和教练员的竞技体育项目。

2. 坚持走"有特色、高水平"运动会之路，形成单项赛事多元化与定期化

目前，除了全国少数民族传统体育运动会以外，各省市少数民族传统体育运动会和各单项民族传统体育运动会也逐渐呈现多元化、定期化。如龙舟比赛，2011年就有不下十种不同形式的赛事。又如国际风筝邀请赛、全国大学生舞龙、舞狮邀请赛、太极拳、角斗士等单项赛事，给全国乃至全世界的人民带来了最丰硕的"视觉大餐"。单项赛事所展示的独特文化魅力，使单项民族传统体育赛事呈现多元化发展格局，赛事越来越丰富，越来越受市场追捧。

3. 加强民族传统体育项目训练基地建设，完善评估、监督与检查的机制

基地建设是项目训练竞赛成熟的标志。目前，国家民委、国家体育总局设立一批民族传统体育项目训练基地，其收效显著，但基地建设还远远不能满足民族传统体育项目训练的需要，这种完全靠国家、靠政府出资建设的模式已经不适合项目的长远发展，应鼓励企业和个人投资建设，并定期对训练基地建设进行评估、监督和检查，政府给予宏观指导，形成监督机制。

4. 制定民族传统体育运动员等级制度，鼓励民族传统体育人才流动

运动员等级是对运动员成绩的标识和鼓励，也是从事该项目所具备的技术和技能水平高低的体现，具有重要意义。目前，其他运动项目都有相应的运动员等级制度，唯独从事民族传统体育的运动员没有等级划分，造成了运动员短缺和断层，同时也不利于民族传统体育专业招生，尽早制定民族传统体育运动员等级制度显得尤为重要。

5. 完善民族传统体育项目教练员、裁判员的考核、评定以及奖惩制度建设

举办运动会就必须有运动员、教练员和裁判员，三者缺一不可。然而，从事民族传统体育的教练员、裁判员的考核与认定办法还非常不健全，随意性很大，不利于人才队伍的稳定，更不利于竞赛工作的开展。因此，要及时配套和完善民族传统体育项目教练员、裁判员的考核与评定以及奖惩制度的建设。

6. 进一步丰富民族传统体育竞赛形式，营造和谐竞赛氛围

民族传统体育竞赛之路才刚刚开始，还需要不断地完善竞赛体制，保障民族传统体育项目的竞赛活力。虽然一些民族传统体育项目已经列为国际性体育项目，但相对庞大的民族传统体育项目来说，国际化、规范化、竞技化之路还很遥远，当务之急就是改变武术"一枝独秀"的局面，充分利用竞赛舞台，树立民族自信心，促进民族传统体育的广泛开展，以便走向世界，走向奥运。

（四）文化交流

全球经济一体化、高新科技日新月异、文化交汇融合的发展趋势，正深刻地影响着世界各民族文化的继承和发展。民族传统体育通过表演竞赛，增进友谊，促进技艺交流。那些融哲理、医理、拳理于一身，并具有健身、防身、修身、养性、娱乐等多功能于一体的民族传统体育，不仅体现了健身理念，更重要的是体现了人与自然、人与人和谐相处的宇宙观、世界观，它表达了中国人特有的体育人文精神，显示了中国人的健身意识和竞技观，其博大精深的理论和技术体系，充分显示了中华民族在体育文化领域中的独特创造力和卓越成就，是对西方国家、西方文化追求极限的体育观的有益补充。

民族传统体育通过技艺交流，起到增进友谊、共同提高的作用。如少林武术是民族传统体育传承的成功典范，它始终围绕"国际少林武术文化节"这一主线，通过电影《少林寺》的影响力，在少林寺周边开办武校武馆，不定期地举办各种形式的武术比赛，聚集人气，交流技艺。后来又通过"武林风"和"风中少林"等艺术表演形式，弘扬少林武术，使其获得了广泛的知名度和社会影响力，主动促进了少林武术的保护与传承，并被列入我国首批国家级非物质文化遗产保护名录，让全世界认识了少林武术。

"平等、团结、拼搏、奋进"是全国少数民族体育运动会的口号。从全国各地汇集而来参加运动会的人们，说着五花八门的民族语言和方言，相互之间难免有语言上的障碍，但当他们用"体育语言"进行沟通时，一切变得那么美好、和谐，民族运动会的比赛场上没有成王败寇。曾有媒体报道，在广州举行的第8届少数民族运动会上，来自内蒙古的呼日嘎在1990年北京亚运会上为中国实现了摔跤金牌零的突破,但在本届民族运动会的"北嘎"比赛中,他只获得了第八名。输掉比赛后,他亲热地拍着对手的肩膀说:"这是我们各少数民族在一起欢乐的聚会,还有什么比这更重要的呢。"在广州市的常住人口中,少数民族仅占2%,但广州成为第8届全国民族体育运动会的东道主后,这座羽毛球、网球、太极拳、南狮甚至高尔夫盛行的发达城市,却刮起了民族传统体育的阵阵旋风,许多人开着汽车、摩托车去看马术、秋千比赛,并亲自体验学练项目的乐趣。

1991年南宁第4届全国少数民族传统体育运动会上,首次有了大会会歌。在为脍炙人口的《爱我中华》谱曲时,广泛采用广西、云南等地少数民族的民间曲调,"五十六个星座五十六枝花,五十六族兄弟姐妹是一家……"深情的歌曲唱出了各民族人民的心声,歌曲红遍神州大地。自广西南宁全国少数民族运动会开始,台湾少数民族运动队和民族传统歌舞艺术团也参加了少数民族运动会的比赛与表演,并与港澳观摩团一起,实现了中华民族更大范围的团聚。据统计,在半个多世纪里,全国少数民族体育运动会不仅走遍了新疆、宁夏等五个自治区,而且先后在北京、广州等大城市举办,促进了民族多元文化的共享。表演竞赛是一扇交流之窗,让更多的人关注和保护民族传统文化,赋予了民族传统体育新的活力。民族传统体育文化交往在自然流淌中升华了情感、丰富了生活、增进了友谊。文化交流是民族传统体育传承的重要途径。

(五) 市场运作

经济是民族传统体育发展的基础,社会主义市场经济的发展给民族传统体育提供了新的发展机遇。民族传统体育要传承、要发展就必须面向市场、面向大众。民族传统体育产业在我国体育产业中独具民族特色,其文化性、地域性突出,且娱乐性、趣味性强,在现代社会进程中,已显示出广阔的市场发展前景。

1. 资源整合

我国广大的民族地区,存在着不同的民族文化和多彩的民族传统体育资源,因此,在优化民族传统体育资源结构时,应充分利用我国民族体育文化多样性的优势,强调多样性发展与开发差异化的民族体育资源产品,在尊重当地少数民族风俗的基础上统筹安排、合理规划、区域联动,以达到发挥民族地区的整体资源优势,最终形成合力,充分将自己本民族传统体育文化的内涵、民族特色风格等展现给世人,实现民族传统体育资源品牌化战略与规模化战略的整体效应。

民族传统体育的魅力,不仅在于它的文化源泉与生态背景,还在于它与自然协调和融洽的原生态特性。我们要充分利用资源、整合资源、优化资源,开创民族传统体育社会化、市场化途径,走观赏性、参与性、体验性发展之路,利用民族地区的自然地理资源来整合开发民族传统体育旅游业,形成"以体促游"的良性互动局面,促进广大民族地区的开放搞活,推动民族特色经济的迅速发展。因此,民族传统体育项目需要依附自然环境、人文环境,利用地区自然环境、人文资源、民族传统体育资源等得天独厚的优势,扩大体育消费市场。

2. 城市消费

随着我国各族人民经济收入的提高,生活水平的提升,人们的体育消费比重将逐步上升,消费需求向多样化、多层次发展。对此,民族传统体育服务必须面向城市,提高质量,上档次,上水平。生活在城市中的人对具有自然和谐性、地域风情性、民族风俗性、观赏体验性的少数民族传统体育更加热衷，因为人们在参与、观赏民族传统体育的过程中满足了现代人类求动、求乐、求健、求知的特殊身心需求和感受民俗文化及民族风情的精神需要。让多姿多彩的民间节日盛会进入城市舞台，如深圳欢乐谷，每年都举行少数民族节日，让一些受时间限制的城市人，体会一个具有浓厚人文内涵的时空平台。例如彝族的火把节、回族的开斋节、藏族的望果节、壮族的"三月三"、侗族的花炮节、苗族的花山节、白族的三月街等都是人们开发少数民族体育产业的重要人文资源。在城市旅游景点或度假区，应增设一些健身性、娱乐性、竞技性、观赏性较强的民族体育项目活动区，或设立民族体育文化广场，供游人观赏并能直接参与娱乐、竞技活动，以增加旅游景区动态的人文景观和民族文化氛围。如设立过溜索、荡秋千、磨秋、轮秋、爬油杆、花杆、刀杆、射箭、射弩、打陀螺等项目，以活跃旅游景区的欢快气氛，让游人沉浸在轻松愉快的体育活动之中，同时也进一步增强了对游客的吸引力。当然，我们强调民族体育资源开发的经济效益，并不意味着以牺牲民族文化为代价，在开发特色体育资源为当地创造经济收益的同时，保持好民族传统文化的特色优势，使民族文化在适应市场经济发展的进程中，仍能得到保护、传承与弘扬，不断提高民族传统体育产业资源的文化要素，走可持续发展的道路。

3. 产业聚集

文化产业是文化软实力的物化和有效承载。一个国家和民族的价值观念、思想意识、行为方式只有通过大规模的文化产业运作，才能向全世界传播和扩散，并且渗透到千百万人的生活中去。远至好莱坞近至韩国的电视剧，完全是文化产业的一种方式。在经济全球化和文化多元化的今天，只有大力发展民族传统体育文化产业，依赖民族传统体育发展民族村，依赖民族传统体育活动发展特色旅游，依靠竞赛杠杆，形成民族传统体育职业联赛，这样才能应对现代体育的侵蚀和挑战，同时避免自身在文化全球化过程中被边缘化。譬如，新疆吐鲁番的葡萄节、傣族的泼水节、蒙古族的那达慕盛会等民族传统节日都以"体育搭台、经济唱戏"的形式，吸引四面来宾，八方来客，为民族地区的各行业经济发展繁荣、宣传树立地区形象起到积极的推动作用。又如，春节举行的舞狮舞龙、投绣球，端午节举行的赛龙舟等一系列活动，与当地的经贸活动、民族节庆融为一体，互相促进，热闹非凡，并赋予了民族传统文化的时代精神和旺盛活力。通过整合本土文化，通过引进和培植新的文化理念，与经济进行融合，最终达到双赢的局面。

第三节 民族传统体育的非物质文化遗产保护

民族传统体育非物质文化是民族优秀传统的象征，是民族精神原始内核重要组成部分。但随着世界经济一体化的发展，尤其是快速发展的今天，许多民族传统体育文化已经或正在消失，保护和利用好民族传统体育非物质文化遗产，对于继承和发扬民族优秀文化传统，增强民族团结和维护国家统一，增强民族自信心和凝聚力，促进社会主义精神文明建设都具有重要而深远的意义。

一、非物质文化遗产及其保护

（一）非物质文化遗产的概念

文化遗产是人们所承袭的前人创造的文化或文化的产物。联合国教科文组织的相关文件和国务院下发的《关于加强文化遗产保护工作的通知》，对文化遗产是这样界定的："文化遗产包括有形的物质文化遗产和无形的非物质文化遗产。物质文化遗产是具有历史、艺术和科学价值的文物，包括古遗址、古墓葬、古建筑、石窟寺、石刻、壁画、近代现代重要史迹及代表性建筑等不可移动文物，历史上各时代的重要实物、艺术品、文献、手稿、图书资料等可移动文物；以及在建筑式样、分布均匀或与环境景色结合方面具有突出普遍价值的历史文化名城（街区、村镇）。非物质文化遗产是指各种以非物质形态存在的与群众生活密切相关、世代相承的传统文化表现形式，包括口头传统、传统表演艺术、民俗活动和礼仪与节庆、有关自然界和宇宙的民间传统知识和实践、传统手工艺技能等以及与上述传统文化表现形式相关的文化空间。"

1982 年，联合国教科文组织首设以"非物质遗产"（Intangible—Heritage）命名的部门。教科文组织在《第二个中期计划 1984—1989》中使用了"非物质的文化遗产"（Intangible Cultural Heritage）这一概念，以界定作为一个整体"文化遗产"的扩展部分。教科文组织也以列举的方式对这一概念进行了界定："'非物质'的文化遗产包括通过艺术、文学、语言、口头传说、手工艺、民间传说、神话、信仰、道德准则、习俗、礼仪和游戏等方式流传的标记和符号。"

1998 年，联合国教科文组织第 55 次会议通过了《人类口头和非物质遗产代表作条例》，在此条例中使用了"口头和非物质遗产（Oral and Intangible Heritage）"（直译应为"口头与无形遗产"）一词。其定义是："来自某一文化社区的全部创作，这些创作以传统为依据、由某一群体或一些个体所表达并被认为是符合社区期望的作为其文化和社会特性的表达形式；其准则和价值通过模仿或其他方式口头相传，它的形式包括：语言、文学、音乐、舞蹈、游戏、神话、礼仪、习惯、手工艺、建筑及其他艺术。"随后，"口头和非物质遗产"这一概念逐渐被成员国广泛接纳，但这一概念并不能周延。

2003 年，联合国教科文组织颁布《保护非物质文化遗产公约》，该公约正式使用了 the Intangible Cultural Heritage 这一概念，直译为"无形文化遗产"，着重指一种没有固定的空间形式，通过口传身授来传承的活态文化。根据《公约》规定，the Intangible Cultural Heritage 是指"各群体、团体，有时是个人视为其文化遗产的各种实践、表演、表现形式、知识和技能，及有关工具、实物、工艺品和文化场所"，我国官方译本将其称为"非物质文化遗产"。

2011 年 2 月 25 日我国通过《中华人民共和国非物质文化遗产法》，于 2011 年 6 月 1 日开始实行，在法律条文当中明确把传统体育作为非物质文化遗产的范畴。该法所称"非物质文化遗产"，是指各族人民世代相传并视为其文化遗产组成部分的各种传统文化表现形式以及与传统文化表现形式相关的实物和场所。关于这一概念，是总结我国现有的非物质文化遗产国情，同时并借鉴《保护非物质文化遗产公约》对非物质文化遗产表述的基础上提出的。根据非遗法的界定，我们可以认为，传统体育非物质文化遗产的概念，广义上是指各族人民世代相传的民族传统体育文化表现形式以及与其文化表现形式相关的实物和场所；狭义上是指各民族人民世代相传以"身体活动"为主体进行互动与意义表达，以"口传身授"形式进行传播的身体活动和知识。"民族传统体育非物质文化遗产"与"少数民族传统体育非物质文化遗产"在概念上可以等同。

（二）非物质文化遗产保护的内涵

非物质文化遗产保护是新时期推动我国特色社会主义文化建设的一项文化创新工程。2005

年，国务院办公厅下发了《关于加强我国非物质文化遗产保护工作的意见》；2006年9月，中国非物质文化遗产保护中心成立。在《关于加强我国非物质文化遗产保护工作的意见》的指导下，部分省、市、县也在不同程度地加强了本地区的非物质文化遗产保护措施。自此以后，我国非物质文化遗产保护工程在全国逐渐启动并普及，一个非物质文化遗产保护体系网络正在我国悄然形成。

由2001年联合国教科文组织通过的《文化多样性宣言》可以得知，非物质文化遗产保护的目的是为了维护文化多样性的存在。非物质文化遗产保护的基本方针是"保护为主，抢救第一，合理利用，传承发展"。这里，武汉体育学院的陈永辉对基本方针进行了详细的论述，所谓的"保护为主"是指对非物质文化遗产进行全面的必要的确认、立档、保存；"抢救第一"是指对濒危的非物质文化遗产着重进行挖掘、整理、抢救；"合理利用"是指要把一切积极的文化因子运用到文化建设中来，以服务中国特色社会主义建设；"传承发展"是指要采取积极措施，让一些优秀的文化遗产能得到创新和延续。总结起来，非物质文化遗产保护的基本方针可以理解为"在全面保护的基础上，突出重点，同时要进行创新与合理利用。"正如联合国教科文组织通过的《保护非物质文化遗产公约》中所指出的那样："各个群体和团体随着其所处环境、与自然界的相互关系和历史条件的变化不断使这种代代相传的非物质文化遗产得到创新，同时使他们自己具有一种认同感和历史感，从而促进了文化多样性和人类的创造力。"

二、民族传统体育非物质文化遗产保护的重要性

（一）文化全球化发展的需要

21世纪的今天，文化全球化的发展要求世界各国的民族文化真正地融合于世界之中，做到"和而不同"。要想达到文化全球化发展的和谐统一，我们就必须要保护好各民族文化。在全球化的过程中，我国体育文化要想促使中国民族文化在与西方文化交流时达到和谐统一，必须做好两方面的工作：第一，正确处理好西方体育文化冲击；第二，维持民族传统体育文化的固有结构。世界文化与发展委员会主席佩雷斯·德奎利亚尔曾强调："面对人类辉煌的历史和不可预知的未来，发展再也不能被看作是一个单一的、整齐划一的、直线型的路径……这场文化运动促使每个民族在对传统的思维框架进行反思，这场文化运动也使每个民族坚定了各具特色的现代化之路。"

我国民族传统体育深深地扎根于中国这片广阔的地域，更多地反映了我国各族人民的真实文化需求，折射了不同地域的文化个性，吸引着其他国家的民族对我们的民族文化进行了解、认同、借鉴。保护民族传统体育文化遗产，就是在坚持并发扬这些地域文化特色的同时向外界进行输出，以避免在与世界文化的交流与碰撞中以民族传统体育为代表的民族文化成为被异化的民族文化。

（二）构建和谐社会的需要

新的世纪，我国社会主义事业发展进入到构建社会主义和谐社会的重大时期。而民族文化遗产保护的核心理念在于和谐，因此，从某种程度上来讲，保护民族文化遗产为和谐社会构建提供了精神来源，而和谐社会构建迫切需要民族文化的精髓——和合观思想来支撑和提供动力。民族传统体育产生于我国各族人民的劳动生活中，并在其特有的劳动生活模式中创造出了民族

传统体育文化的价值取向——和谐，这一价值取向的观念始终贯穿于民族传统体育文化的思维模式与实践规范之中。保护民族传统体育文化，要以满足人民群众日益增长的体育文化需要为出发点，充分挖掘其文化内涵，发挥自身的和谐功能，为促进新农村建设服务。

（三）民族信仰维系的需要

信仰是指对圣贤的主张、主义，对神的信服和尊崇，对鬼、妖、魔或天然气象的恐惧，并把它奉为自己的行为准则。它是人对世界的一种能力的把握，是一种辩证的动态运作过程，这种运作过程周而复始，从而构成了人类的信仰活动。这种信仰活动是在人类精神生活领域中占据核心地位的一种文化价值活动。具体表现为：对个人而言，它是个人行为的支柱；对国家而言，它构成国家政治意识形态的核心；对民族而言，它构成凝聚国民心智的民族精神。把民族传统体育作为非物质文化遗产保护正是出于文化安全的需要，是对维系民族精神信仰的需要。面对文化全球化大环境，如何认同民族传统体育文化，树立民族信仰，需要人们的选择、维护、创新和管理。

三、民族传统体育非物质文化遗产保护的困境

非物质文化遗产是历史的遗存，又与时代发展有密切的联系，现实生活中可以找到它存在的痕迹，有的生命力还相当旺盛。非物质文化遗产的这些特点决定了它在现实的保护、传承与发展中不可避免地存在着众多的难题与困境。

（一）社会环境变迁中保护的有限性

对非物质文化遗产进行保护并不只是保护这一遗产本身，还必须连同与它的存在、发展密切相关的生态环境一起加以保护。民族传统体育文化大多产生于传统社会，而流传于民间，尤其是较为封闭的少数民族地区。随着社会经济的迅速发展与交通通信的发达，传统社会向现代文明社会发展，传统体育依赖的环境也在不断发展变化之中，但受传统社会观念的影响，使得部分传统体育文化难以为继，这为传统体育文化空间的保护提出了难题。

（二）缺少长远定位与规划

国家对于非物质文化遗产的保护，需要对其进行必要的定位和规划，而不是一窝蜂地乱来。保护与传承固然重要，但利用与发展也不容忽视，这需要对非物质文化遗产及其相关的方面进行前瞻性的研究与预判，进而对民族传统体育做出总体性的长远规划。我们现在面临这样一个现状：对非物质文化遗产进行保护的口号，除了一部分而且是很大的一部分是纯粹的概念游戏和话语权力争夺外，极少是真正扎根在自己的社会议题和现实呼唤中的。这使得对非物质文化遗产的保护有时仅仅停留在口头上，而没有实际的行动，更不要谈效果了。

比如，各级政府对传统武术"申遗"做出积极的响应与支持，"名录"背后隐藏着的巨大经济利益在一定程度起着不可估量的作用。在新世纪、新经济下，注意力即财产，金钱与注意力一起流动，利用国家级名录的效应开发文化产业与旅游产业的现象屡见不鲜。同时，名录申报成功后还可以从中获得大量的保护专项资金，这也是各级地方政府经济来源的一个重要途径。非物质文化遗产为传统武术的传承与发展开辟了一个崭新的领域，传统武术界应充分把握这一机遇，打破原有的发展空间和理念，做出总体性、长远性的规划，不能受短期现实利益的影响而放弃，这是因为传统武术是我国人民共同创造的、不可多得的宝贵财富。

(三) 传承主体的缺位

表面上看，政府在非物质文化遗产的保护中起着举足轻重的作用，项目的申报由政府主持，申报成功后也需要政府的各种支持，但是，非物质文化遗产的传承主体却不是政府，而是传承人，传承人是传承主体的典型代表。

然而，政府的参与却容易使非物质文化遗产的保护产生"变异"，从而造成"外行领导内行"的不合理局面，同时，这也违背了非物质文化遗产的发展规律。传承主体在整个"申遗"中处于弱势地位，而且有时这种"申遗"或许就是"行政突击行为"，一般由县、市一级文化部门组织地方专家进行取舍、论证，授权也只到乡镇一级政府。

这种政府主导、传承主体缺位的施予式保护现象，造成了我国民族传统体育文化在传承过程中，许多地方政府借保护之名粗暴地干涉传承工作，而传承人与习练者的意志得不到有效表达，传承主体的地位和作用被漠视和淡化，民族传统体育文化的持有者在名录申报中处于"失语"的状态。在这种状态下，即使有些传统体育项目已经被列入国家级非物质文化遗产保护范围，也得不到有效而合理的保护。所以，加强传承主体的地位，充分发挥传承主体的主观能动性，使之能真正参与到民族传统体育文化保护的实际工作中，才是目前我们应该解决的问题。

(四) 传承效果缺少评估、反馈机制

国家级非物质文化遗产也认定了，国家也投入了巨资，但这些非物质文化遗产对于繁荣、丰富人类生活和精神起到了怎样的作用，目前还缺少有效的机制对其进行评估。

已成功申报国家级非物质文化遗产的民族传统体育项目，应根据当今社会需求，大力拓展其生存空间和传承途径，而不能仅仅依赖政府的扶植和救助。在一段时期内，政府不仅要对列为国家级非物质文化遗产的项目进行评估，同时还要督促其开展传承活动，从而使非物质文化遗产的保护能够真正地实现为人们服务、为社会服务的宗旨。此外，国家级非物质文化遗产项目也应履行将其开展活动情况、存在问题等向文化部门进行汇报的义务，从而更好地促进双方之间的沟通、合作与交流，为非物质文化遗产保护工作的顺利开展做出应有的贡献。

四、民族传统体育非物质文化遗产保护的原则

2005年4月，国务院办公厅在《关于加强我国非物质文化遗产保护工作的意见》中对非物质文化遗产保护工作的目标和基本原则做出了进一步的明确：目标是通过全社会的努力，逐步建立比较完备、有中国特色的非物质文化遗产保护制度，使我国珍贵、濒危并具有历史、文化和科学价值的非物质文化遗产得到有效保护，并得以传承和发展。基本原则是政府主导、社会参与、明确职责、形成合力；长远规划、分步实施、点面结合、讲求实效。结合民族传统体育文化自身的特点，在保护工作中应做到以下几点：

(一) 以人为本

马克思文化学理论认为，文化的本质就是"人化"，人是文化的主体，是文化目的的终极目标。因此，站在这个角度来看，非物质文化遗产保护的核心因素就是保护"人"，尤其是保护好那些创造、拥有、传承和研究非物质文化遗产的活生生的人。这是我们做好非物质文化遗产保护工作的关键所在。非物质文化遗产视野下的民族传统体育，其"精神内核"和"文化空间"的根本载体是人。而民族传统体育存在的根本意义在于为"人"这个主体服务，以人的满足为

最高境界。

(二) 保持原真性

原真性是定义、评估和监控文化遗产的基本因素。1964 年的《威尼斯宣言》对文化遗产的原真性也作了十分详细的诠释，明确表示，它是真的，它是原本的，它是忠实的。我们在保护中一定要注意文化遗产必须是一地原有的、一地所固有的文化，是有地域特色的原生态民族体育文化传统原汁原味地延续和发展的产物，注意文化遗产的历史性、原始性和真实性。不能用经济的眼睛去看待，更不能因为一些民族传统体育项目经济效益大，就进行盲目攀比和移植。受不同地域环境影响，人们的生产生活方式、风俗习惯等也会随之产生不同的影响，从而呈现出不同的传统体育文化形态。从某种程度上来说，如果脱离了地域环境，那么传统体育文化也就失去了其内在价值，"北人善马，南人善舟"指的就是地域环境对民族传统体育项目的"培育"。例如，白族的赛马节等一些民族传统体育项目，如果脱离了原生态环境，则将逐渐失去其文化内涵。除此之外，在保护中，我们还要杜绝"翻版"与"假冒"。在 20 世纪 80~90 年代，受"旅游文化热"的影响，全国各地纷纷效仿，建起了一个又一个的民俗村，各项经过虚假加工的"民族传统体育项目"也定居其中进行表演。在这种造假环境下民族传统体育文化成为一种快餐式的传统文化，经过短暂的热潮后，许多民俗村接连倒闭。在这种境遇下，民族传统体育陷入生存与发展的窘境。保持原真是为了维护民族传统体育文化遗产的表现形式和文化含义的内在统一。历史的传承，不是随随便便就可以的，是需要依据的，对民族传统体育文化遗产的保护，提倡写实的"《三国志》"，而不是对历史真实进行改写演绎的"《三国演义》"。

(三) 多样性

在我国，一般把除汉族以外的 55 个民族称之为少数民族。而几乎每一个少数民族，都有自己独特的传统体育活动，可见，我国的民族传统体育文化遗产是极其丰富的。2006 年 5 月 20 日，国务院公布了第一批国家级非物质文化遗产名录（共计 518 项），这批名录包括十大类，分别是民间文学、音乐、舞蹈、戏剧、曲艺、杂技与竞技、美术、手工技艺、传统医药、民俗。其中，杂技与竞技类中的民族传统体育包括天桥中幡（北京市）、抖空竹（北京市西城区）、回族重刀武术（天津市）、吴桥杂技（河北省吴桥县）、沧州武术（河北省沧州市）、陈氏太极拳（河南省焦作市）、邢台梅花拳（河北省邢台市）、杨式太极拳（河北省永年县）、沙河藤牌阵（河北省沙河市）、聊城杂技（山东省聊城市）、蹴鞠（山东省淄博市）、宁德霍童线狮（福建省宁德市）、维吾尔族达瓦孜（新疆维吾尔自治区）、少林功夫（河南省登封市）、武当武术（湖北省十堰市）、朝鲜族跳板和秋千（吉林省延边朝鲜族自治州）、达斡尔族传统曲棍球竞技（内蒙古自治区莫力达瓦达斡尔族自治旗）和蒙古族搏克（内蒙古自治区），共 17 项。多年以来，我们都在强调文化的多样性，以寻求中华民族传统体育文化在世界体育文化中的位置。同样，在民族传统体育文化遗产的保护中，"多样性"亦是不容忽视的。现代经济学有一条著名的定律——边际效用递减定律，即消费者每增加消费一单位同样的商品，这种商品给他带来的满足程度的增加值随之递减。与此对应的是，现代经济学中还有另外一条规律，就是在满足程度差不多的情况下，消费者更倾向于多样化的选择。因此，如果民族传统体育文化失去了本质的"魂"——传统体育文化的多样性，只是一些身体动作，那么人们迟早会对其失去兴趣。文化传承与发展的载体是人，一旦人失去了兴趣，自然也就没有了传承与发展的动力。

（四）生态化

生态化是指在保护民族传统体育文化遗产的工作中，尤其要注重保护文化遗产的活态性特征。这种"无形与有形的统一"、"只见物，不见人，只见形，不见魂"的原始活态性问题不仅是民族传统体育文化遗产保护中最难解决的问题，同时也是非物质文化遗产保护中普遍存在的问题。因此，对它们的保护和开发，要坚持原生性，原汁原味，与此同时还要注意现代技术的参与和现代展示手段和营销方式的运用。21世纪以来，各地地方政府和民间逐渐开始重视民族传统体育，这主要表现为两个方面：一方面在积极发掘整理各种民间传统体育项目；另一方面又通过各种文化活动将这些项目公众化。重视传统文化的继承和发扬，重视文化在社会发展以及经济建设中的作用，积极开展申报世界文化遗产活动，这些工作对改善民族传统体育的生存环境无疑是有积极意义的。

（五）精品保护

文化遗产与一般的文化事项不同，通常所指的是文化精品，是一个民族在长期发展过程中所创造并传承下来的。保护文化遗产，就是保护那些文化精品，而不是一个民族传统文化的全部。一个文化事项要想成为文化遗产，必须具有历史价值、艺术价值、科学价值和纪念价值。在具体的文化遗产保护工作中，应该根据文化遗产价值的高低，将文化遗产分为世界级、国家级、省级及市级，并施以不同等级的保护措施。作为非物质文化遗产保护的基本原则，保护精品是我们永远的追求。

（六）濒危遗产的优先保护

文化遗产保护的终极目标是将人类历史上创造并传承至今的一切优秀文化遗产都尽可能全面地保护起来、传承下去。但受限于目前的国情国力，将所有的文化遗产都一股脑地保护起来是不现实的，也是不可能的，在这种情况下，那些已经处于濒危状态的文化遗产就必须处于保护的优先地位，必须集中人力、物力、财力将它们及时而有效地抢救下来，为今后人类新文化的创造保留下更多的思路、更多的选择、更多的参考和更多的资料。目前，许多国家已经意识到了保护濒危遗产的重要性，"保护为主，抢救第一"也已经成为许多国家文化遗产保护工作者的共识。

五、民族传统体育非物质文化遗产保护的路径选择

（一）加强产生及传承环境的保护

非物质文化遗产离不开其产生和传承的环境，二者是不可分割的，物质文化往往是非物质文化的载体。因此，对于"保护"的对象，就有两个方面，一是非物质文化遗产本身，二是非物质文化遗产得以产生和传承的环境。民族传统体育常常产生于乡村田野等场所，这些场所承载着民族传统体育文化的大量信息，根植于此的风土人情、传说故事、习练痕迹等无不传递着文化的信息，是民族传统体育文化得以栖息和传承的物质载体，对其进行原真性保护或者在保护文化遗产的前提下进行复原的意义重大。

（二）加强长远规划与管理

民族传统体育非物质文化遗产的发展要具有详尽的规划，要全面把握其发展现状，杜绝地

方任意申报，优先将濒临灭绝的体育项目纳入非物质文化遗产。传承人最好是一个团队，可以将传承人分为代表性传承人、第一传承人、第二传承人等传承梯队。传承人的确定和选择不仅要考虑其技能掌握情况、代表性、公信力、传承能力，同时传承人之间还应有合理的年龄间隔，从而建设一支合理、有效的传承人队伍。对于那些已经申报成功的国家级非物质文化遗产项目，应建立评估、反馈机制，定期开展相关活动，将保护、传承、利用、发展四者有机地融合在一起，充分发挥非物质文化遗产的作用。另外，对于传承人的资助要以精神资助为主、经济资助为辅。同时，经济资助应以传承活动开展情况予以评估。

（三）民族传统体育的保护要制度化、法律化

立法保护是国际社会保护文化遗产的通常做法，也是最有效的保护手段之一。我国的非物质文化遗产保护目前还只有个别单项条例和地方性条例。云南省率先于2000年制定了《云南省民族民间传统文化保护条例》，此后，贵州、福建、广西等地相继颁布了省级民族民间文化保护条例。2003年，《中华人民共和国民族民间传统文化保护法》颁布；2011年，《中华人民共和国非物质文化遗产保护法》颁布。这些法律、法规的颁布与实施，不仅对各国各地区的传统文化遗产的保护起到了非常重要的作用，同时也将为传统体育文化遗产的保护提供依据。尽管在2004年，我国就已正式加入联合国《保护非物质文化遗产国际公约》，但由于种种原因，我国目前对于传统体育文化遗产的保护还没有专门性的法规条例，只有部分条文散见于各级体育法规中。《中华人民共和国体育法》第十五条指出，国家鼓励和支持民族、民间传统体育项目的发掘、整理和提高。

由此看来，我国的非物质文化遗产保护的法制条例建设还十分薄弱。针对此问题，要有针对性地建立民族传统体育文化遗产的法律法规体系，为民族传统体育文化遗产的传承与发展提供政策保障、法律支持。这些法律法规，必须包括地方性法规、行政和民事法规、综合性和单项性法规。只有这样，才能使民族传统体育文化遗产更好地继承下去。我们还应该尽快健全自己的法律制度，从法律和制度的角度保护珍贵的非物质文化遗产资源，健全法律法规体系，包括全国和地方性法规、行政和民事法规、综合性和单项性法规。

（四）建立民族传统体育文化遗产分级保护体系

民族传统体育项目种类繁多，分布在各地域，传统体育文化遗产的保护，不仅忽略了很多项目，而且在地域上也受到诸多限制。针对这种现状，我们应该建立民族传统体育文化遗产的分级保护体系。要实行从中央到地方的分级（国家级、省级、市级、县级四级）保护体系。国家级保护工作可由文化部牵头，体育总局和其他相关部委配合，由体育总局管理部门负责，承担起对国家级民族传统体育文化遗产的申报、评审、资助等保护工作。省、地、县级民族传统体育文化遗产保护工作则分别由相应的省、地、县级文化部门、体育局等相关部门配合，由体育局负责，承担起系列保护工作，各级保护体系部门要加强纵向和横向管理联系。各级体育部门要制定出相关的保护管理制度，做好对民族传统体育项目的认定、登记、指导工作。这种分级的保护体系，有利于有关部门的有序管理和开发，在一定程度上避免了"几不管"和"重复管理"的现象，不仅节约了人力资源，也大大缩小了整个文化保护体系的漏洞。

要做到对不同级别的民族传统体育文化遗产在分布状况、生存环境、开展状况、文化特色、保护现状、传承人员数量、习练群体数量及存在的问题等方面有一个全面的了解，必须积极主

动地与各有关部门加强沟通与合作，同时需要鼓励、吸纳社会力量的广泛参与，充分发挥各方面的作用如科研院所、大专院校以及有关社会团体、个人等，调动全社会的积极性。在具体工作中，坚持以"政府主导，社会参与，明确职责，形成合力，长远规划，分步实施，点面结合，讲求突破"为原则，社会各方面相互配合，把力量拧成一股绳，建立起职责明确、运转协调的工作机制，从而更好地保护民族传统体育文化遗产。

（五）加强传统体育文化中人的保护与关注

非物质文化遗产的最终主体是人。关于这个问题，在关于非物质文化遗产保护的国际研讨会上，中国民俗学会理事长、中国非物质文化遗产保护专家委员会副主任刘魁立先生曾指出："从根本意义上说，无形文化遗产的保护，首先应该是对创造、享有和传承者的保护。同时也特别依靠创造、享有和传承这一遗产的群体对这一遗产的切实有效的保护。"这说明，要想对文化遗产进行切实有效的保护，创造、享有和传承这一遗产的群体是关键。这就要求我们在民族民间体育文化保护工作中，要秉着"以人为本"的精神，站在民众的角度出发，设身处地为民众着想，注意倾听当事者的声音，从而协调好各个方面的关系，认真做好分内的工作。

文化部已建立起了民族、民间文化传承人（传承单位）的认定和培训机制。这一培训机制通过采取资助扶持等手段，鼓励民族民间文化的传承与传播。2007年，文化部对国家级非物质文化遗产名录项目的代表性传承人的认定标准、权利和义务做出了明确规定，并于同年6月的"文化遗产日"期间公布了我国第一批国家级非物质文化遗产的代表性传承人。受种种因素的影响，我国民间体育艺人地位非常低下，他们没有良好的生存环境。因此，要想做好民族民间文化传承工作，除了要提高民间体育艺人的社会地位外，还要给他们提供较为优厚的待遇、改善工作条件，为他们更好地传承文化做好基本工作。同时，要把传统体育作为一门课程纳入教学计划，特别是一些少数民族地区更应该根据区域优势，充分对当地民族民间体育课程资源进行挖掘，从而培养民族自豪感和民族自尊心，强化民族的自我认同感和社会认同感，让更多的年轻一代积极投身民族体育文化的挖掘、整理、传承与创新工作中来。

（六）加强教育普及并纳入教育体系

教育是指一切能够增长人们知识，提高人们生存、生活技能，促进人们身心健康发展，影响人们的思想意识的活动。按照形式的不同，教育可分为家庭教育、社会教育、学校教育三种。人是文化延续的载体，教育是文化传承的重要途径和手段。教育的任务不仅仅在于文化的普及，同时还应包括专业人才的培养。

要做好文化遗产的保护工作，文化的普及是极为重要的一个方面。青少年是祖国的未来，应是文化普及的主要对象。民族传统体育文化遗产是我国文化宝库中的璀璨明珠，但是因为受外来文化的影响以及我国对民族传统体育文化遗产方面的宣传力度不够等客观因素，现今许多国人对于民族传统体育文化遗产知之甚少。要想做好民族传统体育文化遗产的保护工作，最主要的就是进行民族传统体育文化遗产知识的普及，让大家都了解到底什么是民族传统体育文化遗产，其概念是什么，都有什么内容等。知识的普及，是保护民族传统体育文化遗产的一个重要基础。只有在全面普及的基础上，才能使后续工作顺利进行。如果要做到民族传统体育文化遗产知识的真正普及，就必须把民族传统体育文化遗产知识纳入教育体系之中。因为学校教育是传播一种文化的最佳载体，特别是现代这一批亟须得到传统文化教育的学生，把民族传统体育文化遗产知识纳入教育体系是一种典型的双赢。学生通过课堂上老师的讲解得到了民族传统体育文化遗产的知识，在提升自己文化水平的同时，自身也成了民族传统体育文化遗产的普及者与传播者，从而提高我们中华民族的整体素质。

然而，21世纪的今天，受各种因素的影响，综观我国高等体育院校和体育系现行的民族传统体育专业课程的设置，我们不难发现，目前我国高等教育仍然处于知识普及的阶段，文化遗产保护的内容不见其踪影。当前，我们的文化遗产保护工作面临的是虽然具备了各种高科技的保护手段，但是缺乏理性的系统的非物质文化遗产的教育意识。因此，要想做好文化遗产的保护工作，我们不仅要积极地开展各种形式的非物质文化方面的教育活动，同时还要把民族传统体育文化遗产纳入教育体制，通过家庭、社会与学校等多种教育机制的有效结合，从而更好地把丰富而独特的民族传统体育非物质文化进行有效的、系统的、科学的传播，为进一步提高我们中华民族的整体素质打下坚实的基础。

（七）在保护的前提下合理利用与开发

非物质文化遗产需要在发展中生存，随着社会对非物质文化遗产的认可和关注度逐渐提高，其价值性也得以延伸。联合国《保护非物质文化遗产公约》第13条鼓励缔约国"采取适当的法律、技术、行政和财政措施，以便建立非物质文化遗产文献机构并创造条件促进对它的利用"。客观地说，抢救与保护非物质文化遗产是一项庞大的系统工程。需要耗费大量的人力、物力和财力，而对其进行经济开发确实不失为一种筹资方式。保护和利用好非物质文化遗产，对实现经济社会全面、协调、可持续发展具有重要意义。但是，对非物质文化遗产的开发和利用应该建立在客观保护的基础之上。

第六章 民族传统体育的科学化发展

民族传统体育是我国体育文化中非常重要的组成部分，也是我国非常重要的文化资源，关注民族传统体育文化在现代社会的传承和发展是我国当前大力发展体育事业和建设社会主义精神文明体系的重要内容之一，有着重要的意义。本章主要就民族传统体育的挖掘和整理工作，以及对民族传统体育的传承与科学化发展做具体分析和论述。

第一节 民族传统体育的科学化挖掘与整理

多姿多彩的民族传统体育活动有着本民族和本地区的独有特征，是一种文化传统积淀，也是一种体育活动形式。一些简单易行、经济实用的民族体育项目为很多尚无能力进行高消费体育项目的人提供了健身选择，因此，挖掘和推广民族传统体育意义重大。

一、挖掘和整理民族传统体育的意义

在新的时代背景下，充分挖掘和整理我国民族传统体育具有重要意义，其主要表现为：第一，可以丰富我国体育文化内容；第二，可以促进体育理论和教学实践的发展；第三，可以推动竞技体育及全民健身的发展；第四，可以促进民族团结和社会安全与稳定。

（一）丰富体育文化并弘扬中华传统美德

我国民族传统体育根植于我国传统文化和多民族的社会背景，项目繁多，是灿烂的中华文化的重要体现形式和载体，其在一定程度上反映了我国各族人民的民族心理、民族风俗习惯、民族伦理以及民族性格等各方面的内容。在我国历史发展的不同时期，民族传统体育对人们的生活产生了重要的影响，是我国体育文化的重要瑰宝。因此，对我国民族传统体育挖掘和整理既是对体育文化的一种继承，又是一种丰富。

民族传统体育项目反映了我国人民淳朴善良、勤劳勇敢、自强不息、重德贵义、仁爱孝悌、诚信好礼、团结爱国等传统美德。它不仅为丰富群众的业余文化生活提供了可供选择的活动内容，而且还能使人们在活动中感受中国传统文化的魅力，激发其传承和发扬中国传统美德的情感。

（二）促进体育理论和教学实践的发展

理论是在长期实践的基础上形成的，其对实践具有重要的指导作用。在体育实践过程中，人们通过对实践经验进行总结和不断完善，从而形成了相应的理论，最终构成了体育文化形式和体育形态。

在民族传统体育的实践过程中，人们不断对实践的经验进行总结，从而形成了各种理论。在这一过程中，各族人民发挥了自身的才智，通过整理、记录和规范，使得民族传统体育的发

展有了一套行之有效的方法,并建立了竞赛规则,使之更便于普及与推广,这在一定程度上促进了我国体育理论的发展。

作为我国民族文化的重要载体,民族传统体育具有重要的教育意义。在高校中开展民族传统体育教学,不仅能够在一定程度上促进学校体育与社会体育的结合,还为学生的终身体育思想奠定体育活动基础。

(三)推动竞技体育及全民健身的发展

民族传统体育是我国体育活动的重要组成部分,挖掘和整理民族传统体育活动,能有效推动竞技体育及全民健身活动的开展。具体表现如下:

首先,我国民族传统体育内容丰富,项目众多,可以把其中许多项目发展成竞技体育运动,还可以从一些民族传统体育项目中掌握和借鉴一些训练方法,如标枪运动中肩带的力量训练方法就是借鉴武术中的"耗肩"动作。

其次,民族传统体育的文化背景极富魅力。许多项目都与本民族的历史变革、宗教信仰和伦理风俗有着密切联系,其社会表现形式紧紧依附于地方传统文化和传统节日之中,活动氛围轻松活泼,既能娱乐又富有健身价值,因而深受各民族人民群众的喜爱。我国有56个民族,有几百种民族传统体育项目,这为不同地区的民众健身提供了极为丰富的内容和形式,也为全民健身活动的开展提供了丰富多彩的练习形式和方法。

(四)促进民族团结和社会稳定

我国是一个多民族国家,由于历史和社会的原因,各民族拥有不同的生活习性,在长期的生产生活中表现出不同的行为模式,呈现出不同的社会和经济发展水平。在这样的背景下,不同民族之间会出现一定的冲突,进而产生一些民族性问题。这不仅不利于民族团结,也不利于社会稳定。尽管如此,在漫长的历史发展中,各民族人民结下了深厚的友谊,共同生活在一个统一的大家庭之中。因此,现阶段,对我国各民族传统体育文化的挖掘和整理,在一定程度上能够加深不同民族之间的相互了解,寻找不同民族团体之间的共性,对有效地促进各民族之间的团结及社会稳定,具有积极的意义。

二、民族传统体育挖掘与整理的四个阶段

新中国成立以来,党和政府十分重视民族传统体育的挖掘和整理工作。根据时间段划分,对我国民族传统体育的挖掘整理工作大致可分为以下四个阶段:

(一)1949年至1965年

第一阶段对民族传统体育的挖掘和整理工作是在解放初期至"文革"前夕。这一时期,我国提出了"百花齐放,百家争鸣"的方针,在这一方针引导下,人们以饱满的热情对当时因战乱而几乎面临灭绝的民间传统体育进行了大规模的挖掘和整理,取得了巨大成就。但由于各种社会及历史原因以及人们主观因素的影响,尽管在这一时期内,我国民族传统体育恢复得很快,但仍存在着不少问题。

(二)1966年至1976年

在这一时期,受极左思想的影响,参与民族传统体育挖掘和整理工作的人员受到了迫害,

其整理出来的一些珍贵资料也被焚烧。在此情况下，民族传统体育的挖掘整理工作受到了巨大影响，也不得不停止。

（三）1978年至1991年

1978年，党的十一届三中全会顺利召开。改革开放和解放思想之风随后吹遍全国，我国在政治、经济和文化等领域又重新步入正轨。对民族传统体育的挖掘整理工作也重新开始，但受"文革"影响，民族传统体育挖掘和整理工作进展缓慢。从整体来看，这一时期，我国民族传统体育事业稍有起色，但发展缓慢。

（四）1992年至今

1992年，党的十四大召开。十四大在对我国改革开放进行全面总结和肯定的同时，也对各行各业提出了更高更远的要求。1995年，国务院颁布了《体育法》，使我国体育事业开始有了法律保障，同年颁发的《全民健身计划纲要》得到全国人民的响应。

自《体育法》和《全民健身计划纲要》出台以来，人民群众十分重视体育活动的参与，再加上人们生活水平的日益提高，人们对健康的要求也越来越高，我国体育事业呈现出蓬勃发展的态势，这一社会背景为我国民族传统体育的挖掘和整理工作带来了前所未有的机遇，目前，我国民族传统体育的挖掘和整理工作正在科学和有序地开展。

三、民族传统体育不同内容的挖掘与整理

民族传统体育包含的内容很多，在对其挖掘与整理的过程中，应着重注意以下几个方面，通过对多方面民族传统体育内容的挖掘，能很好地促进我国民族传统体育的可持续发展。

（一）健身娱乐类民族传统体育项目

1995年，国务院正式颁发实施了《全民健身计划纲要》，这标志着我国大众体育进入了一个全面发展的新阶段，全民健身热潮开始兴起，加之人们生活水平日益提高，其对生活质量的要求越来越高，参加体育活动日益成为人们日常生活的重要内容，闲暇体育、终身体育成为社会潮流。此外，随着"假日经济"在我国的盛行，在长假消费中，人们尽情地享受生活，全国各旅游景点，尤其以少数民族民俗游等为主题的旅游景点，都纷纷推出了自己的特色体育项目来吸引游客，这对当前民族传统体育项目的挖掘和整理是非常有利的。

（二）学校教学类民族传统体育项目

新中国成立后，在政府的提倡和号召下，我国一些锻炼价值较高的民族传统体育项目相继被列入全国或地方学校体育教材中，如武术、八段锦、秋千等。目前，随着体育教学在学校教育中的地位越来越高，我国传统体育项目受到了学校的普遍重视，一些娱乐性和文化性较强的民族传统体育项目，如民族游戏、踢毽子、跳绳、拔河等逐渐进入学校体育课堂。对这类传统体育项目的挖掘、收集、整理和创新工作将成为我国学校体育教材改革的突破点，也是民族传统体育挖掘和整理工作的重要工作内容之一。

（三）竞技体育类民族传统体育项目

竞技体育以其竞争激烈、观赏性强的特点深受世界各国人民的喜爱，如倡导"更高、更快、更强"体育精神的奥运会就在世界上产生了广泛的影响力，深受各个国家的重视。在现代奥运

会的诸多项目中，起源于西方的竞技体育项目占据了绝大部分，东方传统体育项目则很少出现。但日本和韩国在对柔道和跆拳道进行了合理改革后，这两项体育项目不仅成为世界性的正式比赛项目，而且以其独特的魅力受到世界人民的喜爱。

对我国而言，挖掘和整理具有竞技性质的民族传统体育项目，并对其进行合理的改革，制定统一的竞技标准，使其成为奥运比赛项目，并将其推向世界具有重要意义。经过我国相关人士的积极争取和努力，民族传统体育项目中的优秀代表项目——武术，逐渐成为一个走向世界的东方体育项目。因此，要想把更多的优秀的传统体育项目推向世界，还要在民族传统体育项目及内容的挖掘和整理工作上下功夫。

（四）适合家庭开展的民族传统体育项目

现代社会，人们的生活方式和健身观念发生了很大变化，尤其是随着人们的生活日益富裕，人们对生活的质量要求越来越高，重视家庭、关爱儿童成长的家庭体育也开始逐渐升温。

现阶段，体育逐渐步入家庭，标志着我国家庭体育的兴起，家庭体育活动逐渐成为我国体育事业发展的重要趋势之一，也是我国体育事业发展的一个重要的方向，进而使全民健身进入了一个新的领域。因此，对我国民族传统体育的挖掘和整理应顺应我国体育发展的客观规律，注重开发一些适合家庭开展的项目，并在开发这些民族传统体育项目之前，进行科学和系统的研究，使之在家庭体育中具有可操作性和生命力。

（五）适合产业化发展的民族传统体育项目

我国民族传统体育起点较低，长期以来，它仅作为一种游戏流传于民间。改革开放以来，尤其是进入21世纪后，体育的商业价值逐渐显现，很多人开始从市场的角度来发展体育事业，通过市场营销手段，推动健身运动的发展，再推出相关体育产业发展的道路。

"没有任何一种单一的社会现象更能如此受到媒体的关注，体育是一个巨大的商业，而且这种现象会越来越明显。""中国体育由社会体育、学校体育和竞技体育三部分组成，这是中国体育进行、发展和管理的社会现实，也是中国体育决策的依据。"由此可见，我国体育产业应围绕社会体育、学校体育和竞技体育展开，这给民族传统体育的挖掘和整理工作提出了更高的要求。

现阶段，既要挖掘、整理出好的民族传统体育项目，又要有利于体育产业的顺利发展，两方面兼顾。这就需要我国民族传统体育研究学者和工作者的共同努力，也需要政府的大力支持。就目前来看，以民族传统体育为契机，促进我国民族传统体育以及我国体育产业化发展之路还很漫长。

四、民族传统体育挖掘与整理的注意事项

在挖掘和整理我国民族传统体育过程中，要注意突出民族特色、竞技性特点、提炼精华和强调时代精神四个方面。

（一）突出民族特色

民族传统体育是我国各民族发展的智慧结晶，它与各民族人民的现实生活和文化现状紧密相连，其生命力就在于它的民族特色，它之所以能够经久不衰，就是因为它包含了各民族的文化内涵。因此，对民族传统体育的挖掘和整理应尽量保留其民族特色这一核心内容，在现实生产和生活的基础上，丰富和充实其内容和形式。但需要注意的是，应避免单纯地为了保留民族

特色而复原民族传统体育原生形态的情况出现。

（二）突出竞技特点

在体育全球化的今天，要想实现我国传统体育与世界体育的接轨，就必须充分挖掘传统体育项目的竞技性特点。在我国传统民族体育项目中，有一些传统体育项目本身具备一定的竞技性特点，但并不突出。对此，可在经过合理的完善和整理之后，将其推向全世界。如我国优秀传统体育代表项目——武术，武术的出现和发展凝结了我国各族人民的智慧，其独特的表演风格和蕴涵的丰富哲理，深受世人喜爱。目前，许多外国人都把练武术当作一种时尚，我国现在力争将它推进奥运会。此外，我国民族传统体育中的赛龙舟、舞龙、舞狮、蒙古式摔跤等也具有一定的竞技性，具有很大的发掘潜力。

（三）除陋扶良，提炼精华

在社会发展过程中，很多理论都是在实践检验的基础上得以留存和发展的，具有一定的科学价值。随着时代的发展，虽然民族传统体育理论会表现出一定的局限性，但其现实意义还是值得肯定的。在民族传统体育的整理和挖掘过程中，应坚持矛盾的观点和发展的眼光，坚持"古为今用"和"批评地继承"原则，摒弃狭隘的民族主义，尤其是对一些迷信和不健康的内容要坚决予以清除。而对于那些能反映民族性格和民族文化，体现民族精神的精华要予以保留。

（四）强调时代精神

民族传统体育的民族性、传统性和文化性具有巨大的价值。不同时代背景下的民族传统体育项目有其相应的时代价值和意义。随着时代的变迁，民族传统体育也要符合时代的要求。这就要求在对民族传统体育进行挖掘和整理的过程中，对民族传统体育项目进行必要的改造。事实证明，只有符合时代发展的需要，符合人体运动规律，真正意义上集健美和娱乐于一身，以精神性和体育性为依托的民族传统体育才能为广大人民接受和喜爱。

第二节　民族传统体育发展的主要趋势

在新时代背景下，民族传统体育的发展要与当下发展形势相接轨，要在科学发展观、人才发展观、文化发展观、全民健身观和产业化发展观下取得更好的突破与进展。

一、科学发展观下民族传统体育的发展

科学发展观是我国开展各项事业的重要理论指导，在民族传统体育发展过程中也应坚持科学发展观。坚持科学发展观不仅是我国发展民族传统体育的客观要求，也是使其融入我国社会主义现代化建设的必然手段。只有在科学发展观的指引下，民族传统体育各项工作才能顺利开展。

在我国民族传统体育项目中，武术和健身气功等项目的发展较为显著，值得其他项目借鉴和学习。以我国民族传统体育项目中武术项目的发展为例，20世纪80年代后，武术项目受到政府的高度重视和大力支持，武术在科学研究和人才培养方面均取得了巨大成就，已逐步走上了科学化发展道路。而纵观我国整个民族传统体育，其科学化发展只停留在少数、单一的民族传统体育运动的范畴和层次，这无法从根本上推动和促进我国民族传统体育的整体性发展，而民

族传统体育是一个有机和统一的整体，因此，在未来一段时期内，我国民族传统体育的发展应注重统一性和同步性发展，应更加注重与我国当前社会发展的国情相适应，与当前我国民族传统体育理论建设、文化建设、市场发展、人才培养和国家相关政策等紧密结合起来，并根据自身发展的实际情况，在实现我国社会主义事业全面发展的基础上实现自身整体性的科学发展。

二、人才发展观下民族传统体育的发展

国家之间未来的竞争归根结底是人才的竞争，故必须要抓好人才的教育和培养，而教育水平如果得不到提高和发展，就会影响社会各类人才的培养。目前，我国实施的"科教兴国"战略，就是把教育对人才的培养和发展放在一个重要的地位。近年来，我国教育取得了很大成绩，少数民族地区以及我国西部偏远地区的教育获得了较大的发展，并为促进本地区的发展做出了重要贡献，但与我国东部沿海等地区相比，仍然存在着不小的差距。这种差距在很大程度上影响着我国少数民族地区学校体育的发展。实践证明，教育发展跟不上就会导致人才发展的失衡和流失，因此，民族地区教育的落后，必然导致民族地区传统体育运动的衰落。

教育是民族传统体育发展的保证，能培养出一大批专业人才，从而更好地推动民族传统体育的发展。因此，在未来的发展中，以教育为基础的人才发展观的确立，无疑将成为民族传统体育发展的中流砥柱。民族传统体育的发展将更加注重人才的培养。

三、文化发展观下民族传统体育的发展

正确认识民族传统体育文化的内涵及价值，有助于从整体上把握民族传统体育的发展走向。从我国民族传统体育的发展历史来看，民族传统体育文化伴随民族传统体育而诞生，并在民族传统体育的产生、发展与形成过程中，逐渐发展成为人们的一种本能反应，如宣泄感情、劳动形式、战斗技能和娱乐休闲等。与此同时，民族传统体育文化还包含并折射出中华民族在不同社会发展时期的政治、经济、文化、艺术和宗教等特点，且这一文化还会受到相关文化因素的影响，因此，研究民族传统体育的发展，就不能抛开对民族传统体育内在文化价值的研究。

随着社会由自然经济、工业经济过渡到现在的知识经济时代，体育娱乐化、健康化和人文化逐渐成为当今体育舞台的主导趋势，民族传统体育的功能及价值发生了转变与转型，认识到这一点，是民族传统体育在新的历史形势下谋求发展的重要前提，因此，现阶段民族传统体育应在吸收和借鉴优秀文化传统的基础上结合自身实际，走出一条适合自己发展的道路。

四、全民健身发展观下民族传统体育的发展

随着《全民健身计划纲要》的颁布和实施，经过近二十多年的努力，目前全民健身已成为我国群众体育运动的重要发展趋势和发展方向。因此，民族传统体育可以充分利用当前我国全民健身热潮广泛兴起的这一大好机遇，挖掘自身潜力，在全民健身热潮中寻求自身发展空间。以民族传统体育中发展较好的武术项目为例，目前，以"武术"为首的民族传统体育发展迅速，中华武术历史悠久，源远流长，具有鲜明的民族特色和广泛的群众基础，与现代社会发展对人的要求存在很大程度的契合。更为重要的是，中华武术文化内涵非常丰富，具有很强的容纳力和文化整合力，这对全民健身计划的实施十分有利。

在全民健身发展观的指导下，未来民族传统体育的发展方向具体如下：

（1）利用民族传统体育自身项目多样、功能齐全的风格和特点，重视和加快民族传统体育的改革，进一步建立健全我国民族传统体育自身体系和价值系统的建设，编创出更多既具有时代特征又能满足人民大众健身需求的体育项目。

（2）坚持民族传统体育事业的优势发展原则，形成以传统武术和中华养生术等项目带动其他民族传统体育项目发展的局面，将优势项目与弱势项目有机结合起来，在发挥优势项目的前提下大力发展弱势项目，把我国民族传统体育事业作为一个整体对待，促进民族传统体育的全面发展。

五、产业化发展观下民族传统体育的发展

随着经济社会的发展，体育的产业化发展水平逐渐提高，民族传统体育也向着产业化的方向发展。很多学者认为，想实现民族传统体育更好的发展，其产业化是重要的手段。现阶段，我国的民族传统体育处在初级阶段，民族传统体育产业化发展的主要形式如下表6-1所示。民族传统体育的产业化发展趋势将在第七章进行着重介绍。

表6-1 民族传统体育的产业化发展主要形式

发展形式	成功案例	发展效益
民族传统体育赛事	中美功夫对抗赛、散打王争霸赛、中法功夫对抗赛、中泰功夫对抗赛等	以1999年在广州举行的中美功夫对抗赛为例，香港一家电视台出资一百多万港元买断了在港的电视转播权，而广州仅门票收入就有一百五十多万元人民币
民族传统体育节庆活动	中国少林国际武术节、中国温县国际太极拳年会、中国莆田国际南少林武术节、世界太极拳健康大会等	1992年首届温县国际太极拳年会举办一年后，仅外商对该县的投资金额就达十亿多元人民币
民族传统体育旅游活动	白族人传统节日三月街、彝族民间的火把节等	民族传统盛会，融民族体育、文艺、娱乐与经贸活动为一体，吸引着来自四面八方的游客
民族传统体育地方协会组织的各种活动	地方武术协会开展的传统武术交流大会及活动、围棋协会开展的友谊围棋比赛等	2001年，国家体育总局批准中国武协与有关方面合作，筹备成立三个武术产业公司。由此，武术开启了产业化发展

经过不断探索，各种民族传统体育项目赛事的举办都获得了巨大成功。尤其是以地方文化和武术发源地为中心举办的各式节、会成绩斐然。这些节、会集武术活动及旅游经贸于一体，以传统民族体育为主要活动形式，以经济活动和文化交流为主要内容，既推动了我国传统民族体育项目的发展，又加强了这些地区和外界的经济、技术等方面的交流与合作。尤其是武术项目在产业化道路上的探索与发展，成为其他民族传统体育项目产业化发展的成功范例。

民族传统体育未来产业化发展方向已十分明确，当前需要解决的主要问题是，如果要实现我国民族传统体育产业化全面和可持续发展，现阶段仅局限于部分项目（如武术）和单一的体育旅游活动是远远不够的，应该在加快整个体育产业和市场化发展的同时，快速推进整个民族传统体育产业化发展。但需要注意的是，产业化并非是简单的经济效益的增长和经济水平的提升，它涉及诸多方面的因素（如经济基础、政治背景、文化特点和地理环境等）。因此，民族传统体育产业化发展不仅要追求经济效益，还要充分考虑各种其他影响因素，重视其历史发展的

基本规律，重视其体育和文化的双重功能和价值，注重民族传统体育发展的社会效益、文化效益和环境效益。

作为一项民族事业，产业化发展是当前民族传统体育现代化发展的主要表现形式之一，是民族传统体育在当今社会的改革和创新，也是民族传统体育可持续发展的必由之路。

第三节　民族传统体育科学化发展的路径

一、加强民族传统体育发展的政策保障

民族体育政策是中国政府促进民族平等、维护民族团结、推进各民族共同繁荣的基本思想与执政理念的重要组成部分。自新中国成立以来，中国政府就一直坚持"发展民族体育事业、增进人民健康、加强民族团结、弘扬民族文化"的民族体育方针，为中国民族体育事业的兴旺发展奠定了坚实的社会基础与政治基础。

（一）形成与完善民族体育政策

中国是一个统一的多民族国家。但在旧中国历史上，由于历代封建统治者对少数民族实行种族歧视和种族压迫政策，使广大少数民族过着颠沛流离、食不果腹的苦难生活，民族体育事业的发展便无从谈起。

中国共产党自成立以来，就坚持把消灭民族压迫、实现各民族平等作为中国革命和建设事业的重要组成部分。早在1922年，中共"二大"就提出了"尊重边疆各族人民自主权力"的政治主张。新中国成立后，中国政府废除了一切民族压迫的制度，并制定了一系列保障民族平等与民族团结的政策法令，开创了中华民族大团结、大繁荣的新纪元。诚如毛泽东同志曾经指出的，"国家的统一，人民的团结，国内各民族的团结，这是我们的事业必定要胜利的基本保证"，这为中华人民共和国各项社会主义事业的发展指明了方向。另外，新中国成立初期，中央人民政府也十分重视发展少数民族体育事业。

（二）坚持民族体育政策

1. 民族团结是民族体育政策的基本出发点

在民族体育事业的发展进程中，中国政府始终将增进民族团结作为发展少数民族体育事业的基本出发点。坚持"各民族共同团结奋斗与共同繁荣发展"的方针，极为关怀、重视各民族人民的身心健康与体育事业的发展。《中华人民共和国宪法》第119条明确规定"民族自治地方的自治机关自主管理本地方的教育、科学、文化卫生和体育事业"，从宪法的基础上保证了民族传统体育事业的发展。

1981年国家民委与国家体委在研究少数民族体育工作时指出："要贯彻落实党的民族政策，积极开展民族传统体育与近代体育活动，提高少数民族的健康水平和运动技术水平，活跃群众文化生活，促进民族团结，为建设社会主义精神文明服务。"并提出"积极提倡、加强领导、改革提高、稳定发展"的民族体育方针。1995年颁布的《中华人民共和国体育法》第六条规定："国家扶持少数民族地区发展体育事业、培养少数民族体育人才。"进一步明确了国家重视发展民族体育事业的方针。2002年在中国成功申办2008年国际奥运会的时刻，中共中央、国务院发

布了《关于进一步加强和改进新时期体育工作的意见》,提出"要广泛开展体育活动,不断提高全民族的健康水平","要抓住西部大开发的有利时机,积极扶持中西部地区和少数民族地区发展体育事业,发挥民族人才资源优势,努力促进区域体育的共同发展"。《关于进一步加强和改进新时期体育工作的意见》还明确提出,"要通过体育弘扬集体主义、爱国主义精神,增强国家和民族的向心力、凝聚力,创造文明和谐的社会环境"的体育发展目标。这些都表明中国政府极为重视各族人民的基本利益和共同团结,将发展民族传统体育事业作为贯彻民族政策、促进民族团结的一项重要任务来落实。

2. 民族平等是民族体育政策的基本原则

民族平等是中国社会主义民族关系的基石,也是中国政府制定一切民族政策的基本原则。要实现民族团结的愿望,首先要贯彻民族平等的政策。只有在各民族中真正实行政治关系、经济关系和文化关系一律平等的政策,才能实现各族人民的团结。

新中国成立以来,中国政府制定了一系列保障民族平等的政策法令,使全国人民在各种社会领域和民族关系中实现真正的平等。1984年中共中央发出通知指出:"体育是全民族性的群众活动,全党、全社会都要重视加强体育工作,进一步发展全民族体育运动。"此处所指的"全民族性",实际上就是包括汉族和55个少数民族在内的中华民族的整体概念,是民族平等政策在国家体育发展政策中的具体体现。

自20世纪50年代以来,国家先后抽调体育干部、教练员支援西藏、新疆、宁夏、内蒙古、广西等省区,并通过体育学院培训少数民族体育干部和体育专业人才;不断增加对民族地区的体育投资,为少数民族地区兴建体育场馆、配置体育设施。在20世纪末,国家又卓有成效地实施了举世瞩目的西部大开发战略。这不仅仅是促进西部区域经济社会的发展,而且具有更为重要而深远的政治意义和战略意义,既有效地促进西部民族地区经济社会的快速发展,又推进了中华民族的团结进步与共同繁荣。

进入新世纪以来,中国政府进一步加大了对民族地区体育事业的支持力度。国家体育总局在《2001—2010年体育改革和发展纲要》中明确提出:"要率先抓住西部大开发的有利时机,积极扶持中西部地区和民族地区发展体育。"并具体规定:"对西部地区和少数民族地区在承办赛事、体育设施建设、体育人才培养等方面给予积极支持。"为此,国家不断加大对少数民族地区体育经费的支持力度;增加对上述地区全民健身工程和青少年体育俱乐部的布点;支持西部地区举办更多的全国性竞赛;并卓有成效地实施了"雪炭工程",向西部少数民族地区援建大批体育场馆项目,有效地促进西部民族地区体育事业的蓬勃发展。

3. 从各民族实际出发是民族体育政策的基本依据

在民族体育事业的发展过程中,由于不同民族在社会意识、文化模式、价值观念、宗教信仰、风俗礼仪等方面都不尽相同,而导致各民族传统体育活动中所蕴含的文化内涵、意识观念、价值取向存在较大差异。因此,中国政府在推进民族体育事业的发展中,始终坚持从各民族的实际出发,尊重各民族人民的风俗习惯,充分利用各民族地区特有的自然环境、社会环境与传统体育资源优势,因势利导地推进民族地区体育活动的开展。

(三)贯彻实施民族传统体育政策

1. 通过立法保障,推动民族地区体育事业的发展

我国《中华人民共和国宪法》总纲第四条指出:"中华人民共和国各族人民一律平等,国家保障各少数民族的合法的权利和利益。"这确保了中华人民共和国各民族关系的一律平等，奠定了中国少数民族体育事业发展的政治基础和法制基础。《中华人民共和国宪法》第二十一条还明确规定："国家发展体育事业，开展群众性体育活动，增强人民体质。"表明我国体育事业广泛的人民性及国家对全民族体育工作的重视，将发展民族体育在内的群众性体育活动列入国家体育事业的重要范畴。

2005年重新修订颁布的《中华人民共和国民族区域自治法》也强调少数民族地区体育事业的发展，并将其纳入相关的法律条款。如四十一条规定："民族自治地方的自治机关自主地发展体育事业，开展民族传统体育活动，增强各民族人民的体质。"第五十条规定："民族自治地方的自治机关帮助本地方各民族发展经济、教育、科技、文化卫生和体育事业。"这些法规条文使中国民族地区体育事业的发展具有国家法律的保障，并能在民族自治区域内得到自主、健康地发展。2006年，中国共产党十六届六中全会通过了《中共中央关于构建社会主义和谐社会若干重大问题的决定》，《中共中央关于构建社会主义和谐社会若干重大问题的决定》指出："社会和谐是中国特色社会主义的本质属性，是国家富强、民族振兴、人民幸福的重要保证。"并提出："要加大对革命老区、民族地区、边疆地区等地区的转移支付，加大对人口较少民族的支持。"国家编制的"十一五"发展规划将"人口较少民族发展"、"兴边富民行动"和"少数民族事业"等三个专项规划列入其中。这一切法律、政策的制定实施，为民族地区经济社会及各项事业的发展提供了坚实的保障。

2. 发展政策和经费对民族地区予以倾斜

加快民族地区经济社会的发展，是关系整个国家发展全局的重大战略性问题，是实现各民族共同繁荣发展的根本途径。新中国成立以来，中央政府一直对民族地区予以财政经费的倾斜支持。在中国实施西部大开发战略以来，国家的这种倾斜支持力度更为加大。

在发展民族地区体育事业方面，国家对民族地区体育发展在人力、物力、政策等方面都予以充分的支持。主要措施有：加大了对西部民族地区体育经费的支持力度；增加该地区全民健身工程和青少年体育俱乐部的布点；支持西部地区举办更多的全国性竞赛；实施"雪炭工程"，向西部民族地区援建大批体育场馆项目。

自20世纪50年代以来，国家一直对西藏、新疆、宁夏、内蒙古、广西五个自治区和其他民族省份在体育经费、体育人才、体育场馆设施等方面都予以大力的支持。在新的世纪，国家政府又启动了"兴边富民"行动和扶持民族地区体育发展的"雪炭工程"，对民族地区经济社会与体育事业的快速发展产生了积极重大的影响。

3. 实行对口支持、扶贫攻坚的政策

民族体育的发展必须以经济和社会的发展为基础。在发展民族地区经济与社会事业进程中，中国政府积极推进东部发达地区对西部地区进行对口支援与技术合作，这是中国政府在促进西部民族地区社会发展工作中的又一重大创举。确定了北京帮扶内蒙古、山东帮扶新疆、广东帮扶广西、福建帮扶宁夏、上海帮扶云南、天津帮扶甘肃、辽宁帮扶青海、全国支援帮扶西藏的对口支持格局，有效地促进了少数民族地区经济社会与体育事业的快速发展。

4. 坚持实事求是、因地制宜的方针

在发展民族体育事业的工作中，国家一方面从人力、物力、技术上积极扶持民族地区体育事业的发展；另一方面又强调将国家的体育扶持政策与民族地区实际相结合的发展原则，做到分类指导、扬长避短、发挥优势、突出实效。鼓励各民族地区能根据本地的自然环境、社会环境和传统体育资源来开展富有地域特色与民族风格的体育健身活动，将民族地区的体育活动开展得生动活泼、兴旺发达。

5. 大力开展民族传统体育的挖掘、整理与提高工作

民族传统体育融竞技性、娱乐性、艺术性、地域性于一体，是中华民族传统体育文化的重要组成部分，它以其独异的民族风格和多彩的运动特征丰富了中华民族传统体育的文化宝库。

中国政府历来重视民族传统体育的挖掘、整理和发展工作。《中华人民共和国体育法》第十五条规定："国家鼓励、支持民族民间传统体育项目的发掘、整理和提高工作。"国务院在2005年颁发的《关于加强保护文化遗产的通知》中指出："保护文化遗产，保持民族文化的传承，是联结民族情感的纽带，是增进民族团结和维护国家统一及社会稳定的文化基础。"国家体育总局也在《2001—2010年体育改革和发展纲要》中提出："进一步发挥少数民族地区的优势，开发民族体育资源，做好民族传统体育项目的挖掘、整理和推广工作。少数民族地区要把发展民族传统体育与增进民族团结联系起来。"

为深入发掘、抢救散落在各地乡野、民间的少数民族体育文化遗产，从1985年至1990年，国家组织了声势浩大的民族民间传统体育的挖掘、整理工作，共收集到少数民族体育676条目，汉民族体育301条目，共977条目；并编辑出版了《中华民族传统体育志》，逐步实现与完善了中华民族传统体育文化体系的构建与整合，引起全世界的瞩目。

（四）坚持举办四年一届的全国少数民族传统体育运动会

举办全国性体育集会，一方面能够扩大民族传统体育的影响力，同时也为民族传统体育的发展提供了绝好的机会，应该坚持不懈地进行下去。

为推进民族传统体育向科学化、规范化的方向发展，国家还举办了世界上绝无仅有的全国性民族体育综合运动会——全国少数民族传统体育运动会，分别于1953年、1982年、1986年、1991年、1995年、1999年、2003年、2007年、2011年、2015年、2019年举办了第1~11届全国少数民族传统体育运动会。在民族传统体育运动会的项目设置中，国家体育部门以少数民族传统体育固有的文化特质和多样性的运动特征为依据，除设置具有现代竞技特征的民族体育竞赛项目外，还设置大量具有丰富民族风格与地域特色的体育表演项目，使55个少数民族的传统体育活动都能登台表演、汇聚一堂，彰显出中华民族传统体育繁花似锦的绚丽光彩，极大地调动了各族人民继承、发展本民族优秀体育文化的积极性。

随着全国少数民族传统体育运动会的不断举办，参赛的运动员不断增多，设置的比赛项目逐届增加，运动会的规模和影响逐届扩大。这使得全国少数民族传统体育运动会逐步成为全国民族大团结的体育盛会和推进世界体育文化多样性发展的特殊典范。

二、构建民族传统体育科学体系

（一）学科体系的建立和完善

1997年是我国高校学科和专业大调整的一年。这一年，国务院学术委员会和原国家教委在"武术历史与文化"和"民族传统体育学"之间做出抉择，将民族传统体育学科列为体育一级学科下所设立的4个二级学科，即体育教育训练学、运动人体科学、体育人文社会科学、民族传统体育学。同时，还设立了民族传统体育学学士、硕士和博士学位，给具有悠久历史和鲜明特色的中华民族传统体育赋予了新的生命，带来了大发展的机遇。

1. 民族传统体育学的专业建设和人才培养

新中国成立后，党和国家十分重视民族传统体育工作。早在1953年，国家在天津召开了第一届全国少数民族传统体育运动会。1982~2019年，国家又在呼和浩特、乌鲁木齐、南宁、昆明、北京等地举办了10届规模宏大的全国少数民族传统体育运动会。

如今，从乌苏里江到天涯海角，从繁华的首都北京到遥远的边疆村寨，随处都可看到民族传统体育活跃的身影。神奇的中国武术更是在全球掀起了一浪高过一浪的"中国功夫"热。民族传统体育还以其独特的魅力在传承民族文化、增进民族团结与社会稳定、促进市场经济发展、丰富旅游资源以及帮助农民脱贫致富等各方面产生了重大的影响。

各级各类学校，尤其是高等体育院校无疑是民族传统体育传承、发扬和发展的重要阵地。这个弘扬民族文化的新设专业在高校已走过了10多年的发展历程。10多年来，民族传统体育学科在原有的武术专业基础上得到了长足发展，并在专业建设指导思想、培育方案、教学设施、师资力量等方面日臻成熟和完善。

2. 民族传统体育学的课程设置

1998年教育部颁布的《普通高等学校本科专业介绍》（简称《介绍》），对民族传统体育的培养目标做了如下规定："本专业培养具备民族传统体育教学、训练、科研基本知识与技能的，能从事武术、传统体育养生及民族民间工作的专门人才。"另外，《介绍》还把"掌握武术、传统体育养生、民族民间体育的基本理论与基本知识"作为该专业毕业生应获得的首要知识与能力。《介绍》不仅对我国民族传统体育教育培养目标和课程设置具有根本性的指导意义，也是对高校民族传统体育教学做出硬性规定，是我国民族传统体育学正式确立和步入科学发展的一个里程碑。

3. 民族传统体育学的教材建设

近年来，全国各地相继出版了一大批具有影响力的民族传统体育学相关专著和高校教材，极大地丰富了民族传统体育教材市场，也为相关学者的研究提供了参考。

高校教材有1987年成都科技大学出版社出版的《全国民族院校体育教材》、2000年广西师范大学出版社出版的《少数民族传统体育》、中南工业大学出版社出版的《民族传统体育教程》、广西师范大学出版社出版的《民族体育》、2003年北京体育大学出版社出版的《体育旅游导论》；专著主要有云南民族出版社出版的《云南民族体育旅游资源与产业化研究》、2001年云南民族出版社出版的《中国少数民族传统体育研究》、2002年甘肃教育出版社出版的《民族传统体育研究》等。这些教材和专著的出版发行是民族传统体育发展的阶段性成果总结，是众多民族传统体育人心血的结晶。

当前，紧要的工作是要进一步落实与时俱进和"发展才是硬道理"理念，尽快编撰一部由全国体育院校教材委员会审定的"民族传统体育学"教材，以抢救民族传统体育文化的宝贵遗产，汇编现有的研究成果，奠定民族传统体育学的理论基础，满足民族传统体育传承、应用、发展及其教学工作的迫切需要。这是民族传统体育学科体系研究工作的当务之急，也是体育工作者的一项极其光荣而艰巨的历史使命。

（二）健全民族传统体育富有生命力的文化体系

民族传统体育作为一种具有丰富理性内涵的文化特质行为，它的发展演变受到一个民族生活习俗、生产方式、道德观念、行为规范、文化模式和民族心理结构等种种因素的影响和制约，这些因素相互交织，形成一个网络存在于体育形态的深层底蕴中。这些因素决定着每个民族传统体育的形态特征和文化内涵，并使它们呈现出独异的民族风格和文化特色。由于少数民族传统体育多数来自山村与乡野，其中有许多受自然经济与原始封闭的文化局限的因素，因此，需要进行科学的规划与发展，使民族传统体育与现代社会的发展更为协调、和谐，不断推进民族传统体育的可持续发展。

1. 民族传统体育文化的发展走向

在民族文化体系构建中，绚丽多姿的民族体育作为民族文化建设中一支重要的方面军，可以其独异的文化特征、深厚的文化内涵、多元的价值功能来丰富民族文化建设的内涵。形成有优势、有特色的民族文化建设体系框架，推进民族文化建设的全面发展。民族体育作为一种历史悠久的独立存在的文化形态，它的演变经历了以下三种基本形态：

（1）从民族文化复合体到独立的体育文化体系。

民族传统体育的形成是特定时期的产物，民族传统体育的形成和发展，不仅是一种自然行为的结果，而且是少数民族在其社会生活中一种行为技艺的凝练，是各民族的社会文化在体能表现形态中的必然结晶。传统的体育项目是在该运动技巧发展到一定程度，其行为模式和精神内涵得到人们的广泛认同之后，作为一种文化现象，逐渐独立于其他社会文化，成为一种特殊的文化形态得以存在和发展。

（2）从单一的运动技能到神形兼备的体育文化体系。

民族体育是一种具有特殊形式的体育活动方式。作为一种体育运动，少数民族体育具备现代体育的一些特点，它的行为是以身体活动的方式进行的，它要求人体直接参与运动，在愉悦身心的活动中承受一定的生理负荷，并在人的体力和体内能量物质的"消耗—恢复—超量恢复"的周而复始的循环中，促进人的体能发展和体质增强。此外，各少数民族的体育运动从最早的形式以及全部的发展历史，都以其显著的特征使它的存在与各民族的其他文化保持着相依相存的密切关系。

因而，少数民族体育文化始终以它特殊的运动方式体现着两种重要的社会价值：一种是显形于外的，即以竞技强身为核心的体质训练；一种是蕴含于内的，即以表述精神情感为核心的心理再现。两种价值的展现方式，常常是寓于同一种体育行为，并成为一种内外相接的连贯形态而相依存在。

（3）从单纯的身体运动到广阔的民族文化视野。

民族体育是民族文化的综合形态。少数民族体育作为一种特殊形式，它一出现，就与周围环境的其他文化体系有着相互依存和相互作用的紧密联系，成为一种与外界自由地进行物质和信息交换的文化开放系统。少数民族的体育发展自始至终均不是一种孤立存在的文化现象，它的形成、发展依赖于民族文化广阔背景综合效应共同作用的结果，它的存在与发展是诸多民族文化征象的综合再现。

（4）从单一民族的传统体育演进为国际性的竞技体育项目。

任何一项体育活动的形成，最初仅是在某一地域与民族中开展，随着各地民族与文化的交流与交融，使这一民族传统体育项目的交流活动的范围逐渐扩大，其地域性与民族性的外延不断扩展，演进为多民族共同参与的体育项目。

随着民族传统体育项目的科学化、规范化与社会化进程的推进，民族传统体育的运动形态与竞赛规则不断完善，逐步被其他民族所认同，并成为全国各民族参与的民族体育竞技项目。今天，我国的少数民族传统体育运动会已拥有从各少数民族传统体育活动中发展而来的摔跤、赛马、秋千、赛龙舟、武术、射弩、押加、陀螺、珍珠球、抢花炮、高脚竞速、木球、毽球、三人板鞋竞速等民族体育竞技项目，使原先在狭小地域流行的民族传统体育项目不断地走向全国、走向世界。

2. 拓宽理论视野，加强民族体育文化研究工作

我国民族传统体育的发展已有数千年的历史文化积淀，在其彰显中华民族体育文化之光与生命活力的同时，也难免带有自然经济与封建思想的历史印迹。因此，要用现代自然科学、人文科学的理论，全方位、多角度地对民族传统体育文化进行发掘和研究。从研究任务看，仅从单纯的体育科学视角或仅兼顾民族性进行研究，是不能全面深刻地分析、探索出民族传统体育文化的本质特征与发展规律的，而应以多学科理论为基础，进行多学科、多层面、多方位的研究。从研究范畴看，民族传统体育作为各民族现实生活中的一种客观的社会存在和体育现象，既可从体育学的视角进行研究，也可从民族文化学的角度进行探索；既可从体育史学、文化学、考古学、人类学的综合角度进行理论探索，又可以从社会学、训练学、经济学、旅游学的角度进行应用性的社会实践研究。

由于各种客观因素及研究条件的限制，长期以来，我国学者对民族传统体育文化的研究工作较多地集中为社会科学（尤其以史学和人文科学为主）的研究，而自然科学领域涉足甚少。此外，由于长期以来我国史籍文献对民族传统体育原生形态及其起源状况的记载很少，加之许多民族体育活动尚处于混沌零散的状态，给民族传统体育的研究工作也带来一定的难度。有的民族体育项目藏于偏僻的深山边寨之中，有的体育项目则濒临失传绝迹的境地。因此，对民族传统体育的研究工作，还兼有发掘、抢救、保护、推广的任务。

当前，我国民族传统体育文化的研究工作已呈现以下几个方面的转变，即由单一学科的研究转向综合性、多学科的交叉研究；从民族传统体育的个别现象向整体规律性探索的方向发展；从民族传统体育是什么向为什么、怎么形成与发展问题的研究转变；从探讨民族传统体育的价值功能向开发其在现实社会中应用途径、方式、措施的研究转变；从民族体育文化资源的搭台配角作用研究向现代体育产业发展的主角定位方向研究转变；从单一的理论假设研究逐步向田野考察和实证研究方向转变；从乡村民俗体育研究向现代竞技体育、学校体育、大众体育、产业化以及进入国际体育范畴和多领域研究转变；从单个的学术现象向整体学科体系构建的方向转变。

因此，我国民族传统体育的发展将促进多部门、多学科、多领域的民族传统体育研究工作。我们要加强开展对民族传统体育的历史源流、哲学思想、文化内涵、社会功能、竞技价值、产业特性、审美特征、健身效能、形态结构、项群分类、训练方法与竞赛规则、学科体系构建等方面的综合性研究，逐步建立起我国民族体育的科学理论体系，并制定出我国民族体育近期、中期、远期的发展战略规划与战略实施措施。要不断探索我国民族传统体育学科的本质特征与客观规律，探索体育全球化进程中民族体育文化发展的多元化途径与方式，为我国民族传统体育的发展提供科学的理论依据。

(三) 采用多种措施，推进民族传统体育的科学化发展

除了要建立完善的学科体系，完善民族传统体育的文化体系之外，我们应采取多种多样的措施，调动社会各方的力量，努力推动民族传统体育的科学发展。

1. 加强理论研究工作

民族传统体育内容丰富，尚有众多的自然资源、人文资源、体育资源可供探寻。如何使这些潜在的资源转化为现实的财富，进一步促进民族传统体育向着科学化、现代化、社会化、产业化方向发展，为和谐社会建设服务，是一个亟待解决的课题。因此，应加强现代科学理论与方法对民族传统体育进行研究工作，大力开展多部门、多学科、多领域的综合性研究，加强对民族传统体育的历史源流、哲学思想、文化内涵、价值功能、竞技含义、项群分类、训练方法与竞赛规则、社会化与产业化途径、民族传统体育旅游资源开发等方面的配套研究，逐步建立起民族传统体育的科学理论体系，使民族传统体育的发展走上科学、健康的轨道。

2. 积极开展实践活动

应充分利用民族文化传统的凝聚力，利用民族传统体育本身具有的健身、娱乐、教育、竞技功能，吸引广大群众积极参与。要加强宣传工作，利用各种社会环境大力发展民族传统体育活动。利用地方性的民族传统体育运动会和单项比赛，把握农业节令、民俗节日等时节，积极开展多种形式的民族传统体育活动。坚持小型多样、业余自愿的原则，结合乡村文化站等基层组织开展生动多彩的民族传统体育活动，把民族传统体育作为千里边疆文化长廊的建设内容加以发展；引入竞争的机制，用竞赛的办法来激励各族人民参加比赛和交流活动的热情；举办与周边邻国、邻省的民族传统体育邀请赛、对抗赛；把民族传统体育逐步引入旅游风景胜地，让更多的游人认识和参与民族传统体育活动。

3. 加大改革力度

民族体育事业的发展中的改革涉及多个层面：思想观念上，要逐步从封闭型向开放型转变；管理体制上，逐步从自发型向有组织、有计划、有目标的方向发展；形式上，逐步由单纯的民俗体育集会转变为经贸、文化、体育相结合的盛会；交流上，应由单一的民族活动向多民族共同参与的方向发展，并逐步走向全国和世界。民族传统体育项目应在保持民族风格的基础上，逐步向着现代人的文化娱乐观念、审美特征和价值取向方向转化，向着与国际体育接轨的趋势发展。这样，民族传统体育才会有新的活力，才能加快其社会化、产业化的发展进程。

4. 完善训练体系

目前，一些地区已逐步建立起民族传统体育的训练网点，但地域不广，项目设置不够全面，还应扩大民族传统体育训练网点，并加强检查和管理。同时，要根据各地区的民族传统和体育特长等优势，建立摔跤、赛马、射箭、射弩、荡秋千、打陀螺、抢花炮、赛龙舟等特色项目的训练体系，加强这些项目的科学化训练程度，经常组织一些竞赛与表演活动，以提高这些民族传统体育活动的运动技术水平。

三、走向世界，成为全人类共享的体育文化财富

在人类社会的诸多文化现象中，体育是一种最易沟通人们思想，促进民族认同的社会文化

形式。由于体育竞赛具有超越社会意识形态、文化传统、语言障碍的特点，它可以将不同观点、不同宗教信仰、不同肤色和不同种族的人们聚集一堂，进行公平、友好的竞技角逐。在现代奥林匹克"和平、友谊、进步"理想的旗帜指引下，奥运会已成为现代人类生活中规模最大、影响最广的世界各民族的盛大文化集会。因此，体育是最易国际化、最易走向世界的一种文化形态。当我们今天论及"经济全球化"时，体育的"全球化"在1896年的第一届现代国际奥林匹克运动会已经开始，迄今已有100多年的历史。

（一）民族传统体育走向世界的历史回溯

纵观世界体育文化发展史，在几千年人类历史长河中，一些国家的民族项目得到发展，并演进为当今的国际体育竞赛项目。如田径运动中的跨栏项目，最初是英格兰牧羊人发明的一种障碍游戏；又如排球，最初是美国人发明的一种海滩娱乐游戏，后经体育教师威廉·摩根改进成为较完善的球类项目，由美国水兵推及世界，最后演变为世界竞技项目；再如皮划艇运动，它最早是爱斯基摩人用于捕鱼和猎取水兽的运输工具，后被前来探险的英国人发现并带回英国，最终成为奥运会的正式比赛项目。特别引人注意的是，起源于奥林匹亚祭祀场的古希腊竞技体育活动，至今仍有很多项目是现代奥运会的正式比赛项目。

相反，在一些国家和民族中早先流传开展的某些传统体育项目则只能自生自灭，湮没在漫漫的人类历史长河之中，或仅在某个国家、某种民族、某个地域，以某种文化形式（军事、庆典、宗教、教育）出现，鲜为人知。如中国古代的投壶、单双门蹴鞠、十五柱球、捶丸等项目虽兴盛一时，最终也先后湮灭在历史的尘埃之中。在我国56个民族中，也流传着近700种丰富多彩的民族传统体育活动，但由于自然环境和人文环境的封闭，有的项目仅在本民族内的文化生态环境中流传，有的项目则在社会历史的变迁中逐步销声匿迹。

通过上述对世界体育发展史的回溯，我们知道，任何体育项目都原生于某一民族的社会生活环境中，并在娱乐、教育、宗教、军事等复杂的社会文化活动中完善，成为某一地域空间流行、开展的具有民族特色的传统体育活动。有些民族传统体育活动具有的全人类共同价值要素较多，伴随着该地域人文地理环境的开放，各民族社会文化的相互渗透和交融，这些民族传统体育活动也就以某些文化传播的形式向外传播、扩散，其民族性的外延不断扩大，被不同地域与种族的人们所认同，使它不再只从属于某一民族。

在民族传统体育传播的过程中，由于其影响的地域空间扩展，国际的体育交流自然产生，最终成为不同国度、不同种族、不同语言、不同宗教信仰和社会制度的人们乐于接受、乐于参与的世界体育运动和奥运会比赛项目。原生于某一民族的体育项目要走向世界体坛，其道路是艰难曲折的；其交织影响的社会文化要素是多重、多向、多层次的；其传播、扩散的文化机制与文化动因也是复杂、互渗与综合的。

（二）民族传统体育走向世界的文化动因

体育作为一种社会文化形态，产生于特定民族的社会生存空间，表现着不同种族人们的生活方式、价值观念与文化心理结构，表现着不同种族的社会形态特征。而这些纷繁复杂、千姿百态的民族传统体育项目要走向世界，超越各种空间、社会、文化的界域，其发展的可能性、必要性以及方式、规模及速度取决于这种体育项目自身发展的内外部条件，即表现为该民族传统体育存在、发展，走向世界的内、外部文化动因这样一对动因结构的相互关系。

1. 内在文化动因

某一体育项目发展、传播的文化内因在于它自身蕴含的实用价值与人类需求元素，即这一体育项目所隐含的人类所需求的社会文化价值。这种社会文化价值体现在能满足人类生存与发展中各种精神和肉体的实际需要以及它满足整个社会多元的（如政治、经济、科学、艺术、教育、军事、医疗、宗教的）种种需要与价值功能，并不断地沿着人类自身生存—享受—发展的客观需要趋向向前延伸、扩展。因此说，需要是"发明之母"，也是决定事物存在与发展的基本动因。

（1）竞技性动因。

竞技性是体育运动的精粹与魅力所在。竞争取胜，超越自我，战胜对手，更高、更快、更强是体育精神的本质内核，与全人类不断奋斗进取的崇高理想是契合的。因此，体育竞赛能成为全世界最易接受的"国际语言"，能为不同社会制度、意识形态、宗教信仰、地域环境的各民族人民所理解、所接受。竞争是当今世界发展的主要趋势，世界诸国除了政治、经济、科技、军事方面展开竞争外，同时也更注重在世界体坛进行角逐。比试民族的体力、智力、国力，树立民族在世界上的整体形象。

因此，就要求这类体育项目具有强烈的竞技性，既能满足个体人的竞争本能欲望，又能满足国力竞争的高层次需要。同时，也要求这类体育项目有完善的竞赛规则，能体现民族平等与公平竞赛的"费尔泼赖"（Fair Play）精神，并且规则要简明准确，便于量化统计与判别胜负名次。无论是体能类的竞技项目，还是技能类的对抗性及表现性项目，都要便于记分、名次取录和用米、公斤、秒制等国际通用度量单位计取换算。如当今世界体坛盛行的篮球、排球、足球、举重、田径等项目无一不是如此。这类项目内涵的竞技性强，能充分发挥人类的体能、智力、素质、技能、战术的优势，又有完善健全的规则制度，能体现优胜劣汰、公正和平的竞争，因而成为世界人民普遍理解、欣赏与参与的竞技活动。

中华民族的传统体育瑰宝——武术，起源于我国古代社会的狩猎劳动与军事实践，是一种技击性、竞技性较强的体育活动。我们应加强对武术的攻防含义、散打格击、对打制胜的竞技规则研究，从而增强竞技性，而竞技性则是武术运动走向世界的必要条件。另外在我国民族的传统体育活动中，也有许多充满竞技意味的项目，如抢花炮、赛马球、毽球、木球、珍珠球、叼羊、打陀螺、摔跤、赛马、赛龙舟、射箭弩、押加、高脚竞速、三人鞋板竞速等。只要我们不断地对这些项目进行改造，提高其竞技性，完善竞赛规则，这些体育项目终会以其独具的民族风格走向世界体坛。

（2）娱乐性动因。

作为一种向外传播，被其他地域、种族人们接受的体育项目，必须具备较强的娱乐性，给予运动者和观赏者愉悦身心、陶冶性情、调节情感、撷取运动感的审美体验。这种娱乐性运动能给人带来生理与心理的愉快感，满足人们的精神文化需要。而追求这种精神享受是任何历史时代、任何地域和任何民族的人们的共同心理趋向。欢悦的身体活动在远古时代就是人类文化生活中不可缺少的部分。到了现代社会，由于社会物质文明、精神文明的迅速发展，人们体力劳动量减少，余暇时间增多，物质生活日益提高，人类对文化娱乐追求的心理趋向日益高涨迫切。

在世界体育文化的交汇融合中，有些民族的体育项目虽竞技性不强烈，但有较强的娱乐性，而被逐步推向世界。如美国黑人喜爱的迪斯科舞，当今盛行的霹雳舞、街舞、蹦迪，都是由某个民族推向世界的。我国各民族中流传着许多丰富多彩的体育娱乐活动。如藏族同胞的"跳锅庄",彝族的"跳月"、"打歌"、"跳乐"、"叠脚",苗族的"跳芦笙",傣族的"戛光"、"孔雀舞",景颇族的"目脑纵歌",纳西族的"东巴跳",白族的"绕三灵"等。这些寓健身性、娱乐性、趣味性、艺术性为一体的体育项目,只要我们注重发掘、提高、改造和宣传,它们在不久的将来会走向世界,为世界人民所接受。

(3) 健身护体性动因。

健身强体是体育最主要的本质功能之一。早在原始社会时期,人们就已意识到人体运动对身体的健康有促进作用,因此,才有原始时代阴康氏的"消肿舞"和《黄帝内经》中的"导引术"。进入现代社会,科学技术发展的突飞猛进,促进了人类生活方式与生产方式的巨大变更。工业现代化、自动化给人类带来巨大物质财富的同时,又给人类身体带来不良影响。社会"文明病"造成的人体肌肉萎缩、心力衰竭、过度肥胖已成为当今世界日益严重的社会问题。这些问题的显现使"生命在于运动"成为现代社会广为流行的体育口号与生命哲学。从体育运动中获取健康、长寿与能力的人类价值趋向已日益突显。

有些体育活动健身效果好,又有竞技价值,因而既是现代世界竞技体育项目,又是当今时尚的大众健身运动,如长跑、游泳、自行车等。有些项目虽无竞技意义,又无娱乐审美价值,但有实用的健身医疗功能,仍能冲出某种国度、地域、文化的圈围,成为世界人民推行崇尚的健身体育活动,如我国的气功、导引和印度的瑜伽、日本的坐禅等。

如今,云南省在全国率先将民族的传统舞蹈改编为民族健身操,使民族健身操逐渐步入城市社区与广场,成为全民健身活动中的一个重要亮点;也使民族健身操逐步进入广大的中小学校体育课堂或作为大课间体育活动的重要手段。由于该项目将运动的体育性、艺术性、民族性、健身性、娱乐性有机地结合起来,有效地改变了往日"广播体操"的单一与枯燥状况,深受广大青少年学生的欢迎,在2007年举办的第八届全国民族传统体育运动会上,国家民委、国家体育总局将民族健身操列入全国民运会的正式比赛项目。

2. 外在文化动因

除上述体育文化发展传播的内部动因外,民族传统体育项目要步入世界体坛,成为人类社会共同参与的体育运动项目,其传播、扩散以至于获取世界各国人民广泛的认同,还需具备一定的中介与动因条件,即体育项目发展传播的外部文化动因。它们与体育文化发展传播的内部文化动因相互交织,共同构成民族传统体育走向世界的前提条件。

(1) 移民迁徙动因。

移民迁徙是人类社会一种普遍的社会生活现象。在世界各民族的社会发展史中都伴随着广泛的移民迁徙现象,这也是一种文化传播的特殊途径。过去,由于战乱、灾荒、瘟疫的侵袭及某种特定民族生活习俗的影响,形成普遍的种族迁移现象。

频繁的民族迁徙导致民族内部结构发生变化,也促进民族文化的传播与交融。如当今东南亚国家的许多民族,与我国云南的傣、苗、瑶等民族有着密切的族源关系。尽管他们迁徙定居在现住地已有千百年之久,但至今仍在语言、居住方式、饮食、衣着、舞蹈、体育等方面保持着相同或相似的文化习俗。再如闻名世界的吉卜赛舞,正是随着吉卜赛民族广泛地在世界各国的迁徙中流传开来的。

(2) 大众宣传媒介动因。

各民族传统体育活动是以身体运动来表现不同民族的审美心理、生活情趣和文化价值取向的，其推广和交流的过程必然存在着各种文化隔离因素。要消除这些文化隔离因素，使某种民族传统体育活动推向世界，得到各民族的文化认同，就须利用传播媒介来宣传这种体育活动的价值功能。

今天的世界是一个开放的系统，由于现代电子技术的发展，电视直观生动的宣传效果特别显著。另外，随各国国际交往的发展，体育文化使团的出访表演也是宣传民族传统体育的一条重要途径。如我国的武术代表团曾多次出访世界诸国，对中国武术走向世界产生了良好的宣传效果。与此同时，要将我国民族千姿百态的体育活动推向世界，开辟民族地区的体育旅游资源也是一个有效的宣传渠道。

(3) 组织国际竞赛动因。

体育竞赛是无国界的，它超越了社会制度、意识形态、宗教信仰和地理环境的限制，是不同民族、不同文化背景的国家都能接受的国际语言。当前，国际奥委会的成员已达200多个，奥运会成了世界性的体育节日，国际运动竞赛项目已达100多种。体育竞赛的数量与规模不断扩大，运动竞赛国际化已成为时代的发展趋势。

通过组织国际的体育竞赛，把民族传统体育项目推向世界，是当今世界各国热衷效仿的一种重要手段。许多过去只限于狭小地域，具有民族及地方特色的运动项目，正是在当今国际交往的扩大、传播媒介的增多及其各种各样的国际竞赛活动中日益趋于国际化的。如起源于美国民间体育游戏的排球，最初仅在美国、加拿大、巴西等国流行，后来相继传入欧洲、亚洲各国，最后又发展为一项普遍的世界竞技运动。又如我国的民族传统体育活动——赛龙舟，原先仅局限于我国南方水域较广的地区开展，现已成为当今许多亚洲和欧美国家乐于参与的国际体育竞赛活动，并已举办多届世界龙舟锦标赛。

此外，组织各种洲际比赛或奥运会是传播民族传统体育文化，将民族传统体育项目推向世界体坛的历史契机。追溯国际运动竞技项目的发展史，某些项目都是由主办国将本国民族传统体育活动推向世界的。如第1届奥运会时，希腊就是通过奥运会将自己民族古老的田径运动诸项目，如铁饼、标枪、马拉松跑，以及举重、拳击、角力（摔跤）等项目推向世界的。柔道是日本民间传统的体育项目，东京举办第18届奥运会时，国际奥委会批准将柔道列为奥运会正式比赛项目。接着又将跆拳道列为第24届汉城奥运会表演项目。

综上所述，当今各民族传统体育文化的融合与交汇，走向全人类共同的体育，使民族传统体育国际化成为世界民族传统体育发展的重要趋势。要促进我国民族传统体育走向世界，需探寻民族传统体育走向世界的客观规律与文化动因，提炼其中人类体育共同的价值元素。如果我们注重开发利用民族传统体育项目发展、传播的内外部文化动因，充分发展民族传统体育的竞技性、娱乐性、审美艺术、健身性，赋予其完善的动作形态与竞赛规则，借助各种大众传播媒介、各种文化条件和体育环境，大力倡导和开展民族传统体育运动，加强国际体育文化交流，我们相信，随着我国社会的不断发展与开放，在当今世界文化交汇的时代潮流中，我国民族传统体育将以崭新的时代风姿走向世界，成为全世界人民共同的精神财富，为丰富世界体育文化体系做出特殊的贡献。

第七章　民族传统体育的产业化发展

近些年，我国民族传统体育得到了快速发展，成为我国体育事业的重要组成部分，并在一定程度上推动着我国国民经济的发展。本章主要就民族传统体育的产业化以及相应的创新理论展开具体的探讨，以期更好地明确民族传统体育的未来发展方向。

第一节　体育产业化与民族传统体育产业化

民族传统体育的发展经历了漫长的过程，并且是在一定的社会经济条件下逐步发展和壮大。经过多年发展，我国众多的民族传统体育项目逐渐与人们的现代需求接轨，并走向了产业化之路。如今，我国民族传统体育产业已经成为我国体育产业的重要组成部分，并对地区经济的快速发展起到了良好的促进作用。

一、体育产业概述

时至今日，体育产业已成为我国国民经济的重要组成部分，在我国体育现代化及社会主义现代化建设中扮演着重要的角色。因此，对体育产业的深入研究就显得尤为必要。

（一）体育产业的概念与内容

我国体育产业经历了漫长的发展，从原始的自给自足发展模式，逐步发展成为完善的产业链条，实现了体育产品和体育服务的大规模、标准化生产和应用，在实现经济效益的同时，也促进了国民体质的发展。另外，体育产业的发展，促进了我国人民的全面发展和社会精神文明的进步。体育产业发展规模在一定程度上反映了国家现代体育水平。

体育产业是指生产和提供各种体育产品及体育服务的各行业的总和，它是我国国民经济的重要组成部分。体育产业有广义和狭义之分。广义的体育产业是指向全社会提供体育产品的企业、组织、部门和活动的集合，包括体育服务业和体育相关产业两大领域；而狭义的体育产业是指以体育劳务形式为消费者提供体育服务产品生产的企业、组织、部门和活动的集合。

体育产业内容很多，总体而言，可将其分为体育服务业和体育相关产业两大类（图7-1）。体育服务业包括体育健身、休闲、培训和咨询等服务；相关的体育产业则包含体育用品制造、体育出版、体育彩票等内容。体育服务业是体育产业的主体，在一定程度上决定了体育产业的发展水平；体育相关产业是辅助产业，正是有辅助产业的存在和发展，才使得体育产业逐步发展和完善。

（二）体育产业发展模式

模式是对实践经验的总结，具有一定的理论性和稳定性的特点。究其实质，就是解决某一问题的方法论，具体表现为在解决某一问题时形成的标准形式和模型。所谓体育产业发展模式，

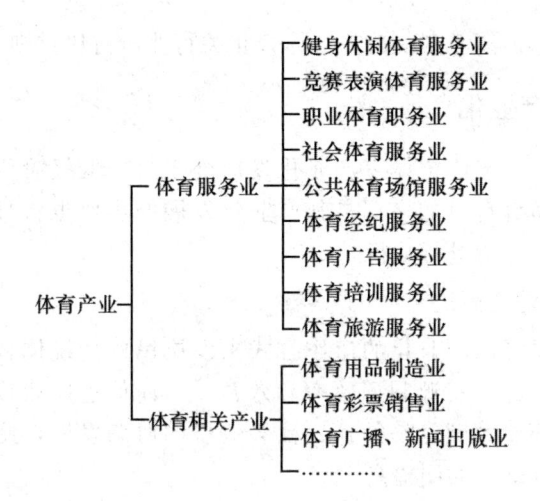

```
                          ┌─ 健身休闲体育服务业
                          ├─ 竞赛表演体育服务业
                          ├─ 职业体育职务业
                          ├─ 社会体育服务业
                 ┌─体育服务业─┼─ 公共体育场馆服务业
                 │        ├─ 体育经纪服务业
                 │        ├─ 体育广告服务业
                 │        ├─ 体育培训服务业
    体育产业─┤        └─ 体育旅游服务业
                 │
                 │        ┌─ 体育用品制造业
                 │        ├─ 体育彩票销售业
                 └─体育相关产业─┼─ 体育广播、新闻出版业
                          └─ ……
```

图 7-1

就是某一地区的体育产业发展方式，它包括体育产业的发展路径和时序、体育产业资源的构成和利用、体育产业部门之间的协调和配合等方面的内容。体育产业模式是在长期实践基础上逐步形成的，因此，国外体育产业或是其他行业的成熟产业模式对我国体育产业模式的发展和完善具有重要的借鉴意义。体育产业的发展模式的内容可概括为：发展方式的选择、"集化区"的选择、发展时序的选择以及体育产业的区域主导行业的选择等几个方面（图 7-2）。

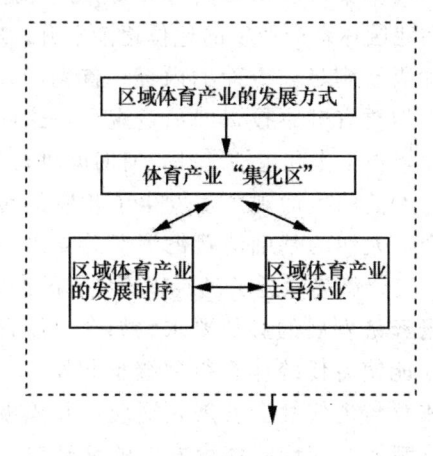

```
        ┌─────────────────┐
        │ 区域体育产业的发展方式 │
        └─────────┬───────┘
                  ↓
        ┌─────────────────┐
        │   体育产业"集化区"   │
        └──┬───────────┬──┘
           ↓           ↓
    ┌──────────┐  ┌──────────┐
    │ 区域体育产业 │←→│ 区域体育产业 │
    │ 的发展时序  │  │  主导行业  │
    └──────────┘  └──────────┘
                  ↓
```

图 7-2

（三）体育产业结构

体育产业结构即为体育产业各部门之间的比例关系，它包括物资资源、技术、人员、资金等的数量分配。体育产业结构能够从整体上反映各部门之间的相互影响和相互作用的关系。

体育产业主体部分属于第三产业，对国民经济的促进作用意义非凡。我国体育产业处于起步发展阶段，体育产业发展水平有待进一步提高和完善。发展我国体育产业，其中最为重要的一点就是要实现体育产业结构的优化升级，实现其内部资源的优化配置，协调各部门之间的关系，使其在国民经济中的作用不断得到提升。

体育产业结构发展变化的基本规律为：体育产业领域不断得到拓展，内部结构实现优化升级，体育服务业所占比重呈逐渐上升的趋势，体育相关行业所占比重则逐步下降。

二、民族传统体育产业化

虽然与竞技体育相比，民族传统体育产业化发展处于一个低级阶段，但随着人们对健身的日益重视，以及民族传统体育自身的发展，其产业化发展的步伐也将日益加快，下面对民族传统体育产业化发展的内涵及环境进行分析。

（一）民族传统体育产业化简述

民族传统体育产业化是指以产业化的运作方式来发展民族传统体育，优化民族传统体育产业各部门之间的资源配置，提高资源利用效率和效益，从而促进民族传统体育的快速、健康发展。发展民族传统体育产业要做到经济效益、社会效益的协调发展，使得民族传统体育产业与经济社会的发展形成良性互动，共同提高。

民族传统体育在我国拥有广泛的群众基础，不仅在各民族中广泛流传，而且深受群众喜爱。民族传统体育投入相对较少，与大众的消费能力相适应。因此，很多传统民族体育项目逐渐走向了市场化的运作之路，并初步形成了一定的产业体系。

（二）民族传统体育产业化的环境分析

民族传统体育是我国体育文化的重要组成部分，它承载着我国民族传统文化，发展民族传统体育对于民族文化的增强和民族凝聚力的培养具有重要作用。近年来，随着我国民族传统体育的发展壮大，民族传统体育在我国体育产业中的地位逐渐上升，成为一个新兴的体育产业。

人们对体育消费投入的增加需要满足三方面的内容。首先，人们要有实际的支付能力，能够适应资金活动需求；其次，人们要有健康投资的消费观念，这样，才会去进行相应的体育锻炼；最后，人们要有充足的时间，在工作和生活之外，有时间进行相应的体育活动。

随着人们生活水平的提高，人们的生活观念也发生了相应的转变，从而使得人们的日常行为方式也得到相应的调整。如今，人们的基础消费占消费总支出的比重不断下降，而用于更高层次消费比例却不断上升，这一变化趋势促进了民族传统体育的产业化发展。

民族传统体育产业化是市场经济发展的必然要求。如今，体育的职业化、商业化和市场化是大势所趋，只有顺应潮流，才能使得传统体育得到继承和发展。因此，近年来，我国不断推进体育体制改革，使民族传统体育与现代社会发展相适应，并积极与国际接轨。体育产业化道路，已成为社会主义市场经济体制下民族传统体育发展的突破口，是民族传统体育发展的重要趋势。

三、民族传统体育产业化发展的基本条件

经过多年的发展，民族传统体育产业已初具规模，但其发展水平有待进一步提高，产业结构有待进一步完善。传统体育产业的发展需要一定的社会经济基础条件，对其进行分析和研究能够深入了解影响民族传统体育产业发展的各项因素，能够更好地促进民族传统体育产业化发展水平。

（一）市场体系的完善

我国目前处于社会主义发展初级阶段，社会主义市场经济体制还有待加强和完善。在我国

社会主义市场经济体系中,各产业体系之间相互联系、相互制约、相互促进,从而推动了我国经济的发展。由于现实条件的限制,在经济发展过程中的某些阶段,政府会采取相应的保护措施来保证一些地区或产业的发展。但总体而言,我国逐渐形成了统一开放的市场环境,市场资源的调节和配置作用将发挥主导作用。

我国市场体系的不断发展和完善使我国综合国力和人民生活水平不断提高,但与发达国家相比仍有一定差距。为了促进民族传统体育产业的发展,必须进一步完善我国市场经济体系,促进我国经济实力的提升。

(二) 政府政策的扶持

我国民族传统体育产业发展时间相对较晚,基础相对薄弱,而民族传统体育的产业化发展必须依赖充足的资金和资源。目前,很多民族传统体育项目的发展面临着资金短缺的问题,这就需要政府发挥政策扶持和引导作用,调动各方面的资源,并给予一定的政策和财政支持,促进民族传统体育基础设施建设,促进项目的经营与开发。

民族传统体育产业化发展首先应对民族传统体育市场进行合理培养和规划,即根据地域、民族和体育项目特点,建立起完善的民族传统体育的旅游市场、表演市场以及健身娱乐市场等。目前,应建立更完善的民族传统体育产业市场体系,制定和实施更科学和更合理的法制化管理措施,以使民族传统体育产业涵盖的所有机构和企业进入真正的自主经营、自负盈亏、自我发展的良性循环。

(三) 民族传统体育与其他产业的协同发展

民族传统体育产业与其他产业的发展具有密切的关联性,如观光旅游业,很多时候,两者融为一体,即民族传统体育成为民族特色旅游业中的重要组成部分。因此,为了更好地促进民族传统体育的产业化发展,应注重民族传统体育产业与旅游业的相互配合,从而推动地区经济的发展。

在民族传统体育发展过程中,应注重挖掘其传统文化内涵,使其所蕴含的文化特征能够与现代社会相适应。民族传统体育的功能具有多样性,具体来说,它不仅具有强身健体、竞技娱乐等方面的作用,同时其对民族风情的展现和当地经济的发展也具有重要的促进作用。更为重要的是,民族传统体育能够促进人们之间的交往,其所蕴含的民族文化能够增强民族凝聚力,实现民族文化的发扬和传承。民族传统体育文化特色使其区别于其他形式的体育,具有重要的经济发展潜力。因此,在民族体育产业化发展过程中,应注重其文化特色的继承和发扬。

(四) 高素质人才培养体系的构建

民族传统体育人才缺乏是影响其可持续发展的重要因素。在目前民族传统体育产业化发展过程中,人才的缺乏主要体现在两方面:一是民族传统体育传承和推广方面缺乏人才;二是民族传统体育经营管理方面人才不足。人才的缺乏,使得我国民族传统体育发展缓慢,并呈现出一定的不规范性。为了更好地推动民族传统体育的传承与推广,并建立相应的科学管理机制,应加强相关从业人员的职业技能培训,并制定相应的民族传统体育人才培养计划,培养专门的人才。在人才培养过程中,应立足当下、着眼未来,建立完善的人才培养体系。

(五) 民族传统体育市场整体运营水平的提升

民族传统体育对于地区经济的发展和促进作用十分明显,它以其独特的风格吸引着人们参与其中。与现代竞技体育相比，民族传统体育更突出娱乐性、表演性和观赏性，其内容和形式丰富多样，受到人们的普遍欢迎。随着经济社会的发展，民族传统体育市场运营呈现出多渠道、多层次和多形式的特点。随着民族传统体育产业运营水平的提高，其可创造出不容忽视的经济价值，应该说民族传统体育产业化发展将拥有更广阔的发展空间和前景。

第二节 民族传统体育产业化发展中的物力资源

民族传统体育运动的开展需要相应的场地、器材设备等支持。因此，在民族传统体育产业化发展过程中，对其物力资源展开相应的研究，有助于现实物资资源的优化管理，促进体育产业化发展。

一、民族传统体育的一般设施建设

民族传统体育设施建设主要包括：场地的选址与测量、场地的洒水与排水、体育场照明灯和灯光布置等。

（一）场地选址与测量

大多数体育项目的开展都需要相应的运动场地，运动场地、器材是其进行相应运动的基础。民族传统体育场地和器材建设不仅为人们开展相应的民族传统体育发展提供便利，还能进一步促进民族体育产业发展。

1. 场地选址要求

（1）选址的一般要求。

①传统体育运动场馆的选址应确定周围的环境和地势，即周围环境良好，没有污染源，地势开阔，方便人们集散。

②要注重场地选址的安全性，要避免在滑坡、冲沟等有危险的地段建设相应场馆。另外，应注重合理规划，体育场馆附近应避免出现危险品加工企业、高压输电线等。

③在建设运动场馆时，应因地制宜，充分发挥地理环境和资源优势，进行灵活安排。

④运动场地的选择应与周边其他建筑功能相协调，进行整体规划和安排，从而使其各项功能都能得到良好的发挥。

（2）选址的特殊要求。

一些大型运动场地的功能具有一定的多样性，因此，这些运动场地的选址还应考虑以下几方面的要求：

①运动场地的面积。一般运动场地包括比赛训练场地以及辅助性服务建筑；辅助性服务建筑有医疗、商店、更衣室等。在场地规划时，应考虑其可容纳的人员数量。

②运动场地的周边环境。周边环境主要是指道路交通情况，要便于人群、车流的集散，即在紧急情况下，保证人员的安全疏散。

2. 场地测量

不同的运动项目会对运动场地的大小具有特定的要求，因此，在进行场地设计时，要对场地进行相应的测量。在测量工作中会有一定的误差，这是不可避免的，要尽可能使误差最小化。

一般在进行相应的测量时，应注重长度、距离、高度、角度和平整度等方面。具体而言，在测量过程中应注意以下几方面的问题。

（1）距离测量。

①长度测量。所谓长度测量即为对体育场地的长宽以及路线长度的测量。在进行测量时，应注意各方面信息的准确性。

②高度测量。高度测量是对高出地面的建筑和器械的测量，主要运用的工具有钢卷尺。

（2）平整度测量。

场地的平整度即为场地的平坦程度，大多运动项目的场地要求地面平坦，因此，场地建设时，应注重其平整程度的测量。一般专用的测量工具主要有水平仪、水准仪等。

（3）角度测量。

民族传统体育的运动场地形状具有多样性，有圆形、矩形、不规则图形等，这时就需要对运动场地的角度进行测量。一般矩形场地角度的测量采用钢卷尺测量场地对角线。在场地较大时，一般采用经纬仪进行测量。

（二）场地洒水与排水

1. 场地洒水

（1）人工浇洒。

人工浇洒是普遍采用的洒水方式。可以在运动场地周围设置一些洒水栓井，以备用时浇洒。人工浇洒简单易行，投资少，但费工费水，且浇洒不够均匀。

（2）自动喷洒。

自动喷洒能够节省人力，并且可以节约用水。但是自动喷洒需架设管道，前期投资较多。

2. 场地排水

当民族传统体育运动场地面积相对较大时，就需要做好相应的排水工作，使得体育运动场馆能够正常使用。为了保证运动场地在下雨时不积水，应保证其排水设施的设计科学合理。

一般运动场地的排水采用地表径流和地下渗漏两种方式。地表径流排水方式要求场地平整、面积较小；对面积较大的运动场地而言，采用地表径流的方式排水效果并不好。面积较大的运动场地一般采用地下渗漏的排水方式，但需要注意的是，在初始阶段，场地的渗水性能会相对较好，随着场地使用时间的延长，其渗水能力会逐渐减弱。

（三）体育场照明与灯光布置

1. 体育场照明

（1）照度。

运动场地中良好的照明设施是保证人们进行运动训练和运动比赛的重要条件。为了保证人们在运动时具有良好的照明和能见度，应合理安排和布置场地中的灯光。一般来说，水平面照度和垂直照度相近，水平照度不应大于垂直照度的 2 倍，这是比较理想的比赛场地照度标准。

（2）光源。

光源类型有多种，每种光源的性能特点有所不同。目前较常使用的光源多为金属卤化物，具有很强的实用性。

(3) 照明器。

照明器有多种，大致可分为对称式、扇形式、不对称式等照明器等。对称式照明器投射距离相对较远，被广泛应用于各种运动比赛之中；扇形照明器光线投射较为均匀，适合于看台照明；不对称照明器则一般应用于比赛场地边线周围的照明。

(4) 照明灯具的布置。

①四塔式，即在场地四角设置4个灯塔，适用于面积相对较大、没有顶棚的运动场地。

②多塔式，主要由6~8个灯塔组成。多塔式的照明照度分布较为均匀，但容易产生眩光。

③光带式，光带式照明将灯具布置在场地两侧，使得场地获得均匀的垂直照度。

④混合式，混合式是四塔式与光带式相结合而成的照明方式，这种方式应用较为广泛。

2. 体育场灯光布置

为了满足场地的实际需要，场地中的灯光应分路开放，其亮度也应根据实际需要进行调整。运动场地的灯光布置大致有三种类型，应根据民族传统体育的运动项目进行合理布置。

(1) 将灯具均匀地布置在场地上空，这种方式经济实惠，多用于地面和低空项目。但是这种灯光布置方式产生的灯光缺乏立体感。

(2) 在一些多功能运动场馆，多将灯具布置在场地上空和侧面。

(3) 在一些高空类运动项目中，通常将灯具布置于场外上空，并以侧光为主。

二、民族传统体育器材的管理

对民族传统体育器材的管理，应明确器材的种类，掌握器材购置、入库、报废等日常管理的方法，这样才能保证民族传统体育器材使用的合理性。

(一) 器材种类

1. 比赛器材

运用于运动比赛的器材应标准、规范，并且符合相应项目的规定。这类器材应高度重视其质量和规格，进而保证运动比赛的公平、公正和合理。同时，还应充分考虑所用运动器材的安全可靠性和耐用程度，保证运动训练和运动比赛的安全进行。一般意义上的体育器材就是指比赛器材。

2. 训练器材

训练器材主要运用于教学与训练，它是为促进体育参与者相关技能和身体素质发展的训练器械。训练器材对于民族传统体育技能的提高具有重要意义。

3. 辅助性器材

辅助性器材是举办相应的活动和比赛都离不开的器材和设备，对于运动比赛的开展起到了积极的促进作用。辅助性器材有交通工具、修理工具、座椅和音响设备等。

(二) 器材购置、入库与报废管理

1. 购置管理

大多数体育运动都需要相应的运动器材，因此，运动器材的质量与运动训练、运动比赛和运动健身均有密切的关系。如果运动器材出现质量问题，不仅会影响体育运动的正常开展，而且会危害到运动参与者的人身安全。因此，在运动器材购置时，应对器材的质量和规格进行仔

细检查，对其生产厂家进行深入考察，确保运动器材安全、合乎规范。

2. 入库管理

购置相应的运动器材之后，要对其进行验收登记，并填写相应的体育器材入库登记表。器材入库摆放应合理、有序，相同类型的器材应归类摆放，方便使用和登记。

3. 报废管理

一般情况下，运动器材均有相应的使用年限，如果超过了使用期限，则应进行报废处理。此外，一些运动器材在多次使用后，损坏严重、难以修复，继续使用会产生安全隐患，这些运动器材也应进行报废处理。报废处理需要遵守一定的程序，申请报废，需要获得上级领导的批准，并由相关技术人员进行鉴定，在鉴定结果符合报废标准后，方可进行报废处理。

（三）器材日常管理

1. 建立器材档案

运动场馆中器材数量较多，为了便于管理，应对器材进行分类编号，建立相应的器材档案，对器材的规格、数量等方面的信息进行整合，从而实现对器材的高效管理。

2. 做好器材的保管

不同运动器材在保管时会对环境有特定的要求。例如，一些电子设备，如果放在潮湿的环境中，会造成其内部部件的生锈、损坏；如果放置在阳光直射的地方，则可能造成线路老化，缩短使用寿命。因此，应妥善保管运动器材，每次使用之后，应保证其清洁，并放置于规定的位置。

3. 制定器材的使用制度

运动器材的使用应严格按照相应的使用制度进行，避免运动器材的遗失和非正常损坏。应制定相应的借用和损坏赔偿制度，并严格执行。需要注意的是，应标明器材的正确使用方法，尽可能减少其磨损，延长其使用寿命。对借用的运动器材应做好相应的登记手续。

4. 建立检查器材的制度

建立检查器材制度也是体育场地器材管理的重要方面。固定性器材要根据该器材的特点，制定检查制度。对训练基地场馆内器材应进行年终清查、比赛前清查和赛后清查三个环节。另外，管理人员还应每天对器材的借出和归还情况做好记录。

第三节　民族传统体育产业化发展中的人才资源

在民族传统体育发展过程中，高素质的人才不可缺少，加强人才队伍和人才体系的建设，能够促进体育产业的更好发展。因此，本节对民族传统体育产业的人才培养和管理进行分析和阐述。

一、民族传统体育的人力资源开发

民族传统体育的发展依赖于人力资源的开发，只有发展和培养更多、更好的从事民族传统体育产业的人才，才能为民族传统体育产业的发展提供必要的人才基础，促进其快速发展。

(一) 人才获得的途径

1. 民族传统体育人才的获取

(1) 人才招聘。

人力资源招聘是获取人才的重要形式，在进行人力资源招聘时，一般通过现场招聘、网络招聘以及其他媒体招聘等形式进行。另外，也可对组织内部人才进行选拔。在人才招募时，应根据体育场馆管理的实际需要进行。

①人才招聘的原则。

在人才招聘时应坚持公开、公正、公平原则，这是招聘民族传统体育人才的首要原则。同时，还要坚持全面考评原则，既要对其个人能力、技能进行考核，还要对其品德和心理方面进行考核。在考核的基础上应坚持择优录取、唯才是用的原则。

②人才招聘的方法。

人才招聘主要有两种，即内部人才选拔和外部人才招聘。在人才招聘时，应根据单位自身的具体情况选择相应的招聘方法。一般情况下，人才招聘时将这两种方法结合起来使用。

内部人才的选拔是对内部员工的选拔和任用，内部员工更熟悉单位内部情况，具有较高的认同感。从内部选拔人才既能够避免内部人才的流失，也能够提高工作的效率。但内部人才选拔会造成"近亲繁殖"和内部人员关系的不协调。

外部人才招聘能够使单位内部得到新鲜的血液，并具有较大的选择余地。其缺点在于筛选的难度大，并且需要一定的成本投入，被招聘的人员也需要一定时间的适应。

③人才招聘的内容。

民族传统体育人力资源招聘的内容应包括三方面：第一，相关单位的负责人根据所需人才的岗位、人数以及岗位的具体要求拟定出相应的招聘计划，报人事部门审核；第二，确定人才招聘和选拔信息的发布时间和发布渠道以及截止时间；第三，由相应的部门负责人才的选取、测试和录用。

(2) 发布信息。

民族传统体育人才的选拔应首先考虑内部员工，进行内部员工的应聘和推荐。如果内部人员不足或不能胜任，则考虑对外发布招聘信息。

信息发布的面要广，这样接收到相关信息的人才会越多，招聘到优秀人才的概率也会越大。同时，要注意及时发布信息，保证工作的顺利开展。在发布招聘信息时，也应注重信息发布的受众群体与所需的岗位相适应，做到有的放矢。

(3) 人事决策。

简单来讲，人事决策，就是决定"让什么人从事什么工作"。通过对人才进行综合分析和评价，选取合适的人才，适应相应的工作岗位。具体的人事决策过程可通过下面两种方式开展。

①据资料综合研究法。

收集求职者信息，再进行分析讨论，对求职者的表现进行综合评价，最后确定人才的招录。

②综合评价表法。

在对人才进行综合评价时，可制订相应的综合评价标准进行多维度的评价，有助于提高决策效率。

2. 民族传统体育人才获取的测试

（1）面试。

面试是最常用、最广泛的一种测试方法，但这种测试方法对于主持面试的人具有较高的要求。通过面试能够在一定程度上了解受试者的知识水平、工作态度和个人性格等方面的内容。在面试结束之后，通常会进行相应的记录。

（2）心理测试。

心理测试是对受试者进行心理方面的测试，测试的内容包括智力测试、能力测试和个性测试等。心理测试，一般采用量表和问卷方式进行。但在实际测试中，并不能完全依赖于量表和问卷所得结果。

（二）人力资源系统的规划分析

1. 民族传统体育人力资源系统规划的内容

人力资源系统的规划即为对其目标、战略和措施等方面的规划。具体而言，是对人力资源的招聘计划、使用计划和培训计划等方面的具体规划。一般可将民族传统体育人力资源规划分为三个层次，即战略层、战术层和作业层。

（1）战略层，是对人力资源的外部环境进行分析，根据未来战略目标确定内部人员结构，协调人力资源的供给分配。

（2）战术层，即对所需人才状况和能够获取的人才数量进行预测，确定合理的人才需求量。

（3）作业层，即为人力资源管理的具体操作，包括招聘、调动、培训、工资和福利等方面的内容。

2. 民族传统体育人力资源系统规划的特征

（1）超前性。

所谓超前性，就是民族传统体育人力资源的规划应在目标和任务开始之前进行编制。

（2）可行性。

民族传统体育人力资源规划的可行性要求制定的目标和任务具有一定的可操作性，能够通过相应的步骤和方法达到，这就需要进行必要的调查分析和研究，制定出切实可行的任务目标。

（3）量化性。

民族传统体育人力资源规划的量化性要求，即对于任务和目标等方面的要求要有一定的量化指标体系，以便进行操作和评价。

（4）周期性。

民族传统体育人力资源规划过程具有一定的周期性，应合理规划其周期，使得人才队伍呈梯队化发展，进而保证人力资源系统的良性发展。

二、民族传统体育的人力资源管理

在民族传统体育产业化发展过程中，人力资源管理是非常重要的一环，只有人员的管理规范了，民族传统体育产业才能得到有序发展。

（一）人力资源的配置分析

1. 民族传统体育人力资源配置的目标

民族传统体育人力资源配置的目标是实现人力资源的合理配置，发挥人力资源的最大效益，促进单位得到更好的发展。其目标可划分为三个层次的内容，即微观目标、中观目标和宏观目标。微观目标即为具体目标，其目的在于调动各方面人才的积极性，提高人才的工作效率；中观目标则为了实现各部门之间人力资源的配置；而宏观目标是为了保证人力资源的总量和使用总量之间的关系，要保证人力资源结构与社会需求结构相符合。

2. 民族传统体育人力资源配置的原则

（1）适才适位原则。

所谓"适才适位"，就是根据招聘人才的能力特点，选择适应其发展的工作岗位，避免其才能与工作岗位不相适应。坚持"适才适位"原则有助于调动人才的工作积极性，更好地提高工作效率。

（2）结构优化原则。

人力资源的配置要使其效能最佳化，使各部门之间形成良性发展，保证各部门工作高效完成，从而提升民族传统体育产业的发展。人力资源结构的优化，不仅要使各部门之间人员合理配置，还要保证充足的备用人才。

（3）一致性原则。

我国现行的经济制度是以市场经济为主体，但政府参与和管理也发挥了很大作用。民族传统体育人力资源体系的建立既要适应市场发展的要求，也应与国家的宏观调控和管理相适应，进而保证民族传统体育产业的健康发展。

（4）合理使用原则。

在人力资源的使用过程中，不仅要做到人才资源得到有效利用，同时，还要注重人才资源在使用过程中"以人为本"理念的贯彻，进而保证人才的各项利益，充分调动其积极性。只有合理使用人才，才能够提高人才配置效率，促进民族传统体育健康发展。

（二）人力资源的科学管理

1. 民族传统体育人力资源管理模式

（1）传统模式。

传统人力资源管理模式容易将人力资源管理的过程看作是容易观察和可衡量的，因此，其主要依赖于各种评价表格，并强调控制员工行为。这种管理方式在一定程度上限制了员工的积极性和创造性。另外，这种管理方式忽略了人才管理的具体实践，在管理过程中并不能结合具体的实际情况开展管理工作。传统的人才管理模式已不能适应现代社会发展。因此，现代体育管理者在进行人才管理时，应注重人才管理的科学化和人性化。

（2）诠释模式。

诠释模式注重员工之间的互动，增进员工之间和谐的人际关系。在管理过程中注重员工共同价值观和信念的培养，有助于增强团队的凝聚力。在民族传统体育人力资源管理中，很多情况下是无确定程序可参照的，因而诠释模式显得非常有用。

诠释模式的优势在于它能够在一定程度上激发管理者和员工的积极性，从而使得其工作的积极性得到最大程度的发挥。但这种管理模式也有一定的弊端，主要表现为这种管理模式注重价值观念的培养，因此，持有不同价值观念的人容易被孤立和边缘化，从而阻碍员工的个人发展。

(3) 批评模式。

批评模式是在诠释模式的基础上发展而来的，并对诠释模式的不足进行了相应的矫正。这种模式，非常关注人力资源管理的各种问题和不足，能很好地处理腐败、支配、剥削雇员、歧视和工作环境安全等问题。另外，它鼓励人们去充分认识现实中存在的各种问题，激发人们寻求改进民族传统体育人力资源管理的办法。但是，批评模式的不足之处在于，采用该管理模式可造成内部矛盾的激化，有些管理者在进行批评时往往带有一定的主观色彩，尤其是一些不切实际、不公正的批评会使员工产生不满情绪，从而影响民族体育人力资源管理的正常开展。

总之，上述这几种管理模式各有其优点和不足，在进行民族传统体育人力资源管理过程中，应灵活运用这几种管理方式，使各种模式的优势得到更好的发挥。

2. 民族传统体育人力资源的绩效管理

(1) 民族传统体育人力资源绩效的含义及内容。

①民族传统体育人力资源绩效的含义。

一般可将绩效划分为三个层次，即员工个人绩效、团队绩效和总体绩效。个人绩效与员工个人的工作表现具有密切关系，个人工作效率和工作质量的高低决定了个人绩效的高低；团队绩效即各团队成员在相互协调和合作的基础上产生的整体绩效，各员工分工协作，只有每一个员工的工作效率提高了，且团队之间具有良好的协调和配合，这样团队绩效才能提高；而总体绩效即该单位各部门之间相互协调，从而产生的总体绩效。

员工所取得的绩效并不一定都能用相应的经济指标来衡量，因此，也将员工在工作岗位上所取得的工作进展或完成的业务情况都泛称为"绩效"。这种绩效在一定程度上肯定了员工的劳动产出。对员工的考评不仅是对其工作结果的考评，也是对其日常工作行为和工作表现的考评，它是上级领导和同事对员工的整体工作状态的评价。对于组织而言，绩效最终体现在工作成果和完成任务的数量、质量和效率等方面。

②民族传统体育人力资源绩效考评的内容对员工绩效的考评应从多方面进行，一般从绩、能、勤、德四个方面对其进行综合考评。

a. 绩。"绩"即是员工所取得的工作成绩或工作所取得的效果，它包括员工工作的数量、质量以及产生的相应的经济效益。这是绩效考核中最为常用的一项指标。这些指标之间是辩证统一的关系，其所产生的经济效益处于核心地位，其他各项因素都服务于经济效益。因此，在民族传统体育人力资源绩效考核时，不仅要关注员工完成的工作数量和质量，还应考察其工作之后所产生的经济效益是否与单位当前的发展相适应。

b. 能。"能"即是员工的能力素质，具体表现为员工在实际工作中解决相应问题的能力。对于能力的考核应与其具体的工作岗位相结合，这样员工各方面的能力在工作中才能得以展现。员工的能力有多种，如管理能力、表达能力、运动能力、创新能力和协调能力等，不同的人会有不同的能力专长。因此，在岗位安排时应注重对员工能力特点的考察，使其能力在相应的工作岗位上得到最大程度的发挥。如果员工的工作能力有所不足，应加强相应的培训教育，或调整相应的工作岗位，以与其能力特点和能力水平相适应。

c. 勤。狭义上的"勤"即为员工的出勤率，它是员工勤奋工作的鲜明体现。而广义上的"勤"则是积极性、创造性、主动性和纪律性等方面的综合体现，并不仅仅是员工出勤率的多少。"勤"反映了员工强烈的责任感和事业心，是员工敬业精神的重要表现形式。

d. 德。"德"是员工思想道德素质和心理素质的表现。为了达到一定的任务和目的,员工在工作时会表现出一定的行为方式,采取一定的手段来完成相应的任务。而"德"即为对其所采用的方法、手段以及其个人品格等方面的评价。"德"的评价没有固定的标准,在评价时,主要采取上级和同事的主观评价等方式。其评价的方面包括是否响应党和政府的号召,是否遵守相应的法律法规,是否具有较强的职业道德和个人操守,是否具有强烈的责任感和进取精神等。

(2) 民族传统体育人力资源绩效考评的周期。

在绩效考评的具体实施过程中,其考评的时机和周期对考评体系的科学合理性和有效性具有重要影响。因此,在民族传统体育人力资源绩效考评时,应注重考评的时机和周期。

绩效考评的时机和周期应根据单位的实际情况进行安排,一般而言,对于员工绩效的评估有多种形式,如针对某一项目、某一工作完成的情况进行的评估,针对员工在某一时间段内的工作表现进行的评估等。考评一般以年为周期,对于年轻或新员工的考核频率应相对较频繁,这样既能够保证其工作效率的不断提高,也能够增强其工作能力和提升业务熟练水平;对于资深的老员工的考核周期可相对延长。

第四节 民族传统体育产业化创新发展的战略选择

民族传统体育产业化发展是一个动态过程,在对其未来的发展趋势进行分析和了解的基础上制定相应的发展计划和具体措施,不仅能够促进民族传统体育健康发展,还能够对体育产业的发展方向进行必要的调整和规划,对于形成良性的产业结构具有重要意义。

一、民族传统体育产业化发展的原则

(一) 自然资源与人文资源相结合原则

民族传统体育形式多样,既包括各民族的传统体育项目,也包括我国传统武术项目等形式。而民族传统体育项目之所以具有如此独特的魅力,除了深蕴其中的文化特色之外,还在于它美好的生态环境背景。两者的相互协调和融合使得民族传统体育表现出了原生态特色性,吸引着人们参与其中。在民族传统体育产业开发和发展过程中,应注重将民族文化资源和自然风光进行整合开发,以凸显出民族传统体育的独特性和不可替代性。如此,才能够使得民族传统体育资源发挥其独特优势,促进民族传统体育的产业化发展进程。

(二) 观赏性与参与性相结合原则

体育是一项参与性和实践性较强的活动,人们只有参与其中才能充分体验其独特魅力。因此,在传统体育项目开发过程中,除了展示精彩的表演类项目之外,还应向人们提供更多参与性和体验性较强的体育运动项目,使人们充分体会到运动的乐趣。目前,我国民族传统体育的参与面相对较窄,一方面,人们有其相应的喜好;另一方面,各民族有其独特的文化风格,这就造成了民族传统体育进一步推广的困难。为了促进民族传统体育产业的发展,应对相应的体育项目进行改造和推广,使其在全国范围内得到一定程度的传播。

(三) 收益性与保护性相结合原则

强调民族传统体育资源开发的经济效益,并不意味着以牺牲民族传统文化为代价。在开发

特色体育资源为当地创造经济效益的同时，应保护好民族传统文化的特色优势，不断提高体育产业资源的文化要素，走内涵型和可持续发展之路。另外，收益性与保护性相结合原则还要求在相应的资源开发时，注重生态环境的保护，促进经济效益和生态效益的协调发展。

（四）多样性与统筹性相结合原则

民族传统体育项目丰富多彩，在进行相应的项目开发时，应注重发挥其资源的多样性优势，发展多种传统体育文化项目，并且要在开发过程中注重相应的产品和服务的差异化。在多样化发展的同时，应注重结合民族风俗特点和区域特征等因素，统筹民族地区的整体资源优势，从而更好地推进规模化战略效应。

总之，民族传统体育是我国体育事业的重要组成部分，具有独特的发展优势，在其开发过程中，应注重资源的开发和保护，并在此基础上进行积极推广和传播。另外，还应注重其改革和创新，使其不断适应时代发展的需要，满足人们的各项需求。在民族体育产业化发展过程中，应注重保持其内涵文化因素，引导其向市场方向迈进。民族传统体育的资源开发不能仅仅考虑相应的市场因素，还应注重与时代发展特征的契合。在发展过程中应确立民族传统体育产业的发展思路、发展战略和发展模式，促进其科学化和可持续化发展。

二、民族传统体育产业化发展的具体措施

在民族传统体育产业化发展的过程中，可利用一切可利用的资源，采取多种手段和措施促进民族传统体育的产业化发展，具体措施如下所述。

（一）加强民族传统体育的基础设施建设

民族传统体育发展依赖于一定的基础设施，这是其发展的重要物质保证。而从现实情况来看，我国民族传统体育场地和基础设施建设严重不足，很多传统体育项目的场地和设施资源并不能满足人们的日常训练和比赛需要。民族传统体育场地设施是发展民族传统体育技术和传播民族传统体育的重要场所，因此，应予以充分重视。对于已经建好的场地和资源，应加强其使用率，开展相应的传统体育项目赛和运动会，促进人们之间的交流和沟通，促进民族传统体育产业发展。

加强民族传统体育基础设施建设，一方面是要加强其产业化和市场化发展，促进其基础设施的建设；另一方面则要进行科学合理经营，促进其健康发展。这样不仅可为广大人民群众提供健身场所，还为民族传统体育产业的开发提供了必要的物质载体。

（二）加强民族传统体育项目的自身改造

随着现代生活节奏的加快，人们对于休闲和健身项目的追求向着简单、实用、有趣和高效等方面转化。这就要求民族传统体育加强对自身动作的改造，使其能够更好地适应社会的发展。通过进行相应的改造使其更好地满足现代人的不同需求，为其发展和传播增加了一定的群众心理基础。

为了促进民族传统体育更好的发展，民族传统体育项目的开发应注重项目的分化、提炼和创新。在项目自身的改造过程中不妨利用先进的科学技术，采用先进的理论和科学技术手段来进行相应的理论研究，运用现代科技促进其发展和传播。具体而言，应舍弃那些不符合科学原理的动作，增强其健身效果。对于一些观赏性较强，适合开展相应比赛的运动项目，应注重其

相应的规则完善，提高观赏性。

（三）加强人才培养，提高管理者的素质和水平

人才是发展的第一生产力，对于经济和社会的发展起着至关重要的作用。人才素质的提高是民族传统体育产业化发展的重要保证。因此，在民族传统体育产业化发展过程中，应注重人的培养。对于管理者和经营者而言，要运用现代经营和管理理念提高自身业务水平。除了相应的经营和管理人才外，还应该注重运动表演和运动技术水平较高的人才的培养。企业和相应的管理单位应建立相应的人才选拔和培养机制，促进民族传统体育产业的可持续发展。虽然我国民族传统体育的产业化发展起步相对较晚，基础也比较薄弱，但其发展潜力巨大。随着改革开放的深化进行，民族传统体育产业化发展水平会进一步提高，因此，应尽快加强人才的培养，以适应未来的发展需要。

（四）大力培育中介组织，加大无形资产开发的力度

民族传统体育产业的发展需要借助相应的体育中介组织（即维持体育市场运转的支持系统）和机构，为其发展提供广阔的空间。随着我国改革开放的进行，社会主义市场经济制度逐渐确立，很多外资体育中介组织涌入我国市场，形成了多层经营主体竞争的局面，这在很大程度上为我国民族传统体育中介的发展提供了某种契机。因此，民族传统体育发展应抓住机遇，借助相应的中介组织促进自身的发展。另外，政府也应该加大对体育中介市场的扶持，为我国传统体育中介市场的发展提供宽松的外部环境。

（五）加强民族传统体育竞赛表演业的发展

开展体育竞赛和体育表演是体育项目传播的重要渠道和方式，很多体育项目都是通过这一渠道被人们逐渐了解和认识，并逐渐在国际上形成一定影响力的。因此，开展民族体育运动会，对我国民族体育产业化发展具有极为重要的推动力。

除开展相应的民族体育运动会之外，还可开展相应的运动比赛，积极推广民族传统体育，倡导健身和休闲，使更多的人参与其中。对于一些发展比较成熟的民族传统体育项目，应对其进行科学指导，使其逐渐迈向竞技体育，在吸引人们参与其中的同时，也能够发展和完善其运动规则和运动技术。

（六）民族传统体育产业发展的整体架构

1. 发展目标

我国民族体育产业发展的重要目标就是要建立完善的民族传统体育产业发展市场体系，形成区域间的经济项目补充和项目促进，实现地区之间的资源整合和有效利用。

民族传统体育在发展过程中，应积极利用自身的文化资源，同时，要善于借助各方面的市场、资金、技术和人才等优势来促进自身发展，通过合作发展，建立互利双赢的小行业体系结构。

在发展过程中，各地应致力于建立具有较大影响力的民族传统体育市场，形成组织化、品牌化的大型经营公司，加快产业化发展的步伐。各地区应以市场需求为导向，以各种社会资源为依托，以地区文化和生态环境为特质，促进传统民族体育产业的可持续发展。

在促进我国民族传统体育在国内发展和传播的同时，还应注重国际市场的发展和开拓。政

府应积极推动民族体育产业的国家化发展,使其融入国际经济和文化的发展进程之中。

2. 市场定位

民族传统体育产业化是民族传统体育产品和服务逐渐走向市场的过程,因此,其产品和服务的市场定位决定了其产业化的发展。如民族传统体育旅游资源的开发,首先应注重国内市场的定位,在此基础上变革相应的发展策略,设立相应的国外市场目标,推进国外市场的发展。

总体而言,民族传统体育应注重其个性化、精彩性和刺激性等方面的定位,积极拓展民族地区旅游业的发展。具体而言,在民族传统体育产品和服务方面,应在研究和分析人们心理需求的基础上开发和提供相应的产品,并根据市场需求情况更新和淘汰产品;在价格策略方面,在制定相应的价格时,应充分考虑我国各地区之间经济的发展水平,使得提供的产品与服务与人们的支付能力相适应;在产品和服务的销售渠道方面,则应积极拓展新兴市场,如成立相应的体育用品店,开设相应的网上商城等,促进市场的发展和完善。

3. 产品和服务的信息传播和市场营销

民族传统体育具有独特的文化优势,这是其鲜明的特点。但由于我国众多少数民族地区交通不便,形成了一定的自给自足的自然经济意识,这在一定程度上阻碍了民族体育产业化发展的进程。并且,由于相应的民族传统体育项目带有鲜明的民族文化特色,故在传播和发展过程中,还要考虑消费者的心理接受程度。

产品和服务信息的传播应讲究一定的策略,即要通过多种传播媒体进行整合传播,以确保各媒体信息内容的一致性。在传播过程中应分析受众的心理特征,选择最易于让人们接受的传播方式。而在市场营销过程中,应注重产品和服务的改造、加工、雅化与包装,突出产品和服务的诉求和亮点,引起人们从事相应的活动或购买相应产品和服务的欲望。

4. 多种资源的配套开发

我国民族传统体育产业发展尚不成熟,有待进一步发展和完善。而民族传统体育产业的发展依赖于其他相关产业的发展。因此,在发展民族传统体育产业的同时,应注重多种资源的配套开发,如旅游、节日文化、民俗产品等,综合各种优势资源,开发地域性、民族性、趣味性、精彩性较强的体育旅游活动。

5. 产品和服务的分类阶段化推广

民族传统体育产品和服务的推广是一个渐进的过程,应有层次、分阶段的推向市场。第一层次是有完善的竞技与游戏规则,竞技性、观赏性、娱乐性较强的项目,如摔跤、赛马、赛龙舟等可直接商业化的项目;第二层次是通过挖掘、整理和改造,在外表演多、宣传多,但仍需进行一定的包装后才可上市的项目,如过溜索、堆沙、跳竹竿等;第三层次属于目前上市条件尚不成熟,有待进一步培育发展的项目。

为了促进传统体育产业的有序发展,应将相应的体育项目分门别类,进行有规律地开发。可根据其运动的功能和形态将其分为观赏类、休闲健身类、刺激类等多种。

第八章 民族传统体育的教学与训练

随着学校体育教育改革的逐步进行，众多的民族传统体育项目作为选修课进入学校体育教学中，这极大地促进了我国民族传统体育在学校的开展。民族传统体育要想在学校得到顺利的开展，就必须要有一定的教学理论作指导，这样可以保证民族传统体育发展的科学性，避免走弯路。

第一节 民族传统体育教学基本理论

一、民族传统体育项目的教学特点

民族传统体育教学具有体育教学的一般特点，即教师有目的、有计划地向学生传授各种技术、技能，使学生通过身体的反复练习与思维活动相结合，掌握这些技术与技能，达到锻炼身体、增强体质的目的。同时，民族传统体育作为一种特殊的体育运动，其教学又具有相对独立的特点。

（一）重视直观教学，强化模仿能力

我国民族传统体育项目众多，许多民族传统体育项目的技术动作相对复杂，种类繁多，例如武术运动不仅套路动作的数量繁多，且动作难度较大。这就要求教师在教学过程中，要直观、形象地向学生演示每一个动作，让学生通过观察和模仿教师的动作开始进行学习。

体育项目的学习需要不断地、反复地练习，而正确的模仿是练习的基础，因此，在教学过程中，教师应有意识地提高学生的模仿能力，加强其技术动作学习。当然，教师在提高学生模仿能力的同时，也要在教学过程中不断提高学生对动作内在的感悟能力，使学生能正确理解和把握民族传统体育项目"内外合一"的特点和精髓。

（二）注重规范教学，强调民族特色

在民族传统体育教学过程中，教师教学的规范性将直接影响教学的质量，因此，教师应注重规范教学，在教学中，尤其重视示范动作的规范性。一方面，规范性的教学有利于学生建立起正确的动作定型；另一方面，受不同种族文化因素的影响，民族传统体育具有较强的民族性和地域性。因此，教师在强调学生学习动作规范性的同时，还能有效避免因为不规范动作而使其失去体育教学项目本身的民族特色。

在教学过程中强调民族特色，是进行民族传统体育教学的前提和基础。不同的民族传统体育项目具有不同的民族特点，这是其区别于其他民族传统体育项目的重要特征。例如武术中的南拳和太极拳项目，它们之间的动作特点就存在较大差距。源于我国南方的南拳，继承了南方人作风严谨、动作细腻的特点，动作刚劲有力、步法稳固；而太极拳则透露出中原人的沉稳和机智，动作刚柔相济、轻灵缓慢。因此，在民族传统体育教学过程中，应强调民族传统体育项目的民族特色，以便有针对性地进行教学。

（三）强调团结协作和相互配合

我国大多数民族传统体育项目都是集体参与性项目，这是因为民族生活是传统体育的主要来源，民族传统体育多是全民族共同参与的文化活动，群体性特点突出，需要不同参与者之间的团结协作和相互配合。因此，在教学过程中，教师应重视强调这一教学特点。例如拔河运动，在比赛时需要场上队员齐心协力、互相配合，才有可能取得最终的胜利；再如，跳竹竿运动是一种多人参与的传统项目，不仅要求参与者动作敏捷、反应灵活、配合协调，而且还需要参与者具备一定的音乐素养和舞蹈技巧。因此，在民族传统体育教学过程中，在发展学生个人运动能力的基础上，教师应加强对学生团结协作、相互配合等团队精神的培养，使学生充分理解民族传统体育团结协作的精神内涵。

（四）强调技术与文化的大融合

民族传统体育不仅是体育的重要组成部分，也是文化的重要组成部分。民族传统体育不仅具有较强的健身价值，还具有较强的娱乐价值、文化价值和教育价值。我国民族传统体育在其数千年的历史发展过程中，受到了许多文化思想的熏陶和影响，是我国民族传统文化传播的一个重要载体，具有浓厚的民族传统文化特色。例如太极拳运动项目的教学，教师不仅要使学生正确掌握太极拳的基本套路动作，还要使学生理解太极拳的精神内涵，使学生在柔和缓慢的练习中不断提高自己的心理素质，帮助学生形成平和的心态。可见，在民族传统体育教学过程中，强调体育项目技术与文化的大融合，能有效促进学生的身心健康发展。

二、民族传统体育项目的教学原则

教学原则是教师和学生在完成教学任务、实现教学目标活动中具体的思想准则，是组织与实施体育课程教学活动并具有体育教学共性特点的规律性总结。民族传统体育课程教学原则奠基于人体认知结构发展的规律和技术技能形成的特征，来自于教学实践经验总结的基础之上。它是应用人体科学、教育学的理论与方法，结合民族传统体育文化及学校体育教学的实践经验，研究教学过程基本规律所形成的基本原理和评价体育教学质量的基本标准，并经过多年的体育教学理论与实践活动的检验和不断改进与完善的体育教学指导性原则。

（一）一般教学原则

1. 全面发展性原则

全面发展性原则具体是指民族传统体育的教学应有助于加强学生体质与促进其全面发展。民族传统体育教学过程中，教师应充分了解每一个学生的身体、心理和智力水平，促进全体学生在智力、能力、心理素质、美育（感）诸方面都获得良好的发展。

在民族传统体育教学过程中，遵循全面发展性原则应做到以下几点：

（1）树立现代体育教学价值观念，用现代体育教学价值观去评价民族传统体育教学的质量。具体来说，民族传统体育的教学不仅要具有生物学价值（即改变学生的生物学特征），还要具有教育学、社会学、心理学、美学等价值。

（2）增强学生体质，重视学生的长期发展。民族传统体育的教学应为使学生精力充沛顺利完成各项任务的近期效益而服务，同时重视对学生进行终身体育教育，为延年益寿和提高中华民族素质的长期效益而服务。具体来说，民族传统体育教学应使学生身体各个部分、各种运动能力、身体素质及生理机能都得到协调发展。并在此基础上，结合体育教学，运用心理学、美学和社会学等知识，培养社会主义现代化建设人才。

（3）各项教学工作计划的制订，应以保证学生身体的全面发展为根本依据，教师在编写教案时尤其要注意这点。

（4）在民族传统体育教学的准备、实施、复习与评价等阶段中，制订教学任务、选择教学内容和运用各种教学方法、手段，都应重视学生的全面发展。

2. 直观性原则

直观性原则指在民族传统体育教学过程中，教师应结合体育运动规律及特点，充分利用学生的听觉、视觉、肌肉本体感觉和已有的知识、技能，以获得生动形象的表象，通过正确示范和广泛运用直观教学手段（挂图、图片、电影、录像等）促进学生掌握体育运动的知识、技术和技能。

在民族传统体育教学过程中，遵循直观性原则应做到以下几点。

（1）讲解要准确。教师准确的讲解有助于学生科学认识民族传统体育的相关知识、技能和运动规律。准确的讲解是科学教学的前提和基础。

（2）示范要正确。在体育教学中，教师正确的示范具有重要的作用。教学实践中，教师应充分利用动作音像教材的演示特点和作用，加深学生的直观印象。

（3）重点要突出。民族传统体育教学的直观性原则，要求教师突出教学重点，让学生知道看什么和如何看。

（4）有效引导学生，鼓励学生积极思考。体育教学不同于其他学科的教学，学生要想掌握体育运动的本质与全貌，就必须从感知进入思维进而做到理解。因此，教师在民族传统体育教学活动中运用直观手段和方法进行教学时，应引导学生有目的、有重点、有层次地观察，在学生了解动作形象的基础上，引导学生积极思考，使学生能从生动的直观到抽象的思维，透过现象了解动作技术的特点和有关联系，弄清动作的技术结构、技术关键和完成方法与要领，并最终掌握该动作或技能。

3. 巩固性原则

在体育教学中，遵循巩固性原则是由条件反射强化、消退的理论与人体技能适应性规律决定的。民族传统体育的教学过程，是学生认识、理解、掌握、巩固和提高民族传统体育项目运动技能和运动水平的过程。在教学中，为使学生牢固地掌握民族传统体育的技术，获得逐步提高和完善，建立正确的动力定型，就必须通过多次反复地学习和练习，以量变促进质变，使学生不断巩固所学知识和技能，实现增强体质、全面发展的运动目的。

在民族传统体育教学过程中，遵循巩固性原则应做到以下几点。

（1）增加练习次数，组织学生进行经常性、反复性的练习。在民族传统体育教学过程中，当学生初步掌握动作后，就应组织学生进行大量的练习，促进学生的动作从量变到质变，使学生逐步形成正确的动力定型。需要说明的是，这里所讲的反复练习并非简单的重复，而是指教师在组织学生进行练习的过程中要不断对学生提出新的、更高的要求，并经常进行技术评定，使学生看到自己的进步和不足，从而巩固与提高运动技能。

(2) 改变练习条件，逐步提高练习的难度。在民族传统体育教学中，适当地改变练习条件，不仅可以检查学生掌握技能的熟练程度，使学生的运动技能得到更好的发展，还可以丰富教学手段，提高学生学习的新鲜感和积极性。

4. 循序渐进性原则

循序渐进性原则是指民族传统体育的教学应遵循学生的认知规律、动作技能的形成规律以及人体生理机能活动能力的变化规律，正确安排教学内容和运动负荷，教学过程和方法应由简到繁、由易到难，逐步深化，使学生系统地学习、掌握和提高知识、技术和技能。

在民族传统体育教学过程中，遵循循序渐进原则应做到以下几点：

（1）教学文件的制订应系统。教学文件是进行民族传统体育教学的辅助性教学准备，主要包括课程教学大纲、学期教学进度、课时计划等。可行的、完整的教学文件是民族传统体育教学工作系统有序进行的保证。

（2）教学内容的安排应合理。在少数民族传统教学过程中，教师应认真研究教材，了解教材的系统性，把握各项教材和各个运动项目以及同一运动项目不同运动技能之间的关系，以便在编制教学文件时，每次课的教学内容能前后衔接、符合逻辑、系统提高。

（3）教学方法的运用应有效。教师对体育教学方法的选择和使用应利于学生的学习和掌握。各种教学方法的应用应有助于促进学生由易到难、由浅入深地进行学习和逐步提高。

（4）运动负荷的提高应科学。教师在民族传统体育的教学中，应逐步提高运动负荷，一次课的运动负荷应从小到大，逐步上升，并保持在一定水平上，让学生的身体机能逐步适应运动。一个季度或一个学期的教学中，运动负荷的安排也要遵循循序渐进提高的原则，以增强学生的体质和提高其运动能力。

5. 自觉积极性原则

学生是学习的主体，因此在教学中应遵守自觉积极性原则。在民族传统体育教学中，教师应正确引导学生，激发学生学习的积极性和主动性，使学生能自觉积极地完成学习任务。

在民族传统体育教学过程中，遵循自觉积极性原则应做到以下几点。

（1）发挥教师的主导作用。教师在教学活动中具有主导性作用，应遵循自觉积极性原则，要求教师积极发挥主导作用。在教学活动中，教师的一举一动都对学生有着深远的影响。因此，教师应热爱自己的工作，注意自己的言行举止，在教学工作中精益求精，上课时精神振作，口令清晰洪亮，手势清楚大方，讲解生动易懂，还应努力提高示范的质量，通过准确、优美、轻松、自如的动作示范，激发学生的学习兴趣。同时，教师还应重视良好师生关系的建立，塑造和谐的教学氛围。

（2）明确学生的学习目的。教学之初，对学生进行学习目的的教育，使学生认识民族传统体育在健身、竞赛等方面的意义，对于增强学生学习的自觉性和积极性具有重要的意义。教师在进行民族传统体育教学的开始阶段，应使学生充分了解和理解民族传统体育教学的目的、任务、要求以及考核等相关内容。在每次课开始前，应使学生明确本课的任务、内容、要求等，使学生在整个学习过程中能有目的地进行学习。

（3）培养学生的学习兴趣。在教学中重视对学生学习兴趣的培养是体育教学工作的基本要求。实践证明，学生对学习有兴趣，就会努力克服各种困难，认真研究，自觉练习，不断提高。在民族传统体育教学的各个阶段，教师应根据学生的实际情况，提出切实可行的要求，使学生通过一定的努力能够完成学习任务、达到学习目标。使学生能不断看到自己的进步，学会自我思考、自我控制和主动学习。

（4）了解学生的学习心理。在少数民族传统教学过程中，教师正确了解和把握学生心理活动的规律，及时对学生在教学过程中出现的不良心理现象进行分析和解决，有助于引导学生科学学习和不断提高。在教学实践中，教师应全面了解学生的实际情况，因人而异、"对症下药"。

6. 从实际出发原则

从实际出发原则是指在民族传统体育教学中，教学任务、教学要求、教学内容、教学方法以及运动负荷等都要从客观实际情况出发，力求符合学生的年龄、性别、体育基础、身体素质、心理素质、接受能力，同时充分考虑本校的场地、器材、设备、气候等特点，合理安排教学。

在民族传统体育教学过程中，遵循从实际出发原则应做到以下两点。

（1）充分了解学生。作为教学对象，学生与学生之间存在着或多或少的差异，在少数民族传统教学活动中，教师应充分考虑学生情况的一般性和特殊性。做到一般要求和个别对待相结合，既要掌握教学班的一般情况，又要了解学生的个体特点，通过各种途径和方法切实掌握学生的情况，以便因人施教。

（2）合理安排负荷。合理安排运动负荷是促进学生运动素质提高的需要。体育教学的主要特征是身体练习，在民族传统体育教学过程中，学生是在不断承受和适应运动负荷的情况下逐渐学习和掌握各种体育技能的，因此，运动负荷的安排要合理，要与学生的性别、年龄、机体承受能力等相符。

（二）特殊教学原则

1. 地域性原则

我国民族传统体育项目具有明显的地域性特点，不同项目之间存在着较大的差异性。因此，在民族传统体育教学过程中，教师应因地制宜，以本土民族传统体育项目为主，充分发挥本地师资力量优势，在此基础上，不断拓展其他民族传统体育项目教学，使学生广泛地了解和掌握我国民族传统体育知识和技能。

2. 创新性原则

创新是事物发展的根本推动力，因此创新性原则是民族传统体育教学必须遵守的原则之一。目前，被全国民族运动会采纳的民族传统体育项目的不同程度的创新为我国部分民族传统体育向全球传播奠定了基础。但应注意的是，在对我国部分民族传统体育项目进行改造和创新的同时，应保持其原有风格特点，保留和保护蕴涵民族意识和民族情感的内容，使之向更合理、科学与规范的方向发展。

3. 兼收并蓄原则

民族传统体育的教学可以吸收很多传统教法中的优秀成分。首先，相近学科的成功教学方法可以被借鉴使用。例如武术项目中的悟性教法可以充分发挥学生的潜能，帮助学生深入领会技术。因此，教师可以针对技巧型的项目，鼓励学生积极动脑，通过合理利用自身多种感知提高技术。其次，其他学科成功的教学经验也可以被民族传统体育教学借鉴使用，例如学导式教法主要是通过先让学生进行自学实践，然后进行自我总结，最后通过教师的指导形成一定的理论，这种方法有助于培养和提高学生的学习能力，为学生自主学习民族传统体育新知识和新技能奠定基础。

4. 培养骨干原则

培养民族传统体育骨干人才有助于促进我国民族传统体育的可持续发展。在现代民族传统体育教学过程中，学校教育是培养民族传统体育骨干的最主要场所，通过学校教育来培养民族传统体育方面的骨干十分必要和有效。因此，在教学中，教师应重视对学生进行系统民族传统体育知识、技术和技能的全面教育，使之成为民族传统体育方面的通才，并根据学生的具体情况有意识地发挥其技术特长，使之成为某一民族传统体育项目的精英。

三、民族传统体育项目教学的方法

民族传统体育教学方法是指在民族传统体育教学过程中，为完成教学任务所采用的途径和手段。它包括教师教的方法和学生学的方法，是教师引导学生掌握民族传统体育的基本技能，获得身心发展而共同活动的方法。

随着社会和传统体育教学实践及理论的发展，现代的教学方法体系得以建立。传统的以教师为主体地位的教学模式在当今科学日益发展的有利条件下，其单一的教学方法和模式呈现出多样化的繁荣局面。作为一种体育运动，在新中国成立后党和政府的积极倡导下，民族传统体育当中一些具有较强健身性和普及性的项目逐渐进入了学校体育，如武术、八段锦、五禽戏等被列入《九年义务教育体育教学大纲》中，赛马、摔跤、射箭、龙舟、秋千、木球、打手毽等被一些地区列为学校课外锻炼项目，一些地方高校也把部分民族传统体育项目作为大学生的体育选修内容。

民族传统体育项目多样，教学方法也比较灵活多变，但作为一种特殊的民族体育项目的教学，须在传统教学方法的基础上，结合现代新型的方法，使教学具有较强的民族特色和针对性。其主要方法有以下几类：

（一）常规教学法

常规教学法主要包括教学中常用的语言法、直观法、完整法和分解法、预防和纠正动作错误法等。

1. 语言法

语言法是民族传统体育教学中的基本方法之一，主要形式有讲解、口令等。

（1）讲解。

讲解是体育教学中运用语言法的一种最主要、最普遍的形式。它主要指教师用语言向学生说明教学任务、动作名称及其作用，提出动作要领、方法和要求，以及指导学生进行学习和掌握动作技术、技能，并通过语言使学生获得相关的体育知识和民族文化，增加学生对民族传统体育的感性认识和理论知识，使其受到启发和教育。常用的讲解方法有粗略讲述法、精细讲述法、重点法、对比法、提问法、联系法、比喻法、鼓励法、复述法等。

（2）口令。

口令是教师以简洁的语言，用口令形式进行教学的一种方法，如舞狮课上，在教授转动狮头动作时，教师就要结合动作，发出左转、右转等口令，以提示学生正确练习。口令是指导学生练习的重要手段，在实施口令时，要注意口令的长短、音节的高低以及严肃性和及时性。

2. 直观法

直观法是指在体育教学中通过一定的直观方式，作用于人体感觉器官，引起感知的一种教学办法。常用的直观法有动作示范、教具或模型演示等。

（1）动作示范。

动作示范是教师（或指定的学生）以自身完成的动作，作为教学的动作范例，用以指导学生进行学练的方法，是体育教学中常用的直观方法。民族传统体育内容丰富，各个项目的技术动作也较为复杂。如武术套路的教学，一套徒手套路的组成就有几十个动作，而且每个动作又包含许多个分解动作。由此，直观的动作示范，可以使学生了解所学动作的总体形象、结构、技术要领和完成方法，便于学生构建动作的表象。同时，高质量的动作示范，不仅能使学生从感性认识中了解正确的动作全貌，而且还能激发学生学习的兴趣。

动作示范是一种非常重要的体育教学手段。因此，为了突出示范的目的，取得更好的效果，进行动作示范时应注意示范位置的选择、示范与讲解和启发的有机结合、示范面的运用和领做示范等。

（2）教具或模型演示。

教具或模型演示是指教学中利用图表、照片及其他教具等直观方式，使学生加深理解动作的一种直观形式。它可以使学生生动具体地了解动作的形象、技术结构和细节以及动作技术的完成过程，如武术教学中技术难度较大的"腾空飞脚"和舞龙教学中不同的队形安排等，均可以用教具或模型演示的方法进行教学。在采用此教学方法时，要有明确的目的性，并注意演示的时间和顺序。

3. 完整法和分解法

完整法和分解法是体育教学中常用的教学方法，它既是教师教授动作技术的教学方法，也是学生学习和掌握动作技术的练习方法。目前，完整法和分解法在运动训练与体育教学中已被广泛使用。

（1）完整法。

完整法是指从动作开始到结束，不分部分和段落，完整、连续地进行教学和练习的方法。完整法便于学生完整地掌握动作，形成动作的整体概念，但不足之处是影响学生对复杂动作中要素和环节的掌握。完整法一般在动作比较简单，或者动作比较复杂，但分成几个部分显然会破坏动作结构时的情况下采用，如初级长拳中的"弓步冲拳"动作，其结构相对简单，可以采用完整教学法，又如舞狮中的"交叉步"动作，也可以用此方法。

（2）分解法。

分解法是指把完整的动作，合理地分成几个部分或几段，分部、逐段进行教学，最后完整地掌握动作的方法。分解法有利于简化教学过程，降低学生学习复杂动作的难度，提高学生的自信心，但不足之处是易破坏动作的结构，影响正确动作的形成。分解法一般是在动作复杂，或是对某一部分动作需要细致说明的情况下采用，如太极拳中的"云手"动作，要求手脚同时运动，上下相互配合，学生往往很难掌握，而采用分解法对手脚的动作分别进行教学，则大大加快了学习进程。

完整法与分解法虽然是两种不同的教学方法，但是在教学中往往是紧密配合的。在实际教学中一般采用完整—分解—完整的方法，使学生既掌握动作的细节，又不失动作的完整性。

4. 预防和纠正动作错误法

预防和纠正动作错误法，是教师防止和纠正学生在练习中出现动作错误所采用的方法。在体育教学中，教师对学生体育知识和技能的输出并非简单的理想设定，学生在学习中往往会因不同情况出现不同的错误。因此，教师及时地预防和纠正动作错误，是学生正确掌握技术动作的保证。另外，教师还应及时分析产生错误的原因，根据不同的情况采用不同的手段，并在纠正动作错误时，给予热情和耐心的指导。

（二）多媒体技术教学法

随着现代科学技术的飞速发展，利用现代化的科学技术进行教学，能极大地提高教学实施的效果。目前，主要有多媒体演示法和计算机辅助教学法（简称CAI）。

1. 多媒体演示法

是以现代媒介为手段，使学生获得生动的感知和提高积极性的一种现代教学模式。随着科技的日新月异，当今社会已进入信息化时代，以多媒体和网络等手段与途径教学已经应用于体育教学中。通过多媒体教学，改变了学生传统的被动接受信息的模式，特别是将校园网络平台做成的网站型课件，对于调动学生的积极性和主动性具有重要意义。此外，通过多媒体教学，能较好地解决以往教授复杂技术动作的难题，使学生更加生动、深刻地认识动作结构和掌握技术特点，对提高教学质量有促进作用。

2. 计算机辅助（CAI）教学法

是指在现代化教学手段的辅助下，学生自我学习的一种方法。由于计算机储存量很大，又具有多媒体功能，因此，CAI程序可以集成多种变式的程序和教材内容的直观声像资料，学生可以单独运用具有标准键盘和指定按钮的计算机来相互传递信息，通过题目索引和查询，找到所需要的资料，如武术散手中直拳的特点和练习方法以及动作图像演示等。CAI最大的优点是能调动学生的积极性，培养学生自主练习和学习的能力。但由于设备复杂而昂贵，故目前仅处于实验阶段。

（三）程序组合教学方法

程序组合教学方法是指打破传统的教学程序，通过对教师、学生双方以及教学过程进行重新组合与改变程序进行教学的一种方法。此方法主要借助于现代系统论、控制论和信息论的原理，具有较强的科学性和逻辑性，主要有自组优化教学法和双向教学法。

1. 自组优化教学法

是将系统自组演化理论引入体育教学和练习过程中的一种教学法。该理论认为，学生在学练过程中的自组活动具有内在和谐性、自主性和多样性，并遵循开放和谐—非平衡态—自主调整—功能多变—开放和谐的过程。教学过程中，往往容易忽略学生的主体地位和作用，使学生产生被动学习的局面，影响教学任务的完成。而自组优化教学方法把学生的学习过程作为一个系统，突出学生的主体地位并发挥主动作用，使学生在学习中培养自我激活能力、自我定向能力、自我调整能力、步骤安排和自我评价能力。如在教学中，组织学生进行分组练习，每组作为一个系统，由学生自己组织练习，教师则检查、记录学生在自组练习中的各项表现，如自我调整、步骤安排和自我激活等情况。

2. 双向教学法

是在教学中注重教师与学生同为主体的一种教学方法。它认为教师与学生在教学过程中同处主体地位，没有主次之分，教和学双方相互呼应、和谐互动。因此，双向教学法没有固定的形式，教与学共重，强调在同一时间和空间范围内教师与学生练习的协同性，从某种意义上讲，既是教师所采用的教学方法，也是教师组织学生练习的方法。如在教学中，教师不能只认为自己的主要任务是单方面的教，还应时刻考虑到学生的学习状况，如兴趣高低、情绪变化等因素，及时获得反馈信息，使学生与教师在同一地位，达到教与学积极互动。

（四）游戏教学法

民族传统体育是一种综合的民俗文化，它重视人的身心需要和情感愿望的满足，不以高超复杂的技艺要求公众，而是以普适性、自娱自乐的消遣性与游戏性特征迎合民众，蕴含着丰富的游戏成分，这也是民族传统体育教学运用游戏教学方法的基础。教师要根据教材内容、形式，以及学生掌握的情况，适时、适度地将教材内容以游戏的方式加以呈现，恰到好处地运用游戏教学方法，可极大地唤起学生的热情，有利于学生对技术的进一步掌握，有助于对战术意图的理解和合理运用。如在进行抢花炮教学时，教师可根据具体情况对项目规则进行一定的修正，以能够充分调动学生兴趣为原则，以竞赛的要求明确游戏的规则，使游戏有章有法。通过游戏竞赛，学生的积极性会得到极大提高，其技术、战术的运用也会随着游戏竞赛次数的增多而日趋成熟。在运用游戏教学法时一定要注意时机，最好是在学生掌握一定的竞技战术之后实施。

（五）娱乐教学法

娱乐教学方法要求教师事先做好充分的准备，将教材内容划分为不同的"娱乐因子"，这些因子还要根据教学对象的不同而有不同的形式，各因子可引发学生积极的情绪体验，产生积极的心理倾向。然后教师将各个"娱乐因子"有机地联合为一个"娱乐框架"，整体地展现在学生面前，使学生获得一种美的享受、健的体验和情的陶冶。

但娱乐教学方法绝不是一味地讨好学生，也不是单纯用表演博得学生瞬间的欢笑。而是要通过学生一定的努力，达到美、健、情的境界。教师为达到这样的教学效果，必须将教材的内容与民族文化的精髓有机地联系在一起。

（六）竞技教学法

民族传统体育项目有很强的竞技成分，无论是个体还是集体的项目竞技，竞争因素均蕴含其间，构成了民族传统体育发展的强劲动力。进一步发掘、提炼民族传统体育中的竞技、竞争因素是学校体育教学中不可忽视的部分，对学生竞技能力的培养和竞争精神的塑造是保持民族传统体育教学不断前进的根本。因此，在民族传统体育教学中，应更多地采取竞技方法，保持民族传统体育项目特征。从每个技术细节的学习到完整技术的运用，都应尽量以竞技的方式让学生练习，绝不能仅仅依靠比赛的方式来完成所谓的竞技训练，如对抗竞争是抢花炮的灵魂，技术战术如不加以对抗处理，将毫无实战应用价值，在教学中，技术、战术练习应以适应比赛的要求为依据，对抗程度可根据学生具体情况逐步加大。

此外，在民族传统体育教学中，各项目的技术战术大相径庭，要注意根据不同的项目采用不同的教学方法，如"感悟"教学法，"小群体或小集团"教学法、骨干充当"小先生"互教互学教学法等，这些方法的使用，其目的都是使学生能尽快地掌握技术和战术，又能相互交流，提高教学效果。

民族传统体育有着深厚的文化积淀，必须利用教育的渠道来聚集。民族传统体育进入学校，成为现代文化教育的组成部分，标志着古老的原始体育形态走向规范化、科学化、普及化。学校将为继承、发扬、传播民族传统体育文化提供良好的场所，学校体育要适应新课标的要求，追踪民族传统体育，让民族传统体育这一特殊形式的文化遗产，经过提炼与发展，为学生所掌握、运用和传播，使学生练就健壮的体魄，保持充沛的精力，为社会主义现代化事业做贡献！

第二节 民族传统体育训练原则与方法

一、民族传统体育训练原则

训练原则是依据运动训练活动的客观规律而确定的，是组织运动训练所必须遵循的基本准则，是运动训练活动客观规律的反映，对运动训练实践具有普遍的指导意义。民族传统体育归属于体育运动范畴，其运动训练除遵循体育运动训练的一般原则以外，还要结合民族传统体育自身的特点，其训练原则主要有目标确定原则、内外兼顾原则、循序渐进原则、集体协作性原则、动机性原则、区别对待原则。

（一）目标确定原则

目标确定原则是指根据比赛项目和提高运动成绩的需要，从实际出发，科学安排训练的内容、方法、手段和负荷等。运动训练的目的和最终结果表现为运动员在比赛中取得的运动成绩，因此，一切训练内容、方法与手段的选择和训练负荷的安排，都应该围绕着比赛的需要而组织实施。如何从实际出发，是具体训练目标的定位问题。准确、具体地制定训练计划，对于竞技目标的完成和竞技专项的运动训练起导向作用。贯彻目标确定原则的训练学实施要点主要包括以下两点：

1. 围绕比赛目标，安排好训练计划

科学安排训练计划是组织好训练活动和达到预定比赛目标的重要依据。比赛目标一旦确定，面临的首要任务就是如何设定好运动员的训练计划问题。因此，在制定计划时，不仅要考虑到比赛周期的客观条件，更要重视对运动员现实状态和主观条件的科学诊断，使各种因素有机结合，围绕比赛目标确定训练计划，从而保证训练计划的正常进行。

2. 分析竞技能力结构特点，确定训练内容和手段

不同的项目因比赛规则和内容不同而表现出较大的差异性，其竞技能力的构成因素和运动方式也存在差异，如马上项目和民族式摔跤项目具有不同的专项竞技特点和竞技能力，且它们所需要的练习场地和训练器材也完全不同。因此，运动员在训练的开始阶段，分析竞技能力及项目结构特点，确定所从事训练的具体内容和手段，对于以后的比赛成绩是十分重要的。

（二）内外兼顾原则

内外兼顾原则指在运动训练中，注重培养运动员外形动作的表现与内在气质结合的特点，达到神形兼备、内外统一的训练目的。民族传统体育是一种特殊的体育运动，它具有很强的民族性，因此，在训练时要注意外在形与内在神的统一，做到两者兼顾。

贯彻内外兼顾原则的训练学实施要点主要包括以下两点。

1. 注重一般身体训练，奠定坚实基础

一般训练是开始专项训练的初始阶段，没有一般身体训练奠定坚实的基础，专项训练水平就难以提高，如在太极拳训练中，要想做到轻灵柔和、刚柔相济，体现其独特的运动特点，没有良好的柔韧性和身体各部位的灵活配合是不行的。因此，在民族传统体育训练中，必须注重基本功的训练，以培养良好的身体素质，为达到较高的专项训练水平以及较好地表现神形兼备的风格奠定坚实的基础，从而做到内外兼顾。

2. 加强专项训练，突出项目风格特色

民族传统体育是一种隐含艺术的体育运动，如武术中刀的勇猛泼辣、剑的轻快潇洒、太极拳的稳重柔和；又如舞龙舞狮中表现出的神灵活现和变化多端的独特风格，这种表演艺术和风格的显扬与表演者精湛的技术和高难度的技巧以及内在的神韵气质是分不开的，而这种运动造诣的获得离不开持之以恒的专项训练。因此，在日常训练中，不仅要强调动作准确规范、姿势优美，充分体现独特的民族风格和文化艺术内涵，而且更要注重锻炼和培养内在特有的演练气质。

（三）循序渐进原则

循序渐进原则是指技能学习与体能提高是一个长期的过程，在这一个过程中，必须持续地、循序渐进地组织运动训练。运动技能的学习和掌握是一个有阶段的过程，人体对训练负荷的适应必须通过有机体自身各个系统、各个器官、各个部位肌肉乃至每个细胞的变化逐渐去实现，因此，人体具有适应的长期性特点，这说明人体机能的改造和提高不是在短周期内所能完成的，而是一个循序渐进的过程。

贯彻循序渐进原则的训练学实施要点主要包括以下两点：

1. 认识人体适应长期性特点，保持训练的可持续性和系统性

在比赛中能获得优异的成绩，是依靠运动员良好的体能和技能，而良好的竞技能力并非短时间内获得的，它是在人体适应的长期性基础上，依靠持续的系统性训练获得的，因此，正确认识人体适应长期性这一特点，贯彻循序渐进原则，将是提高运动员竞技能力和获得优异成绩的保证，如在"抢花炮"的运动训练中，培养出速度快、反应敏捷类型的运动员就需要一个时间较长的一般和专项综合训练的过程。

2. 认识人体适应的阶段性特点，有阶段地组织运动训练

人体对训练负荷的适应过程，不仅具有长期性，而且还具有阶段性特点。根据1957年依据雅可夫列夫提出的"机体负荷应激反应"理论，在运动训练学中，机体对一次适宜训练负荷的反应可分为工作、疲劳、恢复、超量恢复和训练效应消失等几个阶段，而在更长的训练过程中，运动员的竞技状态普遍呈现竞技状态的形成、保持和消失三个阶段。因此，运动训练过程的组织实施，必须遵循其阶段性特点，有步骤、有秩序地阶段性进行。如培养竞技武术套路运动员中所需要的有氧无氧混合供能能力，就必须按照基础训练阶段、专项提高阶段、最佳竞技阶段及竞技保持阶段，周而复始地按阶段进行训练，从而来提高运动员的专项体能水平。

（四）集体协作性原则

集体协作性原则是指根据比赛项目的要求，以提高运动员互相配合、团结协作的能力，采取相应的训练内容和手段，取得理想训练效果的训练原则。民族传统体育多数项目是多人参加的集体项目，因此在其训练过程中，注重培养运动员互相配合和协作能力是十分重要的。

集体协作性原则的训练学实施要点主要包括以下两点：

1. 根据不同的集体项目，采用不同的训练方法和手段

民族传统体育中的集体项目形式多样，各有特色，如舞龙、拔河、集体太极拳等项目。不同的集体项目对运动员的体能和技能也有不同的要求，采用的训练方法和手段也不一样，如舞龙项目，对舞龙头、龙身和龙尾不同部位的运动员要求是不一样的。在舞龙训练中，往往要求表现龙头气宇轩昂、龙身灵活多变、龙尾随龙身随机应变，还有舞龙中的"三阳开泰"、"龙腾虎跃"、"飞龙盘旋"、"龙飞凤舞"等精彩组合动作，都是依靠手持舞龙不同部位的运动员的协调配合而完成的，当然，这与集体太极拳项目要求的动作规范、队列整齐截然不同。

2. 注重动作与音乐的配合，培养节奏感

民族传统体育中的部分集体项目，在比赛时往往配有音乐，如舞狮运动，运动员的下肢动作与狮头的摆动动作主要是依靠鼓点的节拍使上下动作协调一致，还有舞龙中的锣鼓配音、集体太极拳中的配乐等都要求动作与音乐紧密结合，动作节奏与音乐旋律互为衬托、渲染，充分体现这些项目的美感和个性。因此，在此类项目的训练中，应多采用音乐伴奏练习，使运动员熟悉音乐，培养节奏感，提高运动员控制身体动作与音乐节奏配合的能力，提高训练效果。

（五）动机性原则

动机性原则是指通过多种方法和途径，激发运动员主动从事训练的动机和行为的训练原则。运动训练作为一项长期的艰苦过程，运动员能够在所从事的项目中进行积极主动的训练，必然带有一定的目的，即动机，如对运动成绩的需要、对荣誉感的满足等。因此，如何满足运动员的这些需求和刺激这些需求的产生，则是运动员自觉献身于所从事的运动项目的巨大动力。如散手就是一个相对艰苦的民族传统体育项目，在散手训练中，采用心理辅导、感情交流等多种方法，能间接地提高运动员训练的积极主动性，增强训练效果。

动机性原则的训练学实施要点主要包括以下两点：

1. 加强教育，树立正确的动机目标

动机的正确引导直接关系到运动员训练的效果，因此，除了正常的训练内容以外，要注重运用教育学和心理学等手段，加强对运动员训练动机的正确引导，使运动员认识到个人的训练成绩与全队、家庭乃至国家荣辱的关系以及产生的重大社会价值，使其逐步形成正确适宜的训练动机，自觉主动地参与训练，完成训练任务。

2. 激发运动员的训练兴趣，发挥其在训练中的主体作用

兴趣是最好的老师，如果运动员能够对自己所参与的运动项目产生兴趣，将大大提高训练效果，如在儿童少年时期的训练，就应多以游戏和玩耍的形式进行全面训练。另外，为了激发运动员参与训练的兴趣，发挥其在训练中的主体作用，改变以往被动训练的局面，在制定训练计划时，首先，要让运动员了解训练的目的、任务、要求与安排。其次，要考虑运动员的意见，让他们适当地参与训练计划的修改、制定，充分发挥他们在训练中的主体作用。

（六）区别对待原则

区别对待原则是指对于不同专项、不同运动员或不同的训练状态、不同的训练任务与条件等，都要有区别地选择相应的训练内容，组织安排训练过程的训练原则。

民族传统体育项目繁多，按现代体育运动的形式，主要分为跑、跳、投类，体操类，球类，水上类，射击类，骑术类，角力类，武艺类，舞蹈类，游戏及其他类。针对这些不同的项目要制定不同的训练内容，区别对待。即使是同一项目，不同的运动员或者同一运动员在不同的训练时期，其训练内容、方法也要区别对待。如同一组运动员在学习太极拳时，就很有可能出现多种不同的学习状态和错误动作，这就要求教练员在指导训练时做到区别对待，兼顾整体与个体。

区别对待原则的训练学实施要点主要包括以下两点：

1. 贯彻区别对待原则所需注意的因素

我国著名运动训练学专家田麦久认为，由于运动训练过程本身所具有的多样性和多变性特点，决定了我们在贯彻此原则时需要考虑多方面的因素，其中的主要因素集中在运动专项、训练对象和训练条件三个方面。首先，运动专项是运动成绩的决定因素，如优秀武术套路运动员往往从年龄较小开始训练，成年时就能达到较高的竞技水平。其次，训练对象的差异也是不容忽视的重要因素，例如对于不同家庭背景、文化水平、生理机能特征等训练对象，在制定训练计划和选择训练内容与手段时必须重视。另外，训练条件、天气与季节也会影响训练效果。

2. 正确处理整体与个体的关系

在制定训练计划时，教练员应以整体运动队或个别队员的训练水平为主要依据，以免因忽略个别运动员的实际情况，影响整体与个体之间的关系。因此，在训练中，既要考虑到整体运动队的客观情况，又要兼顾个别运动员的实际训练状态，安排不同的训练任务和方法，做到区别对待，正确处理好整体与个人的关系。

二、民族传统体育训练方法

民族传统体育训练方法多样，各具特色，但方法的多样性对民族传统体育训练法共性的提炼造成了一定的困难。因此，对于民族传统体育训练的方法，则采用我国运动训练界近年来提出的项群理论进行分类概述。1983年，我国运动训练学专家田麦久和他的同事发现，不同竞技项目的异同表明，按照不同项目的类属特点进行深入探讨，既可比一般训练理论更加准确而深入地揭示同类项目的规律，又可在专项训练理论的基础上有所升华和提高，并能有机地加强这两个层次理论之间的联系。因此，他们将运动项目的类属聚合命名为"项群"，把揭示项群训练基本规律的理论命名为"项群训练理论"。

项群理论把各种体育运动项目划分为：以体能主导类的快速力量性、速度性、耐力性项目；以技能主导类的表现准确性、表现难美性、同场对抗性、隔网对抗性、格斗对抗性项目。根据目前我国民族传统体育的分类结构，结合项群理论结构体系，民族传统体育的训练方法主要如下：

（一）以体能主导类的训练方法

1. 快速力量性项目训练方法

快速力量性项目主要包括举沙袋、拔河、跳板、跳山羊、顶竹竿、掰手腕等，动作结构单一。

快速力量水平在竞技能力构成中占有决定性地位，因而在机能上表现为磷酸原系统功供能能力强，神经系统较发达，感官机能高度发展。在素质特征上，以速度、力量和专项爆发力为主进行训练。在发展肌肉力量的动力性练习、静力性练习、等动练习、超等长练习以及发展速度的练习中，一般采用分解练习法、重复练习法和持续练习法。

2. 速度性项目训练方法

速度性项目主要包括跑类项目，如跑火把、月下赛跑等短距离跑。

快速水平在竞技能力构成中占有决定性地位，因而，此类型机体具有较强的抗缺氧能力，机体无氧代谢水平高。身体素质的特点表现为以良好的身体全面发展为基础，保证速度素质的不断提高。另外，良好的柔韧性、灵活性和一般耐力，对于提高速度素质也很重要。由于跑类项目技术动作结构相对简单，并表现为周期性的多次重复，因此，精选有效的训练方法迅速提高速度是跑类项目的关键。近几年，一些项目也采用"递进负荷"训练法和跑、跳组合的方法取得了显著效果。还有爆发力的负荷训练法和动作速度的重复训练法与间歇训练法等，都能提高跑类项目的速度。

3. 耐力性项目训练方法

耐力性项目主要包括长跑、长距离游泳等。

专项耐力在竞技能力构成中占有决定性地位，因而，培养专项耐力的训练内容主要包括三个方面，即以提高体能为主导的多种竞技能力、以提高专项耐力为核心的多种竞速能力和以提高糖酵解供能或有氧氧化供能为主渠道的多种代谢能力。主要有以提高负荷量和强度的持续训练法、重复训练法，以提高机体代谢能力的有氧训练、无氧训练和有氧无氧混合代谢训练方法，以提高骨骼肌力耐受能力的中等强度耐力训练和长时间的大强度力量耐力训练，以提高机能适应性的高原训练法。

（二）以技能为主导类的训练方法

1. 表现准确性项目训练方法

表现准确性项目主要包括射箭、射弩、打靶、射兔、弹弓等。此类项目比赛成绩的好坏，关键在于运动员自身技术水平的发挥和心理状态的控制。因此，此类项目的训练主要放在提高运动员技能水平和稳定的心理素质上。训练内容主要包括基本功训练和心理素质训练。如射弩所需要的臂力、手力，射靶前的举、开弓和射靶后的撒、放功的训练，可采用持续训练法、重复训练法、递增负荷训练法；而心理训练，如意志品质和心理自控能力的训练，则可采用在变换外界条件下对心理干扰的训练、空射姿势的意志磨炼和提高心理稳定性的重复念动训练。

2. 表现难美性项目训练方法

表现难美性项目主要包括马术、武术套路、爬杆、舞龙、舞狮、跳芦笙、跳皮筋和跳竹竿等。

此类项目具有较强的欣赏价值和功能，因此，运动员的身体形态对竞技能力的表现起着重要作用。近年来，我国某些武术专家对武术套路中不同项目运动员的身体形态特点，进行了量化研究，发现长短器械项目和不同拳种运动员的身体形态具有显著差异。另外，难美性项目要求运动员具有视、听、触觉和本体感觉的准确性和灵敏性。在身体素质方面，力量、柔韧、灵敏、动作速度和专项耐力都有着重要的作用。

难美性项目对身体素质要求较高，训练方法多样，主要包括专项素质训练和技术训练。其中技术训练在难美性项目中占有重要比重，主要包括基本动作、高难度动作和竞赛规定动作的训练，其方法和过程具有相对独立的特点。基本动作一般贯穿于运动员训练的全过程（如武术套路训练中的基本功练习),训练方法有结合专项技术的重复训练法、组合训练法和间歇训练法等。高难度动作则相对精细,可分阶段依次实施,训练方法有增加和降低难度训练法、辅助训练法等。对于竞赛规定动作,则要根据每次比赛的规则,进行不同时间的短期训练。难美性项目所需的心理素质训练,一般采用念动训练、模拟训练和自我调节训练等训练方法。

3. 同场对抗性项目训练方法

同场对抗性项目主要包括抢花炮、珍珠球、木球、打陀螺等项目。此类项目情况复杂,要求运动员具有较高的综合素质。训练内容包括运动员的技能和战术能力、体能、心理和智能三个方面。训练方法有以提高技战术能力的全队或个人的训练法,以多攻少、以少防多的增减难度训练法和不同战术组合的训练法。由于此类项目多以群体对抗形式进行比赛,因此,运动员必须具备熟练的技术和战术方法、战术意识等,全面提高身体素质。训练方法主要有发展速度和有氧无氧混合供能能力的重复训练法、间歇训练法、负荷控制训练法以及提高心理控制能力和智能的模拟训练法、诱导训练法。

4. 隔网对抗性项目训练方法

隔网对抗性项目主要包括毽球等。

运动员自身竞技能力水平是决定因素,主要有移动速度、挥臂或脚摆动速度、身体灵活性和耐久力等,同时,心理状态和比赛地点、对手水平等因素也是构成竞技能力表现优劣的重要方面。训练内容包括提高速度和灵敏素质的身体练习,主要训练方法有跑、跳组合训练法,上下肢组合训练法,持续训练法;心理素质的练习方法主要有模拟比赛训练法、变换对手训练法、条件限制训练法。另外,在训练中还要加强对技术创新能力的培养,只有不断创新,形成自己的技术、战术风格,才能不断提高竞技能力,获得理想的比赛成绩。

5. 格斗对抗性项目训练方法

格斗对抗性项目主要有武术散手、民族式摔跤、抵肩、斗力等。

此类项目主要以一对一的形式进行,要求运动员必须具备良好的体能、较高的技术和灵活的战术以及勇敢、坚毅、稳定的心理素质。在体能方面,运动员一般具有较高的身材与较长的四肢,身高和体重保持适当的比例,身体素质全面。在技、战术方面,对运动员也有较高的要求,技、战术能力的高低是影响运动员比赛成绩和发挥水平的重要因素。如在武术散手比赛中,错误的技术动作必然会影响技术水平发挥与比赛成绩,同时也会对战术的合理运用产生干扰和破坏。在心理素质方面,则要求运动员具有稳定的心态、拼搏的精神,在比赛中,我们也常看到一些运动员因对手的身材占优势而产生的畏惧心理,或因缺乏敢打敢拼的精神而丧失最佳进攻或反击的机会,从而导致失败。

技能主导类的格斗对抗性项目,其训练内容主要有技术训练,包括基本动作,基本功,各种进攻、防守和防守反击的技术训练,常采用重复训练法、间歇训练法、组合训练法和循环训练法等;战术训练,包括进攻、防守和防守反击战术的训练,常采用配对训练、辅助训练、变换对象、难度训练和优弱点专项训练等;身体训练,主要指一般身体素质和专项身体素质训练,常用的方法有提高身体素质的短距离冲刺训练法、提高速度耐力素质的间歇训练法和提高力量的负重负荷训练法等。

第三节　民族传统体育教学的课堂组织与实施

要想提高学校民族传统体育教学的质量和效果，体育教师必须要组织和实施好课堂教学。民族传统体育教学的课堂组织与实施的内容如下。

一、民族传统体育教学课堂的组织

（一）个别教学

个别教学是指教师对一个或者几个学生进行单独辅导的一种教学组织形式。在教学过程中，教师可以做到对学生区别对待，及时纠正学生的一些个性问题，有利于培养学生骨干。但这种教学组织形式很难照顾到全体学生。在教学实践中应注意以下几个方面：

（1）教师必须在安排好课堂的整体活动、形式和内容后，才能进行个别辅导。
（2）教师在进行个别教学时要注意抓重点，带一般。
（3）教师在进行个别教学时要认真辅导每个学生，同时兼顾全班的活动。
（4）教师在进行个别教学时要善于发现学生存在的一些共性问题，并采取灵活的方法及时提醒学生。
（5）教师应通过个别辅导让学生有所收获。

（二）分组教学

分组教学是指教师通过分组的形式将全体学生群体分解开来，以小组的形式来进行知识技能的复习、巩固和提高的一种教学组织方式。通常情况下，每个小组的人数应该控制在4～8人。分组教学能有效地发挥学生骨干的作用，提高学生之间团结协作的能力，激发学生的积极主动性，但所需教学时间较长，课堂纪律较难管理。在教学实践中应注意以下几个方面：

（1）合理分组后，明确各学习小组的学习任务。
（2）在小组进行学习前，明确练习地点、练习方法和组织形式。
（3）分组教学中重视发挥学生骨干的作用，使他们帮助教师管理课堂纪律和组织学习过程。
（4）在小组学习过程中，重视分情况对各小组进行个别指导，引导小组的学习活动向着正确的方向发展，必要时教师可暂停学生的学习活动，进行讲解和示范。

（三）集体教学

集体教学是将所有学生集中起来进行教学的一种教学组织形式。这种教学组织形式能更好地指挥学生的学习和管理课堂纪律，有利于贯彻和执行教学意图，但不利于对个别学生进行区别对待的教学，较难体现学生的专项技术风格。在教学实践中应注意以下几个方面：

（1）注意加强课堂纪律。
（2）讲解要精确，示范要正确，领做、指挥位置要恰当。
（3）口令要适合，一般不作个别纠正。
（4）教授新内容时，不宜改变原练习队形的方向。
（5）重视调控运动量和运动强度。

二、民族传统体育教学课堂的实施

（一）备课

备课是教师进行课堂教学工作的前提，是教学中的一个基础环节。具体来讲，备课就是教师在上课之前，对其上课的内容、方法和课堂中可能会出现的特殊情况进行的全面的预测和准备。

在民族传统体育教学过程中，备课的形式多种多样，大致可分为个人备课、集体备课、导师批改式备课等三种形式。教师备课包括以下基本要素：

1. 大纲、教材

大纲是一项指导性文件，它能为民族传统体育教学的知识范围、教学内容、教材深度、结构体系、教学进度、教学方法、教学要求等提供依据。因此，教师必须对本专业的教学大纲有一个充分的认识和理解。

教材是根据大纲要求编写的，是教学大纲的具体化，是教师备课的重要知识参考，全面系统地掌握教材内容是教师备课的基本要求，因此，教师应认真钻研教材。教师在认识和钻研教材时需要注意以下四个方面：

（1）教师应充分掌握教材中与民族传统体育有关的概念、做法、特点、重点、难点、纠正方法等内容。

（2）教师应充分了解该教材的内容，掌握该教材的特殊性、思想性，认识到该项目教学在体育教学中的作用、意义等。

（3）教师应善于总结和归纳可供选择的优化教学手段和方法，重视科研。

（4）教师应注重参考与教材相关的资料，拓展自己的知识面，提高自身的理论素养。

2. 场地、器材

场地、器材是进行体育教学的物质保证，是教师在备课过程中应重点考虑的基本因素之一。在备课过程中，教师应对教学过程中所涉及的场地的规格、布局，器材的种类、数量等进行详细的了解，做好场地和器材的协调工作，针对场地和器材不足的情况，教师应发挥主人翁精神，想办法自己创造教学条件。

在教学活动开始前，做好场地和器材的准备，有助于教师的教学活动有条不紊地进行，能有效避免不必要的损伤事故的发生。

3. 学生

学生是学习的主体，是教学的对象。全面了解学生，有助于教师有效地提高自己的教学质量和贯彻好因材施教的教学原则。

在民族传统体育教学中，教师对学生的了解内容主要包括学生的人数、姓名、男女比例、年龄层次、政治面貌、技术基础、兴趣爱好、对本课的认识和期望；思想表现、文化基础、组织纪律、课堂秩序以及对老师的态度和看法等。在教学中，教师可以采用观察法、访谈法、调查法、参与活动法等方法了解学生。但在了解学生的过程中，教师应注意以下问题：

（1）教师要通过全面和重点、集体和个人相结合的方式了解学生。

（2）教师要有计划、有步骤、有目的地了解学生，了解学生时，态度要真诚。

(3) 教师应及时对其了解的学生的各项信息进行归纳和整理，并研究出适合学生的教学方法和手段。

4. 教法

教法的选择是教师备课过程中一项重要工作。教师在教法的选择上也需要考虑许多方面，将大纲、教材、对象、设施等与课堂教学紧密结合起来，从而选择符合教学实际的教学方法和教学手段。具体来讲，教师在选择教法时，要以教材内容、教学任务、教学对象、项目特点、场地器材等情况为依据，并对教学计划、教学课结构、教学组织形式、教材的先后顺序、课堂时间分配、练习次数和组数等合理安排。

（二）撰写教案

教案又称课时计划，是教学活动的规范性文字材料，也是备课工作的继续。在教学管理过程中，撰写教案是教师上好课的根本依据。教师的教案能有效反映其基本的教学态度和业务素质。教师在编写教案时应注意以下几个方面：

（1）教学任务要具体、全面，应与教学内容相符，具体标准为学生通过一定的努力能够完成。

（2）教案内容的安排要科学，技术动作要领描述要准确。

（3）教案的版面布局要合理，条理要清楚。

（4）教案应重点突出，主次分明，前后内容要有内在的关联性；练习时间、数量、负荷要符合学生实际。

（5）教案中文字的描述应言简意明，措辞妥当、字体要工整，用词要恰当，结构要规范。一般来说，初学某动作要以明确要领，体会动作提法为宜；复习某动作要以进一步体会要领，初步掌握或基本掌握为宜；多次复习动作，应以巩固提高、熟练掌握提法为宜。

（三）试教

试教是教师在熟悉教案内容后，以加深理性认识，纠正不切实际之处的教学实践活动。教师常用的试教形式，主要有以下三种：

（1）模拟式试教：教师本人走过场，亦可有对象走过场，或者正式操作一遍。

（2）自由选择式试教：突出重点进行试教。

（3）说课：用语言简要表述教学实施过程、教学组织形式、教法、要求等。

（四）上课

上课是教师进行教学工作的主体活动，在上课过程中应注意以下几方面内容：

（1）做好心理、业务、物质准备：教案随堂自带，以备查看；提前到场，着装整洁；神态谦和，精神饱满；耐心细致，关心学生，师生关系和谐。

（2）认真执行教案。

（3）充分发挥主导作用，调动学生学习的自觉性和积极性，贯彻思想教育为先导的教学思想。

（4）教学组织严谨有序；课堂纪律严格要求。

（5）教法客观、清楚、有效；语言生动、形象；讲解清楚，示范到位。

（6）运动量、运动强度合理；安全保护到位。

（7）教学效果测评达标。

(五) 课后小结

课后小结是教学活动的重要组成部分，是通过简要的文字对本次课的实施情况、成功原因做一个重点的分析和记录，对课中存在的一些问题和不足提出具体的改进办法。课后小结的具体内容主要有两个方面，一方面是对教案本身进行检查，如教案中教材的搭配，内容的安排，教法、组织、重点难点、密度负荷、保护手段等各个方面是否科学合理；另一方面是对教案执行情况进行检查，如教材思想性实施如何，讲解是否精炼到位、示范有无吸引力和启发性，教学组织是否严密，是否在教学过程中贯彻了区别对待、因材施教原则，教学任务的完成情况如何以及学生是否满意等。

第九章　民族传统体育之武术项目实践

第一节　武术基本理论综述

武术是以中华文化为理论基础，以技击方法为基本内容，以套路、格斗、功法为主要运动形式的传统体育。从原始社会，人与兽斗、人与人斗的攻防搏杀术，后用于战争、祭祀的"田猎"、"武舞"，到春秋战国的"技击"、汉代的"武艺"、宋代的"套子化武艺"、明末清初的"十八般武艺"、民国时期的"国术"、新中国成立后的"武术运动"，武术逐渐在军旅、民间、学校中发展成熟并形成一项承载着中华民族文化的传统体育项目，具有独立的学科专业体系。

在长期的发展中，受中国传统文化的影响，武术最终形成了套路、格斗和功法的运动形式，注重内外兼修、形神兼备，蕴含中华太极阴阳哲学、中医学、兵学和美学等文化思想，而有别于世界其他技击术的独具民族风貌的武术文化体系。武术属于体育，又高于体育。

一、武术的特点与作用

（一）武术的特点

1. 动作具有攻防技击性

武术作为体育项目，动作具有攻防技击性是它的本质特征。如散打的技术与实用技击术基本是一致的，集中体现了武术攻防格斗的特点，只是从体育的观念出发，以不伤害对方为原则，严格规定了禁击部位和保护器具。作为中国武术特有表现形式的套路运动，虽然拳种不同，风格各异，有的还具有地方特色，但无论何种套路，其共同特点是以踢、打、摔、拿、击、刺等攻防动作构成套路的主要内容。虽然套路中不少动作的技术规格在原技击动作的基础上略有变化，或因连接贯串及演练技巧的需要，穿插了一些不具备攻防意义的动作，但通过一招一式表现攻与防的内在含义，仍然是套路技术的核心。

2. 具有内外合一、形神兼备的运动特色

讲究动作形体规范，又求精气神传意、内外合一的整体运动观，是中国武术的一大特色。所谓"内"，指人的精神、意识和气息的运行；所谓"外"，指人体手眼身步的活动，如太极拳要求"以意识引导动作"，形意拳讲究"内三合"、"外三合"。套路演练在技术上特别要求把内在的精气神与外部的形体动作紧密结合，做到手到眼到，形断意连，使意识、呼吸、动作协调一致。这一特点充分反映了武术作为一种文化形式在长期的历史演进中备受中国古代哲学、医学、美学等方面的渗透和影响，形成独具民族风格的运动形式和练功方法。

3. 内容丰富多彩，具有广泛的适应性

武术的内容和练习形式丰富多样，不同的形式和内容都有与其相适应的各种练功方法，其动作结构、技术要求、运动风格和运动量不尽相同，分别适应不同年龄、性别、职业、体质的需要，人们可以根据自己的条件和兴趣爱好加以选择。同时，武术运动适合不同年龄、性别、体质、职业，不受时间、季节、场地限制，场地器材也可以因陋就简，这种广泛的适应性给开展群众性体育活动创造了有利条件。

（二）武术的作用

武术文化的内在价值是完整的。有激励人们积极向上、自强不息的人生态度的精神价值，有锻炼身体、陶冶情操、促进心理健康的健身养生价值，有集形体美和精神美于一体的审美价值，有融合精气经络学说和辨证施治、整体施治原则的医学价值，有竞技体育的观赏价值、娱乐价值，以及规模巨大的产业价值。

1. 壮内强外的健身作用

武术的基本活动是人体的运动，一切运动的根本目的都是健身。但是，武术运动有别于其他的运动训练，最大特点就是不会损伤人的机能和器官，在正确的功法训练下，能起到内固精气、外壮皮骨的作用。

作为一种健身手段，武术运动有一套独到的功法和运动规律，训练功法与中国古代的导引养生术有着密不可分的关系。武术不但在外部形态上与导引养生术有许多相同的地方，如动作的运动方法、动作与呼吸的配合、运动技能等方面有极其相似的地方，而且武术的理论与导引养生术理论有许多相通的地方。中国的导引术讲究吐故纳新，武术也同样讲调息运气。无论是"提、沉、聚、托"，还是"气沉丹田"、"以气催力"、"心与意合，意与气合，气与力合"等，都说明了呼吸与动作的有机结合，不仅能使动作完成得更合理，而且通过呼吸还能增强对内脏器官的锻炼。

中国人自古以来就强调运动，重视生命，《易经》中的"天行健，君子以自强不息"正是强调了这种思想。武术与养生术的有机结合，大大增强了武术的健身作用。通过武术的锻炼，人们可以从多方面增进身体的健康，从而全面发展人的自身素质，使自身的力量、耐力、速度、灵敏、柔韧等各种素质的发展得到良好的发展。

由于中国的武术流派繁多，内容极为丰富，不同的拳种有各自不同的锻炼方法，所以不同的拳种所产生的效益，在人身体的表现也就不尽相同了。它们可以相互借鉴、相互补充，这样才能使武术的健身作用得到更好的发挥。

2. 提高防身自卫能力的防身技击作用

武术由我国古代的技击术发展而成，其直接来源是攻防格斗。尽管现代武术属于体育的范畴，然而技击性仍然是它的本质属性。通过练拳习武，不仅可以提高人体的各种身体素质，而且可以掌握一定的攻防技法，起到防身自卫的作用。另外，武术散打项目更是以攻防格斗为目的，坚持长期系统的学习，不仅可以提高防身自卫能力，还可以为国防、公安建设服务。

3. 娱乐观赏，丰富文化生活的同时，培养道德情操的教育作用

中华民族素有"礼仪之邦"之称，根植于中华传统文化土壤中的中华武术，也必然以具有浓郁的伦理思想色彩为其主要特色，尚武与崇德便成为习武、实践密不可分的两个方面。中华浩浩历史长河中，如关羽、岳飞、戚继光等无数民族英雄和武术家，无不是德行和技艺同时修炼，甚至德先于技。实行尚武与崇德的教育，无疑可以陶冶人们的思想情操。另外，艰苦的习武实践，对于培养人们良好的生活习性和意志品质也具有积极作用。

武术作为传统文化的一个组成部分，它必然具备中国传统文化的审美意识。中国人传统的审美习惯，一般是把主体内在的情感表现放在中心位置，中国传统文化非常注重内在情感的表现。在练习武术时，演练者往往会通过肢体把内在的情感通过动作的演练表现出来，而这种情感的表现又往往是含蓄的。像武术所追求的"内宜鼓荡，外示安逸"就体现了一种既重"形"又重"神"的思想，这与中国先贤所追求的"诗言志"、"诗缘情"、"情动于中而形于外"等思想是一致的。古人说"书如其人"、"文如其人"，同理"拳也如其人"。所以人们在练习武术时，除了追求外在的"形"，更注重内在的"神"。

这种外练其"形"、内练其"神"的武术运动，本身就是一种最好的自娱运动。许多人把每天习武作为生活中不可缺少的一部分，自练自乐，寻求一种自我满足，这样既可以锻炼身体，又可以陶冶人的情操。

练习武术者一方面追求高尚的武德，一方面追求技艺超群的"功夫"，并把"功夫"作为一种修养。"功夫"指做一件事所花费的精力和时间，也指在某一事业上的造诣和本领。很多前人竭尽毕生精力"练功夫"，他们一方面是在技术上精益求精，另一方面也是在进行意志品质的自我磨炼。

中国武术非常富于哲理，对每个练习者都有强大的吸引力，从而使得每个练习者孜孜不倦地去探寻其博大精深的奥妙，坚持不懈地磨炼着自己的意志，从而培养了人对信念执着追求的精神。

中华武术独有的审美情趣，也给武术增添了无穷的魅力。套路运动的动静疾徐、起伏跌宕美，散打运动的巧妙方法、激烈对抗美，不仅能培养人们的审美情趣，给人以美的教育，还能在节庆集会时丰富人们的业余文化生活，带给人们美的享受。同时，以武会友，切磋技艺，还能扩大交往，交流思想，增进友谊，为东西方的文化交流做出贡献。

4. 经济作用

不同的历史时期，武术表现的价值功能侧重点不同。随着我国社会主义市场经济的逐步建立，传统的武术在体育产业化过程中所表现出的经济价值越来越被更多的有识之士认同。首先，作为一种精神产品，武术能不同程度地满足人们对精神文化生活的需求。各种武术表演、比赛，以及武侠文学和影视，在丰富人们文化生活的同时，也带来了巨大的经济效益；其次，武术作为一种劳务，在进行武术教学训练及辅导等活动时，也具有一定的经济效益；另外，作为一种资源，武术还能够带来相关产业的发展，如武术服装、器材及各种武术书籍、期刊、音像制品等武术附属产品的销售，还有各种国际武术文化节等，都是以武术搭台，经贸和旅游唱着精彩的戏。相信随着改革开放的深入，武术发挥的经济效益将会越来越大。

二、武术的内容与分类

武术的内容丰富，种类颇多。从组织、机构的角度来说，武林集团表现为门派；从武术的师承、特点的角度来说，武林集团表现为拳种及套路。门派有更强的社会性，拳种、套路有更强的技艺性。这两个从不同角度归纳出来的武林集团概念，相互包容、相互交叉而存在。但是，总的来说，按其运动形式一般可分为三类，即功法运动、套路运动（包括单人套路、对练和集体套路）、搏斗运动。

（一）功法运动

功法运动是以单个武术动作作为主体练习，以达到健体或增强某方面体能的运动。包括内壮功、外壮功、轻功、柔功等。

内壮功是一种采用以意领气、以气催力为基本锻炼手段的人体活动形式，由于内功的习练以练气为主，故称为"气功"。外壮功一般也称"硬功"，其练习方式往往采用被动抗打或主动击打，以及用抓、插、点等手段进行的功法练习。

（二）套路运动

套路运动是指以技击动作为内容，以攻守进退、动静疾徐、刚柔虚实等矛盾运动的变化规律为依据编成的整套练习。它包括单练、对练、集体练习三种形式。

单练是指个体独自进行的套路练习方式，可分为拳术和器械两类。

对练是在单练基础上，两人或两人以上，在预定条件下进行的假设性攻防练习的套路形式，包括徒手对练、器械对练、徒手对器械的对练。

集体练习是指多人（竞赛中通常要求六人以上）徒手、器械，或徒手与器械同时进行演练的套路形式，演练时可配音乐。

1. 单练

（1）拳术。拳术是徒手练习的套路运动，其种类很多。据万月的《拳术套路初探》记述，从拳术命名的角度，有以下拳种、套路。

以"门"命名的有：余门拳、硬门拳、法门拳、空门拳、红门拳、鱼门拳、孔门拳、风门拳、水门拳、火门拳、鸟门拳、佛门拳、窄门拳、字门拳、孙门拳、严门拳、熊门拳、自然门拳、引新门拳、罗汉门拳、磨盘门拳、水浒门拳等。

以姓氏命名的有：刘家拳、蔡家拳、李家拳、莫家拳、巫家拳、薛家拳、岳家拳、赵家拳、杜家拳、周家拳、祈家拳、温家拳、孙家拳、邹家拳、高家拳、戚家拳、洪佛拳、岳家教、钟家教、刁家教、李家教、朱家教、蔡李佛拳、岳氏连拳、罗家三展、杨家短打、胡氏戳脚、郝氏戳脚、陈氏太极拳、杨氏太极拳、武氏太极拳、孙氏太极拳、吴氏太极拳、林氏下山拳、武氏十八技等。

以人名命名的有：燕青拳、太祖拳、孙膑拳、五祖拳、宋江拳、白眉拳、珠娘拳、纯阳拳、达摩拳、玄女拳、武侯拳、五郎拳、文圣拳、南枝拳、咏春拳、岳王锤、武子门拳、子龙炮拳、太祖散掌、三皇炮锤、孔朗拜灯拳、刘唐下书拳、武松脱铐拳、武松独臂拳、神行太保拳、燕青巧打拳、达摩点穴拳、太白出山拳、甘凤池拳法、黄啸侠拳法、燕青十八翻、罗王十八掌、达摩十八手、孙二娘大战拳、武松鸳鸯腿拳等。

以地名命名的有：潭腿（山东临清龙潭寺）、少林拳、武当拳、峨眉拳、崆峒拳（分五大门：飞龙门、追魂门、夺命门、醉门、神拳门）、梅山拳、灵山拳、昆仑拳、关东拳、关西拳、龙门拳、登州拳、东安拳、石头拳、水游拳、西凉掌、太行意拳、洪洞通背拳等。

以动物命名的有：龙拳、蛇拳、虎拳、豹拳、鹤拳、狮拳、象拳、马拳、猴拳、彪拳、狗拳、鸡拳、鸭拳、龙形拳、龙桩拳、龙化拳、行龙拳、飞龙拳、火龙拳、青龙拳、飞龙长拳、青龙出海拳、毒蛇吐信拳、虎形拳、黑虎拳、青虎拳、白虎拳、饿虎拳、猛虎拳、飞虎拳、伏虎拳、五虎拳、八虎拳、虎啸拳、回头虎拳、侧面虎拳、车马虎拳、隐山虎拳、五虎群羊拳、工字伏虎拳、虎豹拳、虎鹤双形拳、白鹤拳、宗鹤拳、鸣鹤拳、飞鹤拳、食鹤拳、饱鹤拳、饿鹤拳、五祖鹤阳拳、咏春白鹤拳、独脚飞鹤拳、狮形拳、金狮拳、狮虎拳、二狮抱球拳、猿功拳、猿形拳、猿猱伏地拳、白猿短臂拳、白猿偷桃拳、鸡形拳、鸭形拳、鹰爪拳、老鹰拳、岩鹰拳、雕拳、鹞子拳、鹞子长拳、燕形拳、大雁掌、蝴蝶掌、龟牛拳、螃蟹拳、灰狼拳、黄莺架子、鸳鸯拳、螳螂拳、硬螳螂拳、秘门螳螂拳、八步螳螂拳、梅花螳螂拳、七星螳螂拳、摔手螳螂拳、六合螳螂拳、光板螳螂拳、玉环螳螂拳等。

　　以佛圣道仙、神祇鬼怪命名的有：神拳、二郎拳、韦驮拳、大圣拳、八仙拳、天罗拳、地煞拳、六星拳、哪吒拳、金刚拳、观音拳、佛汉拳、佛教拳、罗汉拳、金刚锤、二十八宿拳、四仙对打拳、七星访友拳、罗汉螳螂拳、夜叉巡海拳、金刚三昧掌、夜叉铁砂掌等。

　　以日常杂物命名的有：巾拳、扇拳、伞拳、花拳、船拳、钟拳、板凳拳、褂子拳、云帚拳、脱桔拳、百花拳、梅花拳、莲花拳、螺旋拳、山门拳、白玉拳、汤瓶拳、沾衣拳、衣衫母拳、三战铁扇拳、三十六合锁等。

　　以手法命名的有：插拳、截拳、挂拳、挡拳、扎拳、套拳、穿拳、撕拳、翻拳、炮拳、罩掌、剑手、短手、五手拳、应手拳、捏手拳、合手拳、封手拳、练手拳、拦手拳、劈挂拳、撂挡拳、撞打拳、通臂拳、杀手掌、反臂掌、字手、十字手、排子手、万古手、黄英手、八黑手、锦八手、照阳手、金枪手、天罡手、地煞手、四门重手、分手八快、咬手六合拳、盖手六合拳、九宫擒跌手、罗汉十八手、二十四破手、三十六闭手、七十二插手、三十六看对手等。

　　以步法、腿法命名的有：弹腿、暗腿、踔腿、截腿、连腿、戳脚、四步拳、六步拳、八步拳、练步拳、穿步拳、顺步捶、腰步捶、挡步捶、涌步捶、乱八步、三步架、五步打、八步转、掘子腿、溜脚式、十二步架、六步散手、十字腿拳、溜脚架子、连环鸳鸯步、鹿步梅花桩、八步连环拳、九宫十八腿、少林二十八步、进步鸳鸯连环腿等。

　　地躺拳类有：地躺拳、地行拳、地功戳脚、地功翻子、地功罗汉拳、活法黄龙拳、地躺八仙拳、金刚地躺拳、少林地龙拳、地功鸳鸯拳、飞龙地躺拳、九滚十八跌等。

　　醉拳类有：八仙醉、水游醉、醉溜挡、醉八仙拳、醉罗汉拳、文八仙拳、武八仙拳、大八仙拳、混八仙拳、清八仙拳、少林醉拳、形式八仙拳、罗汉醉酒拳、太白醉酒拳、武松醉跌拳、燕青醉跌拳、石秀醉酒拳、鲁智深醉打山门拳等。

　　跌打拳类有：跌扑拳、沾跌拳、沾衣十八跌、武松混打拳、武松脱铐拳、水浒连环拳等。

　　此外，各地的著名拳种还有：形意拳（心意六合拳）、大成拳（意拳）、八卦拳、八卦掌、八极拳、六合拳、查拳、华拳、红拳、节拳、绵掌、绵拳、太虚拳、二郎拳、大悲拳、功力拳、石头拳、连城拳、两仪拳（太极快拳）、独臂拳、疯拳、埋伏拳、迷踪拳、缅拳、缠丝拳、磋跤拳、曦阳掌等。

　　(2) 器械。器械运动是指手持武术兵器进行练习的套路运动，又可分为长、短、双、软器械，如刀、剑等短器械，枪、棍、大刀等长器械，双刀、双剑、双钩、双枪等双器械，九节鞭、三节棍、绳鞭、流星锤等软器械。

　　如著名的器械套路有：八门金锁刀、八卦刀、八卦大枪、九洲棍、六合刀、六合枪、六合剑、六合棍、日月乾坤刀、日月乾坤圈、少林双刀十八滚、太极刀、太极剑、河州棍、月牙枪、达摩杖、达摩棍、纯阳剑、八仙纯阳剑、武当剑、青萍剑、袁氏青萍剑、杨氏青萍剑、贾氏青萍剑、梅花刀、梅花枪等。

2. 对练

对练是中国武术项目之一，是两人以上按照固定动作进行攻防格斗的套路练习。其套路是在各种武术单练（拳术、器械）项目的基础上由踢、打、摔、拿、击、刺、劈、撩、砍、点、蹦等技击方法组成的。武术对练有助于进一步体会和理解各种武术单练套路中每个动作的技击意义，从而提高运动技术水平。由于武术对练要求做到战斗气氛逼真，动作熟练，方法准确，配合协调，因而有助于培养运动员勇敢、机智、敏捷和互相协作的精神。武术对练一般分为三种，即徒手对练、器械对练、徒手与器械对练。

（1）徒手对练，是以徒手的踢、打、摔、拿等功防技术组成的拳术攻防套路。双方运动员在相同拳种的单练基础上，运用各种手法、腿法、身法等，按照进攻、防守、还击的运动规律编排对练套路。不同的拳种，各有不同的对练特点。例如，查拳的对练套路，多闪展腾挪，蹿蹦跳跃等动作；华拳的对练，除蹿蹦跳跃外，还有扑跌滚翻等动作；南拳的对练，多肘臂的桥法动作；太极拳的对练，多粘连随带等动作；形意拳的对练，多紧凑快速的动作；八极拳的对练，多挨傍挤靠的动作；擒拿对练，则是按照逆人体关节而动的原则，利用刁、拿、锁、扣、搬、点等手法进行擒拿与解脱、控制与反控制的练习，多是封拿锁扣等反关节和闭气脉的动作。

（2）器械对练，是以器械的击、刺等攻防技术组成的器械对器械对练套路。有短器械对练、长器械对练、软器械对练、长与短对练、单与双对练等。双方可持相同器械（如各持单剑），也可持不同的器械（如一方持单刀或双刀，另一方持单枪）进行攻防练习。不同武术器械对练，其风格也不尽相同。如练刀时应呈现出勇猛、刚毅、快速的特点；练剑应突出刚中含柔、轻快潇洒的风格；练三节棍进棍的动作要快速紧凑、气势逼人等。还有大刀进枪、匕首进枪、梢子棍进枪等长、短、双、单不同武术器械对练。

（3）徒手与器械对练，是一方以拳术、另一方以器械而组成的对练套路。运动员一方徒手，另一方手持器械进行攻防对练。套路的编排，多以徒手的一方争夺对方器械的形式出现。如空手夺刀，空手夺枪，空手进双枪，单刀对空手枪等。要求持器械的一方熟练掌握器械的性能及使用方法，徒手的一方则须闪躲敏捷，动作轻巧。

武术对练在技术编排上一般要求做到下列四点：

①攻防合理。对练必须根据对方的进攻方法来防守，只有对方进攻动作做出之后才可进行防守和还击，否则，会无的放矢，破坏套路结构。

②招式准确。武术对练套路，是象征性地进攻、防守、还击，不是真杀实砍。这一点在器械对练中是非常重要的。持枪者既要使枪扎得惊险逼真，又要保证对方不受伤害，这就要准确地掌握枪扎出后的方位。例如，上扎枪这个动作，就要扎对方的面侧、颈侧或耳际，切不可像单练那样，照直扎对方的面部或咽喉；又如，中平扎枪，不能扎对方腹部，而扎对方两腋下或左右肋侧；再如，对练刀中的劈头动作，既表现出刀的勇猛快速的特点，也要注意对练时的刀法，如劈头这个动作，当刀即将接近对方背部时，右前臂稍外旋，使刀刃向斜上微翘起，随即用刀背沿着对方背部快速划弧下劈，这样既惊险又安全。

③节奏一致。双方配合要默契，协调一致。如果一方快，一方慢，不仅动作紊乱，且容易出现伤害事故。因此，在对练中，要求双方要一招一式地把进攻与防守的时机掌握得恰到好处。

④距离适当。双方进退的步幅要调节得当。假如双方距离太近，肢体伸展不开，动作会受影响，而距离太远，又显得松散，攻防意识不易做到真实。

3. 集体表演

武术集体项目是武术的一种练习形式，是各拳种的六人或六人以上徒手或器械的集体表演。中国早在周代就有武舞，以后历代传习不衰。新中国成立之后，将武术集体项目列入武术竞赛项目。现代武术集体项目整套动作包括规定的步型、步法、身型、身法、跳跃、翻腾等，器械项目还要有一定的器械方法，其队伍要整齐，布局要匀称，有一定的图案变化；内容上要突出武术的特点和风格；可以配乐。武术集体项目在演练时，要求每个运动员必须精神贯注，动作规范，技术准确，有高度的默契。这个项目表演起来经常是场面开阔，威武雄壮，扣人心弦；再配上节奏明快具有各种特色的古典音乐或民族音乐及适当的服饰，可使人获得舒畅、优雅的美好感受。武术集体项目有：集体基本功、集体拳、集体剑、集体大刀、集体鞭、集体棍等。

（三）搏斗运动

搏斗运动是两人在一定条件下按照一定的规则进行斗智、较力、较技的实战练习形式。

（1）散打。古称"手搏"、"白打"。由于比赛是以徒手相搏相较的运动形式在擂台上进行，又称"打擂台"。现在的散打是两人按照一定的规则使用踢、打、摔、拿等技击方法制胜对方的竞技项目。

（2）推手。两人遵照一定的规则，使用棚、挒、挤、按、采、捌、肘、靠等技法，双方在粘连相随、不丢不顶的条件下，运用肘、腕、掌、指等本体感觉来判断对方肌肉力量上所发生的细微变化，引劲落空、借力发力、寻机借力将对手推出，以此决定胜负的竞赛方法。

（3）短兵。短兵是两人手持一种特制的短器械，遵照一定的规则，使用击、刺、劈、斩等剑法和刀法为主要攻防方法进行比赛的竞技项目。

（4）长兵。长兵是两人手持一种特制的长器械，遵照一定的规则，以棍法和枪法为主要攻防方法进行比赛的竞技项目。

第二节　武术的基本技法

一、长拳

（一）概述

长拳是中国拳派之一。查拳、花拳、炮捶均属长拳之列。古代也有专称"长拳"的拳种，如古时的太极拳就称"长拳"。新中国成立后，国家体委把流传广泛的查、华、炮、洪、弹腿、少林等拳种，根据其风格特点，综合整理创编了一种长拳。现代新编长拳吸取了诸拳种之长，把手型、手法、步型、步法、腿法、平衡、跳跃等基本动作规格化，按照长拳运动方法编成包括蹿、蹦、跳、跃、闪、展、腾、挪和起伏转折在内的各种拳械套路，使之成为基础武术训练和全国武术表演比赛项目。它的特点是姿势舒展大方、动作灵活快速、出手长、跳得高、蹦得远、刚柔相济、快慢相间、动迅静定、节奏分明。

长拳内容包括基本功、单练套路、对练套路，包括拳、掌、勾三种手型，弓、马、仆、虚、歇五种步型，还有一定数量的拳法、掌法、肘法和伸屈、直摆、扫转、击响等不同组别的腿法及平衡、跳跃、跌仆、滚翻动作。长拳在技术上有以下八点要求：

（1）姿势。头正，颈直，沉肩，挺胸，直腰，敛臀，上肢舒展、挺拔，下肢稳定、匀称。

（2）动作。在做踢、打、摔、拿等技击动作时，起止点、路线、力点都要清晰。

（3）身法。要把躯干活动和吞、吐、闪、展、冲、撞、挤、靠等攻防变化紧密结合起来。

（4）眼法。要做到手眼相随，手到眼到，通过眼神把一招一式的内在意识充分表达出来。

（5）精神。要全神贯注，表现出勇敢、机敏、无所畏惧的气概。

（6）劲力。要有刚有柔，要刚而不僵，柔而不松，刚柔相济，发劲时有爆发力；要以意识支配动作发力，并以气息配合，做到内外合一。

（7）呼吸。讲究提、托、聚、沉四法。跳跃时用提法，静止性动作用托法，刚劲性动作用聚法，由高到低的动作用沉法。

（8）节奏性。在演练中，快与慢、动与静、刚与柔、起与伏等多种矛盾的对比越鲜明、越突出，节奏性越强。

长拳动作舒展，关节活动范围较大，对肌肉和韧带的柔韧性、弹性都有较高要求。同时，由于长拳动作大多是用大肌肉群来进行活动的，要求肌肉活动量大且迅速，需氧量较大，因此，对提高心肺功能也有良好作用。

该拳的特点是在出手或出腿时以放长击远为主，其动作撑长舒展、筋顺骨直，有时在出拳时还配合拧腰顺肩来加长击打点，以发挥"长一寸强一寸"的优势。套路动作数量和趟数一般较多，长拳中也间或使用短拳，但整套动作是以长击动作为主。长拳的基本技法规律包括：顶头竖脊，舒肢紧指（趾）；形合力顺，动迅静定；以眼传神；阴阳相依，相辅相成。

（二）基本技法特点

1. 手要捷快

长拳的手法，须"拳如流星"，要迅快、敏捷、有力。这不仅是在拳、臂挥舞时要如此，而且在掌、腕的细致动作里也要如此。即使是一个抖腕、刁手的小动作，也要做得非常干净利落，没有拖泥带水的感觉。

上肢运动要做到"拳似流星"的要求，就必须松肩活肘，使肩、肘、腕等关节在运动时力求松活。肩僵肘死，手法动作就显得呆板、迟缓，由速度而产生的力量也会因此发挥不出来。

长拳练习时不能使整个套路陷入飞快、杂乱无章的境地。既要有招，也要有势。要"静如处子，动如脱兔"，一动就要非常迅速。

2. 眼要明锐

长拳的眼法，须"眼似电"，要明快、锐利。眼法在长拳运动中不是单独活动的，它必须"眼随手动"、"目随势注"，它是意向传神的关键。

3. 身要灵活

长拳的身法，须"腰如蛇形"，要柔韧、灵活。身法在长拳运动里，可分为闪、转、展、缩、折、弯、俯、仰等。这些身法的变化多是主宰于腰。它要求，一方面要求各种身法变化在运动时要像蛇那样灵活，曲折变化；另一方面也要求胸椎和腰椎的柔韧性加强，使动作做得既柔软又坚韧，柔软则灵活，坚韧则有力。

身法包括胸、背、腰、腹、臀五个部分。在一般的长拳运动中，由活动性动作进入到静止性动作时，多讲究挺胸、直背、塌腰、收腹、敛臀等方式方法。在活动时，则要求灵活多变。

这就是所谓的"动圆定方"。但是，在活动时，身法灵活还要"体随势变"，根据不同的动作采取不同的方式方法。

4. 步要稳固

长拳的步法，须"步赛粘"，要灵活、稳固。"先看一步走，再看一伸手"、"打拳容易，走步难"、"步不稳则拳乱，步不快则拳慢"，步法在长拳运动中起着重要作用。因此各种步法在运动时既要轻快，又要稳固，不掀脚，不拔根。它不能受上肢、躯干活动的影响，反过来还要给上肢、躯干的活动提供必要的稳固条件。这样，才能动而不乱。

5. 精要充沛

长拳的精神，需要充沛、饱满。要充沛饱满得像雷霆万钧，像江河的怒潮，要显示出鼓荡的"怒"的气魄。然而这种气魄又不是表现在脸面上，而是贯注在动静的运动之中。精神饱满，气魄怒振，拳势才能雄健宏大。

6. 气要下沉

长拳的呼吸，须"气宜沉"，要"气沉丹田"。这是因为呼吸在长拳运动中关系着运动的持久性，也关系着劲力的催动，即所谓"以气催力"。长拳运动，一般都是结构复杂、动作快速、运动量大，这个特点决定了长拳运动对氧的需要量较大。如果不善于掌握和运用"气沉丹田"的腹助呼吸的方式方法，就容易使气血上涌，使气息在胸间游动。气往上浮则内部空虚，空虚则气促，气促则吸入的氧气不足，氧不足则力短，力短就不能运动持久，呼吸短促，则头晕恶心，面色发白，动作紊乱，运动的平衡性也就遭到破坏。所以，运动时必须运用腹助呼吸，善于"蓄气"，这样才能使运动持久，才能保持运动的平衡。

长拳的呼吸方法，除了沉之外，还有提、拖、聚三法，合谓"提、托、聚、沉"。在一般情况下，由低动作转入高动作时，应用"提"法；在高势或底势的静止动作出现时，应用"托"法；在干脆有力的动作出现时，则应用"聚"法；在由高动作转入低动作时，就应用"沉"法。这些呼吸方式方法应随着动作的变化而变化，顺其自然，不能故意做作。

7. 力要顺达

长拳的劲力，须要顺达，如果使劲但发力不顺，会使运动僵硬、死板。长拳运动最忌"僵劲硬力"。用力顺达，须从"三节"、"六合"入手。

"三节"，以上肢来说，手是稍节，肘是中节，肩是根节；以下肢来说，脚是稍节，膝是中节，胯是根节。"六合"，是手、肘、肩、脚、膝、胯六个部位的配合。比如，甩手、云手、向上抖手等动作，必须是"稍节起，中节随，根节追"，三节均动，劲力才能顺达。又如，腿脚向前弹踢，必须是"起于根，顺于中，达于稍"，三节贯通，才能力顺而不僵硬。

8. 功要纯青

在这里，"功"指的是力量、速度、耐力、灵敏等身体素质和运动的技巧。所谓"纯"，就是"纯一不杂"，炉火纯青。要使技术质量达到纯青的地步，重要的一条就是在技术规范化的前提下加强锻炼的实践。"功夫是练出来的"，只有坚持锻炼，持之以恒，通过实践，才能使身体素质和运动技巧不断地得到提高，才能使技术质量由不纯逐渐到纯。

9. 四击合法

"四击"是指武术中踢、打、摔、拿四种技击法则。长拳中的这四种技击法则又各有其具体内容和方法：踢法包括蹬、踹、弹、点、缠、摆、扫、挂等；打法有冲、撞、挤、靠、崩、劈、挑、砸等；摔法以巩、揣、滑、倒、爬、拿、勾为主；拿法包含刁、拿、锁、扣、封、闭、错、截等。这些内容都有严格的要求和运动法规。如果不严格遵循各自的法规去练习，就不能表达出它们不同的真实用意，也就失去了长拳动作中的技击意义。因此，在习练长拳时，首先要弄清并学会四击范畴的各种方法，做到循规蹈矩、有法必依、方寸有别，进而究其意义，理象归一，四击合法。

10. 以形喻势

长拳运动中有动、静、起、落、立、站、转、折、轻、重、缓、快十二种常势。用生动、形象、夸张的比喻来要求技术动作姿势叫作以形喻势，即传统的"十二形"。

动如涛：活动之势。在运动中的气势要像江海的波涛那样激荡不已，滔滔不绝，做到动要有韵，动中有静，富于节奏感；动如珠，走如玉，仍有明朗感和稳定感。

静如岳：静止之势。当静止时要像高山那样巍峨矗立，稳如磐石。

起如猿：跳起之势。纵跳时要如猿猴般机灵、矫健、敏捷。

落如鹊：降落之势。要像喜鹊登枝般轻稳、飘逸。

立如鸡：单腿独立之势。要像雄鸡一腿支撑身体时那样稳重。

站如松：两腿站立之势。要像苍松那样挺拔、刚健，傲然富有生气。静中有势，静中寓动。

转如轮：旋转之势。如车轮绕着轴心那样转动。因此，运动中须掌握好运动的轴心，以达到"圆"的要求。

折如弓：折叠之势。当躯体俯仰折叠扭拧时，要像弓那样含有一股反弹力，或如弹簧一样内含一种旋转力和弹力。

轻如叶：轻飘之势。动作宜轻时，要像树叶落地那样轻飘，毫无声响。

重如铁：沉重之势。当重之时，要像钢铁砸地般沉重，富有渗透力。

缓如鹰：缓慢之势。要像雄鹰在空中盘旋那样神情贯注，慢中有快，缓中有势。

快如风：快速之势。当动之时，如疾风扫叶，迅雷不及掩耳。但快易藏拙、毛糙，须急速有力而不僵、快而不乱。

二、太极拳

（一）概述

太极拳是中国武术的优秀拳种之一。"太极"一词源出《周易·系辞》："易有太极，是生两仪……"含有至高、至极、无穷大之意。太极拳的取义是由于太极拳拳法变幻无穷，含义丰富，用中国古代的"太极""阴阳"这一哲学理论来解释和说明。

关于太极拳的缘起，其创始人有众多说法，难以定论。但是据考证，太极拳是于明末清初逐渐发展而形成的，然后发扬光大。据《温县志》记载，载明思宗崇祯四年（1641）陈王庭任温县"乡兵守备"，明亡后隐居家乡，晚年造拳自娱，教授弟子儿孙。陈王庭是卓有创见的武术家，他研究道家的《黄庭经》，参照了戚继光的《拳经》，集众家之长创编了据经可考的太极拳。其来源有下列几个方面：一是综合吸收了明代各家拳法。戚继光是明代著名的武术家，抗倭名将，他总结和整理了明代十六家民间著名拳法，并吸取了其中三十二式编成拳套，陈王庭吸收了二十九式编入太极拳套路，甚至陈氏的《拳谱》和《拳经总歌》的文辞也仿照戚氏《拳经》，可见影响之深；二是结合了古代导引、吐纳之术。太极拳讲究意念引导动作，气沉丹田，心静体松，重在内壮，把拳术中的手、眼、身、步的协调配合与导引、吐纳有机地结合起来，这就使太极拳成为内外统一的拳术运动；三是运用了中国古代的中医经络学说和阴阳学说。太极拳结合经络学说，要求"以意引气，以气运身"，内气发源于丹田，以腰为主宰发力于全身。各式传统太极拳也皆以太极阴阳学说来概括和解释拳法中各种矛盾变化。但是，总的来说，从太极拳定名以来，陈长兴以后的太极拳演变线索是较清晰和公认的，这构成了现代意义的传统太极拳主体。太极拳在长期演变中形成许多流派，其中流传较广或特点较显著的是陈式、杨式、吴式、武式、孙式五式太极拳。根据拳理著作、动作形态可以看出从明末清初以来的太极拳演变、发展历程。

（二）基本技法特点

太极拳有陈、杨、吴、武、孙等不同的流派，架势、风格和特点各有不同，其一般技法概括为以下十六点：

（1）虚灵顶劲：虚灵顶劲即"顶头悬"。太极拳练习时很讲究头部的头正、顶平、项直、颏收，要求头顶的百会穴处要向上轻轻顶起，好像有根绳索将头顶向上提悬似的。同时又须保持头顶的平正，头正才能做到顶平、项直、身正；颈项竖直，精神才提得起；身正方可安舒，动作才能沉稳。在运动时即使头顶上放一碗水也不使它洒出似的。

（2）气沉丹田：气沉丹田是指用细、柔、长的方法，以意识引导呼吸，将气体徐徐沉入腹部脐下。丹田有上、中、下之分，此处指脐下之下丹田。柔长的呼吸方式必然要采用腹式呼吸（腹式逆呼吸的深呼气、腹式顺呼吸的深吸气），同时"意注丹田"，促成小腹充实。深长、匀细、徐缓的腹式呼吸要与动作自然相合，切勿将一个动作固定为一吸或一呼。一般来说，呼吸与胸廓的张缩、肩胛的开合、手臂的屈伸、动作的虚实、步法的进退、身体的起落密切相关，使呼吸既符合生理机制，又合乎动作要求，并在意识引导之下。这样才能达到"身动、心静、气敛、神舒"的境地，使动作更加协调、圆活、沉稳。

（3）含胸拔背：含胸是胸廓略向内含蓄，使胸部有宽舒的感受。含胸的外在表现是肩锁关节松沉、肩胛微向前扣、肋骨微敛、胸腔上下径放长，这样利于膈肌下降，有助于腹式呼吸和气沉丹田，使重心随之下降，动作更加稳重。

拔背与含胸是相互连带、相互制约的，含胸势必引起拔背。拔背是指含胸时肩、背部肌群松沉，背部有被后拉的感觉，肩胛随之内含，第七颈椎与第一胸椎处似有微微凸起之意，使背部肌肤有紧绷感，所以称"拔背"。由于拔背时背部如弧线，故又称为"圆背"。含胸拔背除了有促气下沉的作用外，还有助于松肩和垂肘。

（4）松腰敛臀：松腰是放松附在腰椎上的肌肉群，其作用有二：一是与含胸、拔背、敛臀协同配合，气体下沉，以达实腹之效；二是松腰时腰椎的转动才能灵活，利于以腰带动四肢运转。拳理中"腰为主宰""腰如车轴"，都说明了腰的重要性，但均须在松腰的基础上才能做到。

敛臀是指在松腰的前提下，使臀部稍做内收。内收时，臀部肌肉先向外下方松散，再轻轻向前、向里收敛，似有臀把小腹托起之感。

（5）圆裆松胯：裆即会阴部位。头顶百会穴的"虚灵顶劲"要与会阴穴上下相应，这是保持身法端正、气贯上下的锻炼方法。圆裆指两腿胯根撑开，结合吊裆、扣裆、裹裆综合效应形成的体态。吊裆则须提顶，仿佛有一条无形之绳上系头部百会穴、下悬会阴穴，控制裆胯不能向侧倾斜，加上腰的松沉、臀的收敛而自然产生圆实的裆劲及上下相随的整劲。

松胯是步法轻灵稳健的基础，腰胯放松则腿部的肌群不会僵硬，加之拳势要求膝部应始终保持微屈状态，屈膝意在活步。只有这样，步法的进退、转换和腿法的运使才能自如灵活。腰胯放松也是气息深沉运行的保证。

（6）沉肩坠肘：沉肩指在松肩的前提下肩臂垂沉。沉肩时还要使两肩微向内合抱，促使胸部涵空、脊背呈圆形。坠肘是肘部自然垂坠，有一种沉重的内劲贯穿于内，即两肘垂坠时还要有一些向里的裹劲。这时两臂由于肩、肘的沉坠会有一种沉重的内劲的感觉。沉肩和坠肘是相互关联的，忽视一点就殃及另一点，还能波及含胸、拔肩和气沉丹田等技法的实施。

（7）舒指坐腕：舒指是掌指自然舒展，坐腕是掌指向手背、虎口的一侧自然屈起。坐腕亦称"踏腕"。一般在手臂动作终止时多要求坐腕舒指。实质上舒指坐腕是"其根在脚、发于腿、主宰于腰、形于手指"，上下完整一气总体效应的落脚点。

（8）尾闾中正：尾闾中正指运动中须始终保持尾闾与第七颈椎成一条直线，身体处于中正状态。可见，尾闾中正是关系身躯、动作姿态能否"中正安舒"、"支撑八面"的准星。

尾闾中正还影响着下盘的稳固，所以不论是直或斜的动作姿势，身躯一定要中正，不偏不倚，这一点尤为重要。做到以上八点就可使躯干、上下肢动作和内在的劲力、意识达到完整的统一。

（9）内宜鼓荡，外示安逸：鼓荡是对内在精神所提的要求。鼓荡是精神振奋的意思，不可理解为"在腹内鼓气使之腹鸣"。内宜鼓荡，是说内在的精神要振奋，然而这种振奋是沉着的，神宜内敛并不流露于形色，在外形上给人一种安然自逸的感觉。

（10）运动如抽丝，迈步如猫行：运动如抽丝指太极拳运动起来要像抽丝那样缓、匀、稳、静。缓指缓以会意，徐缓地运动才能做到拳意贯通，会意传神；匀指匀速运动，不可忽快忽慢，即使是快慢相间的陈式太极拳也要快慢有常、上下相随、劲如抽丝、富于韵律；稳指动作沉稳，不能忽高忽低；静指心理安静、不存杂念，方能用意不用力，动作不急不躁。迈步如猫行是形容迈步又要像猫那样轻落，一提步、一落步都要有轻灵的感觉，是稳中求静，动作扎实、灵活的形象化说法。

（11）往返须有折叠，进退须有转换：折叠是要求有层次的意思，动作要协调，也要有层次。

（12）动静有常，势势均匀：太极拳的动静是在活动的过程中互相交替的，所谓"动中有静，静中有动"，动、静没有显著的痕迹。运动时必须保持均匀的速度（有的太极拳的速度则是有快有慢的），不可忽快忽慢。同时，所有的动作势式，一般都要保持同样的高低。高盘动作有高盘的高度，中盘动作有中盘的高度，低盘动作有低盘的高度，高低始终是均匀的。

（13）势势相连，绵绵不断：相连、不断是动作贯串的意思。要无势不连，从第一势式开始，直到最后一个势式结束，都须贯串一气，形成一个动作，中间没有停顿，没有间断。

（14）势要圆，无使有凹凸：这是要求每个动作势式都须呈圆形、弧形，手法、步法、身法都是如此，无一不圆。圆则灵活，转变自如，不能使动作势式有棱角。

（15）心要静，无使有杂念：这是要求太极拳在运动时，必须使精神集中，专心致一，心气平静，无有他念。

(16) 用意不用力：不用力，应理解为不使用拙劲笨力。太极拳以意为主，力由意生，劲出自然，不求拙劲，但并不是不要劲力。不练劲，怎能增长力量。太极拳强调的"一身备五弓"，即要求躯干和四肢都必须含有内在的遒劲。

总之，太极拳的运动特点是以掤、捋、挤、按、采、挒、肘、靠、进、退、顾、盼、定等为基本方法。其表现为：体松心静、缓慢柔和、动作呼吸和意念配合。在运动中，要求静心用意，以意识引导动作，动作与呼吸紧密配合，呼吸要平稳，深习自然，动作要中正安舒，柔和缓慢，身体保持疏松自然，动作轻柔自然，圆活不滞，同时以腰为轴，上下相随。动作连贯协调，虚实分明。动作之间衔接和顺，轻灵沉着，刚柔相济。动作不浮不僵，外柔内刚，发劲完整。总之，太极拳习练始终处于运动之中，动作衔接紧密，劲断意不断，势断意相连，拳势如春蚕吐丝绵绵不断。同时，在太极拳中存在着刚柔、虚实、动静、快慢、开合、屈伸等诸对既对立统一，又可相互转化的矛盾。

三、刀术

（一）概述

刀为单面长刃的短兵器，同时泛指可用于切、削、割、剁的工具。刀的最初形态，与钺非常接近。其形状为短柄，翘首，刀脊无饰，刃部较长。到春秋战国时期，刀的形状发生巨大变化。两汉时，刀逐渐发展为步兵的主战兵器之一，同时出现了许多不同形式的长柄刀。

秦汉时期，钢铁问世以后，刀的制作工艺得到改善，形式上刀身加长，并且已有专门的战刀和佩刀之分。佩刀讲究式样别致，镶饰美观；战刀则注重质地坚韧，做工精良。在当时诸国战争中，兵车已渐渐退出战场，取而代之的骑兵队成为作战主力。因此单纯的刺兵器不足以发挥效力，擅长劈砍挥杀的钢刀的制作质量要求越来越高。钢刀不仅用于战场上，而且在官场上同样地位尊贵。汉朝时，自天子至百官无不佩刀。佩刀表示达官贵族的身份等级。

隋唐时采用更为先进的"灌钢法"代替了百炼法，炼出的刀更加坚韧锋利。唐朝的刀有仪刀、鄣刀、横刀三种。仪刀是皇朝禁卫军使用的武器；鄣刀是一般官吏佩带用刀；横刀是专门装备军队的战刀。唐代制刀不仅注意保持汉民族传统的制作技艺，而且随着各国及各民族之间经济文化的广泛交流，还吸收了不少外来的制刀技艺，促使战刀的制作更趋于实用。明朝军队使用最多的是腰刀。腰刀的刀体狭长，刀身弯曲，刃部延长，吸收了倭刀的长处，使劈砍杀伤的威力增大。明朝著名将领戚继光非常重视腰刀的制作，在其军事著作《练兵实纪》中对腰刀制作方法有着详细的研究与记载。清朝，刀的种类更为繁杂，有腰刀、滚背双刀、脾刀、双手带刀、背刀、窝刀、鸳鸯刀、船尾刀、割刀、缭风刀等。其中被广泛应用于作战的是腰刀和双手带刀。腰刀上部较直，下部微曲，刃部略窄。刀身长三尺二寸，柄长三寸，重一斤十两（古时1斤＝16两），一般用于骑兵作战。双手带刀，柄长一尺五寸，可容双手把握，刀刃长且特别宽大厚重，上部呈平线形。步兵在近身交战时，一刀砍去，可断敌首级或四肢。短刀在明清时代仍然是军队的主要兵器之一。

剑在青铜器时期是主要武器，但由于剑在砍劈方面的弱点，逐渐退出了战争舞台，从而成为一种身份的象征——刀。刀术是以缠头裹脑的招数为基本动作，加上劈、砍、挂、撩、扎、点、云、崩等刀法所组成的套路练习。刀以劈砍为主，另外还有撩、刺、截、拦、崩、斩、抹、带、缠裹等刀法。刀术的风格特点是，勇猛快速，气势逼人，刚劲有力，激烈奔腾，紧密缠绕，雄健剽悍，如猛虎一般。刀，其用法，唯以身法为要，偬跳超距，眼快手捷，并要求进退闪转和纵跳翻腾都要刀随身换，身械协调一致。

（二）基本技法特点

刀是短器械之一，以缠头裹脑、劈、砍、撩、挂等刀法为主，可呈现出勇猛彪悍、雄壮有力的形象，故有"刀如猛虎"之说。其技术特点如下：

（1）步疾刀猛：步疾刀猛指以敏捷的远跳、高纵和疾速的步法配合猛勇的刀法，这是刀术的基本技法。

刀是短器械，在技击中要达到"持短入长、倏忽纵横"、"舒之可刃人于数步之外"，就必须步快身灵、前纵后跃、左右闪展，配合势如疾风的刀法。正如吴殳在《手臂录》中所言："短兵进退须足利，足如夔兔身如风。"尤其是应付长兵器时，关键在于步法疾快、身法敏捷、穿阻避锋。"短见长，脚下忙"，逼近对方，发挥短兵利于近战之长。刀术套路中亦强调步疾刀猛。刀术中的刀法多在步法的快速移动、奔跑、跳跃中完成，力劲势猛，如猛虎下山，威武彪悍，锐不可当。刀术尚猛还不仅仅表现在刀术的气势上，更主要的是刀法的密集和力度。"刀之利，利在砍"，劈砍是刀术中的主要方法。为攻势，讲求力大、快疾、猛狠、干净利落。要做到这几点尚须刀借腰力，以拧腰转体来增加劈的长度，加大劈的幅度和力度。如劈法之始，要以腰的拧转和伸展带动持刀臂上举，下劈时则以腰的回转和屈收带动手臂挥刀。劈砍虽贵在力猛势急，但仍要刚柔相济、攻防一体。一般来说，缠头与裹脑是先防后攻，由柔入刚。缠头后多接一斜劈动作，劈为攻，宜刚；裹脑后也常接一砍。在此过程中，始动于腰，再经肩臂到手，直至刀器，由慢起动到快加速，依次发力，完整一气。

（2）寻虚击实：寻虚击实是刀术应敌时的技法辩证规律。

寻虚指逢重器械时，应避其实、寻其虚而攻之。其法在于"斜步偏身，避其重器，去其身手"。道理是器械重，来势多凶猛激烈，若直挡其械，易为其折断或脱手，应视其招式，察其虚实，掌握住器械重、变化难、来势虽猛但不易回守的弱点，寻其虚处，发而制之。

击实指遇见剑、枪等轻器械时，应避其虚而击其实。《手臂录·单刀图说自序》中："枪之虚处，变幻百出，必非刀所能御，而实处唯有一杆，枪杆被斫，不断折必粘住，杆被粘住，则不能闪赚颠提，刀更进步，必伤人矣。"说的是刀对枪之击实法。刀对枪时的击实法在于剑刃虽锋利，但宜攻不宜防，刀则不然，刀刃可劈砍扎刺，刀背厚重可拦截防守，故刀与剑对时，可用刀背实击硬碰剑刃。若击虚，剑轻富于变化，击之，易受其后发先至之害，而其实处一旦出现，则不易变化。

（3）刀快法诈：刀快指刀的运行速度要快，刀论中素有"短见长，不可缓"之说，因此在练习中或在实战时，刀贵神速，以快取胜。法"诈"是指刀法运用的诡秘性、"非法性"。"刀走黑"之说不仅指刀法快疾、狠毒、无情，更有"秘密"和"非法"的解释。"其用法，左右跳跃，奇诈诡秘，人莫能测，故常技每每败于刀"。诡秘性存在于刀法的虚实变换中，虚中含实、实中隐虚，虚虚实实、真真假假，学时有定规，用时无定法，变化莫测。

（4）刀手配合：刀术练习中历来讲究"单刀看手，双刀看肘"，即"单刀看闲手"，指刀与不握刀的闲手（左手）的配合。刀手配合的协调与否，是反应运动技术水平的一个主要方面。

因此，运动中要求刀、手、身紧密配合。配手的一般原则是"顺领合击，反向对称"。如向右侧劈刀，击法要求刀在体侧由上向下力劈，配手则在体左侧由下向上做"反向对称"配合。初级刀术中由"马步劈刀"接"弓步撩刀"时，左手领先运行，以手引刀撩出谓之"顺领"。缠头动作，当屈臂收刀时，两臂交叉，两手做相向运动谓之"合击"。掌握好刀、手配合的意义还在于，一是有助于身躯四肢在运动中的和谐；二是有助于维持运动中的平衡；三是有助于刀法力量在运动中的发挥。做到这三点，刀术动作就会更加协调、衡稳、有力。

四、剑术

（一）概述

剑是一种在新石器时代生产的古老兵器，大约在石器时代向铜器时代过渡的时期，就有了剑器的发明创造，从出土文物可以看到，用细长石薄片嵌入兽骨两侧的"石刃剑"，这种石剑体积很小，只有三寸多长，只有剑的雏形，还起不了兵器的作用，只是生活用具。铜器时代剑器开始风光一时，西周以来的"铜剑"在合金、冶铸、淬炼、镀面、花纹、形制等方面都达到了相当高的水平。而剑作为天子、诸侯权威的象征，也开始了自己独特文化中的内涵与外延。而剑术则是经过一个漫长的历史发展过程，形成的极为丰富的人体文化财富，是运用各种剑法，按照一定的规律形成的套路形式的运动。它以劈、刺、点、崩、云等剑法为主要技法。其特点是：手腕灵活，身法轻快多变，姿势潇洒优美，剑法丰富流畅，因此有"剑似飞凤"之美誉。

剑是一种平直、细长带尖、两面有刃的短兵器。在十八般兵器中，剑法变化是最多的，它有撩、挑、提、托、挂、带、刺、点、崩、击、格、拦、云等五十余种。正因剑法如此之多，才使剑术在演练中龙飞凤舞，千姿百态，吞吐自如，变化万千。其运动特点是腕力干脆灵活，身法轻快多变，姿势飘洒优美。

"初级剑术"原名"剑术练习"，是国家体委为适应广大群众锻炼的需要而整理审编的器械初级套路。其运动特点是：腕力干脆灵活，剑法明快清晰，动作流畅大方，身法轻快多变，姿势飘洒优美。初级剑术分为4段，共32式（预备式和结束动作除外）。该套路内容丰富，其中有刺剑、劈剑、挂剑、点剑、崩剑、云剑、架剑、挑剑、截剑、穿剑、斩剑、扫剑、剪腕花、撩腕花等剑法；有弓步、马步、仆步、虚步、歇步等基本步型；有上步、退步、插步、跳步等基本步法，以及闪、转、翻、拧等身法。它以快速移动的步法，灵活多变的剑法，配合起伏转折和造型优美的定势动作，以及练习时刚柔相济，吞吐自如，身法协调，给人以美的享受。通过反复练习，可以熟练地掌握剑术的风格和特点，同时为习武者进一步提高剑术水平及全面掌握武术技能奠定基础。

（二）剑的主要运动方法

（1）刺剑：立剑或平剑向前直出为刺，力达剑尖，臂与剑成一直线。剑刃朝上下为立剑，剑刃朝左右为平剑。

（2）劈剑：立剑，由上向下为劈，力达剑身，臂与剑成一直线。抡劈剑沿身体右或左侧绕一立圆；后抡劈剑要与身体后转协调一致。

（3）挂剑：立剑，剑尖由前向上、向后或向下、向后为挂，力达剑身前部。上挂向上、向后贴身挂出；下挂向下、向后贴身挂出；抡挂贴身立圆挂一周。

(4) 撩剑：立剑，由下向前上方为撩，力达剑身前部，正撩剑前臂外旋，手心朝上，贴身弧形撩出；反撩剑前臂内旋，余同正撩。

(5) 云剑：平剑，在头顶或头前上方平圆绕环为云。上云剑在头顶由前向左后绕环，要仰头；左（右）云剑在头前上方向左后（右后）绕环，头向左肩侧倒。

(6) 架剑：立剑，横向上为架，剑高过头，力达剑身，手心朝里或朝外。

(7) 点剑：立剑，提腕，使剑尖猛向前下为点，力达剑尖，臂伸直。

(8) 崩剑：立剑，沉腕使剑尖猛向前上为崩，力达剑尖，臂伸直，剑尖高不过头。

(9) 截剑：剑身斜向上或斜向下为截，力达剑身前部。上截剑斜向上；下截剑斜向下；后截剑斜向右后下方，臂与剑成一直线。

(10) 抱剑：右手抱剑于胸前，剑尖朝右为横抱剑；剑尖朝上为立抱剑；剑尖朝前为平抱剑。

(11) 穿剑：平剑，剑尖经胸腹间弧形向前为平穿剑，力达剑尖，剑身不得触及身体；前臂内旋，立剑剑尖由前向后转动而出为后穿剑，力达剑尖，高不过膝，低不触地；抢穿剑剑尖向后、向左随转体贴身立圆绕环一周。

(12) 斩剑：平剑向左（右）横出，高度在头与肩之间为斩，力达剑身，臂伸直。

(13) 剪腕花：以腕为轴，立剑在臂两侧向前下贴身立圆绕环，力达剑尖。

(14) 撩腕花：以腕为轴，立剑在臂两侧向前上贴身立圆绕环，力达剑尖。

(三) 基本技法特点

剑术，各门各派都有各自沿袭相传的演练技巧和方法。但基本的技法，大致有以下特点。

(1) 剑法规整：剑法规整，是剑术技法的基本功。虽然剑法颇多，有击、刺、点、崩、劈、撩、瓜、云、穿、抹、挑、提、架、绞、扫、截、格等，不同流派的剑术在剑法的运用与内容方面，都各有所侧重，但是在剑法规整方面，都要求出手、线路、部位准确，而且要求在霎时突变间准确无误。所以，剑法规整是学习剑术技法的重要窍门之一。

(2) 理法势通：理，指的是剑理。它是历代武术家在长期的练剑实践中，提炼和升华为理论的剑经、剑歌、剑诀等，统属剑理范畴。法，指的是技法，即剑术的演练技巧和方法。势，指的是剑术中动态和静态的各种姿势。通，指的是会通，即剑术的理、法、势，会通相合。这四个方面，相辅相成，缺一不可，是剑术技法的精髓。剑理不通，不称为剑术；剑法不通，不称为剑技；剑势不通，不称为剑艺。理与法，法与势，势与理，必须相合贯通。这样，才能达到剑法清晰、身械协调、动之有理、运之有法的剑术要求。

(3) 刚柔兼备：剑术的劲法刚柔兼备，参互运用。有刚有柔主要体现在剑术中刚柔动作的交替变化之中，即动作过程要柔，动作完成时宜刚。刚柔相间还体现在一个动作中或刚中含柔，或柔中寓刚。如截腕与绞剑的方法是典型的柔中寓刚；抹、带剑法又明显体现出刚中含柔；穿、撩等剑法，由于运动路线长，更能体现出刚柔相兼的剑法技法。刚柔还突出表现在动作的攻防技法上，轻快流畅的步法、潇洒飘逸的腾跃、闪赚迭逞的避让等动作过程中，无不以刚柔参互运用为基础。劲力的运使多柔中含刚，或以柔带刚，或刚中蕴柔，但在敏捷的出击、吞而即吐的击刺、倏忽纵横的劈点中，还要柔而化刚。

(4) 轻快敏捷："剑器轻清，其用大与刀异"（《手臂录》），虽然刀剑同属短械，都具有倏忽纵横、以短乘长的特点，但用法迥异，素有"剑走轻，刀走黑"之别。剑具有两面刃，持剑即不能触身，也不能像刀术那样贴身缠绕去缠头裹脑。实战中也应尽可能不用剑刃去架格对方兵械，而应以"巧闪旁扼"之法闪躲避让来势，以敏捷、快速的身法、步法斜身闪进，以剑锋崩点对方手腕，扼制其攻势。剑术演练中的点、崩、绞、截、拦等剑法，同样要求在快捷的步法配合下完成动作。

（5）腕把灵活：在剑术套路中，剑法是构成功力与表现技巧的核心。因此，要做到剑法规整，必须从每一种剑法的规格要求入手。剑法的正确与否又与把法（握剑方法）密切相关，而把法的变化又与持剑手的掌、指、腕及其关节的伸展、屈收、拧旋分不开，即运动中剑法的各种变化把法才能表现出来。剑术的基本把法有多种，如满把、螺把、钳把、刁把等。把法正确与否制约着剑法的准确与转换，同时又与手腕的劲力运使和技巧有关，所以要求持剑手的腕、掌、指及其关节须灵活运动，恰如其分地把握住剑柄。此外，手腕的灵活须与臂、肩、腰、身协调配合，这样才能合理地表现出各种剑法的劲道、攻防等变化。

（6）韵度自如：韵度，指剑术运动中的节奏、韵味、气度。急动缓随的节奏变化，起承转落的韵律，气势宏大的气魄，挥洒自如的动作，是剑术追求的最高境界。剑法的刚柔、疾缓、张弛、起落、伸缩，以及换形走势、招式迭逗等，是构成剑术节奏、韵味和气度的基本要素。而剑法自身的节奏一般受其特定的动作规格所制约，同时又与动作本身的攻防含义和战术意识休戚相关。因此，提高剑术技能技巧，掌握剑术技法中的节奏变化，必然要掌握剑法规格要求，熟知其实战用法，明了其战术意识，这样才能内外贯通、神形达化、身械一体。韵度则是在掌握动作规格、节奏变化的基础上，去追求独具匠心的韵味和气度。但要"量体裁衣"，讲求实效，应据演练者本身的条件、素质，尤其是专项素质来决定，要根据动作的速度、劲力、协调、柔韧、身法等实际情况，因人而异地去追求、完善和发展。要有特色，切不可机械仿效。贵在意势会通，三体同功，韵度自如，以求达到势、法、理相合贯通，身械如一，达到术中求艺，以艺导术的境地。

五、棍术

（一）概述

棍是武术器械中长兵器的一种。"棍术"指使用棍的方法和技巧。明俞大猷的《剑经》、戚继光的《纪效新书》、茅元仪的《武备志》及程宗猷的《少林棍法阐宗》等，对棍的技法均有详尽论述。棍主要以抡、劈、扫、拨、舞花等动作，配合各种步法和身法构成套路结构。其特点是快速、勇猛、刚劲有力。练起来棍法密集、风格泼辣、节奏鲜明、呼呼生风，有"棍打一大片"的功效。

（二）棍的主要运动方法

（1）拨棍：棍梢斜向前上方左右摆动为拨，拨棍时用力轻快平稳，幅度不要过大。

（2）扫棍：棍梢在腰部以下水平抡摆，或尽量以棍梢贴地，棍身倾斜抡摆为扫。扫棍要求迅猛有力，力达棍梢。

（3）抡棍：单手或双手将棍梢向左或向右平抡。平抡不得超过一周，加转身不得超过两周。抡棍要求迅猛有力，力达棍梢。

（4）戳棍：棍梢或棍把直线向前、向侧或向后戳击。戳棍要求发力短促，力达梢端或把端。

（5）劈棍：棍由上向下为劈。劈棍要求迅猛有力，力达棍梢。

（6）立圆舞花：两手握住棍身中段，使棍在身体两侧由上向前、向下绕立圆转动。要求连续快速，走立圆时很要贴近身体。

（7）提撩舞花：两手握住棍身距把端1/3处，使棍沿身体左右两侧由下向前、向上划立圆连续向前撩出。要求快速连贯，立圆抡转应贴近身体，但不得触身。

（三）基本技法特点

棍的技法主要有抡、劈、盖、压、云、扫、穿、托、挑、撩、拨等。练习棍术要求手臂圆熟，梢把兼用，身棍合一，力透棍梢，表现勇猛、快速，表现"棍打一大片"的特点。

（1）棍打一片：抡、劈、扫是棍术的主要方法，也是棍打一大片技法付诸实施的方法。尤其是抡、扫动作路线较长，攻击面大，既能打击正面之敌，又能打击身后之敌，是在四面临敌的情况下以攻为守的好方法。做到棍打一片须掌握两条原则，一是握法正确，一般在劈棍时，后手不留把，而在抡棍时，则必须留把，有的称为"留腕"，通常在20～30 cm之间；二是注意发力的顺序与时间，如抡棍动作，其顺序应是从腰腿部开始发动，通过肩臂到手达棍，而不是起始就发力，而是过程中发劲。做到这两点，便可发力顺达、饱满，棍打一大片。

（2）梢把并用：以劈、扫、抡、撩为远击之法，多用梢端击打，两手须握持把段；挑、截、盖、挂、横击等多用棍把击打；绞、格、云、拨则梢把可相互运用，多手持中段，为近身攻守方法。两手一动，两端齐动，连环出击，或上撩下劈，或左挂右拨，或前绞后截，或上架下压，或内外推撑。动作要严谨，棍法要快密，梢把要兼用，长短要兼施，故此有"枪似游龙，棍似雨"之说。

（3）握法活便：握法指握持棍器部位的方法。一般将棍分为棍梢、棍身、棍把三个部位。棍术中梢、把、身相互运使，富于变化，变化的首要因素是握法的变化。

棍的握法有手心向上的阳手握法，手心向下的阴手握法，一手手心向上、另一手手心向下的阴阳手握法，虎口相对的对手握法，左右手交叉握法，一手上下滑动的滑动握法等，不同的棍法及棍术动作间的变化，都是以不同的握法为前提，即不同的棍法必须有相应的握法，棍法若变必先变其握法，握法娴熟才会迅速变换出各种棍法。如劈棍时，通常要两手满把紧握，一手握住把端靠住腰际；云、拨等棍法，握法宜活便；崩棍、盖把动作须一手滑把棍；舞花棍时，左手有时须仅以拇指和食指刁握棍；单手舞花有时还应脱手或交替握棍。握法活便是练好棍法的基础和保障，所以要正确地掌握棍术握法及其变化。

（4）乘势顺力：这是棍术中与力合的技法要则。一般指乘其势而发力，顺其力而变式。动作幅度大，速度快，惯性亦大，所以棍的起动、制动、运转均不如轻小器械便利。因此，棍术练习既要注意发挥人体腰臂的力量，又要善于驾驭棍的惯性力、重力、击地时的反作用力和崩棍等动作制动时产生的反弹力等外力。

乘势顺力就是驾驭这些外力的技法与方法，也是棍术动作间衔接连贯的关键。例如在做舞花时乘棍由上向下之势做下点棍或劈棍、摔棍、盖棍等；也可乘舞花时由下向上之势接转身提撩棍，在做提撩棍时又可接做转身舞花；在做左右点棍时，可借点棍时地面的反作用力，顺势转身舞花。总之，乘势顺力，借劲换势贯穿于棍术的起承转换之中，在乘势顺力中求得身械合一、劲力顺达。

六、枪术

（一）概述

枪是中国古代兵器之一，武术长器械的一种，属于一种长柄的刺击兵器，由古代兵器矛演变而来。枪的长度约相当于人体直立，手臂伸直向上的高度。枪杆的粗细，根据使用者性别、年龄而异。枪缨的长度不短于 20 cm。枪术主要以拦、拿、扎枪为主，配合舞花、劈、崩、穿、缠等各种枪法和各种步法、身法、跳跃等动作构成套路结构，运动起来翻转自如、灵活多变、节奏明快，有"枪扎一条线"、"去如箭、来如线"的特点。枪法以拦、拿、扎为主，这是枪术的基本动作。扎枪要平正迅速，直出直入，力达枪尖，做到枪扎一线，出枪似潜龙出水，入（缩、收）枪如猛虎入洞。扎枪又有上平、中平、下平之分，以中平为要法，故有"中平枪，枪中王，当中一点最难挡"的说法。单扎、对扎的训练是基本功，也具有健身与表演的效果。

（二）基本技法特点

枪术，由于枪种和流派的不同，其风格也是多样的。但基本技法还是比较一致的，概括起来有以下几点。

（1）持枪稳活：稳多指后手持枪要稳住，牢握如锁。活多指前手要灵如管，不稳则易脱把，不活则枪难变化，这是持枪的基本法则。"前手如管，后手如锁"是最简洁形象的描述。持枪的前手握于枪身中段，是枪的支点，一要控制住枪的高度和方向，二要使枪能在手中自由滑动。前手握成管状，即使拦枪、拿枪时，手指扣得稍紧，扎枪时手指微松，也要手如管状套住枪杆，不得松开或握死。稳定还表现在拦、拿枪的方法上，做好拦枪、拿枪的关键在于两手"阴阳要转"。拦枪时，前手握住枪身外旋至手心向上（阳手），同时后手握枪把内旋至手心向下（阴手）；拿枪时，前手握住枪身内旋至手心向下，同时后手握枪把外旋至手心向上。两手既要稳定握牢，又要拧旋灵活。扎枪对后手的要求是须握住枪把末端，将枪把置于手心中，如此枪扎出时，一则可与上臂大体形成一条直线，二则使枪更长些，以求得"一寸长，一寸强"及出枪有力的效果。正如吴殳在《手臂录》中所书"持枪必须尽根，余谓枪根当在掌心中，与臂骨对直，则灵活而长。"

（2）势贵四平：四平指顶平、肩平、枪平、脚平。"四平势"即为枪术的基本姿势。顶平则头正，头正则颈直，头正颈直精神才能贯注、两目才能有神；肩平则须保持肩肘沉坠状，只有肩平才能身正，身正才能势稳，势稳才能法活；枪平则两手和枪尖成水平状，"三点一线"，枪平才能做到"出如箭，来如线"，易攻守，生变化；脚平则两脚掌踏实，脚实才能步稳，步稳才能姿势正确。

（3）力达枪尖：枪术，以扎为主。凡扎枪必须将全身之力通过枪杆直送到枪尖，力达枪尖才能发挥"透壁"的威力。做到力达枪尖是衡量功力的一个重要方面。要做到这一点，在扎枪时就须挺腕、顺肩、拧腰、伸后腿、蹬后脚，直线向前用力，发力要快而柔，逐渐加速，当后手接近前手时猛然用所谓"寸劲"将枪扎出，然后迅速收枪，这就唤做"去如箭、来如线"。扎枪最忌甩腕，曲腕向前甩手则力浮而不沉，抢摇而不稳。扎枪还忌僵力，发力僵硬，出枪刚而不柔，貌似有力而实际无力。"枪之用在两腕，臂以助腕，身以助臂，足以助身，乃合而为一。"

这样全身协调，合以用力，才能力达枪尖。

（4）枪不离腰："枪是缠腰锁"，枪术一般都将枪根紧靠腰部。这样使枪有一个稳定的依托，又便于从腰间发力。如果枪根不靠腰，"夫拿、拦而枪根稍起，则全体皆浮"。整个枪法就会漂浮无力。所以枪根必须低于枪头紧靠腰部，出枪要从腰出，回枪也要回到腰间。

（5）三尖相照：枪术强调"三尖相照"，即上照鼻尖，中照枪尖，下照脚尖。要求鼻尖、枪尖、脚尖从上到下在纵面都处于一条垂直线上。三尖相照，在于使全身的力量凝结于枪尖，不偏不倚地直透所扎之目标。

（6）枪扎一线：枪之利在尖，枪术以扎为主，枪扎一线是扎枪的基本要求。扎枪时要求出枪直线向前，"梢领跟定、中节顺随"，将全身力气通过枪杆贯达于枪尖。能否做到出枪疾快有力、力达枪尖是衡量枪术功力的一个重要方面。因此，扎枪时须蹬后脚、伸后膝、拧腰、挺腕，使全身劲节节上传，逐渐加速，当后手接近前手时，发寸劲猛力直线扎出，力贯枪尖。切忌僵劲、硬力及屈腕甩手，劲僵则貌似有实无力，甩手则不能做到枪扎一线的技法要求。《手臂录》中说："枪之用在两腕，臂以助腕，足以助身。乃合而为一。"

（7）工于一圈："枪总用之则为一圈"（《手臂录》）。枪术的主要防守方法是枪尖划弧或圆的圆转运动，许多枪法无不出自一圈，如拦枪，是枪尖经上向左划弧，拿枪是枪尖向右划弧，圈枪（缠枪）则是枪头重复绕圈的枪法。枪尖连续划圈称为"圈串"。枪尖划弧或圆的幅度以利于防前与防后速攻为准则，一般拦枪、拿枪之弧不得超过本人体侧的宽度，圈枪虽有大、中、小之分，但均要以枪法运用的技击意义来决定圈的大小。即应以圈转枪法与直扎枪法交融运使为度，达到圈中求直，防中寓攻，因此须"唯下久苦之工于一圈"，熟而更熟，精而益精，枪术才能有所提高。

第三节　武术基本动作实践

武术基本功，指为更好地掌握武术技法，发展某项专门素质的基础功法练习。武术功法练习内容丰富、形式多样，主要有腰功、腿功、臂功和桩功。武术基本动作，指式术拳术中最基础、最具有代表性的动作，主要包括肩、肘、手、髋、膝、足的基本功法与跳跃、平衡动作。如长拳的基本动作包括上肢动作中的冲拳、推掌、顶肘等基本手型、手法，下肢的弓步、马步等基本步型，以及进、退、跳、插等基本步法和蹬、弹、踹等腿法，还有通过躯干表现的折叠俯仰和闪展拧转等基本身法，即通常所说的"三型四法"。

基本功和基本动作的练习，应遵循先易后难、动静结合、循序渐进的原则，坚持"一勤、二苦、三恒"的练功态度，才能收到良好的练习效果。

重视和加强基本功和基本动作的练习，准确地掌握武术技法，全面提高武术动作质量，避免伤害事故的发生，延长运动寿命，提高专项身体素质都有着十分重要的意义。

一、肩臂练习

肩臂练习主要是增进肩关节韧带的柔韧性，加大肩关节的活动范围，发展臂部力量，提高上肢运动的敏捷、松长、转环等能力，为学习和掌握各种拳、掌等手法提供必要的专项素质。主要练习方法有：压肩、绕环、抡臂等。

（一）压肩

预备姿势：面对肋木（或一定高度的物体）站立，距离一大步，两脚左右分开，与肩同宽或稍宽。

动作说明：两手抓握肋木，上体前俯（挺胸、塌腰、收髋）并做下振压肩动作（图9-1）。利用肋木压肩时，也可由另一人骑坐在练习者背上，随着练习人的下振动作，有节奏地给以助力。也可以两人对面站立，互相扶按肩部，做体前屈的振动压肩动作（图9-2）。

图 9-1　　　　　　　　图 9-2

要求与要点：两臂、两腿要伸直，振幅应逐步加大，压点集中于肩部，增加助力时应由小到大。

（二）单臂绕环

预备姿势：成左弓步站立，左手按于左膝上（也可两脚开立，左手叉腰），右臂垂于体侧。

动作说明：右臂由上向后、向下、向前绕环，为向后绕环（图9-3）。右臂由上向前、向下、向后绕环，为向前绕环。练习时，左右臂交替进行，做左臂绕环时，换右弓步站立。

图 9-3

要求与要点：臂伸直，肩放松，划立圆，逐渐加速。

注：绕环的方向以动作开始时的位置为准，如开始时臂向后运动即为向后绕环，开始时臂向前运动即为向前绕环。

（三）双臂绕环

预备姿势：两脚开立，与肩同宽，两臂垂于体侧。

（1）前后绕环：左右两臂依次做绕环。左臂由下向前、向上、向后做向前绕环；右臂由上向后、向下、向前做向后绕环，然后再做反方向的绕环（图9-4）。

（2）左右绕环：左右两臂同时向右、向上、向左、向下划立圆绕环（图9-5），然后再反方向划立圆绕环。

图 9-4　　　　　　　　　　　　　　　图 9-5

(3) 交叉绕环：两臂直臂上举，左臂向前、向下、向后，右臂向后、向下、向前，同时于身侧划立圆绕环（图 9-6），练习时可左右交替进行。

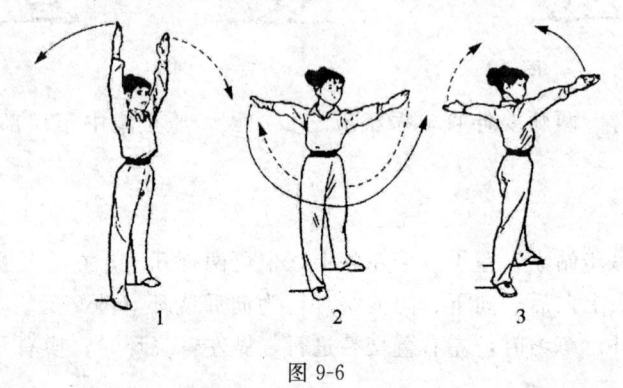

图 9-6

(四) 仆步抡拍

预备姿势：两脚开立，略宽于肩，两臂垂于体侧。

动作说明：左脚向左迈出一步成左弓步，上体随之左转，同时右臂向左前下方伸出，左掌手心向里，掌指向下，插于右臂肘关节处（图 9-7 之 1）。上动不停，上体右转成右弓步，同时右臂直臂由左、向上、向右抡臂划弧至右上方，左掌下落至左下方（图 9-7 之 2），上动不停，上体右后转。同时右臂直臂向下、向后抡臂划弧至后下方；左臂直臂向上、向前抡臂划弧至右前上方（图 9-7 之 3）。上动不停，上体左转成右仆步。同时右臂直臂向上、向右、向下抡臂划弧至右腿内侧拍地；左臂向下、向左抡臂划弧停于左上方（图 9-7 之 4）。练习时，左右交替进行。

图 9-7

右仆步抡臂动作，称右仆步抡拍；左仆步抡臂动作，称左仆步抡拍。

要求与要点：向上抡臂时要贴近耳，向下抡臂时要贴近腿。右仆步抡拍时，眼随右手；左仆步抡拍时，眼随左手。

二、腿部练习

主要发展腿部的柔韧性、灵活性和力量等素质。练习方法有：压腿、搬腿、劈腿和踢腿等。

（一）压腿

主要是拉长腿部的肌肉和韧带，加大髋关节的活动范围。压腿的方法有正压、侧压和后压三种。

1. 正压腿

面对肋木或一定高度的物体，并步站立。左腿提起，脚跟放在肋木上，脚尖勾起，踝关节屈紧，两手扶按膝上。两腿伸直，立腰，收髋，上体前屈，并向前、向下做压振动作（图9-8之1）。练习时，左右腿交替进行。

要求与要点：
（1）直体向前、向下压振。
（2）逐渐加大振幅，逐步提高腿的柔韧性。
（3）先以前额、鼻尖触及脚尖，然后过渡到下颏触及脚尖（图9-8之2）。

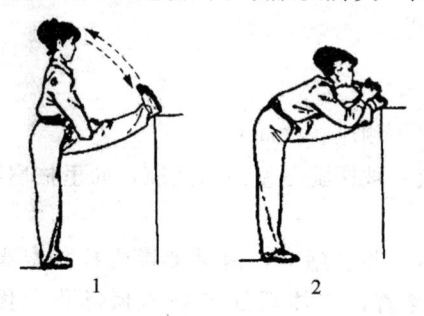

图 9-8

练习步骤：
（1）集体压腿时，可在统一口令下有节拍地进行，压至有疼痛感觉时可停住不动，进行耗腿练习。压腿与耗腿可交替进行。
（2）压腿前应先做下肢屈伸、摆动等动作，把肌肉和关节活动开；压腿后可把被压的腿屈膝抱在胸前，然后松开做"控腿"练习，以提高腿部控制能力。
（3）压腿后可做踢腿、摆腿动作。压腿、搬腿、控腿、踢腿和摆腿可交替进行，如"摆—压—踢"或"压—搬—控—踢"。

易犯错误和纠正方法：
（1）两腿不直。
纠正方法：首先使初学者明确压腿的意义和作用，认识腿痛是压腿的必经过程。在做压振动作前，先查看身体姿势是否符合要求，抓住收胯、正髋两个环节，也可用手下压膝部。
（2）上体不正（即收不住髋）。
纠正方法：先做低压腿，被压腿异侧的肩、胸部前俯，双手抱住脚掌。

2. 侧压腿

侧对肋木或一定高度的物体，右腿支撑，脚尖稍外撇；左腿举起，脚跟搁在肋木上，脚尖勾起，踝关节紧屈。右臂屈肘上举，左掌附于右胸前。两腿伸直、立腰、开髋，上体向左侧压振（图9-9之1）。练习时，左右交替进行。

要求与要点：

（1）同正压腿的第1、2点。

（2）逐步过渡到上体侧卧在被压腿上（图9-9之2）。

图 9-9

练习步骤：均与正压腿同。

易犯错误和纠正方法：

（1）两腿不直。

纠正方法与正压腿同。

（2）上体前侧屈（即处于正、侧压腿之间）。

纠正方法：支撑脚脚尖外展，被压腿尽量向前送髋，向里掖肩，右臂上举并向头后伸展。

3. 后压腿

背对肋木或一定高度的物体，并步站立，两手叉腰或扶一定高度的物体。右腿支撑，左腿举起，脚背搁在肋木上，脚面绷直，上体后屈并做压振动作（图9-10）。练习时，左右交替进行。

图 9-10

要求与要点：两腿挺膝，支撑腿全脚着地，脚趾抓地，挺胸、展髋、腰后屈。

练习步骤：与正压腿同。

易犯错误和纠正方法：

两腿不直。

纠正方法：同伴用手顶其被压腿膝部，另一手下压腰、髋，帮助其把腿伸直。

4. 仆步压腿

两脚左右开立，右腿屈膝全蹲，全脚着地；左腿挺膝伸直，脚尖里扣。然后两手分别抓握两脚外侧，成左仆步（图9-11之1）。接着右脚蹬地，右腿伸膝，重心左移，左腿屈膝全蹲，转成右仆步（图9-11之2）。练习时，左右仆步可交替进行。

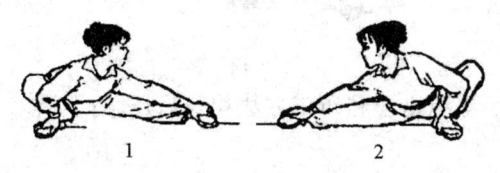

图9-11

要求与要点：挺胸、塌腰，左右移动不要过快，沉髋，使臀部尽量贴近地面移动。

（二）搬腿

主要是增进腿部的柔韧性，加大髋关节的活动幅度，提高腿部上举力量。搬腿的方法有正搬、侧搬、后搬三种。

1. 正搬腿

左腿屈膝提起，右手握住左脚，左手抱膝（图9-12之1）。然后，左腿向前上方举起，挺膝，脚外侧朝前（图9-12之2）。也可由同伴托住脚跟上搬（图9-12之3）。练习时，左右交替进行。

要求与要点：挺胸、塌腰、收髋。

练习步骤、易犯错误和纠正方法与正压腿同。

2. 侧搬腿

右腿屈膝提起，右手经小腿内侧向下托住脚跟。然后将右腿向右上方搬起，左臂上举亮掌（图9-13之1），也可由同伴托住脚跟向侧搬腿（图9-13之2）。

要求与要点、练习步骤、易犯错误和纠正方法均与侧压腿同。

图9-12   图9-13

3. 后搬腿

手扶肋木或一定高度的物体，并步站立，左腿支撑。由同伴托起右腿从身后向上举，挺膝，脚面绷直，上体略前俯。当同伴向后上方振腿时，上体后仰（图9-14）。也可由同伴用肩扛大腿做后搬动作。练习时，左右交替进行。

图 9-14

要求与要点、练习步骤、易犯错误和纠正方法均与后压腿同。

(三) 劈腿

主要是加大髋关节的活动幅度，增进腿部的柔韧性。劈腿练习可结合压腿和搬腿进行。劈腿的方法有竖叉、横叉两种。

1. 竖叉

两手左右扶地或两臂侧平举，两腿前后分开成直线。左腿后侧着地，脚尖勾起；右腿的内侧或前侧着地（图 9-15）。

图 9-15

要求与要点：挺胸、立腰、沉髋、挺膝。

练习步骤：

(1) 劈叉前应先做压腿、摆腿和踢腿等练习。如柔韧性较差，可多做前后分腿的压振动作，或用手扶肋木做逐步向下劈腿的动作。

(2) 柔韧性较好的，可做手不扶地的向下劈腿动作；也可在劈叉时，上体做前俯或后仰的动作。

2. 横叉

两手在体前扶地，两腿左右分开成直线，脚内侧着地（图 9-16）。

图 9-16

要求与要点、练习步骤与竖叉同。

（四）踢腿

踢腿是腿部练习中的重要内容，也是表现基本功训练的主要方面之一。可以较集中地反映出腿部的柔韧、灵敏和控制力的训练水平。踢腿的方法有：直摆性和屈伸性腿法。

1. 直摆性腿法之正踢腿

预备姿势：两脚并立，两手立掌或握拳，两臂侧平举（图9-17之1）。

动作说明：左脚向前上半步，左腿支撑，右脚脚尖勾起向前额处猛踢。两眼向前平视（图9-17之2）。练习时左右交替进行。

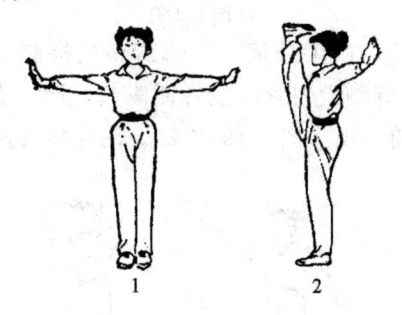

图 9-17

要求与要点：挺胸、直腰，踢腿时脚尖勾起绷落或勾起勾落。收髋猛收腹，踢腿过腰后加速，要有寸劲。

练习步骤：

（1）可先练压腿和摆腿，然后再练踢腿。

（2）可先踢低腿，适当放慢速度，然后过渡到按照规格要求完成练习。

（3）可手扶器械，原地踢一条腿，然后再踢另一条腿。

（4）左右交替的行进间踢腿。

易犯错误和纠正方法：

（1）俯身弯腿。

纠正方法：收下腭、头上顶，强调直腰，两臂外撑以固定胸廓。另外，可先踢低腿，并适当放慢速度。

（2）拔跟或送髋。

纠正方法：上步可小一些，上踢时支撑腿挺膝，脚趾抓地；也可先踢低腿。

（3）踢腿速度缓慢无力。

纠正方法：可用手扶器械，一腿连续按口令要求的速度踢，然后左右交替做。

2. 直摆性腿法之斜踢腿

预备姿势：与正踢腿同。

动作说明：右脚向前半步，右腿支撑，左脚勾紧脚尖向异侧耳际猛踢。两眼向前平视（图9-18）。练习时左右腿交替进行。

要求与要点、练习步骤、易犯错误和纠正方法均与正踢腿同。

3. 直摆性腿法之侧踢腿

预备姿势：与正踢腿同。

图 9-18

动作说明：右脚向左上半步，脚尖外展，左脚脚跟稍提起。身体略右转，左臂前伸，右臂后举（图 9-19 之 1）。随即，左脚脚尖勾紧向左耳侧踢起，同时右臂屈肘上举亮掌，左臂屈肘立掌于右肩前或垂于裆前，眼向前平视（图 9-19 之 2）。踢左腿为左侧踢，踢右腿为右侧踢。

图 9-19

要求与要点：挺胸、直腰、开髋、侧身、猛收腹。

练习步骤：与正踢腿同。

易犯错误和纠正方法：

(1) 参看正踢腿第 1、3 点。

(2) 侧身不够。

纠正方法：支撑腿外展，上体正直，强调摆动腿向耳侧踢。

4. 直摆性腿法之外摆腿

预备姿势：与正踢腿同。

动作说明：右脚向右前方上半步，左脚尖勾紧，向右侧上方踢起，经面前向左侧上方摆动，直腿落在右腿旁，眼向前平视。左掌可在左侧上方击响，也可不做击响（图 9-20）。练习时左右交替进行。

图 9-20

要求与要点：挺胸、塌腰、松髋、展髋，外摆幅度要大并成扇形。

练习步骤：

（1）先压腿、踢腿，然后再做外摆腿。

（2）原地连续摆一条腿，可按口令要求的速度摆，然后换腿练习。

（3）行进间摆腿，左右交替。

易犯错误和纠正方法：

（1）同正踢腿的第2、3点。

（2）外摆幅度不够。

纠正方法：可做抱膝外展髋等练习，以提高髋关节的灵活性，也可先踢低腿，强调加大外摆的幅度。

5. 直摆性腿法之里合腿

预备姿势：与正踢腿同。

动作说明：右脚向右前方上半步，左脚脚尖勾起里扣并向左上方踢起，经面前向右侧上方直腿摆动，落于右脚外侧。右手掌可在右侧上方迎击左脚掌（击响），也可不做击响动作。眼向前平视（图9-21）。练习时，左右腿交替进行。

图 9-21

要求与要点：挺胸，直腰，松髋、合髋，里合幅度要大并成扇形。

练习步骤：与外摆腿同。

易犯错误和纠正方法：

同正踢腿的第2、3点。

纠正方法：可先踢低腿，强调加大幅度；也可使里合腿越过适当高度的障碍物（如椅子），让其体会先踢起后里合的动作要领。

6. 屈伸性腿法之弹腿

预备姿势：两腿并立，两手叉腰。

动作说明：右腿屈膝提起，大腿与腰平，右脚绷直（图9-22之1）。提膝接近水平时，要迅速猛力挺膝，向前平踢（弹击），力达脚尖。大腿与小腿成一直线，高与腰平；左腿伸直或微屈支撑。两眼平视（图9-22之2）。

要求与要点：挺胸，直腰，脚面绷直，收髋，弹击要有寸劲（即爆发力）。

练习步骤：

（1）可先弹低腿，即弹击对方小腿胫骨部位，然后增加高度。

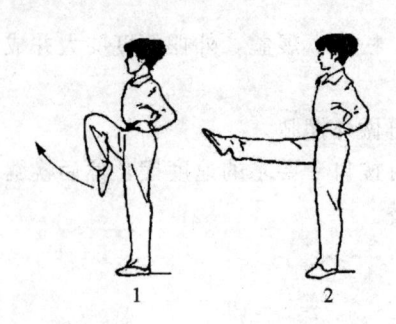

图 9-22

(2) 结合手法练习，如弹腿冲拳、推掌等，左右可交替练习。
(3) 做行进间的弹腿冲拳或弹腿推掌动作。
易犯错误和纠正方法：
(1) 屈伸不明显，类似踢摆动作。
纠正方法：强调收髋，屈膝后再弹出。
(2) 力点不明显。
纠正方法：强调猛挺膝，绷脚面。

7. 屈伸性腿法之蹬腿
预备姿势：与弹腿同。
动作说明：与弹腿同，唯脚尖勾起，力点达于脚跟（图9-23）。

图 9-23

要求与要点、练习步骤、易犯错误和纠正方法均与弹腿同，唯强调勾脚尖。

8. 屈伸性腿法之侧踹腿
预备姿势：两腿并立，两手叉腰。
动作说明：两腿左右交叉，右腿在前，稍屈膝（图9-24之1）。随即，右腿伸直支撑；左腿屈膝提起，左脚里扣，脚跟用力向左侧上方踹出，高与肩平，上体向右侧倾。眼视左侧方（图9-24之2）。练习时，左右腿可交替进行。
要求与要点：挺膝、开髋、猛踹、脚外侧朝上，力达脚跟。
练习步骤：
(1) 先做侧压腿、侧摆腿等练习，然后再做侧踹腿，也可先踹低腿。
(2) 手扶一定高度地物体（如树），做侧踹练习，以体会上体侧倾动作的要领。
(3) 行进间左右交替做侧踹腿。

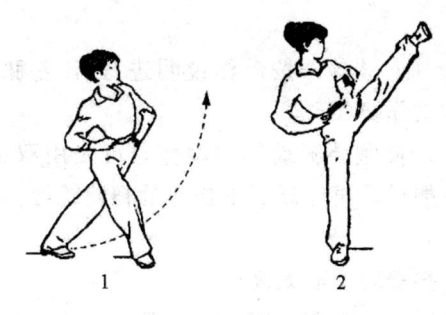

图 9-24

易犯错误和纠正方法：

（1）脚尖向上，成侧蹬腿。

纠正方法：强调侧踹腿髋关节内旋后再踹出。

（2）高度不够或收髋。

纠正方法：多做仆步压腿、侧压腿和横叉等练习；还可用手扶一定高度的物体来练习上体侧倾，借以使腿踹得高些。

（五）扫腿

扫腿是旋转性的一类腿法，分前、后扫腿两种。

1. 前扫腿

预备姿势：两腿并立，两臂垂于体侧。

动作说明：左脚向右腿后插步。同时两手由下向左、向上、向右弧形摆掌，右臂伸直，高与肩平，成侧立掌；左掌附于右上臂内侧，掌指向上。头部右转，目视右方（图 9-25 之 1）。

上体左后转 180°。左臂随体转向左后方平搂至体左侧，稍高于肩；右臂随体转自然平移至体右侧，掌心向前，掌指向右下方（图 9-25 之 2）。

上体继续左转，左脚尖外撇。右掌从后向上、向前屈肘降落；同时左臂屈肘，掌指向上从右臂内侧向上穿出，变横掌架于头左上方，拇指一侧向下；随即右掌下降并摆向身后变勾手，勾尖向上。在左脚尖外撇的同时，左腿屈膝，左脚跟抬起，以左脚前掌碾地；右腿平仆，脚尖内扣，脚掌着地，直腿向前扫转一周（图 9-25 之 3）。

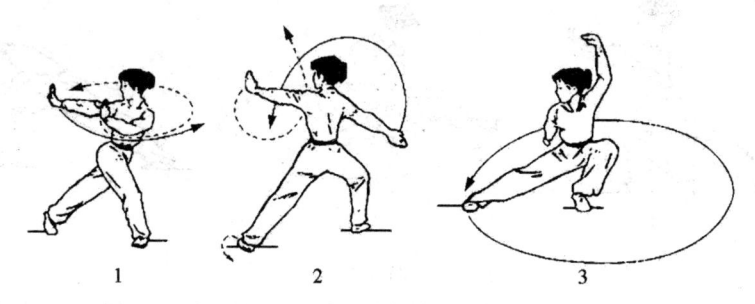

图 9-25

要求与要点：头部上顶，眼睛随体转平视前方，上体正直。在扫转时，始终保持右仆步姿势，保持身体重心平衡，右膝不要弯曲。

练习步骤：

（1）可先做站立扫转动作（上肢动作按动作说明进行），左膝稍屈，右脚掌贴地旋转一周，以体会旋转时保持身体平衡的动作要领。

（2）初步掌握旋转要领后，再做仆腿前扫的动作。可先用双手扶地增加支撑，借以维持身体平衡，待仆腿扫转的要领掌握后，再过渡到不扶地的扫腿练习。

易犯错误和纠正方法：

（1）左腿屈膝角度不够，扫腿时重心太高。

纠正方法：在扫转起动的同时，强调左腿迅速全蹲。

（2）身体重心不稳，左右倾倒。

纠正方法：头部上顶，眼睛向前平视，上体正直，左掌尽量上撑，用以提高旋转时身体的稳定性。

（3）扫转时，拧腰与扫腿配合得不协调或用力不当，造成上体前后倾倒和扫转动作中断。如拧腰速度过慢，或上体前倾、含胸，往往会使右腿在扫转过程中与左腿之间形成的角度太小（夹髋），造成身体后倒、动作中断；如拧腰过早或速度过快，使右腿拖在身后，与左腿之间形成的角度太大（敞髋），造成身体前倾、旋转中断。

纠正方法：上体要正直，旋转起动时以拧腰带动扫腿；左大腿后侧要贴近左脚跟，两腿间形成的右仆步姿势的角度始终不变。

（4）扫转腿的脚型不正确，使动作不能充分发挥惯性作用，速度慢，扫转不够一周。

纠正方法：仆步后强调右脚尖内扣，向左拧腰，转头与扫腿动作要衔接连贯、协调。

2. 后扫腿

预备姿势：两腿并立，两臂垂于体侧。

动作说明：左脚向前开步，左腿屈膝半蹲；右腿挺膝伸直，成左弓步。同时两掌从两腰侧向前平直推出，掌指向上，小指一侧朝前。眼看两掌尖（图9-26之1）。

左脚尖内扣，左腿屈膝全蹲，成右仆步姿势，同时上体右转并前俯。两掌随体后转在右腿内侧扶地，右手在前，随着两手撑地，上体向右后拧转的惯性力量，以左脚前掌为轴，右脚贴地向后扫转一周（图9-26之2、3）。

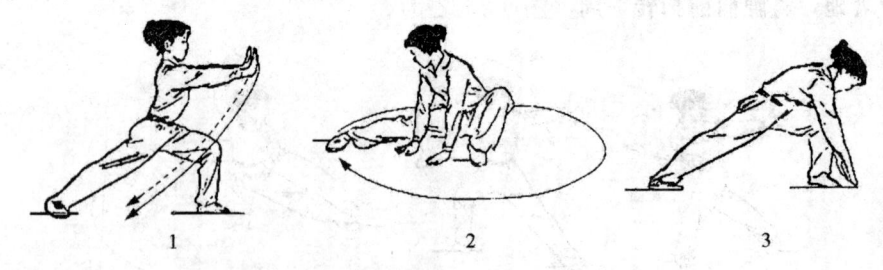

图9-26

要求与要点：转体、俯身、撑地用力要连贯紧凑、一气呵成，上下肢动作不要脱节。

练习步骤：

可先体会拧腰带动扫腿的旋转要领，充分发挥转体、拧腰所造成的惯强力量，然后再逐步增加后扫腿的速度和力量。

易犯错误和纠正方法：
（1）向右转体拧腰速度慢，以致旋转无力和腰腿动作脱节。

纠正方法：身体直立，左腿支撑，多做高姿势的快速甩头、拧腰、扫腿动作的练习，体会拧腰、扫腿动作的用力方法和如何使动作快速、连贯的要领。

（2）手扶地的位置不对，右手没有插于右膝下方。

纠正方法：强调上体右转，两掌掌指向右同时扶地。

三、腰部练习

腰是贯通上下肢节的枢纽，俗话说，"练拳不练腰，终究艺不高"。在手、眼、身法、步法四个要素中，腰是较集中的反映身法技巧的关键。主要练腰的方法有，俯腰、甩腰、涮腰和下腰四种。

（一）前俯腰

并步站立，两手手指交叉，直臂上举，手心向上，上体前俯，两手尽量贴地（图9-27之1）。然后两手松开，抱住两脚跟腱逐渐使胸部贴近腿部，持续一定的时间再起立（图9-27之2）。还可以向左或向右侧转体，两手在脚外侧贴触地面（图9-27之3）。

图 9-27

要求与要点：两腿挺膝伸直，挺胸、塌腰、收髋，并向前折体。

（二）甩腰

开步站立，两臂上举。然后以腰、髋关节为轴，上体做前后屈和甩腰动作，两臂也跟着甩动，两腿伸直（图9-28）。

要求与要点：前后甩腰要快速，动作紧凑而有弹性。

图 9-28

（三）涮腰

两脚开立，略宽于肩，两臂自然下垂。以髋关节为轴，上体前俯，两臂随之向左前下方伸出，然后向前、向右、向后、向左翻转绕环（图9-29）。

图 9-29

要求与要点：尽量增大绕环幅度。

练习步骤：

(1) 上体先做向前、向后、向左、向右侧屈的动作，然后再做涮腰动作。

(2) 速度要由慢到快，次数逐渐增多，左右方向交替进行。在涮腰后可下蹲、躬腰休息片刻，以防头晕。

（四）下腰

两脚开立，与肩同宽，两臂伸直上举。腰向后弯，抬头、挺腰，两手撑地成桥形（图9-30之1）。

要求与要点：挺膝、挺髋、腰向上顶，桥弓要大，脚跟不得离地。

练习步骤：

(1) 先做腰绕环及上体前、后、侧屈等动作，然后再下腰。

(2) 下腰时，可由同伴托腰保护；下腰后，同伴可缓缓后推其膝部，以增加下腰效果（图9-30之2）。

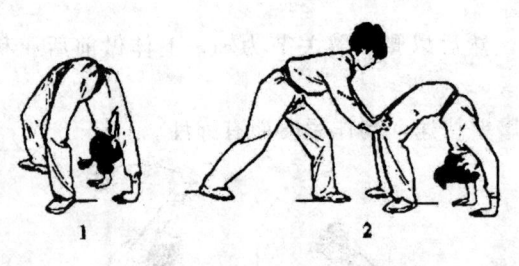

图 9-30

四、手型手法练习

手型手法练习是运用拳、掌、勾三种手型，结合上肢冲、架、推、亮等运动方法，操练上肢手法的基本练习。

（一）手型

(1) 拳：四指并拢卷握，拇指紧扣食指和中指的第二指节（图9-31）。

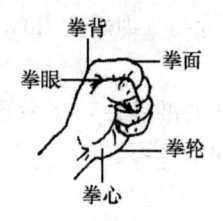

图 9-31

要求与要点：拳握紧，拳面平，直腕。

(2) 掌：四指并拢伸直，拇指弯曲紧扣于虎口处（图 9-32）。

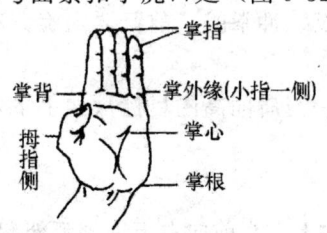

图 9-32

(3) 勾：五指第一指节捏拢在一起，屈腕（图 9-33）。

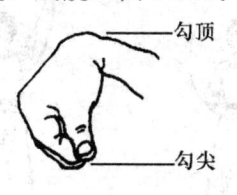

图 9-33

(二) 手法

1. 冲拳

分平拳与立拳两种。平拳拳心向下，立拳拳眼向上。

预备姿势：两脚左右开立，与肩同宽，两拳抱于腰间，肘尖向后，拳心向上（图 9-34 之 1）。

动作说明：挺胸、收腹、直腰，右拳从腰间向前猛力冲出，转腰、顺肩，在肘关节过腰后，右前臂内旋，力达拳面，臂要伸直，高与肩平；同时左肘向后牵拉（图 9-34 之 2）。练习时，左右手可交替进行。

图 9-34

要求与要点：出拳要快速有力，要有寸劲（即爆发力），做好拧腰、顺肩、急旋前臂的动作。

练习步骤：

（1）先慢做，不要用全力，注意动作的准确性，然后再逐步过渡到快速有力。

（2）结合各种步型、步法和腿法做冲拳练习。

易犯错误和纠正方法：

（1）冲拳时肘外展，使拳从肩前冲出。

纠正方法：强调肘贴肋运行，使拳内旋冲出。

（2）冲拳无力。

纠正方法：强调紧握拳和肩下沉。冲拳时，前臂要内旋，动作要快速。

（3）冲拳过高或太低。

纠正方法：可在练习人前面设一与肩同高的目标（如手掌），让他向目标冲击。

2. 架拳

预备姿势：与冲拳同。

动作说明：右拳向下、向左、向上经头前向右上方划弧架起，拳眼向下。眼看左方（图 9-35）。练习时，左右手可交替进行。

图 9-35

要求与要点：松肩，肘微屈，前臂内旋。

练习步骤：

（1）先慢做，不要用全力，着重体会动作路线，然后再逐步加力。

（2）结合步型、步法和手法练习（如做"马步架打"）。

易犯错误和纠正方法：

经体侧亮拳，动作路线不对。

纠正方法：同伴对其头部冲拳（给以目标），让其体会上架动作要领。

3. 推掌

预备姿势：与冲拳同。

动作说明：右拳变掌，前臂内旋，并以掌根为力点向前猛力推击。推击时要转腰、顺肩，臂要伸直，高与肩平；同时左肘向后牵拉（图 9-36）。练习时，左右手可交替进行。

要求与要点：挺胸、收腹、直腰，出掌要快速有力，有寸劲；同时还要做好拧腰、顺肩、沉腕、翘掌等动作。

练习步骤、易犯错误和纠正方法均与冲拳同。

图 9-36

4. 亮掌

预备姿势：与冲拳同。

动作说明：右拳变掌，经体侧向右、向上划弧至头部右前上方时，抖腕亮掌，臂成弧形，掌心向前，虎口向下。眼随右手动作转动，亮掌时，注视左方（图 9-37）。练习时，左右手交替进行。

图 9-37

要求与要点：抖腕、亮掌与转头要同时完成。

练习步骤：

（1）开始练习时，可用信号或语言提示，使抖腕、亮掌与转头配合一致。

（2）结合手法与步型进行练习（如仆步亮掌等）。

易犯错误和纠正方法：

（1）抖腕动作不明显，形成以臂部动作为主。

纠正方法：单做抖腕练习，并经常做转腕练习，借以提高腕部的灵活性。

（2）抖腕、亮掌与转头不一致。

纠正方法：做亮掌时，用信号（如击掌）或语言提示，使其配合一致。

五、步型步法练习

步型和步法练习主要是增进腿部的速度和力量，以提高两腿移动转换的灵活性和稳固性。

（一）步型

1. 弓步

左脚向前一大步（约为本人脚长的 4～5 倍），脚尖微内扣，左腿屈膝半蹲（大腿接近水平），膝与脚尖垂直；右腿挺膝伸直，脚尖内扣（斜向前方），两脚全脚着地。上体正对前方，眼向前平视，两手抱拳于腰间（图 9-38），弓右腿为右弓步，弓左腿为左弓步。

图 9-38

要求与要点：前腿弓，后腿绷，挺胸、塌腰、沉髋，前脚同后脚成一直线。

练习步骤：

(1) 逐步延长练习时间，左右弓步可交替练习。

(2) 原地保持弓步姿势不动，加做左右冲拳或推掌练习，左右弓步可交替练习。

(3) 行进间练习。左弓步冲右拳再上步接做右弓步冲左拳，这样连续进行。

易犯错误和纠正方法：

(1) 后脚拔跟、掀掌。

纠正方法：提高膝和踝关节的柔韧性，并强调脚跟蹬地。

(2) 后腿屈膝。

纠正方法：强调后腿挺膝和用力后蹬。

(3) 弯腰和上体前俯。

纠正方法：强调头部上顶，并注意沉髋。

2. 马步

两脚平行开立（约为本人脚长的 3 倍），脚尖正对前方，屈膝半蹲，膝部不超过脚尖，大腿接近水平，全脚着地。身体重心落于两腿之间，两手抱拳于腰间（图 9-39）。

图 9-39

要求与要点：挺胸、塌腰、脚跟外蹬。

练习步骤：

(1) 逐渐延长练习时间。

(2) 原地做马步蹲起练习，即蹲马步和站立交替进行，还可做马步左右冲拳或推掌的练习。

(3) 行进间练习，连续上步做马步架打练习。

易犯错误和纠正方法：

(1) 脚尖外撇。

纠正方法：经常站立做里扣脚尖的练习；或强调两脚跟外蹬。

(2) 两脚距离过大或太小。

纠正方法：量出三脚距离后再下蹲做马步。

(3) 弯腰跪膝。

纠正方法：强调挺胸、塌腰之后再下蹲，膝不得超过脚尖的垂直线，或手扶一定高度的物体做动作。

3. 虚步

两脚前后开立，右脚外展45°，屈膝半蹲；左脚脚跟离地，脚面绷平，脚尖稍内扣，虚点地面，膝微屈，重心落于后腿上。两手叉腰。眼向前平视（图9-40）。左脚在前为左虚步，右脚在前为右虚步。

图 9-40

要求与要点：挺胸、塌腰、虚实分明。

练习步骤：

(1) 可先手扶一定高度的物体进行练习，或先把姿势放高一些，然后逐渐按规格要求做正确的动作。

(2) 逐渐延长练习时间。

(3) 可结合手型、手法练习。如做"左虚步勾手挑掌"跳转成"右虚步勾手挑掌"，可向左右跳换做。

易犯错误和纠正方法：

(1) 虚实不清。

纠正方法：前脚先不着地，等支撑腿下蹲后再以脚尖虚点地面成虚步。

(2) 后腿蹲不下去。

纠正方法：可做单腿屈蹲或双腿负重屈蹲等练习，以发展下肢力量。

4. 仆步

两脚左右开立，右腿屈膝全蹲，大腿和小腿靠紧，臀部接近小腿，右脚全脚着地，脚尖和膝关节外展；左腿挺直平仆，脚尖里扣，全脚着地。两手抱拳于腰间。眼向左方平视（图9-41）。仆左腿为左仆步，仆右腿为右仆步。

图 9-41

要求与要点：挺胸、塌腰、沉髋。

练习步骤：

（1）参看虚步的第1、2点。

（2）加手型、手法，如做"仆步勾手亮掌"。

（3）行进间连续做"仆步穿掌"。

易犯错误和纠正方法：

（1）平仆腿不直，脚外侧掀起，脚尖上翘外展。

纠正方法：使平仆腿的脚外侧抵住固定物体（如墙壁），不让脚外侧掀起。

（2）全蹲腿没蹲到底，脚跟提起。

纠正方法：多做仆步压腿练习，同时强调平仆腿一侧用力沉髋、拧腰。

（3）上体前倾。

纠正方法：挺胸、塌腰后再下蹲成仆步。

5. 歇步

两腿交叉靠拢全蹲，左脚全脚着地，脚尖外展；右脚前脚掌着地，膝部贴近左腿外侧，臀部坐于右腿接近脚跟处。两手抱拳于腰间。眼向左前方平视（图9-42）。左脚在前为左歇步，右脚在前为右歇步。

图 9-42

要求与要点：挺胸、塌腰、两腿靠拢并贴紧。

练习步骤：

（1）参看虚步的第1、2点。

（2）交替做左右歇步，并增加手法，如左右穿手亮掌。

易犯错误和纠正方法：

（1）动作不稳健。

纠正方法：前脚脚尖充分外展，两腿贴紧。

（2）两腿贴不紧。

纠正方法：强调后腿贴紧前腿外侧，并加强膝与踝关节柔韧性的练习。

6. 坐盘

两腿交叉，右腿屈膝，大小腿均着地，脚跟接近臀部；左腿在身前横跨于右腿上方，左大腿贴近胸部。两手抱拳于腰间。眼向左前方平视（图9-43）。左腿在前为左坐盘，右腿在前为右坐盘。

要求与要点：练习步骤、易犯错误和纠正方法均与歇步同。

图 9-43

7. 丁步

并步站立,两腿屈膝半蹲,右脚全脚着地;左脚脚跟掀起,脚尖里扣并虚点地面,脚面绷直,贴于右脚脚弓处,重心落于右腿上。两手叉腰。眼向前平视(图 9-44)。左脚尖点地为左丁步,右脚尖点地为右丁步。

图 9-44

要求与要点:练习步骤、易犯错误和纠正方法均与虚步同。

(二) 步法

1. 击步

预备姿势:两脚前后开立,同肩宽,两手叉腰(图 9-45 之 1)。

动作说明:上体前倾,后脚离地提起,前脚随即蹬地前纵。在空中时,后脚向前碰击前脚(图 9-45 之 2)。落地时,后脚先落,前脚后落,眼向前平视(图 9-45 之 3)。

图 9-45

要求与要点:跳起空中时,要保持上体正直并侧对前方。

练习步骤:可结合挑掌等手法进行练习。

2. 垫步

预备姿势:与击步同。

动作说明：后脚离地提起，脚掌向前脚处落步；前脚立即以脚掌蹬地向前上跳起，将位置让于后脚，然后再屈膝提腿向前落步，眼向前平视（图9-46）。

要求与要点、练习步骤均与击步同。

图9-46

3. 弧形步

预备姿势：与击步同。

动作说明：两腿略屈，两脚迅速连续向侧前方行步，每步大小略比肩宽，走弧形路线，眼向前平视（图9-47）。

图9-47

要求与要点：挺胸、塌腰，保持半蹲姿势，身体重心要平稳，不要有起伏现象。落地时，由脚跟迅速过渡到全脚掌，并注意转腰。

练习步骤：可结合"勾手推掌"进行，路线也可改为"S"形。

六、跳跃练习

跳跃动作的练习对于增强腿部力量，提高弹跳能力具有很好的作用，是基本动作练习的组成部分之一。一般常见的和最基本的跳跃动作有：腾空飞脚、旋风脚、腾空摆莲等。

（一）腾空飞脚

预备姿势：并步站立。

动作说明：右脚上步，左腿向前、向上摆踢，右脚蹬地跃起，身体腾空。两臂由下向前、向头上摆起，右手背迎击左掌心（图9-48之1、2）。在空中，右腿向前上方弹踢，脚面绷直，右手迎击右脚面；同时左腿屈膝，左脚收控于右腿侧，脚面绷直，脚尖向下。左手在击响的同时摆至左侧方变勾手，勾尖向下，略高于肩，上体微前倾，两眼平视前方（图9-48之3）。

图 9-48

要求与要点：

(1) 右腿在空中踢摆时，脚高必须过腰，左腿在击响的一瞬间，屈膝收控于右腿侧。
(2) 在腾空的最高点完成击响动作，拍击动作必须连续、准确、响亮。
(3) 在空中，上体正直，微向前倾，不要坐臀。

练习步骤：

(1) 拍脚练习。练习方法可以原地进行，也可以行进间击拍。
(2) 原地的或行进间的右脚蹬—左腿摆—踢摆右腿的二起脚练习。
(3) 右腿蹬地起跳，左腿屈膝摆起，同时两臂上摆并在头上击响的踏跳练习。
(4) 上一步或上三步助跑的完整动作练习。

易犯错误和纠正方法：

(1) 右腿蹬伸与左腿踢摆脱节，动作不协调。

纠正方法：可多做练习步骤（3）所示练习方法。

(2) 起跳后，上体过于前倾，坐臀，致使重心下坠。

纠正方法：可多做行进间的单拍脚练习。在练习中强调上体正直。在此基础上降低腾空高度，掌握正确动作，待正确动作形成后，逐步加大腾空高度，完成空中造型。

(二) 旋风脚

预备姿势：开步站立（图 9-49 之 1）。

动作说明：

1. 高虚步亮掌

右臂向前上方弧形摆掌；同时左臂屈肘，左掌收于左腰间。上体微左转。目随右掌（图 9-49 之 2）。右掌经体前向左、向下、向右、向头上抖腕亮掌，掌心向前，掌指向左；同时左掌从右臂内穿出，经胸前向上、向左摆至左侧，掌指向上，高与肩平。左脚在右臂抖腕亮掌的同时收于体前，脚尖虚点地面，成高虚步。头部左转，两眼随右掌抖腕亮掌转视左侧（图 9-49 之 3）。

图 9-49

2. 旋风脚

左脚向左上步。同时左手向前、向上摆起，右臂伸直向后、向下摆动（图 9-50 之 1）。右脚随即上步，脚尖内扣，准备蹬地踏跳。左臂向下摆动并屈肘收至右胸前，同时左臂向上、向前抡摆。上体向左旋转前俯（图 9-50 之 2）。重心右移，右腿屈膝蹬地跳起；左腿提起向左上方摆动，上体向左上方翻转。同时两臂向下、向左上方抡摆。身体旋转一周，右腿做里合腿，左手在面前迎击右脚掌，左腿自然下垂（图 9-50 之 3、4）。

图 9-50

要求与要点：

（1）右腿做里合腿时，要贴近身体；摆动时，膝挺直，由外向里成扇形。

（2）击响点要靠近面前。左腿外摆要舒展，并在击响的一刹那离地腾空。初学时，左腿可自然下垂，当能够较熟练地完成腾空动作时，左腿逐步高摆，屈膝或直腿收控于身体左侧。

（3）抡臂、踏跳、转体、右腿里合等环节要协调一致，身体的旋转不少于 270°。

练习步骤：

（1）原地的或行进间的"里合腿加转体 90°"的练习。

（2）原地的或行进间"左腿外摆——右腿里合"的转体击响练习。

（3）不加腿法的抡臂转体跳 360°的"翻身跳"练习。

（4）跳起转体 90°的击响练习，逐步增加转体 180°、270°的练习。

易犯错误和纠正方法：

（1）上下脱节，转体角度不够，动作不协调。

纠正方法：多做转体 360°的"翻身跳"练习。在不加腿法的"翻身跳"练习中，要求上下肢协调，提高身体的旋转能力。

（2）跳起后，两腿摆动时屈膝、坐髋。

纠正方法：可多做"转身左外摆右里合"的腿法练习，在练习中强调伸膝的正确姿态。

（3）跳起后上体后仰。

纠正方法：在"提左膝、右腿单脚跳转 360°"的练习中，加强锻炼上体直立、头部上顶的能力。

（三）腾空摆莲

预备姿势：并步站立（图 9-51 之 1）。

动作说明：

1. 高虚步挑掌

右脚后撤一大步，同时右臂向前、向上挑掌，左臂后摆至体后（图 9-51 之 2）。重心后移，左脚回收至身前虚点地面，成高虚步，同时右臂向上、向后、向下、向前绕环一周于身前挑掌，高与肩平，掌指向上；左臂向前、向上、向后绕环抢摆至身后与肩齐平的部位，掌指上挑。两肩随两臂转动，上体挺胸、直腰、顺肩，两眼随右掌转视前方（图 9-51 之 3、4）。

图 9-51

2. 弧形步上跳

左脚向前进半步（图 9-52 之 1）；右脚随之向前进一大步，脚尖外展，屈膝略蹲。在上右步的同时，右掌弧形回收至腰间，左臂由后经上摆至头前上方（图 9-52 之 2）。右腿蹬伸上跳，左腿屈膝提起收扣于身前，身体腾空。右臂在跳起的同时，经左臂内侧向上弧形斜上举，左臂顺势摆向身后。两眼随右掌转视左侧，头部左转，右肩前顺（图 9-52 之 3）。右脚落地，左脚随之在身前落步，右脚再进一步，脚尖外展。身体右转，同时右臂顺势下落，左臂前摆（图 9-52 之 4、5）。

3. 腾空摆莲

右脚蹬地跳起，同时左腿向右上方里合踢摆。两手于头上击响，上体向右旋转，身体腾空（图 9-52 之 6）。右腿外摆，两手先左后右地拍击右脚面，左腿屈膝收控于右腿侧。上体微前倾，两眼随视两手（图 9-52 之 7）。在空中击响时，左腿可伸直分开摆动，控于体侧（图 9-52 之 8）。

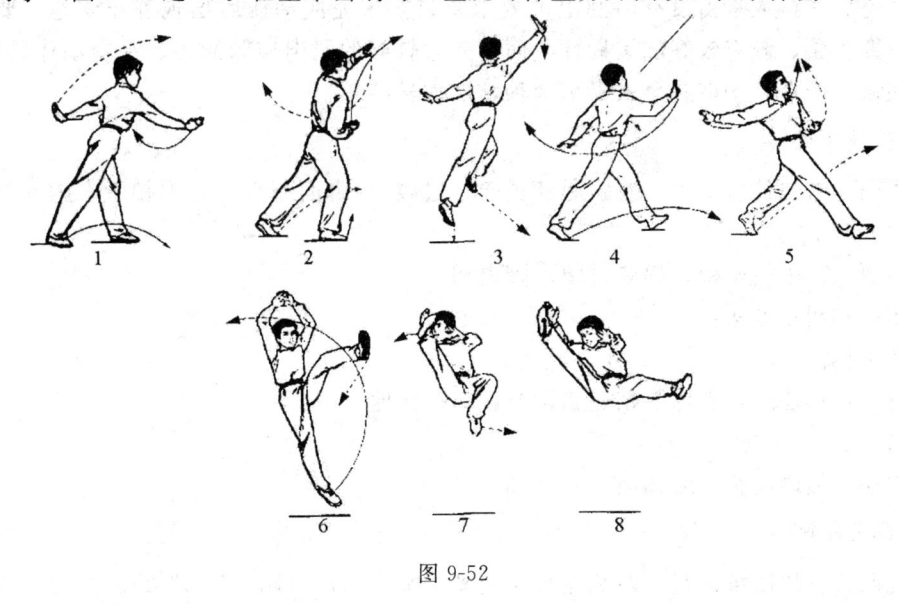

图 9-52

要求与要点：
(1) 上步要成弧形。右脚踏跳时，注意脚尖外展和屈膝微蹲。
(2) 上跳时，左腿注意里合踢摆。
(3) 右腿外摆要成扇形，上体微前倾，要靠近面前击掌。两手先左后右拍击右脚面，击响要准确响亮。
(4) 在击响的一刹那，左腿屈膝收控于右腿内侧，或伸膝外展置于身体左侧。
(5) 在完成动作过程中，要注意起跳、拧腰、转体，里合左腿与外摆右腿等动作要紧密协调。

练习步骤：
(1) 原地的和行进间的外摆腿练习。
(2) 进右步—左腿里合—向右转身—右腿外摆的组合练习。
(3) 上右步起跳，踢摆左腿，两手头上击响向右转体360°的"转体跳"练习。
(4) 起跳后转体90°，逐渐做到转体180°、转体270°。

易犯错误和纠正方法：
(1) 转体不够。
纠正方法：可多做向右后转体360°的"转体跳"练习。
(2) 击响不准。
纠正方法：可多做外摆腿击响练习。
(3) 右腿外摆幅度小，左腿不能里合踢摆。
纠正方法：在外摆腿练习中提高开髋幅度，在"转体跳"练习中解决左腿的里合收扣问题。

七、平衡练习

平衡动作分为持久平衡和非持久平衡两种。持久平衡要求平衡动作完成后，保持两秒钟以上的静止状态；非持久平衡没有时间上的要求，只要求完成动作后出现静止状态。要做好平衡动作，不仅要求腰、髋有较好的柔韧性，而且要有较好的肌肉控制能力。平衡动作的种类很多，下面选了最基本的提膝平衡和燕式平衡两种，供教学参考。

（一）提膝平衡

动作说明：右腿伸直支撑，左腿屈膝提起（过腰），脚面绷直，并垂扣于右腿前侧。两眼向左平视（图9-53之1）。

要求与要点：平衡站稳，提膝过腰，脚内扣。

易犯错误和纠正方法：
(1) 站不稳。
纠正方法：摇摆时，支撑腿稍屈膝调节，脚趾抓地。
(2) 勾脚。
纠正方法：强调屈膝、绷脚面。

（二）燕式平衡

动作说明：右腿屈膝提起，两掌在身前交叉，掌心向内（图9-53之2）。然后，两掌向两侧直臂分开平举,上体前俯,右脚向后蹬伸,成燕式平衡(图9-53之3)。

图 9-53

要求与要点:两腿伸直,后举腿要高于头顶水平部位,脚面绷直;上体前俯,略高于水平部位,挺胸、抬头。

易犯错误和纠正方法:

站立不稳。

纠正方法:支撑腿微屈膝,脚趾抓地,注意向后举腿、上体前俯和两臂分开平举的动作要协调一致。

八、跌扑滚翻练习

跌扑滚翻练习,对于培养前庭器官的稳定性,以及提高协调、灵巧、速度、力量等素质,都起着良好的作用。下面选了五个动作供教学参考。

(一)抢背

动作说明:右脚在前,左脚在后,两脚交错站立。左脚从后向上摆起,右脚蹬地跳起,团身向前滚翻,两腿屈膝(图9-54)。

图 9-54

要求与要点:肩、背、腰、臀要依次着地,滚翻要圆、快,立起要迅速。

练习步骤:

(1)做前滚翻,体会收下颏、含胸、收腹把身体团紧的要领。

(2)先做以右手扶地的抢背,再做腾空跃起的抢背动作。

易犯错误和纠正方法:

(1)团身不够,滚翻不圆。

纠正方法:要求收下颏,使下颏挨近胸锁部位,在跃起的一刹那间教师用"低头"这一呼号来提示要求，同时强调含胸、收腹、团身。

(2) 着地顺序不对，形成侧身滚动的错误。

纠正方法：强调右臂插向左腋下，头向右转，使下颏靠近左肩，滚翻时先以右肩着地，接着再以背、腰、臀依次着地。

(二) 鲤鱼打挺

动作说明：仰卧、屈体使两腿上摆，两手扶按两膝，两腿下打，挺腹，振摆而起（图 9-55）。

要求与要点：身体必须成半圆环形，两脚分开不得超过两肩宽，打腿振摆要快速。

图 9-55

练习步骤：

(1) 在教师或同学的保护和帮助下，体会动作要领。帮助的方法是，站在练习者的侧面，当其仰卧两腿后伸时，将一只手贴于对方的肩胛部位；在练习者打腿、挺腹时，乘势向上托起，帮助练习者加大振摆完成动作。

(2) 先做两手在两耳侧推地的振摆打挺，然后再逐步做到脱手的振摆打挺。

易犯错误和纠正方法：

(1) 打腿、挺腹不及时而完不成动作。

纠正方法：教师用击掌或语言为信号，提示练习者及时打腿、挺腹。

(2) 打腿速度慢和挺腹不够而完不成动作。

纠正方法：除强调打腿要快速外，教师可用一只手贴在练习者后腰部，帮助做好挺腹动作。

(三) 乌龙绞柱

动作说明：侧卧，左腿略屈贴地，右腿伸直。绞柱时，右腿由左向右贴身平扫，身体随之翻仰，两腿上举相绞（图 9-56）。

图 9-56

练习步骤：
(1) 先做腰背不离地面的两腿上举相绞的动作练习。
(2) 逐步使腰背离开地面，将腰、腿向上竖起。
易犯错误和纠正方法：
腰、背离不开地面。
纠正方法：强调必须以肩颈部位着地，腰、背在两腿上绞的同时用力上顶，开始时可在教师或同伴的帮助下逐步掌握要领。

(四) 侧空翻

动作说明：左脚蹬地，右腿从后向上摆起，身体前屈，在空中做向左侧翻动作，右脚先落地，左脚随之落地（图9-57）。

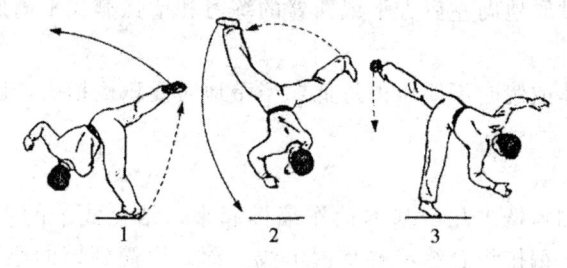

图 9-57

要求与要点：翻转要快，两腿要直。
练习步骤：
(1) 先做侧手翻，提高摆腿速度。
(2) 在教师或同学的保护和帮助下体会动作要领，然后逐步脱离保护。
易犯错误和纠正方法：
(1) 摆腿不直，速度不快。
纠正方法：除了强调挺膝外，主要通过侧手翻来改正。
(2) 左脚蹬地无力，腾空不高。
纠正方法：强调蹬地时踝、膝、髋迅速伸直，充分发挥蹬地的反作用力提高腾空高度。

(五) 旋子

动作说明：开步站立，身体右转，左脚离地，左臂前平举，右臂后下举；其次，左脚踏地，身体平俯向左甩腰摆动，同时两臂伸直随身向左摆动，紧接着左脚蹬地，身体悬空，两腿随身向左平旋；然后右脚先落地，左脚随之落地（图9-58）。

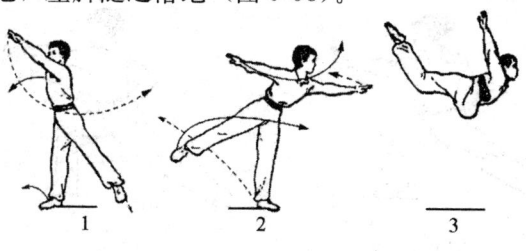

图 9-58

要求与要点：挺胸、抬头，身体成水平旋转，两腿要高过水平。

练习步骤：

（1）以左腿为支撑，保持燕式平衡的姿势，原地向左旋转一周。

（2）在教师或同伴的保护和帮助下体会动作要领。

（3）逐步减少帮助，脱离保护。

易犯错误和纠正方法：

（1）平旋时，空中造型做不出来。

纠正方法：除了强调抬头、挺胸、背肌收缩等要领外，还可以通过俯卧做背躬（即两头翘）的练习来形成姿势的定型。

（2）旋转速度慢，转度不够一周。

纠正方法：可以通过原地向左后方平甩两臂的练习和增强燕式平衡旋转能力的练习来改正。

（3）腾空不高。

纠正方法：强调上体前俯时不要压得过低，当蹬地时要积极抬头，腿向上打。

九、组合练习

组合练习是把拳术和器械中几个基本动作编排起来，结合武术的手、眼、身法、步的要求所进行的基本技术练习。编排组合练习要掌握由浅入深、由简到繁的原则，开始一般以3~5个动作为宜。通过组合练习，可以增进身体的协调能力，掌握动作与动作之间的衔接要领，是学习套路的基础，也是提高难度较大的动作质量的有效手段。

（一）步型与步法的组合练习

1. 弓步与马步的组合练习

动作：弓步推掌—拗弓步冲拳—马步冲拳—并步抱拳。

预备姿势：并步抱拳（图9-59）。

弓步推掌：左脚向左迈出一步成左弓步。同时左拳变掌由腰间向左推出成立掌，手指向上。眼看左手（图9-60）。

拗弓步冲拳：弓步不动，上体左转，右拳由腰间向前冲出成平拳，同时左掌收回腰间抱拳。两眼平视（图9-61）。

马步冲拳：上体向右转90°成马步。右拳收至腰间，同时左拳由腰间向左冲出成平拳。两眼向左平视（图9-62）。

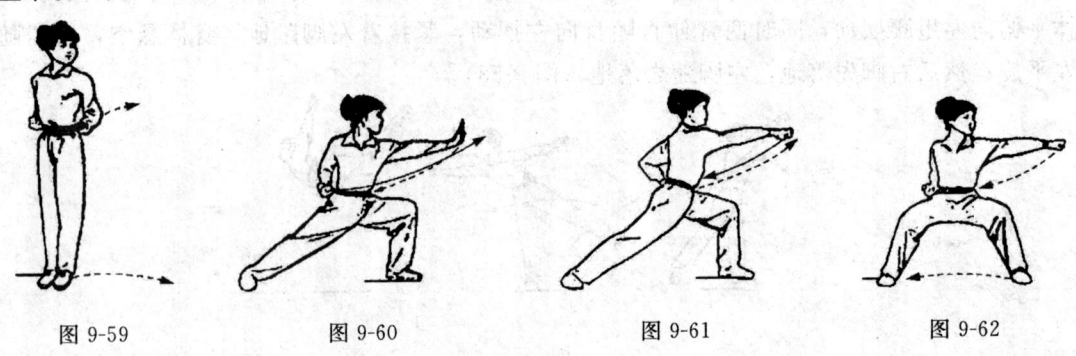

图9-59　　　图9-60　　　图9-61　　　图9-62

并步抱拳：左脚收回靠拢，同时左拳收回腰间成并步抱拳（图 9-63）。

图 9-63

右势动作相同，方向相反。

要求与要点：弓步换马步时，以左脚跟和右脚掌为轴，迅速转动成马步。重心移动时，弓马步姿势不要有起伏。推掌要顺肩，冲拳要拧腰、顺肩、沉胯。

练习步骤：

（1）先做推掌、冲拳练习。推掌要顺肩，力量要达于掌根和小指一侧。冲拳要顺肩、拧腰，逐渐使力量达于拳面。

（2）再结合步型做弓步推掌、拗弓步冲拳、马步冲拳动作。左右势可反复交换练习，逐渐增加数量，以提高腿部力量与上肢动作的协调性。

易犯错误和纠正方法：

弓步拔跟，马步脚尖外撇，躬腰。

纠正方法：做弓步时，后脚脚尖内扣，挺膝；做马步时，脚尖向前，扣膝，挺胸，塌腰。

2. 仆步与虚步的组合练习

动作：提膝穿掌—仆步穿掌—虚步挑掌。

预备姿势：并步抱拳（图 9-64）。

提膝穿掌：左拳变掌经下向上、向右按掌，同时右拳变掌由左手背上向右上方穿出，手心向上；左手顺势收于右腋下。随即左腿屈膝提起，上体微右转。目视右掌（图 9-65）。

仆步穿掌：右腿屈膝下蹲，左腿迅速伸直成左仆步，同时左手经胸前向下沿左腿内侧穿掌至脚面；右手成侧立掌，手指向上。眼看左手（图 9-66）。

虚步挑掌：右脚前上一步成右虚步，同时右手经下划弧上挑，掌指与肩平；左手经上向后划弧成正勾手，略高于肩。两眼平视（图 9-67）。

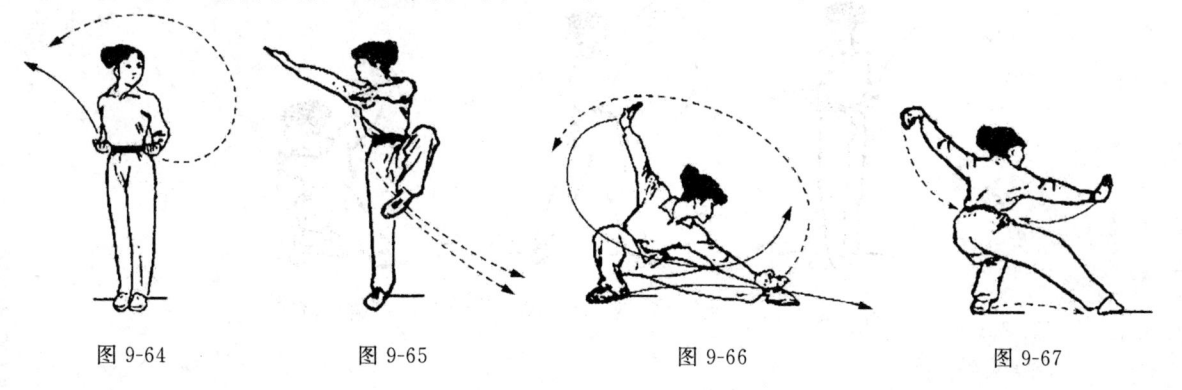

图 9-64　　图 9-65　　图 9-66　　图 9-67

继续练习，动作相同，方向相反。

收势：两脚并拢，并步抱拳（图9-68）。

图 9-68

要求与要点：左提膝与右穿掌要同时完成。仆步要拧腰、转头，穿掌动作要协调一致。上步变虚步时，重心要落于后腿，前脚尖虚点地面。

练习步骤：

（1）提膝、仆步、虚步可做分解动作练习，并可左右交换。

（2）仆步结合穿掌练习，左右交换。

（3）提膝与穿掌结合起来练习。练习时，手扶撑物体，一腿屈膝提起，接着随下蹲动作，脚尖微点地面，重心落于支撑腿，反复做蹲起练习，可以增加腿部力量。

易犯错误和纠正方法：

提膝不过腰，掌穿得慢，仆步翻臀，穿掌仆步不协调，虚步实步不明确，身体前倾。

纠正方法：在原提膝的基础上，一手抱膝，一手握脚向上提抱，然后再配合穿掌练习。仆步一腿全蹲，一腿仆直，两手抓握两脚外侧左右移动重心，然后两手松开，做仆腿和穿掌的配合练习。

3. 歇步与马步的组合练习

动作：歇步亮掌—转身抡臂正踢—马步盘肘—歇步下冲拳。

预备姿势：并步抱拳（图9-69）。

歇步亮掌：左脚横跨一步，同时右拳变掌向右侧划弧上举，手心向上。眼视右手（图9-70），右脚向左腿后插步成歇步，同时左拳变掌由下向上从右臂内侧穿出并向左、向后划弧成反勾手，右臂向左、向下、向右划弧至右侧上方亮掌。眼向左看（图9-71）。

图 9-69　　　　图 9-70　　　　图 9-71

— 196 —

转身抡臂正踢：身体起立并右转 90°，右臂稍向下、向前成侧上举，同时左勾手变掌侧下举（图 9-72）。

身体向右后转 180°，同时右臂向后、向下划弧一周至头部右上方成亮掌；左手向前、向上随体转向下划弧一周成反勾手，随即左脚向前上方踢起。目视前方（图 9-73 之 1、2）。

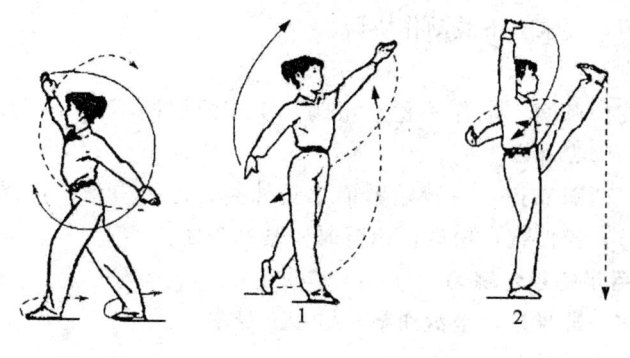

图 9-72　　图 9-73

马步盘肘：左脚落地，身体右转 90°成马步，右掌抱拳收回腰间；左勾手变拳由外向里平胸盘肘，拳心向下。两眼向前平视（图 9-74）。

歇步下冲拳：左脚外撇，身体左转 90°，右脚前移成歇步。右拳向前下冲拳成平拳，同时左拳收回腰间抱拳。目视前下方（图 9-75）。

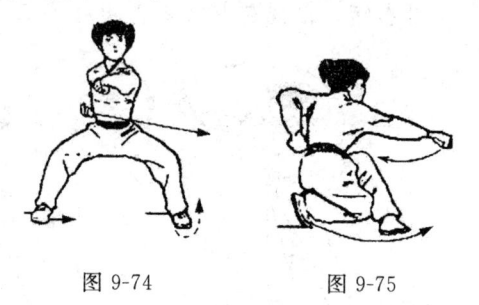

图 9-74　　图 9-75

继续练习，动作相同，方向相反。

收势：右脚上步向左脚靠拢，并步抱拳（图 9-76）。

图 9-76

要求与要点：做歇步时，两腿靠拢，后膝紧贴前小腿外侧。抡臂转身要以脚掌为轴，腰为主，动作要快。踢腿时支撑要稳，挺胸、收腹。正踢下落变马步时，以脚掌为轴，膝盖微内扣，挺胸、立腰。转歇步下蹲时，后膝盖必须紧贴前小腿后侧。起伏转折，要求协调一致。

练习步骤：

(1) 按纠正方法做分解练习。做歇步亮掌的插步下蹲时，拧腰、亮掌、转头的动作要求同时完成。练习抡臂时要多做单、双臂绕环动作。练习正踢腿时，支撑腿微屈站稳，摆动腿猛向上踢起，要注意勾脚尖、挺胸、收腹。

(2) 结合组合练习，要求上下肢动作协调。

易犯错误和纠正方法：

歇步，后膝盖顶住前膝窝，动作不稳；正踢，支撑腿摇摆不定，弓背弯腿；抡臂，耸肩弯臂；马步，弓腰驼背，脚尖外撇。

纠正方法：歇步，两腿靠拢，后膝贴紧前小腿外侧，拧腰坐稳；正踢，脚尖上勾，挺膝上摆时挺胸、收腹；抡臂，臂伸直，松肩，抡臂时要紧贴身体。

4. 插步、坐盘与弓步的组合练习

动作：插步双摆掌—翻身抡臂坐盘崩拳—弓步靠身掌。

预备姿势：并步抱拳（图9-77）。

插步双摆掌：左脚向左迈一步，脚尖外展，上体左转，同时两拳变掌向左推出，左手在前，右掌贴于左上臂内侧。眼向左看（图9-78）。

右脚向左前上步，同时两手向下、向左、向上弧形摆掌，上体随之左转。上动不停，左腿向右腿后插步。同时两手由上向右弧形摆掌，右手在前高与肩平成侧立掌，左掌贴于右上臂内侧，两掌心相对，掌指向上。头部右转，目视右方（图9-79）。

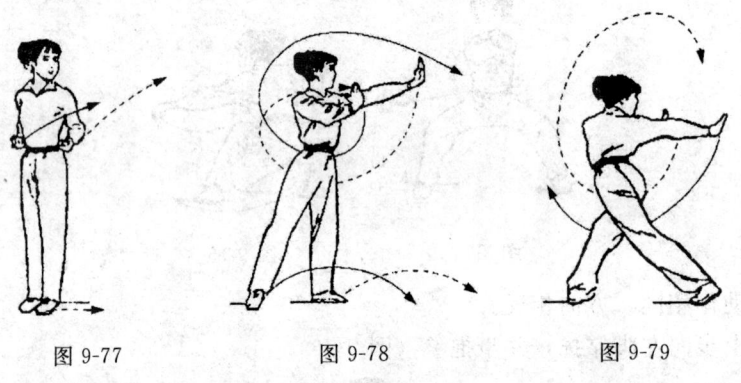

图9-77　　　　图9-78　　　　图9-79

翻身抡臂坐盘崩拳：上体左转翻身下坐成坐盘，同时左臂向下随翻身向上、向左抡臂；右拳紧随左臂向右、向上、向下、向上崩拳，手心向下，左手紧握右手腕（图9-80之1、2及附图）。

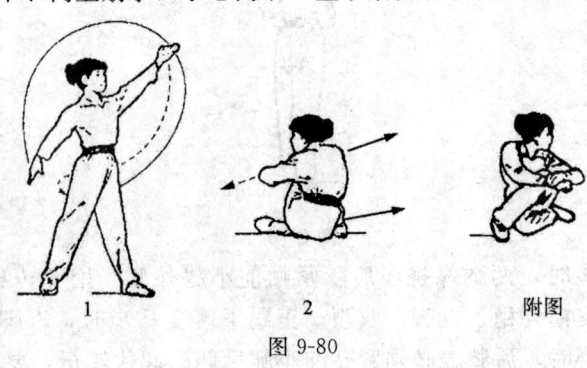

1　　　　2　　　　附图
图9-80

弓步靠身掌：两腿起立，同时右拳变掌收抱于胸前，左臂屈肘，左掌在右臂内贴于右胸前，右臂伸直外旋，右脚向前一步成右弓步。同时右手上靠略高于肩，左手下按。眼视右上方（图9-81之1）。

继续练习，动作相同，方向相反。

收势：两脚靠拢，并步抱拳（图9-81之2）。

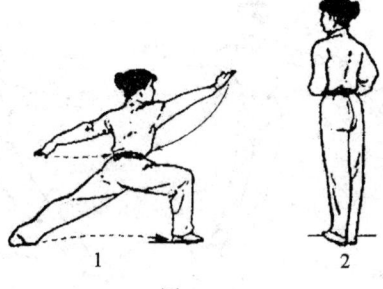

图 9-81

（二）跳跃组合练习

1. 高虚步上冲拳—击步挑掌—腾空飞脚—仆步亮掌

预备姿势：并步抱拳（图9-82）。

图 9-82

高虚步上冲拳：右脚向右侧跨一步。同时左拳变掌由下向左前上方举起，掌心向右；右拳在左掌上举的同时由下向身后摆动，上体微右转。目随左掌（图9-83之1）。左掌向右、向下经面前屈肘收于右胸前，拇指一侧贴胸，掌指向上。同时右臂微外旋，屈肘贴身向上冲拳，拳心向左前方。在右拳上冲的同时，重心右移，左脚收于身前，脚尖虚点地面成高虚步。头部左转，目随左掌转视左前方（图9-83之2）。

图 9-83

击步挑掌：左脚向左上步，同时右拳变掌由上向下沿左肩前直臂向前、向下切掌，掌指向前，掌心向左；左掌在右掌下切的同时插于右腋下，上体侧对前方。目视前方（图9-84之1）。左脚蹬地跳起，在空中以右脚碰击左脚。同时两臂于体前交叉，前后分摆，右臂向下摆至体后，掌心向右；左臂于右臂内侧贴身向下、向前挑掌，掌指向前，掌心向右，左肩前顺。随即右脚落地，左脚随之前摆在体前落步。目随左掌，平视前方（图9-84之2、3）。

图 9-84

腾空飞脚：右脚随即上步，并蹬地跳起；左腿向前、向上摆起。同时两臂上挑，由下向前、向上摆动到头顶上方时，用右手背迎击左掌心（图9-85之1）。在空中，右脚向前、向上弹踢，脚面绷平，并以右手掌迎击右脚面；同时左掌分摆到左侧方（变勾手，勾尖向下）。左腿在击响的一刹那，屈膝收控于胸前（右腿侧），上体前倾。目视前方（图9-85之2）。左脚落地，右脚下落至身前微提控制（图9-85之3）。

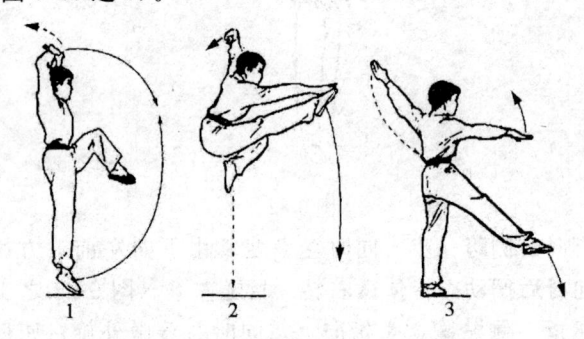

图 9-85

仆步亮掌：右脚在身前落步，随之右臂外旋并向右前方举起，右肩前顺；左掌收于左腰间。目视右手（图9-86）。

图 9-86

右掌继续向上、向左、向下、向右屈肘抖腕,在头部右上方亮掌;同时左掌从右臂内侧穿出,经右胸前向前、向左、向后划弧,摆至左腰后侧变勾手。右腿在亮掌的同时,屈膝下蹲;左腿伸直平仆成左仆步,上体左转。目随右手,转视左前方(图9-87)。

图 9-87

要求与要点:
(1) 向上冲拳时注意上臂贴耳。冲拳、转头、拧腰三个动作要同时完成。上体要挺拔,精神要贯注。
(2) 击步时注意两脚要在空中相碰,向前要有冲力,同时要注意屈膝,以便使重心下降。上体要顺肩、直腰。
(3) 仆步亮掌注意抖腕亮掌、转体、下势变换仆步三者要协调一致。上体挺胸直腰,微前倾。
(4) 由击步挑掌衔接腾空飞脚、仆步亮掌时,步法要清晰,中间勿附加动作和停滞。

练习步骤:
(1) 击步接腾空飞脚的衔接练习。
(2) 腾空飞脚下落时收控右腿落地的练习。
(3) 完整组合的练习。

易犯错误和纠正方法:
(1) 击步时不能顺肩挑掌。
纠正方法:注意挑掌时两肩顺直,左肩正对左方。
(2) 接腾空飞脚时,进步过大或过小,影响起跳,致使踏跳急迫或滞缓。
纠正方法:多做带击步的腾空飞脚动作,克服自由助跑接腾空飞脚的习惯。
(3) 飞脚落地时,右腿过于放松,形成不自主的落地动作,造成步法紊乱或附带多余动作。
纠正方法:腾空飞脚下落时要收腹,注意控制右脚的落地。

2. 高虚步亮掌—旋风脚—提膝亮掌

预备姿势:高虚步亮掌(图9-88)。

图 9-88

旋风脚：左脚向左上步。同时左手向前微摆，右臂伸直向后平摆（图9-89之1）。右脚随即上步，脚尖内扣。左臂屈肘收至右胸前，同时右臂向上、向前抡摆。上体向左旋转并前俯（图9-89之2）。重心右移，右腿屈膝蹬地跳起，左腿提起向左后上方摆动，上体向左后方旋转。同时两臂向下、向左后上方抡摆。在空中，身体旋转一周，右腿做里合腿，左手在面前迎击右脚掌（图9-89之3、4）。

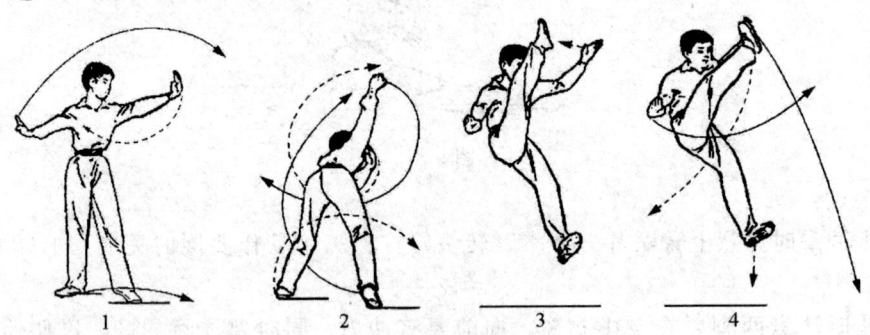

图9-89

提膝亮掌：左脚落地，右脚相继于身前落地。随即右臂前伸，前臂外旋；左掌同时向左、向后分摆至体后。上体左转，右肩前顺。目随右掌（图9-90之1）。右掌继续向上、向左、向下、向右划弧，屈肘、抖腕于头部右上方亮掌；同时左掌由后向前、向上从右臂内侧穿出并向左、向后划弧至体后变反勾手，高与肩平。左腿在右手抖腕亮掌的同时屈膝上提，脚面绷平，脚尖下垂内扣；右腿伸膝直立，上体左转。目视前方（图9-90之2）。

图9-90

要求与要点：

（1）上步接旋风脚时，上步踏跳与抡臂要协调一致。

（2）旋风脚落地接提膝亮掌时，注意降低重心。提膝亮掌时的穿手、提膝、转身和亮掌等要协调一致。

练习步骤：

（1）先练习动作之间的衔接，待动作间的衔接要领掌握后，再做完整的组合练习。

（2）在正确掌握单势动作的基础上，注意衔接动作的轻重缓急。

（3）重点练习旋风脚的起落，它是衔接前后动作的关键。

易犯错误和纠正方法：
（1）接旋风脚时，两臂抡摆僵滞，转动角度不够。
纠正方法：多做附有抡臂的旋风脚练习，上步时注意脚尖内扣。
（2）接提膝亮掌时，由于旋风脚落地不稳造成步法上的附加动作。
纠正方法：注意旋风脚落地时的稳健性。

3. 高虚步挑掌—弧形步亮掌—腾空摆莲—弓步架栽拳
预备姿势：高虚步挑掌（图9-91）。

图9-91

弧形步亮掌：左脚向前上半步，随之右手向下摆动（图9-92之1）。右脚继续向前进一大步。右掌在进右步的同时，向下、向右弧形回收至腰间；左臂由后经上摆至头前上方。目随右掌转视（图9-92之2）。右脚蹬地单足跳起，左腿随之屈膝提起收扣于身前，身体腾空。右掌在跳起的同时，经左臂内侧向上弧形上架于右上方；左臂顺势摆向身后。两眼随右掌转视左侧，头部左转，右肩前顺（图9-92之3）。

图9-92

腾空摆莲：右脚落地，左脚随之在身前落步，右脚再上一步，脚尖外展。同时右臂下落，左臂前摆（图9-93之1、2）。右腿蹬地跳起，同时左腿向右上方里合踢摆。两手于头上击响，上体向右转动，身体腾空（图9-93之3）。右腿外摆，两手先左后右击拍右脚面；左腿屈膝或直腿收控于身体左侧，上体微右前倾。两眼随视两手（图9-93之4）。左脚落地，右脚随体转向右前方落地（图9-93之5）。

弓步架栽拳：右脚向右上半步，屈膝半蹲；左腿蹬直成右弓步。同时右掌变拳，向下、向右、向上架于头部右上方；左掌变拳由左向上、向右下栽拳，左前臂内旋，拳面附着在右膝上。上体左转。目随右拳，转视左方（图9-94）。

— 203 —

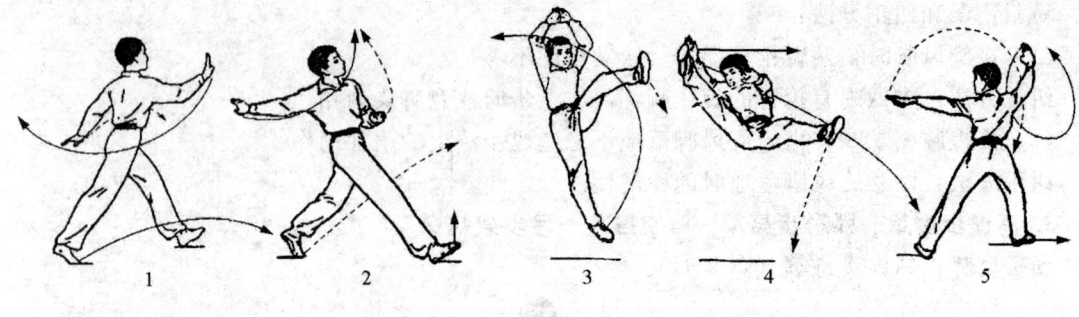

图 9-93

图 9-94

要求与要点：

(1) 行步要成弧形。踏跳时，脚尖要外展。摆莲要腾空，击响要准确。

(2) 衔接不要有附加动作，落地要稳健。

练习步骤：

(1) 在熟练弧形步的基础上衔接腾空摆莲。

(2) 腾空摆莲的起跳与落地是衔接前后动作的关键，在练习中要做专门性的起跳与落地的动作。

(3) 练习时，可先做弧形步亮掌接腾空摆莲的动作，待以上两个动作的衔接基本熟练之后，再加弓步栽拳的动作，逐步完成整个组合动作。

易犯错误和纠正方法：

(1) 弧形步时手法与步法紊乱，成跑步状。

纠正方法：可多做慢速度的分动、分解的手法与步法的配合练习。

(2) 腾空摆莲起跳时，右脚没有外展，致使旋转角度不够或使转身不协调。

纠正方法：可多做不加击响的向外跳转一周的练习，注意矫正旋转的角度。

第十章 民族传统体育之搏击项目实践

第一节 散打

一、散打运动概述

散打是一种武术徒手格斗运动，是两人在一定规则约束下，运用武术中的踢、打、摔等攻防技法进行的徒手对抗的现代竞技体育项目，它是中国武术的重要组成部分。散打的发展也经历了漫长的历史演变，过去很长一段时间被称为"散手"，古称"相搏"、"手搏"、"卞"、"弁"、"白打"、"拍张"、"手战"、"相散手"以及"打擂台"等。

原始社会人类为了获取生活资料与猛兽之间的搏斗以及后来为了争夺生产生活资料而引起的人与人之间的搏斗，应该算是散打的原始萌芽。春秋战国时期，传统的徒手格斗被称为"相搏"。为了使武艺得到交流，每年春秋两季，天下的武林高手要云集在一起进行较量（角试）。秦汉时期被称为"手搏"，并且出现了较为正规的比赛形式，汉代又被称作"卞"或"弁"。隋唐五代时期，手搏、角抵盛行，并几乎形成了比赛制度。宋代，手搏成为强身健体的重要手段。明清时期是武术的大发展时期，民间流行"打擂台"的比武形式。民国时期，开始将武术徒手格斗称为"散手"。所谓"散手"是相对于武术套路的固定动作而言，是将武术套路中的动作拆散用于实战。新中国成立后，武术套路作为发展和推广的重点，而散手在民间仍有流传。1979年，原国家体委将"散手"作为武术对抗性项目进行试点训练和比赛，1980年被列入"全国武术对抗项目表演赛"，1989年，散手被批准列为体育正式竞赛项目，而"散手"的名称也一直沿用。1998年的比赛开始使用"散打"称谓，两种叫法开始交叉使用。直到2009年8月12日至13日，全国武术散打运动发展战略研讨会在郑州召开，在这次会议上，为了搞好武术对抗项目的推广和发展，经过研讨后，最终将"散手"、"散打"的名称统一为"散打"。

二、散打运动的基本技法

(一) 基本步法

1. 滑步

(1) 前滑步。

后脚掌蹬地，前脚稍离地向前滑出20～30 cm，后脚随之跟进相同距离。身体重心保持在两脚之间，整个动作完成后仍为原来的姿势（图10-1）。

(2) 后滑步。

前脚掌蹬地，后脚稍离地向后滑出20～30 cm，前脚随之后退相同距离，身体重心保持在两脚之间，整个动作完成后仍为原来的姿势（图10-2）。

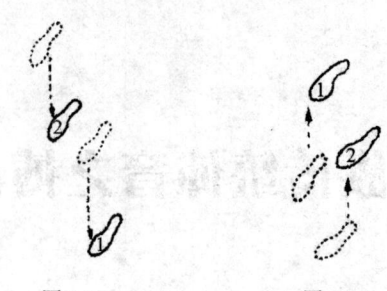

图 10-1　　　　图 10-2

在运用滑步时，要想达到理想的步法运用效果，要注意以下几个方面：第一，靠近运动方向的一侧脚先移动；第二，脚要沿着地面滑动；第三，滑步时，身体重心移动要平稳，上体不可前俯后仰，重心不要超出两脚的支撑面；第四，脚掌尽可能不离开地面，腿部肌肉放松自然，不可做跳跃步；第五，移动过程中，两脚应始终保持平行，以保持移动中的稳定性；第六，移动时应以脚掌为支撑点，不应出现迈步现象。

2. 交换步

从预备姿势开始，前后脚同时蹬地稍离地面，在空中左右腿前后交替，转体120°左右，同时两臂也做前后体位的交换，完成动作后成与原来相反的预备姿势（图10-3）。

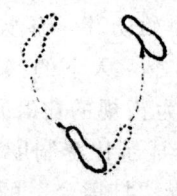

图 10-3

在运用交换步时，转换时要以髋部力量快速带动两腿交换，同时身体不能腾空过高，否则就会影响步法的运用效果。

3. 纵步

以前纵步为例，从预备姿势开始，两脚同时蹬地，使身体向前或向后移动（图10-4）。

在运用纵步时，为了能够达到理想的步法运用效果，要注意以下几个方面：首先，启动前不宜过分降低重心，不然容易暴露动作意图；其次，动作主要靠脚踝的力量向前纵出，但不宜过于腾空；再次，向后纵步，动作要领与向前纵步相同，但方向相反。

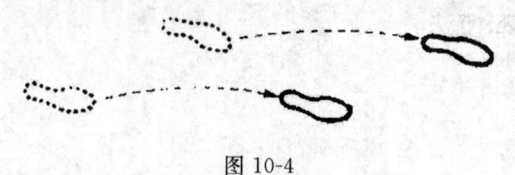

图 10-4

4. 垫步

从预备姿势开始，重心前移，后脚蹬地向前脚内侧并拢，随即前脚屈膝提起，根据情况使用蹬、踹腿法；上动不停，在使用腿法的同时，支撑腿随蹬（踹）腿向前再垫出一步，脚跟斜向前（图10-5）。

在运用垫步时，为了能够取得理想的步法运用效果，要注意以下几个方面：首先，后脚向

提膝示意线

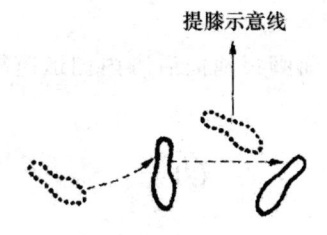

图 10-5

前脚并拢要快,前腿提起的动作与后腿的并拢动作不脱节,不停顿;其次,配合后腿的垫步要与腿法同时完成,但要注意垫步时不能腾空,为加大力度和充分伸展,踹出后的支撑腿脚后跟必须斜向前方。

5. 闪步

(1) 左闪步。

从预备姿势开始,上体保持原来的姿势,前脚向左侧迅速蹭出 20~30 cm,紧接着后脚以前脚为轴迅速向左滑动,角度在 45°~90°以内,动作完成后成预备姿势的步型(图 10-6)。

(2) 右闪步。

从预备姿势开始,后脚向右方横向蹭出,随后以髋部带动前脚向右侧滑动,身体转动一般在 60°~90°之间,动作完成后成预备姿势(图 10-7)。

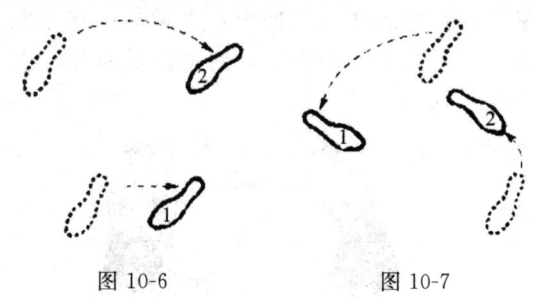

图 10-6　　　　图 10-7

需要注意的是,此步法也常常用于侧闪防守时,其中,关键的动作是转体闪躲。因此,为了能够较好地躲闪对方的正面进攻,侧闪步的同时要转体,否则就会影响步法的运用效果。

6. 击步

(1) 向前击步。

从预备姿势开始,重心前移,后脚蹬地向、前脚内侧迅速靠拢,在后脚着地的同时前脚向前方迅速跃出,着地后两脚成预备姿势步型(图 10-8)。

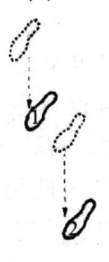

图 10-8

(2) 向后击步。

从预备姿势开始，重心后移，前脚蹬地向后脚内侧迅速靠拢，着地后两脚成预备姿势步型（图10-9）。

图10-9

在运用击步技术时，要想取得较为理想的步法运用效果，需要注意以下事项：首先，不能腾空过高，两脚动作要依次、连贯、快速；其次，完成动作的过程中要注意上体不能前俯后仰。

(二) 基本拳法

1. 冲拳

(1) 左冲拳击头。

从基本搏斗姿势开始，右脚掌蹬地，使重心快速前移到左脚上，身体右转，右脚跟稍向内转一下，在转体同时，探左肩，左臂迅速向前伸出，力量集中在拳头顶部，在击拳瞬间应该感到肩部有催劲。左膝稍弯曲一下。右手防护下颌，肘部防护身体；左手击打完成后应尽快收回成开始姿势（图10-10）。

图10-10

在运用左冲拳击头时，要注意出拳时身体重心不能过分前倾，不要翘臂、夹肩，右手不能向后拉，否则会影响拳法的运用效果。

(2) 右冲拳击头。

从基本搏斗姿势开始，以右脚前脚掌支撑蹬地，同时脚跟外转，把蹬地力量传至全身。身体随左后转，旋右臂向前沿直线冲出，在接近目标刹那合肩，将拳握紧。随出拳瞬间，重心移在左脚上，全脚着地。右脚微向左脚踵跟进，右膝靠近左膝。收左手防护头及上体（图10-11）。

在运用右冲拳击头时，为了能够取得较为理想的拳法运用效果，要注意以下几点：首先，蹬地、前移重心、转脚、屈膝、转体、顺肩、旋臂和出拳动作要协调一致；其次，左膝不能过屈；最后，不能有右拳后撤动作，发拳之前重心不要过早移到左腿上。

图 10-11

(3) 左冲拳击上体。

从基本搏斗姿势开始，重心移至左脚。左脚微向里扣，脚跟微外转，左膝屈成 110°～120°。重心向左脚移动。右脚蹬地，身体随之右转。同时左臂沿直线快速冲出。右手防护不变（图 10-12）。

图 10-12

为了能够取得较为理想的拳法运用效果，在运用左冲拳击上体时，要注意：首先，头不能超出前脚尖过多；其次，左脚外转与屈膝要同时进行；最后，出拳时上体微向前弯曲，但不能仰头或低头。

(4) 右冲拳击上体。

从基本搏斗姿势开始，重心移向右脚，以右前脚掌为支点，用力蹬地，身体随之左后转；重心前移到左脚，全脚着地。在身体左后转的同时，左膝屈约 100°～130°。重心在后脚。与转腰同时，右手臂沿直线向前冲出。左手护头，肘护肋（图 10-13）。

图 10-13

在运用右冲拳击上体时，既可以直接击打上体或闪躲后击上体，也可以在左拳击出后使用。

2. 贯拳

(1) 左贯拳击头。

身体重心移至右脚，随之向右转体带臂，左肘微屈，使左拳前送并成横向从左向右摆动。同时左脚蹬地，脚跟微外转，随之全脚掌着地，左膝屈约 110°～120°。右手保护下颌（图 10-14）。

图 10-14

在以左贯拳击头时,要注意:首先,要以腰带臂;其次,出拳的手臂边前伸,边横摆,以加快速度。否则会对拳法的运用效果有一定的影响。

(2) 右贯拳击头。

从基本搏斗姿势开始,右脚尖蹬地,脚跟微外转,身体随之猛向左拧转,右臂由侧横向成弧形摆动。边摆边前伸,再加上肩部动作一起向击打方向送出。身体重心略移到左脚。击打后,身体稍降低,微向左侧偏,以防身体前倾失去重心、暴露弱点。击打的刹那左肩比右肩略低。击打后的右手不要离开身体过远。左手保护下颌(图 10-15)。

图 10-15

在运用右贯拳击头时,要想取得较为理想的拳法运用效果,就需要注意以下几方面:首先,击打时抡臂与转腰同时,拳与肘接近水平,即边出拳边起肘;其次,抬肘不要过高,免得动作僵直缓慢;再次,拳头边出边内旋,击中后就停,用脆劲,以便于收成开始姿势。

(3) 左贯拳击上体。

重心右移,两膝微屈,重心下降。同时身体及腰部向右突转带动左手臂(左臂微屈)将拳成横向朝对方上体击出。右手保护头部(图 10-16)。

图 10-16

在运用左贯拳击上体时,注意要边出拳边抬肘,碾脚、蹬地,转体带臂。这样才有可能取得较为理想的拳法运用效果。

(4)右贯拳击上体。

从基本搏斗姿势开始,上体向右转。同时身体微俯,右拳屈臂横向向左击出。边出拳边抬肘,碾脚,蹬地、转体带臂,重心左移。拳触目标时向里推击,防止对方把腹部绷紧。击后迅速成开始姿势。

运用右贯拳击上体时,要想取得较为理想的拳法运用效果,就要注意以下几方面事项:首先,重心降低并前移;其次,后腿屈膝,脚跟外展,以利用上全身的劲;再次,摆臂时不要有意抬肘;最后,臂微屈,但要放松。

3. 抄拳

(1)左抄拳击头。

从基本搏斗姿势开始,重心移向左脚,体位微下沉,腰部和左腿瞬间挺直,借挺展力量带动手臂,将拳由下往上抄起。击打刹那间,拳心朝内(图10-17)。

图 10-17

在运用此拳法时,既可以直接击头,也可用于当对方右冲拳击己方头部时,己方向右侧闪,同时用左抄拳击对方头部。为了取得较为理想的效果,要注意动作的标准性。

(2)右抄拳击头。

从基本搏斗姿势开始,重心微降,右脚前脚掌蹬地,重心移至左脚。上体略向击打方向伸直,腰微左转、前送,借转体力量带臂(臂屈约45°~80°)将拳自下而上,用挺展力量击出。击打刹那间拳心向内(图10-18)。

图 10-18

在运用右上抄拳时,要想取得较为理想的拳法运用效果,首先,要注意脚跟朝外转动,以加大打击力量;其次,右脚蹬地与转脚跟要协调一致。

(3) 左抄拳击上体。

左抄拳击上体的动作方法与左抄拳击头基本相同，不同之处在于左抄拳击上体的身体弯曲度加大（图10-19）。

图 10-19

这种拳法的应用法式较为广泛，既可以直接击打对手上体，也可以在防住对手右腿踢后，用左抄拳击其上体；除此之外，还可以先用右手做假动作，使身体重心移至左脚，微屈膝，上体微向左转，重心下降，随之左膝蹬直，用左抄拳击对方上体。具体根据对手的特点和具体情况，进行有针对性的选择。

(4) 右抄拳击上体。

从基本搏斗姿势开始，身体重心移至右脚，体位略下沉。右脚猛蹬地，使腰部突然微左转挺展带动手臂将拳由下向上抄起，击打对方腹部，同时重心移至左脚。一般随出拳向前跨一步（图10-20）。

图 10-20

用右抄拳击上体时，应注意的事项与右抄拳击头部的基本相同，其中，最为关键的是动作的协调性要强。

4. 鞭拳

(1) 左鞭拳击头。

从基本搏斗姿势开始，重心前移，上身前探，左臂旋臂前伸，随之以肘为轴，猛甩腕翻拳，用拳背击打对方头部。

在运用左鞭拳击对方头，可用于败势退步时，突然左插步向左后转身180°鞭击对方；或前手佯攻，朝对手方向倒插步转身鞭击头部。为了取得较为理想的拳法运用效果，要注意以下几个方面：首先，发劲要快要有力，使臂部有鞭击动作；其次，臂部放松，勿发僵劲；再次，肘微屈，不要有意抬肘；最后，转身鞭拳应注意插步转体要快。

(2) 右鞭拳击头。

从基本搏斗姿势开始，重心前移，上身前探，右臂旋臂前伸，随之以肘为轴，猛甩腕翻拳，用拳背击打对方头部（图10-21）。

图 10-21

用右鞭拳击对方头部时，需要注意的是：首先，发动要快而有力，使臂部有鞭击动作；其次，臂部放松，勿发僵劲，肘微屈不要有意抬肘；再次，转身鞭拳，注意插步转体带臂要快。另外，这一拳法可用于败势时，右脚插步，向右后转身用右拳鞭击对方头部，还可用于前手佯攻，朝对手方向插步转身鞭击其头部。

(三) 基本腿法

1. 正蹬腿

支撑腿微屈，另一腿蹬地屈膝上抬，脚尖微勾起，展髋向正前方猛蹬冲。同时上体微后倾，髋前送，右脚触及目标瞬间全身肌肉绷紧，力达足跟，再次发力用前脚掌点踏（图10-22）。

图 10-22

在运用正蹬腿时，要想取得较为理想的腿法运用效果，需要注意以下几方面：首先，支撑腿微屈，蹬出腿屈膝尽力向上顶；其次，猛送髋，大腿发力带动小腿，脚沿直线向前蹬伸；再次，脚跟与前脚掌先后依次发力，先蹬再点踏。

2. 边腿（侧弹腿）

前脚向前滑动一步，前移约10～20 cm，带动后脚前移，支撑身体重量。几乎在落步同时，屈膝向斜前抬大腿，带小腿，随之用力拧腰转髋，猛挺膝，横向由外向内用力踢出，力达足背（图10-23）。

在运用边腿时，首先，要注意起腿时，支撑腿微屈，上体向支撑腿一侧倾斜，以维持身体平衡，起腿越高，倒体越大；其次，用鞭击方式发力，踢击后立即收回。把握好这两点，通常都会取得较为理想的腿法运用效果。

图 10-23

3. 侧踹腿

支撑腿脚尖微外转，腿微屈，侧对对方；另一腿屈膝高抬，脚尖自然勾起，脚外沿朝向对方，腿部猛然伸直，用脚掌沿直线蹬踹目标。发力瞬间转髋，加大旋转劲，以助腿部鞭打效果。踹腿时上体自然向相反方向倒体，踹腿越高倒体越大（图10-24）。

图 10-24

在运用侧踹腿时，为了能够取得较为理想的腿法运用效果，要注意：首先，要以转髋助蹬踹；其次，起腿要突然，沿直线越快越好；最后，注意在不断移动中调整距离。

4. 小边腿

重心略后移，支撑腿微屈；另一腿抬起，快速向斜下侧弹出。上体自然朝踢击方向微转（图10-25）。

图 10-25

在运用小边腿时，要注意：首先，起腿离地不要过高；其次，弹腿要快而有力，发劲时身体重心随之下降；最后，弹击后回复原来姿势。把握好这几点，往往就能取得较为理想的腿法运用效果。

（四）基本摔法

1. 接腿搂颈摔

己方右脚在前，对方起右脚蹬己方上体时，己方用左臂由外向内抓其小腿，右手搂其颈部并外旋。左手猛力上抬对方右腿，右手继续向右后下方边搂边抓压，形成力偶，同时用右脚截其支撑腿使其倒地（图10-26）。

图10-26

在运用接腿搂颈摔时，注意要转体带臂，一抬一压，造成旋转动势而摔倒对手。否则，往往很难取得理想的摔法运用效果。

2. 抓臂按颈别腿摔

对方用右贯拳或右直拳向己方头部击来，己方迅速向左微转体，用左前臂向左上架格挡住，左手下滑抓其腕部，随身体左转上右脚，用右腿别住对方右腿，右臂向左挟拧对方颈部时身体再向左拧转，左手用力向左后拉对方右臂，右臂向左下猛挟拧对方颈部，继续用力使对方倒地（图10-27）。

图10-27

在运用抓臂按颈别腿这一摔法时，注意挟颈要紧，转体要快，否则就不会取得较为理想的摔法运用效果，给对方可乘之机。

3. 抱腿压摔

对方用左边腿击己方上体，己方迅速靠近对方，用右手从上抓握其左脚踝，并屈左臂用肘窝夹住其左膝窝。右脚向右后撤一步，上体随之右后转并屈膝降重心。左臂夹紧其膝部，右手先向左后拽拉，后向上扳其小腿。左肩前靠，形成力偶，使对方向后倒地（图10-28）。

运用抱腿压摔时，要注意向右后转体时，右手向上扳与左肩朝下压腿动作要一致，否则就不会取得较为理想的摔法运用效果。

图 10-28

4. 闪躲穿裆靠摔

对方左脚在前,用左冲拳或贯拳向己方头部击来。己方迅速屈膝下潜,使对方击打落空。下潜的刹那,上右脚落于对方左脚后。同时用左手抓按对方的左膝,右臂沿对方左腿内侧伸进裆内,别住其右膝窝处,用头顶住对方胸部,上体用力向后猛靠使对方倒地(图10-29)。

图 10-29

在运用闪躲穿裆靠这一摔法时,要注意两点:一个是要按膝、穿裆同时上步;另一点是上体向后靠时,向右后转体。把握好这两点,往往就会取得较为理想的摔法运用效果。

5. 抱腿别摔

对方用左边腿击己方上体,己方迅速靠近对方,用右手从上抓其左脚腕,并屈左臂用肘窝夹住其左膝窝。随即躬身用左手由裆下穿,用左手掌扣住其右膝窝,右手往右后扳拉其左脚腕。身体右后转,同时下降重心,右手继续向右后扳拉,形成力偶,迫使对方瞬间失去重心而倒地(图10-30)。

图 10-30

在运用抱腿别摔时,要注意左别右扳,协调一致,转体与两臂用力一致。这样往往能够取得较为理想的效果。

6. 格挡搂推摔

对方左脚在前,用左冲拳或贯拳向己方头部击来。己方用右手臂上架来拳,并屈臂顺势向右后经由对方左臂外侧由上往下滑动,用力卡住其左臂。上左腿,右手下滑至对方左大腿时,向回按扒,同时用左手猛推对方左胸部,使其失去重心倒地(图10-31)。

图 10-31

在运用格挡搂推摔时,要注意一拉一推的动作要同步,否则就会对摔法的运用效果产生一定的影响。

第二节 擒拿

一、擒拿运动概述

擒拿是武术的主要技击方法之一,是一种实用的武术技击术。擒拿主要是通过反关节原理,针对人体易受伤害的要害部位,使用抓、缠、压、折、拧等技法,使被擒拿者失去正常生理活动,以达到"牵一发而动全身"的效果和防身制敌的目的。

在实践当中,擒拿要根据具体情况灵活运用。并不是学会了一个擒拿方法,就可以一招制敌,实际运用时,还取决于对动作技术的熟练掌握程度、良好的身体及心理素质等。此外,每一种擒拿方法都不是孤立存在的,实际应用时可能需要将两种甚至是多种擒拿方法混合使用,只有这样才能发挥出最大的实战效果。

评价一个擒拿动作是否成功,主要看被擒拿者是否完全在你的掌控之中,是否完全达到了"动弹不得"或"牵一发而动全身"的效果。反之,则证明擒拿是失败的,关键时刻甚至会起到反作用,从而造成擒拿角色的转换。

擒拿的运用要遵循快速反应、准确到位、动作熟练、变化多端以及下手要狠等原则。只有这样,才能在实战当中快速地取得主动权。此外,在平时的练习中,可以有针对性地进行相关力量、速度、灵敏等素质练习,良好的身体素质是熟练运用擒拿的基础和保证。

当前,为了适应安全教育的需要,许多院校开设了擒拿课程,凭借其实用性以及趣味性,擒拿课受到了大多数学生的欢迎。本节将常用的擒拿方法进行了归类,并针对每一个动作进行了实战应用的示例。擒拿方法千变万化,不同的人在不同的实战场合会有不同的应用方法。因此，大家在练习时除了可以学习书中的动作示例之外，也可针对自身优势，结合不同实战情境，发挥想象力，找到适合自身的擒拿方法。

二、擒拿运动的基本技法

(一) 基本手法

(1) 抓。对方用拳或掌击来，五指合力将其前臂或腕关节握住。在实战中，抓和拿是并举配合运用的。

(2) 压。当对方用拳或掌击打我方腹部时，我方前臂由上向下挤住对方前伸臂用力向下。其常与拿一起使用，压住对方的臂、腕、肘、膝等关节处，使其无法移动。

(3) 托。对方用拳或掌由上向下击来，我方用手掌由下向上举，控制对方手臂，阻止对方下击。

(4) 刁。对方用拳或掌击打我方头面部，我方反手由里向外，小指一侧先接触对方前臂或腕关节，然后五指合力，将其前臂或腕关节攥住。

(5) 拧。对方用拳或掌击来，我方抓住对方前臂或腕关节向里或向外旋转，将其控制住。

(6) 推。对方用拳或掌击来，我方用手向外或向前用力，使其前臂移动，改变攻击方向。

(7) 架。对方用拳或掌击来，我方用前臂向上横截，支撑对方前伸臂。

(8) 拨。当对方用拳击打我方腹部时，我方用前臂由上向下、向里封堵，使对方攻击方向改变后迅速回收。

(9) 缠。当对方抓住我方手腕时，我方被抓手以腕关节为轴向上、向外、向下旋转，抓拧对方手腕。

(10) 搅架。对方用拳或掌击打我方头面部，我方用前臂向斜上方架出，拳心朝里，当触到对方前臂后迅速外旋上架前臂，拳心朝外。上架前臂要贴紧对方前臂，不但使对方前臂改变攻击方向，还可紧紧将其控制住。

(11) 搋。对方用拳或掌击打我方头面部，我方用前臂由下向上横截，当触到对方前伸臂时，顺势反手抓紧对方前臂或腕关节，用力向自己斜下方拉。

(二) 基本功

1. 增加指力的练习

(1) 指功。

面对墙壁或木桩、其他物体，用两手食指交替向其戳击。初学者开始练习时，用力不要过猛，练习次数由少到多。

在练习指功时，首先，要精力集中，经常练习指力大增；其次，还要注意由轻到重，循序渐进，以避免手指出现损伤。

(2) 抓罐子。

自备一个小罐子，内可装沙子等物，重量大小适宜。两腿屈膝半蹲成马步，左右手交替抓罐子，也可抓铁锥等物体。重量和练习次数可逐渐增加 (图10-32)。

在练习抓罐子时，需要注意的是，两脚站稳，抓握要有力，否则练习的效果就会受到一定的影响，达不到增加指力的效果。

图 10-32

(3) 抓沙袋。

自制一个重量适宜的小沙袋，内装沙子或谷物。两脚开立或两腿屈膝蹲成马步，然后一手上抛沙袋，待其下落时另一手迅速抓握，左右手交替抛接沙袋，反复练习。此项练习还可以两人或多人互相扔、抓沙袋反复练习（图 10-33）。

图 10-33

在进行抓沙袋练习时，需要注意的是：两脚站稳，抛接要协调有力。另外，重量和练习次数可根据练习者的实际情况逐渐增加，注意要避免运动损伤的发生。

(4) 抓铁球。

两腿开立半蹲，一手抓握铁球，然后上抛。当铁球下落时，另一手迅速抓握，两手交替反复练习（图 10-34）。

图 10-34

在进行抓铁球练习时，需要注意：两手配合要协调，抓握要有力。否则练习的效果就会受到一定的影响，达不到增加指力的效果。

2. 增加臂、腕力量的练习

(1) 推砖。

两脚开立，屈膝半蹲成马步。上体正直，两手各握一块砖，拇指在上，屈肘收于两腰侧，目视前方。然后左右两手交替向前平推,动作同冲拳。初练时重量可轻,随功力增强,练习的时间、次数和重量可逐渐增加,也可手持哑铃做冲拳练习。开始每组30次,每天推2~3组,以后可不断增加(图10-35)。

图 10-35

在进行推砖练习时,需要注意:推出时手臂要伸直,前推时身体尽量减少摆动,否则会影响练习的效果,达不到增加臂力和腕力的目的。

(2)拧棒。

将若干块砖或一个重物系在一绳子上,拴在圆木棒上。两手各握木棒两端。两脚开立蹲成马步,两手向前臂伸直,握棒两手向前下用力拧棒,将重物拧起,随即两手向后反拧慢慢放下,如此反复练习。初学者可用一块砖或重量轻的物体练习。随着功夫的增长,练习的时间、次数和重量逐渐增加。一般每次练习3~5组,每组50次(图10-36)。

图 10-36

在进行拧棒练习时,动作的标准程度非常重要。首先,头部和身体正直,不要歪斜;其次,两脚要站稳,动作要缓慢。只有做到动作标准,才能取得较为理想的练习效果。

(3)缠腕。

二人面对,相距两步左右半蹲成马步。甲乙双方同时伸出左手或右手,由对方外侧向里,两手相交在手腕处,同时向外旋,掌心向下,虎口向前抓握对方手臂向下拧压,然后将手松开,再以另一手缠抓对方。如此反复交替练习,目随手转(图10-37)。

图 10-37

在进行缠腕练习时，需要注意：两脚要站稳，抓拧要有力。否则就会影响缠腕时的用力，影响练习的效果，增加臂力和腕力的效果就会有一定程度的降低。

（三）实用技法

1. 缠臂推击

对方右手从背后抓我方右肩（图10-38），我方迅速左后转，同时左臂抡绕缠夹对方右臂，右掌推击对方下颏，也可顺势顶膝（图10-39）。

图10-38　　　　图10-39

在运用缠臂推击这一技法时，需要注意：转身抡绕要快，缠夹要紧并上提，右手短促发力。

2. 挑掌抓拧

对方正面左手由外侧向内抓握我方手腕，我方左脚向左前上半步，脚尖内扣，同时屈右肘下沉，右手成八字掌上挑（图10-40）；我方小臂内旋，右掌由上向右下翻切，反抓握住对方左手腕，随即右脚向斜后撤半步，右手由外向里翻拧（图10-41）。

图10-40

图10-41

在运用挑掌抓拧这一技法时，要注意手法与步法配合要协调，抓拧要有力，否则就会影响擒拿对方的效果，给对方以可乘之机。

3. 掀压击肘

我方正面双肩被对方双手抓住，我方双手从对方双手中间环抱，左臂上掀右臂下压对方肘部，即可解脱；我方左手顺对方右臂内侧下捋，刁抓对方右手腕的同时，左脚上步，右臂屈肘横击对方左颊部（图10-42）。

图 10-42

在运用掀压击肘时，需要注意动作的标准性，具体来说，要求环抱双手抬平，上掀下压对方肘部整体发力，横击时以腰带动。否则就会影响技法的运用效果。

4. 扣腕格肘

我方右手腕被对方的右手抓握，我方左手由上向下扣握住对方右手，同时屈右肘横抬（图10-43）；随即左脚向左前上半步，右手成掌反抓握住对方右手腕向内拉，同时上体右前倾，左肘向下格压对方右肘（图10-44）。

图 10-43

图 10-44

— 222 —

在运用扣腕格肘这一技法时,需要注意:扣、抓、拉要紧,格压要有力,否则会影响技法的运用效果。

5. 扣手缠腕

对方右手由上向下抓握我方手腕,我方左手由上向下扣握住对方右手背,同时屈右肘横抬(图10-45);我方顺势向右后撤右步,同时右手变掌上挑抓握对方右手腕向外向下拧压,擒拿对方腕部(图10-46)。

图 10-45

图 10-46

在运用扣手缠腕时,动作的标准具有非常重要的意义。具体来说,需要注意:扣握要紧,抓腕切拧要有力,撤步要快,否则就影响技法的运用效果。

6. 撤步折腕

对方正面右手抓握我方右手腕,我方左手扣握对方右手,拇指顶其手背,右臂屈肘横抬,左脚后撤一步(图10-47);我方左手和右手四指同时扣抓住对方的右掌心,两拇指前顶,双手推压其手腕,并向下、向后拉带,边卷边压(图10-48)。当对方抓我方胸部时也可用此方法。

图 10-47

图 10-48

在运用撤步折腕这一技法时,要注意动作的标准性。具体来说,需要注意:扣、抓掌要快,推、压、拉带要协调有力。

7. 抓腕脱打

我方右手腕被对方的右手抓握,我方右手握拳屈肘,从对方右手拇指一侧,忽然上挑至右肩前,同时左手向下推压其右腕,我方右手解脱后,随右脚向前半步的同时,右拳背抡击对方右颊部(图 10-49)。

图 10-49

在运用抓腕脱打这一技法时,要注意动作的标准性。具体来说,就是需要注意:屈肘、上挑、下推要一气呵成,上步和抡击迅速有力。

8. 抓颈顶裆

对方正面两手掐我方颈喉部,我方立即向后撤右步,双臂屈肘上抬,两小臂从里向外格挡对方小臂,我方顺势两手变掌砍抓对方颈部,我方随即两手抓握对方后颈部,用力回抓,同时屈抬右膝向前上顶击对方小腹或裆部,使其失去抵抗能力(图 10-50)。

图 10-50

在运用抓颈顶裆这一技法时,需要注意两个方面:一是抓颈要突然,发力要迅猛;二是顶裆时双手抓握要紧,上下肢协调配合。

9. 撑脱顶肘

对方从后面将我方双臂抱住,我方右脚后撤半步,同时身体快速下蹲,两臂屈肘外撑上抬,即可解脱,我方左手顺势刁抓对方右手腕,同时右肘尖猛力顶击对方肋部(图10-51)。

图 10-51

在运用撑脱顶肘这一技法时,要注意动作的连贯性,撤步、下蹲、撑臂、抬肘要一气呵成,转腰顶肘发力短促。

10. 分手撞击

我方双腕被对方抓握,我方两臂微内旋向下伸,向左右分开。右脚向前上半步,同时头部前额向对方面部撞击(图10-52),对方后仰,我方趁势右脚进步,以右肩为力点冲撞对方胸部,顺势右手背撩击对方裆部(图10-53)。

图 10-52

图 10-53

在运用分手撞击这一技法时,要注意两个方面:一是头部攻击对方时,颈部保持紧张;二是头、肩撞击时周身发力,一气呵成。

11. 脱腕顶胸

我方右手腕被对方双手紧抓握，我方将左手从对方两臂中间插入抓握自己右拳拳面，上扳右小臂，右臂乘势沉肘上抬，即可解脱（图 10-54），随之上步进身，用右肘尖顶击对方胸部，继之用左手食指、中指插击对方双眼，也可用左掌根推击对方下颌（图 10-55）。

图 10-54　　　　　图 10-55

在运用脱腕顶胸这一技法时，需要注意：扳、抬要突然，顶肘、插击要连贯准确。

12. 推拧压肩

对方右手由左搂握我方颈部，我方以左手上托握住对方右肘，同时缩身低头向左由对方臂下钻出。我方右手顺势捋抓其右手腕并向内拧，同时左肘下压对方右肩，对方必前俯被擒（图 10-56）；对方欲向后挣脱，我方右手顺势从对方右腋下上穿封喉，随即左掌拍击对方裆部（图 10-57）。

图 10-56

图 10-57

在运用推拧压肩这一技法时，动作的速度、力度和标准性都非常重要。具体来说，需要注意：托肘、缩身、低头要快，捋、抓、拧、压一气呵成，上封下击准确连贯，粘黏劲不失。

13. 拉臂侧摔

对方由后用右臂锁住我方喉部，左手向后拉我方左手腕时，我方迅速用右手抓拉对方右小臂（图 10-58），我方左脚向对方腿后撤步并靠牢，以腰为轴向左转身的同时，左臂向后下外拨对方身体，将对方摔倒（图 10-59）。

图 10-58

图 10-59

在运用拉臂侧摔时，为了能够取得较为理想的技法运用效果，需要注意：动作要迅速准确，拉臂、外拨要有力。

14. 拧颈顶裆

对方正面双手搂抱我方腰部，我方右手扳对方后脑向怀里猛带，左手同时推按对方下颏，双手合力拧转对方头部，即可解脱，我方随即抬左膝向斜上顶击对方小腹或裆部，使其失去抵抗能力（图 10-60）。

图 10-60

在运用拧颈顶裆这一技法时，需要注意两个方面：一个是扳、带、推、拧发力快脆；另一个方面是顶裆时双手不要松动。

15. 掐喉勾踢

当对方用右拳击打我方头部，我方迅速用左臂外架，顺势捋抓住对方右臂，左脚前迈，并紧贴住对方右腿，同时右手前伸，欲用掐喉拿将对方拿住，对方用左手托我方右肘部用力向我方嘴部推按，欲用推肘拿将我方拿住，我方迅速改用左手抓握住对方左前臂用力向斜下方领拉，右手用力击打对方右侧背部，同时左脚向回勾踢，将对方摔倒。

在运用掐喉勾踢这一技法时，要想取得较为理想的技法运用效果，就必须注意两个方面：一是拉、打与回勾三个动作要同时进行，并做到协调迅猛有力；二是左脚勾踢时，脚跟要紧贴地面，脚尖上翘。

16. 别肘压肩

双方对面相向行走或对方出右拳向我方击打，我方左手迅速抓握对方右手腕的同时，右小臂由下向上挑起，穿过对方右臂，同时上左脚，身体迅速右转，上动不停，我方左手上推对方右手腕同时，右臂拉别对方右臂肘部，随转体右手迅速按压其右肩部。

在运用别肘压肩这一技法时，需要注意：抓腕要准、上步要快、按压有力，否则会影响技法的运用效果。

第三节 摔跤

一、摔跤运动概述

（一）摔跤运动的起源与发展

摔跤是我国少数民族共同喜欢的体育活动，是民族节日活动中不可缺少的活动内容之一。如彝族的传统节日火把节要进行摔跤比赛，朝鲜族每逢端午、中秋等节日要进行摔跤比赛，哈尼族在苦扎扎节要组织摔跤比赛，蒙古族在那达慕大会上更离不开摔跤，有人说没有摔跤比赛就不能称为真正的那达慕。有的民族还专为摔跤定节日，如侗族的摔跤节。摔跤节的日期很有趣，节日分为两天，首尾却相隔整整一个月，即分别在农历二月十五和三月十五。这源于一个古老的传说，古时，有一位侗族英雄只身与老虎摔打搏斗，在二月十五和三月十五打死了两只猛虎。周围侗寨的人们为了纪念他，便在每年的这两天进行摔跤比赛，再现英雄与老虎相搏的场景。

摔跤在我国源远流长，历史悠久。根据文字记载和传说，早在四千年前就有了摔跤活动。当时，人们为了求生存，在与自然界进行斗争和部落之间的冲突中，用自己的力量、技巧获得食物和进行自卫，从而产生了古代的摔跤。

据考证，早在西汉初期北方匈奴人就盛行摔跤。到了元代，摔跤在辽阔的草原上广泛开展起来，并逐渐成为军事体育项目。此时的摔跤，不仅是训练士兵的重要手段，而且还成为团结大众、激励斗志、消除隔阂、凝聚各方面力量的政治手段。当时，不仅有男子摔跤，还出现了女子摔跤。据《马可•波罗游记》记载，当时海都王的女儿爱吉牙尼就是一名摔跤能手，她曾以摔跤征婚，许多人都来应征，但都败在她的手下。蒙古族部落联盟时期的民主选举，只有摔跤超群者才能当选为首领。在蒙古族人民的心目中，摔跤不仅是勇士们力量的对抗，更是技艺和智慧的较量。元朝以后，摔跤作为蒙古族人民喜闻乐见的体育娱乐项目，被当作优秀的民族文化瑰宝保存下来，流传至今，并日趋完善。近年来，蒙古族体育工作者致力于搏克规则的改革，使这一古老的传统项目焕发了青春。1987年，在全国首届农运会上，蒙古族式摔跤被列为表演项目，并荣获农运会"特别贡献奖"。1991年，在全国第四届少数民族传统体育运动会上，蒙古族式摔跤被列入正式比赛项目。

我国疆域辽阔，自古就繁栖着许多生活习俗不同的民族。由于这些民族居住地区的差异，生活特点不同，所以，各民族的摔跤方式方法也各有不同，并各自具备较完整的比赛规则和奖励办法。

（二）摔跤运动的种类

摔跤的竞赛项目包括搏克、北嘎、且里西、格、绊跤以及朝鲜族式摔跤六个跤种。下面就将蒙古族、维吾尔族、藏族、彝族、回族、朝鲜族等民族的摔跤的特点作简略介绍。

1. 搏克

搏克是蒙古族式摔跤运动。运动员一般穿着有金属铆钉镶边皮制的"卓得戈"（跤衣）、"班泽勒"（跤裤）、"策日布格"（彩带）、"陶术"（套裤）、"果特勒"（蒙古靴或马靴）和"布苏勒"（皮制腰带），均不分体重级别，两名跤手相遇一跤定胜负。胜负的标准，先倒地或膝关节及其以上任何部位先着地者为负。

2. 北嘎

北嘎是藏族式摔跤运动，是藏族地区人们最喜爱的运动之一，它能充分体现高原民族奔放豁达的品格和勇于拼搏的精神。北嘎比赛方法是，双方运动员必须双手抓好对方腰带，运动员仅靠腰臂之力提起对方将其旋转摔倒，禁用脚绊，任何一个部位着地者为负。比赛按体重分为五个级别。

3. 且里西

且里西是维吾尔族式摔跤运动。比赛方法是，双方运动员必须先抓好对方腰带，在比赛中，运动员双手均不得离开对方的腰带去抓握对方的其他部位。且里西比赛可以用手摔、脚绊，比赛采取三局两胜制。

4. 格

格是彝族式摔跤运动，已成为彝族人民不可缺少的传统体育活动，开展非常广泛。每逢元宵节、端阳节、中秋节、火把节等庆贺节日均要举行。格的比赛方法是双方双手从两侧抓住对方腰带，通过腰、腿、脚等技术动作应用，将对方摔倒在地为胜。赛前一天称量体重，按体重分五个级别。

5. 绊跤

绊跤是满族、回族式摔跤运动。两人在 10 m×10 m 的比赛场地上互摔，以把对手摔倒为胜，并根据动作的质量得1分、2分或3分，每场比赛三回合3 min，中间休息1 min。以三回合中得分多者为胜。如未到比赛终止时间，而一方已超过对手10分，则超过10分者为胜。

6. 朝鲜式摔跤

朝鲜式摔跤类似于蒙古族式摔跤，但又有不同。比赛双方相对弯腰，右手抓住对方腰带，左手抓住对方系在腿上的绳进行较量。比赛场地分内场和外场两部分，内场为比赛区，外场为保护区，两区之间以 5 cm 宽的标线区分，线宽包括在比赛场区内。

摔跤被称为全国少数民族运动会上争夺最激烈、最具观赏性和民族特色的项目。摔跤运动，要求运动员手部、腰部和腿部动作协调配合，在对抗中充分显示自己的力量和技巧。从事摔跤运动能增强体质，发展力量、灵敏、速度与耐力等身体素质，并能培养人机智、勇敢和顽强的意志品质。

二、摔跤运动的基本技术

(一) 绊跤基本技术介绍

1. 基本功

绊跤是一项技术丰富、变化多样，为人民群众喜闻乐见的健身活动。要掌握这项运动，就应该从基本功开始。绊跤的基本功大致包括腿、腰、倒地、手臂等基本功。

（1）腿功。

腿功主要是为了发展腿部的柔韧性、速度、力量和灵活性，其练习大致有以下几种，如图10-61所示。

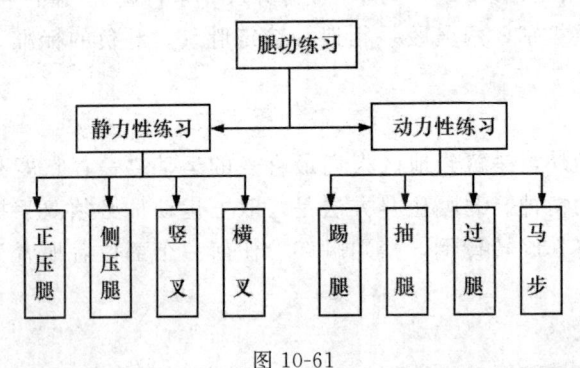

图 10-61

（2）腰功。

摔跤是一项力量性和灵活性极强的运动项目，每一个动作的完成都需要腰部身法予以积极配合。其大致的练习内容有转腰、涮腰、长腰和甩腰等。

（3）倒地功。

摔跤是以倒地（第三点着地）评定胜负的一项运动，在练习摔跤时必须掌握好自我保护的技术，倒地功是自我保护的方法之一，其大致的练习内容有前滚翻、后滚翻和栽碑倒等。

（4）手臂功。

绊跤是抓住对方的得力把位，配以其他动作使对方失去身体重心，将对方摔倒以至获胜。俗话说，"手是两扇门，全靠腿对人"。言下之意，手抓握对方的得力把位（抓把）是否得当是摔跤胜败的前提。因此，手臂的力量大小以及是否灵活是练习绊跤的基本。其手臂力量的练习内容大致有抓、推、拧、掏、抱、别等。

2. 基本技术

绊跤的技术内容比较丰富，两人对摔时，虽然攻守双方使用的技术都是随机应变的。但是，它们之间仍有最基本的、规律性的结构和要点，这些共性的技术，就是绊跤的基本技术。

(1) 步法。

步法是使用技术的基础，步法灵活、正确就能有效地发挥技术，并有利于战术的使用。绊跤的基本步法有：上步、撤步、横步、跨步、背步、盖步、滑步等。

(2) 手法。

在绊跤运动的技术中大部分是以手法为切入点，所以在学习绊跤时手法是必须掌握的基本技术。手法的基本技术分为搭、握、抓、绕、接、挂六类，如图10-62所示。

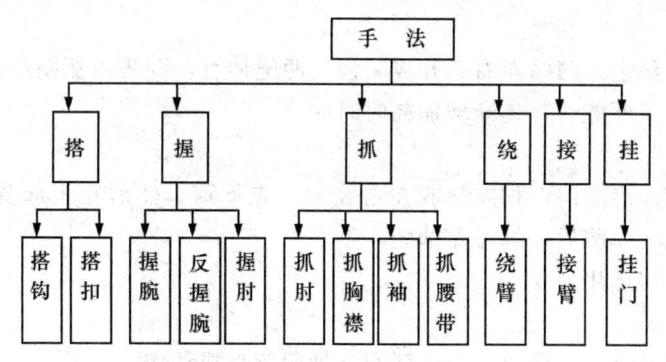

```
                           手 法
     ┌──────┬──────┬──────┬──────┬──────┐
     搭     握     抓     绕     接     挂
   ┌─┴─┐ ┌─┼─┐ ┌─┼─┬─┐   │     │     │
  搭  搭 握 反 握 抓 抓 抓 抓  绕    接    挂
  钩  扣 腕 握 肘 肘 胸 袖 腰  臂    臂    门
              腕       襟    带
```

图 10-62

(3) 倒法。

倒法是被摔落地时的保护对方和自我保护的方法。为了避免摔跤时的倒地受伤，因此，在学习摔跤前必须学会正确的倒地方法。绊跤的倒地方法有：滚动倒地、撑地倒地、前倒地、侧倒地等。

(4) 进攻、防守和反攻方法。

绊跤的进攻、防守和反攻的方法多种多样、灵活多变，其技术使用的目的是将对方摔倒或者是防止对方将自己摔倒的技术通称为进攻、防守和反攻。

在进行绊跤运动时可根据对方情况灵活运用，以达到将对方摔倒的目的。

(二) 中国式摔跤的基本技术

1. 基本功练习

(1) 腿功练习。

腿功练习主要是发展腿部的柔韧性、速度、力量以及灵活性，为练习摔跤打下基本功。

①抱腿拉韧带。

动作做法：两腿直立，上体前屈，两手抱腿，脸贴小腿，坚持一段时间。

动作要求：膝关节不能弯，逐渐增加耗时时间。

②分腿拉韧带。

动作做法：左右分腿，上体前屈，两手扳着后脚跟，用鼻尖尽量触及地面，然后一臂插入一腿的内侧，头贴近一脚的脚面，两手尽量抱在一起，左右腿互换进行练习。

动作要求：膝关节不能弯，逐渐增加耗时时间。

③压腿。

动作做法：正面把腿举起放在肋木或高台上，两腿伸直，勾脚尖，上体前屈，两手扳着后脚跟，左右腿交替进行。

动作要求：膝关节不能弯，逐渐增加耗时时间。

④劈叉。

竖叉：

动作做法：坐在垫上，两腿叉开前后绷直成一线，两腿伸直，前脚尖回勾，后脚面贴垫，上体可前屈用手抱脚尖，左右腿互换进行练习。

动作要求：膝关节不能弯，逐渐增加耗时时间。

横叉：

动作做法：坐在垫上，两腿左右叉开成一线，两腿伸直，两脚内侧贴垫，上体直立，挺胸。

动作要求：膝关节不能弯，逐渐增加耗时时间。

⑤抽腿。

动作做法：两腿前后方向，如左腿放在右腿后，先下蹲，然后在上起身的同时向右转身抽出右腿；再把右腿放在左腿后，练习左抽腿。

动作要求：身体协调用力。

⑥盘腿。

动作做法：两腿开立，上体直立，两腿交互做起落盘腿动作。

动作要求：上身放松，盘腿的腿过膝盖。

⑦跪腿。

目的：为破解对方进攻而进行的快速逃腿动作。

动作做法：两腿开立，上体直立，左右腿交替下跪，脚后跟须触碰到臀部。

动作要求：上身放松，跪腿动作要迅速。

⑧钻子脚。

动作做法：两腿开立，两脚当轴，左右来回拧钻，跪腿下蹲，上体下坐。

动作要求：上身放松。

⑨盘腿耗桩。

动作做法：上体直立，两臂叉腰，由一腿往下蹲桩，另一腿上提盘起。盘起的腿放在蹲桩腿的膝盖以上的部位，也可虚盘空悬。

动作要求：上身放松，两腿轮换盘腿耗桩，耗桩后一定要注意放松，避免肌肉发僵。

(2) 腰功练习。

①小涮腰。

动作做法：直立，两手可抱头，腰部做回旋动作。

动作要求：回转和左右侧向拉伸可交替做。

②大涮腰。

动作做法：直立，大范围转腰，即从躬身到转身到后仰再到躬身。

动作要求：开始动作可以慢一些。

③左右长腰。

动作做法：以右脚为轴，左脚迅速向左侧蹬出，同时甩脸长腰，左右交替做。

动作要求：身体协调用力，两手上下把位要带上力。

(3) 倒地动作练习。

①前滚翻。

动作做法：两手撑垫向前滚翻过去。

动作要求：团身，收下颚，憋气。

②前倒。

动作做法：向前方倒，两手臂拍垫，收腹。

动作要求：两手拍垫有缓冲。

③后倒。

动作做法：两手向后拍垫，身体后倒。

动作要求：收下颚，两手拍垫有缓冲。

④侧倒。

动作做法：一手臂拍垫，向侧方倒。

动作要求：收下颚，憋气，拍垫缓冲，两腿不要重叠在一起。

(4) 基本步法练习。

①上步。

动作做法：左跤架站立，右脚向前走一步，同时左脚向外拧转。

动作要求：左手、左脚在前的跤架为左架，反之为右架。

②撤步。

动作做法：左跤架站立，左脚向后撤一步，同时左脚向里拧转。

动作要求：重心不要过高。

③背步。

动作做法：右跤架站立，左脚移经右脚脚跟，在右脚外侧的位置上背一步。

动作要求：左手、左脚在前的跤架为左架，反之为右架。

④盖步。

动作做法：右跤架站立，左脚移经右脚前面，落在右脚外侧位置上，同时右脚向外拧转。

动作要求：左手、左脚在前的跤架为左架，反之为右架。

⑤滑步。

动作做法：右跤架站立，左脚移经左脚的前面，向左走弧线步，同时右脚向外拧转。

动作要求：左手、左脚在前的跤架为左架，反之为右架。

(5) 手法练习。

①捅手。

动作做法：上手或底手揪抓把位，向前或向斜上方用力一捅，迅速使用动作。

动作要求：捅手要与步法、绊子配合协调一致。

②耘手。

动作做法：上手或底手揪抓把位，向一侧猛的一横向耘，借对手反向一抗力之际迅速使用动作。

动作要求：耘手要与步法、绊子配合协调一致。

③散手。

动作做法：双方一交手，迅速抓、拿住对手上手的腕部、臂部或者其他把位。

动作要求：散手要与步法、绊子配合协调一致。

④挣手。

动作做法：在交手时，对手先抓了把位，则采用身体的晃动、上肢的挥摆，迫使对手松开把位。

动作要求：挣手要与步法、绊子配合协调一致。

⑤登手。

动作做法：在交手时，被对手先抓了自己把位，则用手臂的力量及被抓把处身体部位的配合，登开对手抓的把位，立即反抓对手把位。

动作要求：登手要与步法、绊子配合协调一致。

2. 配合练习

（1）揣的练习。

①背步揣。

动作做法：左反挂直门，右手挡握左臂，右耘，顺势使背步揣。

动作要求：原地两人配合练习。横向旋，然后反向摔。

②盖步揣。

动作做法：左手抓右小袖，右手挡握左臂，捅，顺势使盖步揣。

动作要求：原地两人配合练习。

③拿臂揣。

动作做法：两手拿住对手右臂，拉，背步，使揣。

动作要求：原地两人配合练习。在摔时右手可以按住对手右膝关节外侧。

④背步夹臂揣。

动作做法：左抓右小袖，右手挡握左臂，捅，顺势使背步揣。

动作要求：原地两人配合练习。两手同时抱对手一臂。

（2）入的练习。

①卧步插臂入。

动作做法：左手抓对方右小袖，右手插于对方左腋下，右耘，顺势使卧步入。

动作要求：原地两人配合练习。发力要顶臀、蹬腿、甩腰。

②背步抓后带入。

动作做法：左手抓对方右小袖，右手抓对方后带，右耘，顺势使背步入。

动作要求：原地两人配合练习。

③背步夹颈入。

动作做法：左手拉对方右臂，右臂夹住对方颈部，顺势使背步夹颈入。

动作要求：原地两人配合练习。

（3）绷的练习。

①背步反抓臂绷。

动作做法：两手同时抓住对手左臂，左拉，右抓后带，使背步绷摔倒对手。

动作要求：原地两人配合练习。绷腿要有力，长腰、甩脸。
②盖步反抓臂绷。
动作做法：两手同时抓住对手左臂，左手拉，右抓后带，使盖步绷。
动作要求：原地两人配合练习。绷腿要有力，长腰、甩脸。
（4）踢的练习。
①抓直门冲踢。
动作做法：左抓直门，右抓小袖，左脚上步于对手两脚内，右脚冲踢。
动作要求：原地两人配合练习。两手和上体拧转要配合拦踢协调用力。
②抓上领弹踢。
动作做法：左抓直门，右抓上领，两手向左下方猛按，左脚外弹，快速以右脚直接拦踢对手。
动作要求：原地两人配合练习。上体拧转要配合拦踢协调用力。
③抓上领冲踢。
动作做法：左抓直门，右抓上领，使右脚冲踢摔倒对方。
动作要求：原地两人配合练习。上体拧转要配合拦踢协调用力。
④架梁脚。
动作做法：左抓右小袖，右手挡握左臂，左捅，右手叉架右臂，泼脚摔倒对手。
动作要求：原地两人配合练习。拦踢要快，上体拧转要配合拦踢协调用力。
⑤反抓臂踢。
动作做法：右抓右臂回拉，右泼脚摔倒对手。
动作要求：原地两人配合练习。拦踢要快，上体拧转、步法要配合拦踢协调用力。
（5）倒脚踢的练习。
①散手倒脚踢。
动作做法：散手跤。右手拉腕，使倒脚踢摔倒对手。
动作要求：原地两人配合练习，动作要快。
②反抓臂倒脚踢。
动作做法：右手回拉对手右臂，立即用左手横抹对手前额，使倒踢脚摔倒对手。
动作要求：原地两人配合练习。
（6）弹拧的练习。
①散手弹拧。
动作做法：两手抓握对方右腕，突然向左抡带对手右臂，左脚背步，使弹拧。
动作要求：原地两人配合练习。弹拧是巧力，步法手法要配合协调，弹腿要快。
②按颈弹拧。
动作做法：左抓右小袖，左脚背步，右手按颈，使弹拧。
动作要求：原地两人配合练习，弹腿要快。
（7）崴的练习。
①抓后带崴。
动作做法：左抓直门，右手挡握左臂，左捅，左脚背步，右抓后带，崴倒对手。

动作要求：原地两人配合练习，两脚拧转要狠要快。
②抓直门崴。
动作做法：两手分别抓住对手左右直门，捅，跳盖步，崴倒对手。
动作要求：原地两人配合练习，两脚拧转要狠要快。
③抓小袖崴。
动作做法：右抓左小袖，左手挡握右臂，右捅，左脚背步，崴倒对手。
动作要求：原地两人配合练习，两脚拧转要狠要快。
(8) 勾子的练习。
①缠腿勾子。
动作做法：左抓右小袖，右手挡握左臂，左脚背步，右臂夹颈，使勾子摔倒对手。
动作要求：原地两人配合练习，使用勾子时要长腰、甩脸，底手拉。
②捅手夹颈勾子。
动作做法：左抓右小袖，右手挡握左臂，左捅，左脚背步，右臂夹颈，使右腿勾子摔倒对手。
动作要求：原地两人配合练习。使用勾子时要长腰、甩脸，底手拉。
③耘手抓后带勾子。
动作做法：左抓直门，右抓后带，右耘，左脚背步，使右腿勾子摔倒对手。
动作要求：原地两人配合练习。使用勾子时要长腰、甩脸，底手拉。
④散手抓上领勾子。
动作做法：右抓上领，左手挡握右臂，跳背步，使右腿勾子摔倒对手。
动作要求：原地两人配合练习，使用勾子时要长腰、甩脸，底手拉。
(9) 别的练习。
①抱颈别。
动作做法：左抓右小袖，右手反抓左腕，左脚背步，右臂夹颈，使别摔倒对手。
动作要求：原地两人配合练习，夹颈要狠，别腿要快，要长腰、甩脸。
②捅手夹颈别。
动作做法：左抓右小袖，右手挡握左臂。左捅，左脚背步，右臂夹颈，使右腿别摔倒对手。
动作要求：原地两人配合练习，夹颈要狠，捅与转身别要连贯一致，夹颈要狠，别腿要快，要长腰、甩脸。
③捅手抱单臂别。
动作做法：左抓右小袖，右手挡握左臂。左捅，左脚背步，用右臂抱住对手右臂，使用右腿别摔倒对手。
动作要求：原地两人配合练习，夹颈要狠，捅与转身别要连贯一致，夹颈要狠，别腿要快，要长腰、甩脸。
④捅手按膝别。
动作做法：左抓右小袖，右手挡握左臂。左捅，左脚背步，用右手向后下方扒按对手右膝外侧，使别摔倒对手。
动作要求：原地两人配合练习，夹颈要狠，捅与转身别要连贯一致，夹颈要狠，别腿要快，要长腰、甩脸。

⑤支别。

动作做法：左抓右小袖，右抓偏门，捅，左脚背步，使右腿别摔倒对手。

动作要求：原地两人配合练习。夹颈要狠，捅与转身别要连贯一致，夹颈要狠，别腿要快，要长腰、甩脸。

⑥盖步别。

动作做法：左抓右小袖，右抓直门，捅，左脚盖步，使右腿别摔倒对手。

动作要求：原地两人配合练习，捅与转身别要连贯一致。

⑦反抓后带别。

动作做法：左抓右小袖，右手经对手右肩抓后带，右耘，左脚背步，使右腿别摔倒对手。

动作要求：原地两人配合练习，夹颈要狠，耘与转身别要连贯一致，夹颈要狠，别腿要快，要长腰、甩脸。

(10) 切的练习。

①串头切。

动作做法：左抓右小袖，右抓上领，右耘，左脚上步于对手右脚外侧，右臂夹颈，右腿切倒对手。

动作要求：原地两人配合练习，右腿划切要快，底手拉，上手配合用力。

②拿臂切。

动作做法：两手拿住对手右臂，猛地向右跪拉，左脚同时上步于对手右脚外侧，右腿切倒对手。

动作要求：原地两人配合练习，右腿划切要快，底手拉，上手配合用力。

(11) 耙的练习。

①散手耙。

动作做法：散手跤。左抓右腕，左手挡握右臂，左手跪拉，左脚上步，用右脚耙倒对手。

动作要求：原地两人配合练习，耙要求手脚一定要配合起来，耙哪个腿就先使对手重心移到哪个腿。

②反抓臂耙。

动作做法：两手反抓左臂，左抓右臂拉，左脚上步，用右脚耙倒对手。

动作要求：原地两人配合练习，耙要求手推脚耙一定要配合起来。

(12) 大得合的练习。

①叉臂大得合。

动作做法：散手跤。右手挡握左臂，左手叉于右腋下，左脚上步，用右腿大得合摔倒对手。

动作要求：原地两人配合练习，左手拉腰要猛，上手推按，右腿拉住对手左腿横向后拉或往后直拉，身体尽量向前压。

②耘手抓上领大得合。

动作做法：左抓右小袖，右抓上领，右耘，用右腿大得合摔倒对手。

动作要求：原地两人配合练习，挂腿要快并与两臂协调，用力一致。

(13) 小得合的练习。

①反抓臂小得合。

动作做法：两手同时拿住对手左臂，左手拉，右手抓后带，左脚上步，使右腿小得合摔倒对手。

动作要求：原地两人配合练习，学会借力，要借对手夺臂后仰之际，快速推胸、跪腿、按腿。

②耧手小得合。

动作做法：左抓直门，右手叉于左腋下，右耧，用右脚小得合摔倒对手。

动作要求：原地两人配合练习，横耧有力，跪推要快。

(14) 抱搂摔的练习。

①抓腰带抱搂摔。

动作做法：两手分别反抓对手双手腕，左脚上步，两手抓对手后带，用右腿搂摔对手。

动作要求：原地两人配合练习，搂时绷脚尖，手抓腰带往怀里拉紧。

②拿臂抱搂摔。

动作做法：两手反抓对手右臂，用力向右下方跪拉，左脚上步，右腿搂摔对手。

动作要求：原地两人配合练习，抱搂要猛、快。

③叉臂抱搂摔。

动作做法：左反抓右手腕，右手挡握左臂，左手叉于右腋下，左脚上步，右腿搂摔对手。

动作要求：原地两人配合练习，搂要猛、快。

(15) 挤桩摔的练习。

动作做法：左抓右小袖，右抓偏门，右耧，左脚趁势上步，右脚叉于对手左腿后，使挤桩摔摔倒对手。

动作要求：原地两人配合练习，身体紧紧贴住对手，两手要配合用力。

(16) 搌管摔的练习。

动作做法：左手抓右小袖，右手挡握左臂，左手跪拉，上左步，右腿管住对手左腿，右臂叉于对手右腋下，使搌管摔摔倒对手。

动作要求：原地两人配合练习。

(17) 抱腰腿摔的练习。

动作做法：两手挡握两臂，左脚上步，右脚上步管在对手身后，右手抱抓对手右腰侧，左手提对手左大腿里侧，将对手抱起，右转将对手摔出。

动作要求：原地两人配合练习，上步抱腰要快。

(18) 撤桩摔的练习。

动作做法：散手跤。上步，蹲身，抱住对手一腿，头在外，身在对手腿的内侧，右胸紧压对手右大腿，上体随之左转，猛地向左、向右后方拉拽而摔倒对手。

动作要求：原地两人配合练习，拉拽要有脆劲，抱紧腿用胸压紧，步法跟上。

(19) 抱双腿冲顶摔的练习。

动作做法：散手跤。上步，蹲身，抱住对手两腿，用右肩贴对手腹部，头部贴对手右肋部，两臂用力向后勒抱，同时用右肩向前顶撞对手腹部。

动作要求：原地两人配合练习，重心要低，上步、跟步、抱腿要快。

（20）手别摔的练习。

①支捅手别摔。

动作做法：左抓右小袖，右手挡握左臂，左手捅，左脚背步，右手别摔摔倒对手。

动作要求：原地两人配合练习，上步背步转身要快，甩脸要干脆。

②下掀手别摔。

动作做法：左抓右小袖，右反抓左腕向下掀，左脚背步，右手别摔摔倒对手。

动作要求：原地两人配合练习，上步背步转身要快，甩脸要干脆。

（21）掏腿摔的练习。

①反抓臂外掏腿摔。

动作做法：反抓对手右臂，右手拿臂回拉，右手推肩，左手外掏对手右腿摔倒对手。

动作要求：原地两人配合练习，推肩要狠并要有脆劲，步法配合跟上。

②横耘里掏腿摔。

动作做法：左抓直门，右手挡握左臂，右耘，左脚快速上步在对手右腿外，右手里掏对手右腿而摔倒对手。

动作要求：原地两人配合练习，推肩要狠并要有脆劲，步法配合跟上。

（22）错腿摔的练习。

动作做法：散手跤。右手压颈，左手斜向推按对手右膝关节外侧，两手用力方向正好相反而摔倒对手。

动作要求：原地两人配合练习，左脚上步落在对手右脚外侧，左手错和右手按要协调一致用力。

（23）捅闪摔的练习。

动作做法：左抓右小袖，右抓上领，捅，右脚撤步向右闪身，捅闪摔倒对手。

动作要求：原地两人配合练习，捅、拉、撤步、闪身要协调一致。

（24）叉闪摔的练习。

动作做法：左抓右小袖，右手挡握左臂，左手前捅，左脚上步，右手快速叉于对手左腋下，叉闪摔摔倒对手。

动作要求：原地两人配合练习，捅、拉、撤步、闪身要协调一致。

（25）枕憋摔的练习。

①散手反抓臂枕憋摔。

动作做法：散手跤。左手回拉左臂，右手抓右腰侧，左脚上步，右腿管住对手左腿，枕憋摔倒对手。

动作要求：原地两人配合练习，身体要紧紧贴住对手，靠挺腰后仰翻脸摔倒对手。

②抠腰枕憋摔。

动作做法：散手跤。右反抓左腕，两脚上步，用右腿管住其左腿，右手抠其左右侧腰，枕憋摔倒对手。

动作要求：原地两人配合练习，身体要紧紧贴住对手。

(26) 穿裆靠的练习。

动作做法：左抓右小袖，右手反握左腕，左脚上步，右腿管住对手左腿，右手快速穿入对手裆中，使穿裆靠摔倒对手。

动作要求：原地两人配合练习，身体要紧紧贴住对手，穿裆的手臂配合横向扳对手的右腿。

(27) 躺刀的练习。

动作做法：左抓右小袖，右手挡握左臂，左手跪拉，左脚背步，用右手抱住对手右上臂，右腿躺刀摔倒对手。

动作要求：原地两人配合练习，在抱臂时上体随之左转，用头和肩撞、枕压对手胸部。

(28) 扛摔的练习。

①穿腿扛摔。

动作做法：左抓右小袖，右手挡握左臂，左手捅，左脚上步，跟步右脚、下蹲，左手回拉，右手穿裆，挺身、站起，将对手向后摔出。

动作要求：原地两人配合练习，扛时切忌躬腰进身，左手要有拉劲，上步跟步要快，站起时要挺胸、收腰、抬头。

②抱单腿扛摔。

动作做法：左抓右小袖，右手挡握左臂，左手前捅，左脚同时上步，快速跟步右脚、下蹲，两手同时抱住对手右腿，挺身、站起，向后摔出对手。

动作要求：原地两人配合练习，扛时切忌躬腰进身，左手要有拉劲，上步跟步要快，站起时要挺胸、收腰、抬头。

③抱双腿扛摔。

动作做法：左抓右小袖，右手挡握左臂，左手前捅，左脚同时上步，快速跟步右脚、下蹲，两手同时抱住对手两腿，挺身、站起，向后摔出对手。

动作要求：原地两人配合练习，扛时切忌躬腰进身，左手要有拉劲，上步跟步要快，站起时要挺胸、收腰、抬头。

3. 绊跤教学的基本阶段

绊跤教学的基本阶段分为：初步掌握、改进提高和熟练巩固三个基本阶段。

(1) 初步掌握阶段。

本阶段的主要教学任务是使学生建立正确的动作表象和完整的技术概念。

(2) 改进提高阶段。

任务是巩固、熟练正确的技术。

(3) 熟练巩固阶段。

改进薄弱环节，全面改善技术，提高运动成绩，加深理解技术，达到自动化阶段。

4. 摔跤的教学重点与难点

(1) 了解摔跤的真正含义；

(2) 掌握摔跤的技术要领；

(3) 对摔跤重点技术的强化练习；

(4) 摔跤技术的几个重要环节。

在进行技战术练习的同时，要安排力量、速度、耐力、灵敏、柔韧素质的练习，其中要更加注重与技术紧密结合的器械的基本功练习。如利用杠铃增加手的拧握力；利用推砖，不但增加上肢的支、拉、捅、握力，而且还能通过推砖的各种方式，如卧推、拽推、撕推、耙推等技术动作相结合，进一步增进专项力量；利用砂带增进手、臂的抓握、捏、拉、抡、逮的力量；利用臂的拧力和腿的钻力，同时可以练习勾、别、踢等完整的进攻动作；利用杠铃增进腰部的含、仰、堵的力量；利用推龙（大石锁）增进手、臂的支、扬、提、握的力量；利用大棒小棒增进臂部的磨、支、盖、夹和腰部的拧、转、长的力量以及腿部的盖、崩等力量。

5. 摔跤教学提示及注意事项

（1）要强调基本功的练习。中国式摔跤训练非常重视基本功的训练，练习时，应从基本功开始，蹲踢、大小转脚、长腰、盘腿、抽腿、跪腿等基本动作都要反复练习，在没有达到非常熟练的情况下，一般不进行下一步的技术练习。

（2）基础动作包括手法、步法、身法，它的练习在中国式摔跤训练中非常重要。摔跤运动员在开始训练时一定要把基础动作练到自动化的程度。

（3）在技术练习中，撕拥掖掀、抹搉抄捏、撮披顶装、踢揣拱刀、勾打吸搂、靠咬挤拍等都要经过不断的练习加以熟练，要求手法要与腰、背、腿上的动作配合，进攻动作要快、狠、准。

（4）全面安排，突出重点。教学进度应根据总的教学任务和摔跤运动技能形成的规律，全面安排教学大纲规定的教材内容，重点突出。重点教材应安排在适应的位置，适当增加课的次数，要体现整个教学过程的系统性和科学性。

（5）进攻与防守、反攻并重，学以致用。摔跤教学进度的安排，既要考虑各类进攻、防守和反攻技术的系统性和相互之间的联系，又要考虑摔跤本身对抗的特点，必须有攻有守、攻守并重、齐头并进。

（6）理论和实践要密切结合。理论课和实践课要科学安排，密切配合，本着理论指导实践的精神，根据不同阶段的任务、要求，有针对性地安排理论课的教学，很有必要。

（7）注重分量，新旧结合。在教学进度中，必须从课的实际出发，要控制课的教材分量，不可过多，也不可过少，每节课要合理搭配不同性质的教材，有新学内容，也有复习内容。

6. 摔跤常见的错误和纠正方法

（1）常见的错误。

①背步捅揣：拉的动作没有做，对方本能反应就没有回顶，后腿没跟上就做揣。

②盖步拿臂揣：两手拿住对手右臂，没有做拉、盖步，使揣。

③抓偏带压颈大得合：左抓右偏带，右手挡没有握左臂，左手没有脆拉，左脚没有上步，用右脚大得合摔倒对方。

④抱腰腿摔：两手挡握两臂，左脚上步，右脚上步管在对手身后，右手没有抱抓对手右腰侧，左手没有提对手左大腿里侧，将对手抱起，右转将对手摔出。

（2）纠正方法。

①背步捅揣：有拉的动作，对方本能反应有回顶，后脚跟上就做揣。

②盖步拿臂揣：两手拿住对手右臂，做拉、盖步，使揣。

③抓偏带压颈大得合：左抓右偏带，右手挡握左臂，左手没有脆拉，左脚上步，用右脚大得合摔倒对方。

④抱腰腿摔：两手挡握两臂，左脚上步，右脚上步管在对手身后，右手抱抓对手右腰侧，左手提对手左大腿里侧，将对手抱起，右转将对手摔出。

（3）一般常用的纠错方法。

①摔跤技术练习的是全身协调性运动，技术决定动作用力的大小和时机、动作速度、节奏和幅度、动作方向、身体的重心位置等。有些动作看似简单，但为达到最佳运动效果必须讲究精细的技巧，如对用力配合、紧张放松、节奏快慢等要求很高。初学者往往从模仿动作开始学习，由于他们概念不清会出现多余动作；学生可能会发现自己的动作不正确，但不知错在何处；也有的学生不认为是错误动作，如用力不协调，动作脱节，这时教师指出并纠正，效果会很明显。纠正这类错误主要是反复讲解要领和方法，再伴以清楚的示范，使学生建立正确的概念，最后通过多次练习达到纠正的目的。

②身体素质差。身体素质是掌握技术的条件之一。素质较差难以掌握已经了解的技术。有的学生开始时动作正确，结束时出现错误；做分解技术正确，做完整动作出现错误。纠正此类技术错误动作时，不可能将更多的时间花费在提高身体素质的练习上，可用降低技术条件的练习，如抱腿技术可分解练习，在多次重复中，会逐渐加深对正确动作的感受，建立正确技术动作用力的感觉，而后提高练习条件和要求，就能够消除错误，掌握合理的技术。

③思想过度紧张和环境的影响。在教学中，教师的言行、组织教学、安全措施等都直接影响学生练习的信心和勇气。讲解时过分夸张动作难度和所具有的危险性，课堂上发生受伤和意外事故时，都会造成部分学生的心理紧张和顾虑，因而动作拘束、犹豫，甚至恐惧，他们表现出动作僵硬，不能发挥学习的积极性。为了防止部分学生思想紧张，教师讲解准确、示范稳定，场地器材布置合理，都会有助于消除不必要的紧张情绪。

第十一章　民族传统体育之球类项目实践

第一节　蹴球

一、蹴球运动概述

蹴球，亦称"蹴鞠"、"踢鞠"、"踏鞠"、"步打"，是我国古代蹴鞠运动的一种形式。在满、蒙古、回等民族中较为流行，深受群众喜爱。

关于蹴球运动最早流传于黄帝战胜蚩尤的传说中，"黄帝作蹴鞠之戏，以练武士，有二十五法"。在西安半坡文化遗址发掘出土的石球，据考证为蹴鞠的实物发现。战国时期，蹴球活动已在中原地区开展。《战国策》记载："临淄甚富而实，其民无不吹竽、鼓瑟、击筑、弹琴、斗鸡、走犬、六博、蹴鞠者。"汉代时，蹴球运动更加普及，并作为军事训练的手段受到了前所未有的重视。东汉史学家班固的《汉书·艺文志·兵家》中著录了《蹴鞠》二十五篇，列入"兵家技巧类"。刘向的《别录》载有："蹴鞠是一种兵势，所以用它来训练武士，选拔人才。"同时期，还出现了论述蹴鞠的专著《蹴鞠》。到唐代，蹴鞠所用的球已由以前的外包皮革、中间填充毛发的实心球改进为充气的球，即外用皮制表壳，内以动物胞（动物的膀胱）充气而成，踢起来轻捷便利，随之就有了"蹴"等新的名称。鞠的改进使蹴鞠玩法发生了变化，球门也由以往的"鞠城"、"鞠室"改为挂网，球门洞设在球门外边上端，网的中间为一圆孔，两队分别向洞中射球。至宋元时期，蹴鞠运动进入了一个新的历史阶段，民间出现了专事蹴鞠的行会组织叫"圆社"。在元杂曲中有大量关于蹴鞠运动的描述。到了清代，因满族擅长冰嬉，他们把踢球和溜冰结合在一起，创造了难度极高的冰上蹴鞠，导致古代蹴鞠方法大部分失传，只有在踢石球、夹包、花毽等游戏中还可以看到蹴鞠二十五法的一些影子。

新中国成立以后，在党和政府的重视下对此项运动进行了挖掘、整理和改造，根据古代蹴鞠运动的发展、演变规律，减少了激烈对抗性的打法，形成具有高雅和较高技、战术水平与较强观赏性的民族传统体育项目——蹴球。在1991年、1995年的第四、第五届全国少数民族传统体育运动会上，蹴球被列为表演项目。随后，通过大量的实践，反复修改，拟定了蹴球运动的比赛规则。在1999年第六届全国少数民族传统体育运动会上，蹴球被列入正式比赛项目。2003年9月第七届全国少数民族运动会上，对蹴球规则进行修改和完善，为蹴球运动的进一步普及和开展打下基础。2006年5月，蹴鞠（蹴球）被列入第一批国家级非物质文化遗产名录。2009年10月，蹴球被列入北京市非物质文化遗产名录。

目前，蹴球比赛在长10 m、宽10 m的正方形平坦地面上进行，场内设有停球区、发球区和中心圆。比赛时要求队员站在发球区，蹴球时脚跟触地再用前脚掌压住球后面，然后大腿做向前上方抬腿动作，用前脚掌发力将球蹴出，去碰击本方或对方球得分。经常参加此项运动，可增强速度、力量、耐力等身体素质，起到强身健体的作用，同时也能培养参与者机智勇敢、快速果断的良好作风和坚忍不拔的意志品质。

二、蹴球运动基本技战术

蹴球技术是运动员在比赛中为了得分的目的所采用的各类专门蹴球动作的总称。蹴球技术是运动员进行比赛的主要手段，它直接影响运动的效果，所以它是蹴球比赛的基础。随着蹴球运动的发展，蹴球技术不断改进、完善、丰富和创新。蹴球技术是在比赛中根据场上的具体情况与战术配合加以组合运用的，这些技术动作，既相互联系、相互制约，又相互影响、相互促进。

（一）蹴球基本技术

蹴球竞赛规则对蹴球技术做了严格的规定和限制，要求蹴球用脚跟触地再用前脚掌压住球面后，向前踹出。依据所蹴之球碰击本方或对方球的情况计算得分。根据这个要求，现将蹴球技术分成五个部分，分述如下：

(1) 准备姿势。

蹴球前的准备姿势，指运动员从自己的发球区场外步入场内本方球后 50cm 左右，面向进攻方向的站立姿势。

动作要求：（以右脚蹴球为例）两脚左右自然开立，或右脚稍前左脚稍后开立，全身放松，目视对方球。

(2) 支撑脚站立。

动作要求：左脚前跨一步，在球侧后方 20 cm 处站定，脚尖外展，与出球方向成 45°夹角，左膝微屈，重心落在左脚上，右脚跟提起，脚尖着地，收腹含胸，松腰敛臀，两臂自然下垂，全身放松，目视本方球。

(3) 蹴球脚压球与瞄准。

动作要求：支撑脚站立后，蹴球脚即提起，以脚跟在球正后方 15 cm 处着地，前脚掌在球上方距球 2 cm 左右，脚的方向瞄准进攻方向，方向调正后，用脚掌轻轻压住球，不能使球发生任何移动，压住后眼睛正视进攻目标。此时，支撑腿膝关节微屈，支撑全部体重，维持身体平衡，蹴球腿膝关节自然弯曲，脚踝勾起，脚掌压在球上。

(4) 蹴球。

动作要求：目视进攻目标，蹴球脚用力收缩使髋关节前屈，即大腿做向前上方抬腿的动作，同时脚掌压住球，使之向前滚动，朝进攻目标滚去。

(5) 维持身体平衡。

动作要求：抬脚蹴球结束后，身体重心落在支撑脚上，蹴球脚摆至于膝关节部位时应及时制动，随即自然放下，形成双脚支撑的姿势，保持身体平衡，并注意不要触及场内其他的球。

（二）蹴球基本战术

蹴球运动属竞技性项目，在比赛中采用合理的战术对于取胜有重要作用，运动队不但要有集体战术，而且要求每个运动员具有一定的个人战术能力。根据规则，可以制订一些个人战术。

1. 失分战术

如当自己处于被动状态时，可采用发球失分造成与对方球形成远距离，使对方蹴球失误，将自己从被动变为主动。

2. 放弃一次连蹴权

如图 11-1 所示,当②进攻时选择了近距离①进攻,将①蹴出界,②即有一次连蹴权。如②将③再蹴出界,③发球进入场内贴近④,就会造成本方④球被打的被动局面,如图 11-2 所示。

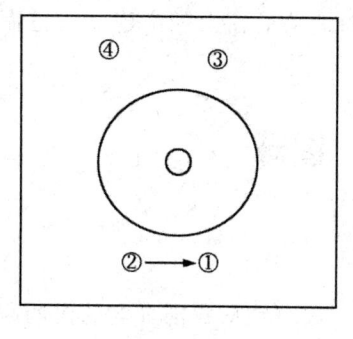

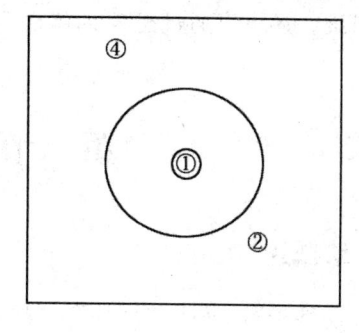

图 11-1

图 11-2

3. 放置于停球区内的球的防守战术

根据规则规定,停球区的球免受进攻。如图 11-3 所示,当①将②蹴出界后,②应放于停球区内,为了免受④再受进攻,可将②放于①、④两球形成的直线上,如图 11-4 所示。

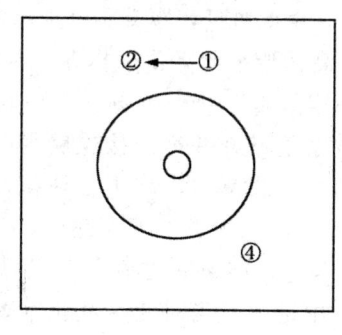

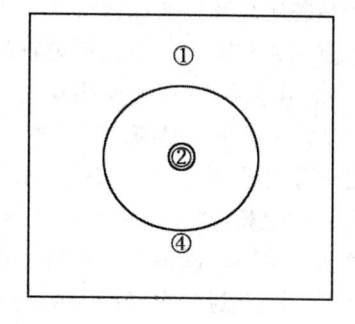

图 11-3

图 11-4

4. 诱迫对方近距离球进攻

若④发球,②③球位置如图 11-5 所示,④可贴近①发球,诱迫①向④进攻,从而保留②的进攻权,如图 11-6 所示。

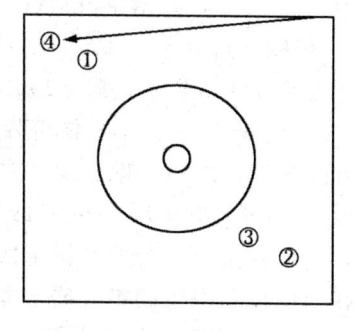

图 11-5

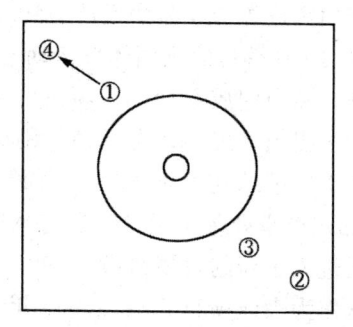

图 11-6

5. 相持战术

在比赛中合理运用仅有的一次回避和向进攻方向前进 1m 的战术。

真正的战术训练必须通过训练中的实战比赛来进行，使运动员在训练比赛中积累经验，并根据临场比赛中所出现的情况正确分析、判断、积累专项战术理论及经验知识。通过想练结合，培养运动员战术思维，还可以通过想象训练法帮助运动员在大脑中建立丰富而准确的战术运动表象。

第二节　毽球

一、毽球运动概述

毽球，俗称"踢毽子"，又叫"翔翎"、"攒花"等，是从我国古老的民间踢毽子游戏演变而来，流传于湘、鄂、渝、黔等地区。它在花毽的趣味性、观赏性、健身性基础上，增加了对抗性，是一种技能主导类隔网相争的体育项目。

据历史文献和出土文物证明，踢毽子起源甚早。1973年，我国山东省济宁县喻北屯城南张村的一个汉墓中，出土了23块画像石，其中一块是高36 cm、宽42 cm的蹴毛丸图。这幅图中蹴毛丸的制作方法和踢法与现代的踢毽子基本相同，由此可见，踢毽子至少起源于我国汉代。

踢毽子盛行于南北朝和隋唐。唐代释道宣的《高僧传·魏嵩岳少林寺天竺僧佛陀传》记载："沙门慧光年方十二，在天街井栏上反踢蹀铸，一连五百，众人喧竞，异而观之。佛陀因见怪曰：此小儿世戏有工，道业亦应无昧。"慧光12岁就能站在井栏上接连反踢毽子五百下，可见控制毽子的技术是十分成熟的。到了宋代又有了极大的发展，出现了各种新奇的踢法，宋人高承著的《事物纪原》中记载："今时小儿以铅锡为钱，装以鸡羽，呼为毽子，三四成群走踢，有里外廉、拖枪、耸膝、突肚、佛顶珠、剪刀、拐子各色，亦蹴鞠之遗事也。"明、清时期，关于踢毽子的记载更多了，明人刘侗在《帝京景物略》中记述了当时北京城儿童季节性体育活动的民谣。潘荣陆在《帝京岁时纪胜》中形容踢毽子时说："都门有专艺踢毽子者，手舞足蹈，不少停息，若首若面，若背若胸，团转相击，随其高下，动合相宜，不致坠落。"可见，当时踢毽子活动的盛行。到了清代，踢毽子不仅是娱乐游戏，而且还是一项竞赛活动。发展到现代，踢毽子成为民间普遍开展的一项传统体育项目。1928年12月，在上海市举行了我国第一次踢毽子公开比赛，推动了这项民族体育项目的发展。1933年3月26日，在南京市举行了第一次全国性的踢毽比赛。1933年10月举行的全国体育运动会上，踢毽子同拳术、摔跤、剑术等民间运动项目一起，进行了比赛。新中国成立后，这项民族体育运动逐渐得到了发展。1963年，踢毽子同跳绳等项目被列入我国提倡开展的体育活动，踢毽子运动还被编入了小学体育教材。1984年3月国家体委发布《关于把毽球列为全国正式比赛项目的决定》之后，毽球运动在全国范围内蓬勃发展。1985年在苏州市举办了全国第一届毽球锦标赛。1987年9月，中国毽球协会成立，标志着毽球运动在中国进入了新的发展阶段。1991年，在广西南宁举行的全国第四届少数民族传统体育运动会上毽球作为表演项目亮相。1995年，在云南昆明举行的第五届全国少数民族体育运动会上，毽球被列为正式比赛项目。1999年11月，国际毽球联合会在越南成立，发起国家和地区为中国、越南、匈牙利、德国、老挝、荷兰。2000年7月，第一届世界毽球锦标赛在匈牙利举行。2011 年 9 月第九届全国少数民族运动会毽球比赛在贵阳市举行。2012 年 1 月，国家体育总局正式发行最新审定的《毽球竞赛规则》。

二、毽球运动基本技战术

（一）毽球基本技术

毽球技术是在比赛规则允许的条件下，采取的各种合理击球动作和配合动作的总称。毽球基本技术包括准备姿势与移动、踢球、起球、触球、传球、发球、攻球与封网等技术。

1. 准备姿势与移动

准备姿势和移动是毽球的基本技术之一，是完成各项技术的前提和基础。移动是由起动、移动步法和制动三个环节所组成。起动是移动的开始，它是在准备姿势基础上变换身体重心的位置，使身体便于向某一方向做移动步法。移动步法则是在起动基础上，利用脚步动作来改变队员在场上的位置，去完成击球技术动作和战术配合的行动。制动是移动的结束，其作用是克服身体的惯性冲力，保持好击球前的准备姿势。由此可见，移动的目的是为了合理取位和迅速去接近球，保持好人与球的合理位置关系。

（1）准备姿势。

在做起动、移动和击球前的动作时，队员应做一些合理的准备动作。

合理的准备姿势比一般的准备姿势更能使肌肉保持适度的紧张，这样就比肌肉放松或过度紧张更有利于起动、快速移动和应付各种复杂情况。毽球比赛中各种技术动作，都采用不同的准备姿势，但最常用的准备姿势按两脚开立的方向，可分为前后开立准备姿势和左右开立准备姿势两种。

①前后开立准备姿势：两脚前后开立与肩同宽，两脚尖正对前方，后脚跟稍提起，膝关节保持一定的弯曲。上体稍前倾，重心靠前，两臂放松，自然弯曲置于体侧。全身肌肉不宜过分紧张，应适当放松，两脚保持微动状态，两眼注视来球。该准备姿势常用在接发球和后排防守预判移动中。

②左右开立准备姿势：两脚左右平行开立与肩同宽，两膝稍弯曲内扣，重心稍降落于两脚之间，上体稍前倾，两臂放松，自然弯曲置于体侧。全身肌肉适度紧张，两眼注视来球。该准备姿势常用在预判移动后，防守对方攻球落点在中、前场时。

（2）移动技术。

队员从起动到制动之间所采用的各种身体位移方法称为"移动技术"。队员在场上能否及时移动到位，是完成技术动作的关键。因此，移动快慢，直接影响完成技战术的质量。

①前上步移动：队员前上步或斜前上步时，踢球脚蹬地，支撑脚向前或者斜前方迈一步，踢球脚跟上成踢球准备姿势。

②并步移动：当队员向右侧移动时，左脚内侧蹬地，重心向右移动，右脚向右侧平滑一步，左脚跟上并步，做好完成下一动作的准备姿势。如向左侧移动时，则动作方向相反。

③滑步移动：指一次以上的并步移动连续完成的移动步法。

④交叉步移动：若向右侧交叉步移动时，上体稍向右移，左脚内侧蹬地从右脚前面向右交叉迈出一步，然后右脚再向右跨出一步，同时身体降低前移来球方向，保持击球前姿势。

⑤跨步移动：支撑脚用内力向前或斜前方蹬地，重心降低前移，击球脚沿地面跨出，插入球下成救球姿势，两手臂自然摆动保持身体平衡。该动作一般多在来不及移动或快速移动后衔接使用。

⑥跑步移动：当球的落点距离身体较远时采用。跑步时，起动的步子要小，步频要快，然后逐渐加大步幅，两臂要配合摆动，在接近来球时，减速制动，逐渐降低重心做好击球前的准备姿势。

⑦后撤步移动：移动时，身体保持稍低的姿势，重心落在两脚之间，两脚间距比肩窄，用两脚的前脚掌交替蹬地向后退跑动。后退时，应注意提起脚跟，抬头注视来球情况，上体不要后仰，保持身体平衡。

⑧转身移动：转身变向是队员以一脚做中枢脚，另一脚蹬地，通过躯干的转动，改变身体的方向，保持人与球之间的合理关系的一种步法。转身时，与中枢脚的前脚掌为轴，重心移到中枢脚上。如向两侧变向应用蹬地脚的前脚掌的内侧蹬地；如前后转身时，则用前脚掌蹬地，加之腰部的转动，改变身体的方向。一般情况下，转身变向后常与跑步、跨步等移动步法衔接使用。

2. 踢球技术

踢球技术是指利用脚的各个部位，将球向上或前上踢起的技术。它是毽球技术中的主要技术，包括脚内侧、脚外侧、脚背踢球技术。

（1）脚内侧踢球（也称盘踢）。

脚内侧踢球是指用脚的内侧部位（脚弓）踢球的动作。

动作要领：踢球时身体重心移到支撑腿上，踢球腿大腿带动小腿向前上方摆动，此时髋关节外展，膝关节弯曲，踝关节内翻前伸，以绷平的脚内侧面向上或前上方将球踢起。

（2）脚外侧踢球。

脚外侧踢球是指用脚的外侧面击球的动作。

动作要领：踢球时重心移到支撑脚上，目视来球方向，上体稍向踢球侧侧转，踢球腿膝关节弯曲，小腿外展向上摆动，踝关节内屈脚绷紧，用脚外侧面击球。

（3）脚背踢球。

脚背踢球是指用脚的背面踢球的动作。

动作要领：踢球时重心移到支撑腿上，踢球腿向前摆动，将脚插向即将落下的球下，在击球的一刹那伸膝勾脚用脚背击球。

3. 起球技术

起球技术是指利用脚、腿、胸、头等身体有效部位，把对方击过网或突破封网后的球击起，即组织进攻的击球动作。

根据来球方式的不同，所要完成的任务不同，起球基本技术可分为脚内侧起球、脚外侧起球、脚背起球、腿部起球、胸部起球和头部起球等。

（1）脚内侧起球。

脚内侧起球是指用脚的内侧面击球的起球动作。

技术动作方法：起球前，两脚前后自然开立，踢球脚在后，两膝微屈，两手臂自然下垂于体侧。起球时，身体重心应移到支撑脚上，踢球腿大腿带动小腿由后向前上方摆动。在摆动过程中应逐渐形成髋关节外张、膝关节弯曲、踝关节内翻的基本姿势。击球的一刹那脚部击球面端平，击球部位应在脚弓内侧面的中部，击球点一般应在支撑腿膝关节高度之体前 40 cm 处。起球的全过程应注意柔和协调，大腿、小腿应完成向前上方送球的动作。

（2）脚外侧起球。

脚外侧起球是指用脚的外侧面击球的起球动作。

技术动作方法：起球前，两脚自然开立，两膝微屈做好准备姿势。起球时，重心移到支撑脚上，击球腿的髋、膝关节内扣，踝关节背屈，膝、踝关节外翻，使脚外侧尽量与地面平行，做好击球前的准备动作。击球是利用小腿内翻快速上抬的动作完成。脚接触球的部位一般在脚外侧面的中部或中后部，击球点的高度一般不超过膝关节。当来球较高并快速向体侧后方飞行时，出球腿的大腿可外转迅速沿地面后摆，伸腿插入球下，踝关节自然勾起向外翻转，脚尖指向体侧，脚的外侧面约成水平，身体保持前倾。击球是利用小腿快速屈膝上抬的动作向体前上方击球。脚接触球的部位在脚外侧面的中部或中后部。击球动作完成后，击球腿经后上方向前下方放下，并准备完成下一个动作。

（3）脚背起球。

脚背起球是指用脚的背面击球的起球动作。

技术动作方法：起球前，两膝微屈，重心下降，做好准备姿势。起球时，一脚支撑身体，另一脚主动插入球下，脚背与地面基本呈水平，当球快落到脚背上时，利用适度的伸膝和踝关节背曲的协调勾踢动作，把球向上踢起。击球部位应在脚的跖趾关节处，击球点应在离地面 10~15 cm 的高度为好。击出球的方向、弧度和落点，可通过脚背面的变化、踝关节背曲勾踢的程度来调整。

（4）腿部起球。

腿部起球是指用大腿正面部位击球的起球动作。

技术动作方法：起球前，两膝微屈做好准备姿势。当球飞近大腿时，重心移到支撑腿上，击球腿自然屈膝，大腿带动小腿由后向前上方快速抬起，用大腿的前 1/3 处击球，抬腿力量的大小应根据起球的弧度和落点要求加以控制。腿接触球时应与地面保持一定角度，形成良好的反射角。击球后，腿应立即放下，准备移动或接做下一个动作。

（5）胸部起球。

胸部起球是指用胸部击球的起球动作。

技术动作方法：起球时，判断来球，移动胸堵。当来球偏低时，可采用屈膝姿势，偏高则可跳起胸堵。击球时，两手臂微屈自然置于体侧，身体自然挺胸，伸膝身体重心上移，给球向前上方一个作用力，使球呈小弧度飞行下落。也可运用左右转体、压肩动作调整球的飞行方向。胸部起球动作完成后应迅速接下一个动作。

（6）头部起球。

头部起球是指用头的前额部位击球的起球动作。

技术动作方法：起球时，判断来球方向，及时移动使身体正对来球方向。当来球飞近额前时，头颈应有主动迎球的动作。当球快触击到前额的一瞬间，及时抬头触击球，顺势把球击起。整个动作要连贯，使触及前额的球向前上方成小弧度下落。头部起球动作可根据来球的高低原地或跳起空中完成。

4. 触球技术

触球是指用胸、腹、腿等身体部位将球击起的动作。由于这些部位面积较大，将球迎击住的概率较大；但它们的灵活性较差，伸缩幅度较小，击球力量较弱，所击出的球高度较低，故此项技术主要用于接速度较快的、力量较大、线路较高及无法用脚踢到的球，以起到缓冲来球力量，重新调整来球，以便用脚踢球的作用。

（1）胸部触球。

胸部触球是指用胸部击球的动作。

动作要领：击球时身体正对来球，含胸，两臂自然下垂，上体稍后仰，两腿成前后开立微屈。击球一刹那两腿蹬地伸直，挺胸展腹，使球在胸部弹起落于体前以便做下一步的击球动作。如果在触球的一刹那身体同时做转体，可控制球的下落路线和方向。

（2）腿部触球。

腿部触球是指用大腿正面部位击球的动作。

动作要领：击球时身体重心移到支撑腿上，击球腿快速向前上方抬起，用大腿的前三分之一处击球。

（3）腹部触球。

腹部触球是指用腹部将球击起的动作。

动作要领：击球前，两腿开立，两腿微屈，上体稍前倾，含胸收腹。击球刹那两腿蹬直，向前上方展腹挺髋，用腹部将球击起。

5. 传球技术

传球是指利用各种击球技术，将球传至一定目标的动作。传球是毽球运动中的一项重要技术，是组织各种进攻战术的基础。其包括：正面传球、背向传球、侧向传球、自传球等。

（1）正面传球。

面对传球目标的传球称为正面传球。它是传球中最基本的方式，是掌握和运用其他各种传球技术的基础。因为该种传球方式是传球队员面对接球队员，所以传球准确率较高，比较稳定，不易失误；但不够隐蔽，落点明显，易被对方察觉随后的战术意图。

（2）背向传球。

背向传球目标的传球称为背向传球。该种传球方式传球隐蔽、突然，不易被对方察觉战术意图和判断球的落点，可提高进攻成功率；但由于传球队员背对接球队员，不易控制落点，且有突然性，易造成失误。需要队员有较好的基本功，队员之间的配合要默契。

（3）侧向传球。

侧向传球目标的传球称为侧向传球。该种传球方式传球隐蔽、突然，不易被对方察觉战术意图和判断球的落点，可提高进攻成功率；但由于传球队员背对接球队员，不易控制落点，且有突然性，易造成失误。需要队员有较好的基本功，队员之间的配合要默契。

（4）自传球。

队员为自己做下一个进攻动作而传出的球。该种方式传出的球符合队员自己的攻球习惯，故攻球成功率较高，但隐蔽性较差。

6. 发球技术

运动员在掌握了部分起球技术、移动步法，具有一定的奔跑能力后，就应该学习和掌握发球技术。发球是比赛的开始，不学会发球就无法进行隔网的对抗比赛。只要队员们初步掌握了发球基本技术，就可以组织形式多样的隔网对抗比赛。例如，一对一、二对二、三对三的隔网个人或集体推、攻对抗比赛。这些形式的比赛活动不仅是极好的、简单易行的健身活动形式，而且可以通过推、攻教学或对抗比赛，提高起球技术的运用能力。

发球不但是比赛的开始，也是进攻的开始。要想提高运动技术水平，就必须发出既有攻击性，又有准确性的球。因为攻击性强的发球不但可以直接得分，而且还可以破坏对方的战术组成，挫伤对方的锐气，从而为自己的防守减轻压力。发球攻击性的强弱具体表现在球飞行的弧度、速度和落点三方面的合理组合。

根据发球对身体与球网的关系，以及球接触脚的部位不同，发球技术可分为正面脚背发球、正面脚内侧发球、侧身脚背发球等。

（1）正面脚背发球。

正面脚背发球是指身体正对球网站立，用脚背面击球的发球动作。

技术动作方法：发球前的准备姿势是左脚在前，右脚在后，两脚脚尖正对前方，两膝微屈，重心靠近前脚，左臂自然前伸，掌心托球于体前。发球时，左手把球垂直向上轻轻抛弃，球约在右脚前方 40 cm 处下落；发球队员重心前移，踝关节绷直，利用抬大腿、踢小腿的动作，在离地面 20 cm 高度击球，把球发入对方场区。脚的击球部位应在脚背正面食趾的跖趾关节。

（2）正面脚内侧发球。

正面脚内侧发球是指身体正对球网站立，用脚的内侧面击球的发球动作。

技术动作方法：发球前的准备姿势与正面脚背发球基本相同。发球时，左手把球垂直向上轻轻抛起，球约在右脚内侧前方 40 cm 处下落；发球队员重心前移，髋、膝关节外翻，屈膝向前摆动，当身体重心超过人体垂直面后，支撑脚向后蹬地，加速重心前移，髋、膝关节猛力外翻，加力前推，发球脚踝关节背屈用脚弓内侧中部把球发入对方场区，而后发球脚迅速着地保持身体平衡。

正面脚内侧发球的技术动作运用和练习方法可参照正面脚背发球的有关内容。

（3）侧身脚背发球。

侧身脚背发球是指身体侧对球网站立，用脚的背面击球的发球动作。

技术动作方法：发球前的准备姿势是身体侧对球网，左脚在前，右脚在后，两膝微屈，重心落在两脚之间，左臂自然前伸，掌心托球于体前。发球时，左手把球垂直向上轻轻抛起，球约在右脚内侧体前 50 cm 处下落；发球队员身体重心前移，以支撑脚的前脚掌为轴向左转体，踢球脚以髋关节为轴，大腿带动小腿由后向前摆动，击球前的一瞬间小腿用力踢球，脚背自然绷直，拇指尖向斜下指，以脚背正面或稍外侧一点的跖趾关节部位击球，踢球后腿应随球继续前摆。

7. 攻球技术

攻球技术是指将高于球网上沿的球直接攻入对方场区的一种击球动作。攻球是毽球的基本技术之一，在比赛中占有重要地位。攻球是获得发球权和得分的重要手段，是进攻中最积极有效的武器。强有力和富有战术目的的攻球能使对方难以防守，是一个队争取主动，摆脱被动，夺取胜利的关键。攻球是完成整个战术配合的最后一击，它的成败在毽球比赛中有举足轻重的作用。

随着毽球运动的发展，攻球技术也在不断创新和完善。1983年底至1984年毽球运动刚刚兴起时，毽球比赛主要是运用细腻的脚下起球技术防起对方的来球，并把球推攻到对方。很快人们就意识到要夺取比赛的主动权，必须提高击球点，增强攻击力。于是，各队把探索和创新攻球技术作为研究的重点。不久，用头部作为进攻的有效方法出现在比赛场上，并迅速得到推广和发展。随着训练水平的提高，各队不但掌握了正面头攻技术，而且掌握了侧面头攻技术。击球动作由最早的头前额直接顶球过网直接演变为借助头发的"鞭打"动作加快球的飞行速度。由于技术结构的不断完善，队员们不但能攻近网球，而且中远网球也颇具威力。不但能高点进攻、变线进攻，而且可以打出许多非常漂亮的平快球。由于各队重视头攻，忽视脚下技术的发展与创新，所以在毽球界普遍出现重攻轻守的偏向。为了体现毽球运动以脚为主的风格和特点，限制头攻，鼓励脚攻就成为毽球规则修改的重要议题。这样一来，头攻限制线就从1985年的50 cm逐渐扩宽到1990年以后的2 m宽，为脚能更好地参与进攻创造了条件。近年来，脚攻技术得到了迅速发展，各种脚背倒勾技术、脚掌踏球技术被挖掘和运用。在毽球比赛中进攻技术日益增多，围绕脚攻组织的战术配合日趋完善，大大提高了比赛的技巧性、观赏性和对抗性。回顾攻球技术演变和发展过程可以看出，今后将向着攻球技术多样化，以脚为主，头脚并用的方向发展，在高度、速度、变化、突然性、适应性方面加速发展。

根据击球所采用的部位不同，攻球技术可分为脚攻技术和头攻技术两大类。其中脚攻技术又可分为脚背攻球和脚掌攻球两种。

8. 封网技术

封网是指防守队员在球网附近起跳，用身体的有效部位封堵对方攻球的一项防守技术。

技术动作方法：封网前，封网队员面向球网相距30～40 cm站立，两膝微屈，与肩同宽，自然收腹，上体稍前倾，两臂自然垂直于体侧，目视攻球者，准备起跳封网。当对方攻球时，及时移动选择好封堵主要线路，两脚用力蹬地起跳，两臂自然下垂，夹紧防于体侧稍前，身体保持提腰收腹挺胸的迎球姿势。封网击球可根据情况采用压肩主动击球和保持迎球姿势被动击球。击球后，身体应控制平衡自然下落，双脚前脚掌先着地，并屈膝缓冲，准备完成下一个动作。

（二）毽球基本战术

毽球比赛，从发球开始双方就无时无刻不在巧妙地运用和交换各种战术行动，有力地攻击对方，争取比赛的主动权，这就使得比赛情况跌宕起伏，千变万化。所谓毽球的战术是指运动员在比赛中根据毽球运动的规则，彼我双方的具体情况和临场的发展变化，正确地分配力量，合理地运用技术及采取有组织、有目的、有预见性的协调配合行动。它是一种有利于发挥己队所长，限制对方正常发挥，克彼制胜的比赛艺术。

1. 阵容配备、交换位置及信号联系

（1）阵容配备。

阵容配备是合理使用本队队员的一种组织形式，其目的在于把全队力量有效地组织起来，最大限度地发挥每个队员的特长和作用。根据各队的具体情况，阵容的配备归纳起来有五种形式。

①"主攻型"配备：当一个队上场队员的进攻能力悬殊较大，二传队员和另一队员攻击力

较差时采用。即安排一名主攻队员、一名二传队员和一名防守队员。其优点是能充分发挥主攻队员的进攻威力，场上队员分工明确，配合简单。在一个队的成长过程中，往往不可能拥有多名能攻善守、能传能攻的队员，在这种情况下，教练员往往挑选防守和二传能力较强的队员上场，以增加整体实力。其弱点是一点进攻，战术变化少，易被对方适应并有效地组织封堵和防守，另外主攻队员在比赛中频繁进攻，体力消耗太大，会直接影响进攻的威力。所以应注意对主攻队员体力的调节，减少主攻队员接起和防起球等方面的负担，其他队员也应适当参加助攻。

②"二传助攻型"配备：二传队员进攻能力较强时采用。即安排一名主攻队员、一名二传助攻队员和一名防守队员。这种配备的优点是二传队员脚攻突然，隐蔽性强，进攻效果较为理想，同时还可牵制对方的封堵队员，为主攻队员减轻压力。所以，如果二传助攻与主攻队员能巧妙结合，交错进行，可使对方防不胜防，弥补"主攻型"配备的弱点。

③"头、脚并用型"配备：当队里拥有出色的脚攻队员和头攻队员时采用。即配备一名脚攻队员、一名头攻队员和一名二传队员。一般而言，应把头攻队员安排在后排1号位，这样便于他助跑攻球，这就要求头攻队员不但进攻能力强，而且也是一名出色的后排防守队员。这种配备的优点是把网前的近网脚攻与后排的远网头攻有机结合，形成立体进攻；把两种不同性能、不同节奏的攻球技术融为一体，丰富了战术变化。

④"无二传"配备：当队里缺少二传队员，或完全使用一次传球进攻和自传进攻时采用。一般而言，应在2号位和3号位各配备一名脚攻队员，1号位配备一名防守起球队员。这种配备的特点是进攻节奏较快，配合环节少，均为二人次发动进攻，配合简捷，但战术变化少，无法组织整体配合。

⑤"全攻全守型"配备：当场上的3名队员都具备全面的攻、防、传技术，基本功扎实，战术意识强时采用。这种配备兼顾了以上四种配备的优点，形成了三点进攻的全攻全守型打法。这种配备不但能完成基础配合，而且能组织整体配合，是高水平运动队发展的方向。在配合中要求二传队员传球标准高，应变能力强，同时具有较强的助攻能力；而另外两名队员应分别熟练掌握倒勾、前踏以及头攻、里合快抹等进攻技术，使之达到脚攻与头攻结合，前踏与倒勾结合，各种进攻组织形式并存，攻守完备的境地。

组织阵容配备时，进攻队员、防守队员和二传队员应分别安排在对称的位置上。以防守为主的队员应站在1号位，以头攻和前踏进攻为主的队员一般也应安排在1号位，倒勾队员应安排在2号位，二传队员则站在3号位。在满足了整体战术需要的前提下，应充分照顾每个队员的习惯和特点，把那些平时合作默契的攻、传、防队员安排在相邻的和习惯的位置上，以便更好地组织战术配合，发挥各自的特长。选择阵容配备还要考虑本队准备形成一个什么样的风格，把未来的发展方向充分体现出来。在考虑场上主力阵容配备的同时，也应注意到替补队员的合理使用，特别是有发展前途的队员要尽早在主力阵容中培养。

（2）交换位置。

为了最大限度地发挥每个队员的特长，调动一切积极因素，加强攻防力量，以及弥补由于队员身体、技术发展不平衡所带来的缺陷，在规则允许的条件下（当发球队员击球之后，双方可以在本方场区内任意交换位置），常采用交替位置的方法来调整。

①二传队员的换位：当二传队员轮转到不在二传位置上时，可利用换位的方法调整到二传的位置。当二传在1号位时，可插上到3号位组织进攻；当二传在2号位时，可平行移动换位；

在对方发球的情况下可让二传队员不接球;在本方发球的情况下,可在发球后迅速换位。

封网队员的换位封网是防守的第一道防线,是网上争夺的焦点,应把封网能力强的队员安排在网前。实际上封堵队员都是由二传和网前的脚攻队员承担,这样有利于反击战术的组织。

防守队员的换位在比赛中主要担负防守任务的队员应换到后排1号位。1号位队员不但承担防守后排的任务,而且还要防守中前场的球。另外,1号位位于2、3号位之间,可以左右兼顾,所以是防守任务最重要的位置。

②倒勾队员的换位:一般情况下,应把倒勾队员换到网前他认为较为习惯的进攻位置上,这样可缩短进攻时的移动距离,以及发动快节奏的倒勾,同时也与二传队员保持了较好的对应关系,便于二传组织进攻。

③头攻和前踏的换位:头攻队员换到1号位,其目的是有利于头攻队员大幅度助跑,前冲起跳攻球。前踏时面对球网进攻,队员移动的距离短,换到1号位的目的是可在后排防守的同时,以及上前参加进攻,有较强的隐蔽性。

换位前应按规则的要求站位,防止"位置换错"犯规。当对方发球时,换位队员不要过早和盲目换位,以免造成接起的失误或影响其他队员的动作。当发球队员击球后再迅速换到预定位置,做好完成下一个动作的准备。在两人换位时,另一名队员应观察对方的动向,注意补位,防止换位时出现相互不管的漏洞。当球成死球后,换位队员应立即各返原位,不让对方有可乘之机,特别是在对方掌握发球权的情况下更应回位及时。

(3)信号联系。

技术的合理运用和战术娴熟默契的配合,必须具有完善的信号联系;没有完善的信号系统来统一每位队员的行动,就不可能实现预定的战术意图,获得理想的进攻效果,就有可能造成配合中的失误。队员之间选择何种信号联系是根据本队的战术要求、队员的性格习惯,经全队统一,在长期的训练中形成的。因而,各队都有自己特殊的联系方式和信号。信号联系的方式归纳起来有以下五种:

①语言信号联系:指队员直接利用简明、扼要、准确、自信、肯定的语言,及时提醒队员和明确战术配合的联系方式在比赛中,队员不说话,打"闷球",这场球就肯定打不出应有的水平,这说明队员们之间不能"封闭",应互通信息才能打好球。其弱点是容易暴露本队的战术意图,所以,运用时要注意语言的隐蔽性,做到真真假假,虚实结合,让对方难以捉摸。

②动作信号联系:就是在发球以前或比赛过程中,采用头、手、眼等动作,按预先统一的暗号向同伴联络的方式。对动作信号联系的要求是动作简单明了,迅速准确,时机恰当,不出现错误动作,尽量避免让对方窥见或识破。

③落点信号联系:这是一种根据来球和起球的不同落点来决定战术配合的联络方式。它要求全队具有默契的配合、良好的战术意识和随机应变的能力。其优点是可根据具体情况确定何种位置最有利于组成何种战术,使全队的战术变化处于自然的联系之中,有利于战术配合的形成和提高战术效果的作用,应在平时训练中反复强化。例如,起球到什么位置,打什么战术;发球的落点在什么区域,采取什么进攻战术组织形式等,都应预先规定好。

④击球次数联系:这是一种根据接起和防起时,是一次击球还是两次击球来确定进攻战术的节奏和打法的联系方式。因为起球的次数直接影响起球的节奏和稳定性,同时也影响二传和进攻队员的击球次数,所以,在训练中各队在组织不同的战术配合时,对起球次数也有相应的规定。

⑤站位联系：在临场比赛中，二传组织何种战术往往是根据进攻队员移动后所站的位置以及身体的姿势来确定。当进攻队员跑到了理想的进攻位置或预定的进攻位置时，往往进攻欲望强烈，自信心足，成功的可能性较大，这时传球队员应根据具体情况，巧妙传球。例如，脚攻队员背对球网站立，可组织各种倒勾；脚攻队员面对球网站立，可组织各种前踏进攻；当头球队员站在后场时，可以把球传得近网一些，充分利用前冲起跳进攻；当头攻队员站在中场靠边线时，可把球传得远一些，利用平行球网助跑侧面头攻的方式进攻等。

在实际比赛中，以上五种联系方式不是独立的，而是综合起来利用互为补充的，只有这样才能适应临场比赛变化莫测、错综复杂的需要。熟练地、综合地利用各种信号联系，是衡量一个队战术配合默契程度的重要标志。

2. 进攻战术的组织形式

毽球比赛从发球开始，双方就无时无刻不在巧妙地运用和变换进攻技术，有力地攻击对方，争取比赛的主动权，这就使得比赛情况千变万化。无论何种变化，进攻和防守都有各自完整有序的系统，有一定的规律。从来球情况看，不外乎有以下四种情况，即发过来的球、攻过来的球、封过来的球和处理过来的球。那么，如何接起和防起这些来球，并组织进攻也有其进攻战术的组织形式，即二传组织进攻、一次传组织进攻、自传自攻和抢攻四种形式。合理运用这四种组织形式可以组成各种各样、丰富多彩的战术变化。

（1）二传组织进攻形式。

二传组织进攻形式是指接起或防起到位后，由二传队员把球传给进攻队员进攻的组织形式。该进攻形式必须经3人次击球，并有1名主要二传队员担任传球，表现出一节奏较慢、分工明确、便于组织、指挥集中、战术灵活的特点。该战术形式能较好地组织各种脚背攻球、脚掌攻球、头攻球战术的基本配合和整体配合，并能充分发挥主攻队员的作用，所以被不同训练水平的队广为运用，成为毽球进攻战术的基本组织形式。

根据该进攻形式的特点，一般在下列情况中运用：一个队只有一名较好的二传队员，为了保证组织进攻的成功率时；一个队只有一名较好的攻球队员，为了放慢节奏让主攻队员准备更加充分时；根据比赛需要，应以求稳为主，保证进攻配合质量时。

该进攻形式要求二传队员不但要具备二次击球传球的能力，还应具备一次击球传球的能力；不但要适应不同方向、弧度、落点的接起和防起，还应根据战术的需要传出不同标准的球，以满足进攻战术的要求。二传队员第一次击球应注意控制好弧度和节奏，确保进攻队员移动到位，并调整好自己与进攻队员之间的距离和角度，保证传球的准确性和弧度的控制。如果对方来球速度较快，难度较大，无法一次起球到位，则可采用两次起球到位，但对球的弧度和落点要求更高一些。随着训练水平的提高，二传队员应成为一名出色的助攻队员，如果能与一次传进攻和自传自攻组织形式结合起来使用，不但增加了攻击点，吸引了封网队员注意力，而且还大大增加了对方封网和后排防守的难度。下面对配合方法加以介绍。

①2号主攻队员倒勾的配合。1号队员一次接起到位，2号队员移动到网前倒勾，3号队员担任二传把球传给2号队员进攻，1号队员起球后，移动到限制区内保护。

②倒勾与正面踏球进攻的整体配合。1号队员一次接起到位，2号队员迅速移动到网前准备倒勾，1号队员起球后向2号位移动，准备打拉开踏球进攻，3号队员根据战术需要传集中的倒勾球和拉开球。

(2) 一次传组织进攻形式。

一次传组织进攻形式是指某一起球队员充分利用两次击球的机会,第一次起球自我调整后,在把球直接传给进攻队员进攻的组织形式。

该战术形式只需2人次3次击球过网,减少二传环节,缩短了组织进攻的时间。因为具有突然性、隐蔽性、节奏快的特点,经常被用作突然进攻和快速反击的有效武器。

运用的时机一般是在对方的来球落在中、前场,担任二传的队员起球时;二传队员突然助攻时;对方由攻转守来不及站位,打快速反击时;对方来球平稳,一次传有把握时。

为了体现该战术形式的突然性,这就要求进攻队员要有充分的思想准备,肯定自己没有起球任务后应移动迅速,取位正确,封网队员要及时转身,站好位置,准备进攻。一次传队员应通过第一次和第二次击球的弧度和落点来调整节奏,主动与进攻队员配合。如进攻队员的位置还没有完全站好,传球的弧度可以高一些;如果准备充分,可以传出小弧度和平快球,加快进攻节奏。整个配合要求稳妥准确、快而不乱、随机应变、恰到好处。下面介绍几种配合方法:

①二传队员突然助攻。当对方发球到2号位中前场,难度不大时,2号队员运用二次击球,突然一次传给3号位的二传队员3号,二传队员3号正面脚背踏球把球攻入对方场内。

②二传队员直接一次传组织进攻。当对方发球到3号位中、前场,难度不大时,3号位的二传队员运用2次击球机会直接组织进攻,2号队员判断自己没有起球任务后应及时移动到网前倒勾进攻,1号队员迅速移动到限制区内保护。

(3) 自传自攻组织形式。

自传自攻组织形式是指接起和防起到位后,进攻队员合理运用二次击球机会,自己把球传到所需位置,自己把球攻入对方场区的形式。

该战术形式只需2人次4次或2人次3次击球过网,并且减少了他人传球环节,这样一方面缩短了传球和攻球的衔接时间,加快了进攻节奏;另一方面自传自攻,传攻一体,不但便于组织,而且隐蔽性较强。

一般多在下列情况中运用:二传队员突然自传自攻;传球不到位,倒勾队员自传自攻;防守中前场球自传自攻;对方起球失误、球过网、吊球或处理球过网落在网前,攻球队员自传自攻。

自传自攻队员必须连续完成两个动作,自传质量的好坏直接影响自攻的效果,所以要求队员技术全面。另外,应注意动作的隐蔽性,有传有攻,虚实结合,才能达到更好的效果。下面介绍自传自攻的方法:

①二传队员自传自攻。2号队员接起给3号二传队员,二传队员自传网前高球,突然上步抬腿正面脚掌踏球,把球攻入对方场内。

②倒勾队员自传调整后自攻。3号队员一次传组织因传球离网太远,上网准备倒勾的2号队员做一倒勾假动作干扰对方然后自传自攻。

(4) 抢攻组织形式。

当对方传起、防起或接起用力过大,球直接飞过球网时,网前运动员直接抢攻,把球反击回对方场区的进攻组织形式。它要求队员判断准确,移动及时,反击果断迅速。在比赛中,抢攻的机会常常出现,各队应把它作为快速反击训练的组成部分。

任何一种进攻战术组织形式都不可能解决比赛中出现的全部问题。各队应根据自己的特点和训练水平，以一种进攻形式为主（一般以二传组织形式为主），尽量综合其他多种形式，穿插起来，灵活运用，以适应比赛中瞬息万变的复杂情况。

3. 进攻战术的基本配合

所谓基本配合，是指在组织战术的过程中只考虑一个点进攻的简单配合，它是整体配合的基础。比赛中，基本配合与整体配合往往是交替使用，随着训练水平的提高，整体配合所占的比重愈来愈大。

毽球有多种进攻方式和不同的进攻战术组织形式，也就派生出多种进攻战术基本配合。各队应结合本队的实际，认真筛选，精心设计，灵活运用，逐渐形成自己的进攻风格和特长。

（1）脚背倒勾的基本配合。

脚背倒勾有外摆倒勾、里合倒勾和凌空倒勾等进攻手段。进攻时的共同特点是身体背向或侧向球网站位，因此在配合方法和要求方法上都非常近似。但必须明确指出，这几种不同的进攻手段，必须进行专门的战术配合训练（例如，外摆倒勾要拉开传球，球的落点在身体右侧；里合倒勾和凌空倒勾则要求传球的落点在身体的左侧）。

（2）配合方法介绍。

①2号队员的外摆倒勾配合。当1号队员起球到位后，3号二传队员把球传给移动到网前的2号队员外摆倒勾进攻。

②1号队员的外摆倒勾配合。当对方发球给2号队员时，2号队员一次起球到位，3号二传队员传球给迅速移动到网前的1号进攻队员倒勾。

③封网队员里合倒勾的配合。在防反中，当3号队员两次击球防起，落点又在2号队员体前时，担任辅助二传任务的2号队员可把球传给完全封网落地后转身准备倒勾的队员里合倒勾进攻。

④3号队员一次传的外摆倒勾配合。当对方把球吊给3号队员，如果第一次击球调整较好时，封网队员可以迅速转身移到外摆倒勾最佳位置打一次传倒勾进攻，1号队员移动到网前保护。

⑤3号队员一次传外摆倒勾的配合。当对方把球发给或推攻给3号队员时，2号队员可迅速移动到网前打一次传倒勾进攻，1号队员移动到网前保护。

⑥2号队员自传倒勾的配合。当对方来球落在3号队员附近时，2号队员迅速移动到网前外摆倒勾的位置，如3号队员传球不到位或战术需要，2号队员可自传进攻，改变进攻的节奏。

第三节　木球

一、木球运动概述

木球又称"打毛球"、"赶木球"、"赶牧球"等，是我国少数民族传统体育项目。木球运动起源于我国宁夏回族自治区，自唐代流传至今，并在该地区回族人民中间广泛流传。

新中国成立后，宁夏回族自治区组织专家和学者对木球项目进行了挖掘、整理和选送。为了提高木球的竞技性、对抗性和观赏性，国家体育运动委员会（现国家体育总局）在保持民族传统特色的基础上，对木球进行了改进。1982年在呼和浩特市举办的第二届全国少数民族传统体育运动会上，木球作为表演项目出现，引起了社会各界的广泛关注。1986年在乌鲁木齐市举办的第三届全国少数民族传统体育运动会上，北京、宁夏、湖南三个代表队进行了木球运动的表演。此后，木球运动开始从传统的游戏活动模式向现代竞技运动过渡。

1989年在宁夏举行的首届全国木球邀请赛上，木球比赛在端线设球门，以打门得分取代了以往的赶球入坑的模式，木球竞赛规则初步形成。1990年9月，由宁夏回族自治区的民委和体委首次举办了全国木球教练员和裁判员学习班。1991年在广西南宁举办的第四届全国少数民族传统体育运动会上，木球被列为正式竞赛项目。1994年，国家体育运动委员会审定了《木球规则》，1998年重新完善，成为我国具有民族特色的现代竞技体育项目。2002年5月，国家民委、国家体育总局组织专家再次对规则进行了修改，将球门再次扩大，并新增加裁判法。2006年7月1~5日，由国家民委、国家体育总局在广州市共同举办的"全国少数民族传统体育项目木球、蹴球、武术项目裁判员培训班暨教学比赛"，有来自全国21个省、自治区、直辖市的108名裁判员参加了本次培训，此外，还有来自北京、河南、湖南、广东的8支运动队参加了教学比赛。2010年，国家民委、国家体育总局审定了最新《木球竞赛规则》。

木球比赛由两队参加，双方运动员每人各持一击球板，运用传、接、运、抢等技术将球击入球门，球体压线或过球门线即为得分，进一球得1分。进攻队员若将球踢入、扔入或用击球板以外的东西传球射门，则不算得分。比赛结束时，得分多者为胜队，如果得分相等采用罚点球方法决定胜负。

二、木球运动基本技战术

(一) 木球基本技术

木球的技术以多种单一技术为主，包括击球、停球、运球、推拨球、控制球和抢断球等。

1. 击球

(1) 击球的分类。

击球分大力击球和轻击球两大类。

①大力击球多用于向远距离传球，击发固定球（包括边线球、任意球和射门等）。

②轻击球多用于短距离传球，个人运球突破对方防守完成配合过人的技战术等。

(2) 击球基本要领。

①准备姿势和挥板（以从右向左击球为例）

两脚开立，略比肩宽，左脚应超过右脚均半脚距离，以左肩对正击球方向，两膝稍屈，挥板时，随手臂向右后方摆板动作，重心偏于右脚，在向前挥板的过程中，重心随动作由右向左脚移动，在板头触击球刹那间，身体自然前倾，左腿蹬伸。但身体不宜前倾过大，不要以身体的移动来带动击球板，而是随着击球板的摆动转体顺势移动重心，上体随击球板的运动而自然前倾或转体。击球时，击球板不要离地面过高，防止抢空或只打在球的顶部。太低则容易触击地面而削弱击球的力量。

②球的位置。

a. 击静止球时，球应置于左脚内侧前方的35 cm左右处，击球板快接近于垂直地面时触击到球最有力量，并能随重心控制出球的方向；

b. 跑动中或球在运行中击球，应使球在身体前方或右前方，其他基本同击静止球时。

③击球的部位。

由于木球球体为椭圆形，为达到不同的目的可触击球的中部或两端，通常在短距离传球时以击球的中部为主，击大力球则击打球两端。

轻击球挥板幅度，要求击球时双手握板柄的间距较大力击球要小，利用击球板的两面可推拨短促击球。

④身体位置的移动。

木球的运行轨迹通常呈弧线形，因而参赛队员在比赛中不断地调整身体位置与行进方向，要求具备较强的体位变换能力，以便最大限度地发展运动员的技术水平。

另外，单手持板击球要发生在与对手争抢时的防守与拦截的突发情况中应急而用，它的破坏作用较大，但其准确性和力量较低。

（3）几种基本击球。

①射门：射门得分是比赛的最终目的，方式很多，可击打地滚球、空中球（低于膝关节水平面以下）、反弹球，也可通过角球、任意球、点球等方式。在射门时要求运动员头脑冷静、机智、有信心，击球动作快捷、准确、有力，并根据球的特殊变化而随机应变。

②地滚球：在快捷运动中利用侧身滑步，以短暂的预备动作，根据球滚动的轨迹，及时判断调整人与球的距离，用击球板的板头击球射门或传球。

③空中球：当空中来球位于膝关节水平面或以下高度时，击球队员准确判断球的空间位置和速度、来球方向，同时调整步点，侧身转体，挥摆击球板，用板头触击球体射门或传球。如球高于膝关节以上，只可被动挡球，待球落地后再进行下一个动作。

④反弹球：当球反弹时，要准确判断反弹球的落点、落地时间和反弹起来的路线，快速以击球触击第一反弹点，快速将球射入球门或传球。此时侧身挥板，击球位置要比运球时更接触身体。

⑤任意球或点球射门：通常击打球的两端，此时球的运行轨迹较直，较容易得分，但在规则允许的情况下，挥板的预摆动作要大，触击球的部位、用力方向要直。

⑥角球：在角球的触击时，要根据球的不规则，即弧线滚动的特点，所发出的球要同端线呈30°以上的夹角，此项主要依靠协同队员配合来完成射门。

2．运球

运球技术是双手通过击球板对球的控制，有目的地使球保持在自己的控制范围内而做出的各种持续触球动作。它是运球过人的基础，也是个人技术中最重要的基本技能，还是个人进攻战术的组成部分。运球技术常在摆脱防守、组织战术配合、攻破对方防线时运用，对完成战术配合起重大作用。在实战中，运动员不易合理地使用运球技术，经常是运球过多或时机不当，不但影响进攻速度，也会为对手创造防守的有利位置而贻误战机。运控球和运球过人是制造得分的手段之一。

要使运动员在比赛中灵活变换进攻速度，调节节奏，积极运球摆脱和突破对方的密集防守，制造传球和射门的时机，就必须熟练掌握运球技术。

控球者周围均为控球者的活动范围和运球方向，控球者可利用手持的击球板板头的两面及两脊做出向左右拨运球、前后推拨球、前推左拨球、前推右拨球、右斜拉左推球、左斜拉右拨球、假左推真右拨球、假右拉真左推球、左右各一次推球假动作向右拨球等。

运球时机的掌握是运用运球技术的关键所在。这里所指的时机，一是当队员突破最后一道防线又距离球门较远时，应直线推拨球运球前进；二是当本队由守转攻进行反击时，控球队员正面无对手阻截时，前方又出现空当时，应快速运球推进；三是当对手进逼封堵，暂无机会传球或射门时，球应向后或向侧空位推运，以避开阻截，扯动对手站位寻找空隙。如队员在本方得分区附近控球且无传球时机时，为门前安全，避免失误，应向两侧运球。在比赛中，运球者应做到随时抬头观察保护球控制范围内，灵活运用运球技术。

（1）双手运球技术。

始终处于运球时，身体重心位于前脚掌上，身体前倾，双膝稍屈，双手握板柄，正手运球时左手握板柄上部，右手握板柄中下部，右肩低于左肩，两眼在低头看球时要随时抬头观察场上情况。

运球时，击球板底平行于地面以板头部位触击球，两腿行间交替迈步时，身体不要起伏过大，保持水平移动，两臂相对稳定，运用手腕向内、外侧转动，两臂前后调整，通过身体和脚步的变化使球保持在身体的右侧前方或前方。

在快速运球跑动中，要将球推击出一定距离，即使球在滚动中始终位于身体侧前或前方。此外，由于球在被推击时，除前滚动外还会出现蹦跳等现象，造成方向变换，因而，要求运球队员在完成第一个推击球动作后，紧跟球接着完成第二个推击球动作。实战中要根据对手的空当大小、对手距自身远近等决定运球方向、运球方式和推拨球力量大小等，灵活运用各种运球方法。

（2）单手运球技术。

单手运球技术是在球远离自己或有意将球远离自己，从而摆脱对方的防守时运用的运球技术。在比赛中，以自己习惯用力的手握板柄的上半部，使球位于比双手握板较远的位置，用正手或反手推拨球。在球被推击出后，身体和击球板要迅速跟上，并且随时根据球体的运行变化而改变体位。单手运球的身体重心较双手运球要高，单手运球多用于快速跑动，并要突破对方防守位置时使用。

3. 传接球

接球是指运动员有目的把用击球板板头将运行中的球停住，它是一项重要的基本功，是完成一切技术、技巧的基础。没有接球就没有各项技术，如果接不到球，任何战术配合及个人技术、技能都是空谈。接球的基本功要经常练习，不仅要做到能接各种来球，而且还要做到将球置于自己的控制范围内，以便完成下一个动作，除掌握原地接球外，还应练好运动中接球。场地质量的不同，其停球技术的运用也不同。接球是为传球、运球、突破过人及射门服务的。

接球队员必须具备良好的球感和很强的战术意识，并能在瞬间预测到比赛的发展情况，能判断出持球的同伴或对方防守队员的行动意图，从而决定自己应采取什么样的移动方式摆脱对方防守队员去接球，或为其他同伴创造机会去接球。接球者应在移动中选择接球位置，并注意主动迎球，做到球到点人到位，人到球到。

接球者还要注意在接球前先观察好场上的情况，以便有目的地衔接下一个动作，准确判断来球的速度、路线和方向；停球时，为了减弱来球的反弹力，击球板要做迎撤动作或做轻微下压、切和撤引板动作，以变换球的前进方向，抵消球的弹力，停球后身体重心必须移向控球范围，以便衔接下一动作。

做迎撤、轻微下压、切和撤行的动作时要掌握在与球接触的一刹那间进行，这样才能起到缓冲来球的力量和变换球的前进方向，这是停球的关键要领。

（1）接球分类。

接球可分为接地面球和空中球两大类。地面球包括接同队队员传球（地滚球、弧线球等），拦截对方队员间的传球；空中球包括远处为起点在空中直线来球和接近身体附近弹起两类球。

（2）接球方法。

接球方法主要有双手、单手握板的正手、反手接球。根据木球竞赛规则，接空中球时，不能主动以身体或击球板触及膝部以上的来球，只可以击球板被动挡球，但可依据球距身体位置的远近，双手或单手持板，以板头部分拦挡或击射膝部以下的来球。

（3）各种接球方法的基本要求。

①正、反双、单手接球。

双手正面接球：左手握板柄上部，右手握板柄中下部分，两脚开立比肩宽并半蹲，身体前倾，直立板头，触球时击球板稍后撤并向前微下压。如来球急促，并有可能球路变线，此时左手位置不变，右手应握于板柄下部与板头交界处，两腿全蹲，击球板基本与地面接近水平（夹角小于30°），以使板头加大触球范围，同时击球板面微前倾，以提高接球的稳定性。正面接球时身体在球的正面或右侧前方。

双手反面接球：握板方法不变，右手略靠近左手，当球在身体左侧前方时，左腿向球的位置跨步接近球，同时伸板反手挡压球，停住球后拨至右侧，继续下一个动作。

单手握板接球：单手捏板正面（反面）接球多用于为增大控制球的范围而球又距离身体较远时，或同对方争抢处于不利位置时，右手握板柄上部，接球时手臂完全伸直，伸出击球板，以板头部分挡球，同时身体快速接近球并转换成双手握板接做下一个动作。

②正、反手接空中球。

正手接空中来球：身体和击球板上前迎球（板在膝部以下），板触球时略后撤引球或切击球，将球停于身前并控制球。

反手接空中球：首先跨步迎球，球板触球时微下压将球停于身体前调整到位。

单手接空中球：单手持板接球步法及触球同双手接球，但身体重心前倾要大些。

③接反弹球。

首先跨步上前迎球，在球刚弹起瞬间以板头下压前，并接下个动作。

④摆脱对手正、反手接球。

正手接球：首先快速起动，摆脱对手举板上前迎球，停球的同时将球向后或向斜后方拉，以摆脱对手。

反手接球：首先快速起动，右腿跨步上前伸板迎球，同时反手停球后推拨球以摆脱对手追球。

4. 推拨球

推拨球动作快速简练，平稳而准确，较多运用在与同伴的传接、个人运球中。分大力推拨球和轻推拨球两种，主要区别在于用力大小，推拨球动作有连贯性，没有预摆动作，因而控球较稳，而且具有突然、隐蔽以及方向多变的特点，无论跑动中还是静止中，都可运用自如。

（1）准备姿势与摆板。

眼睛注视周围情况，两脚左右开立，略比肩宽，两腿稍屈，双手握板，板头距离球10～20 cm，不需要向后摆板。

（2）球的位置。

球与击球队员的两脚约成三角形，即在体前50 cm处或在身体右侧前方。

（3）推拨球的部位。

为使球向前滚动，主要以推击球两端为主，运行中需手腕控制板头，连续不断推击，触击四个点的任一部位，击球时不要预摆，在击球板与球接触的情况下利用右手加力，左手向身体方向压板柄将球推击出。

（4）推拨用力。

短促的用力方向要平行于地面，触球的短时间要向前进方向推动，身体重心随板行前进方向移动。

5. 抢断球

抢断球是指运动员防守中，在规则允许的范围内，使用击球板的合理部位，把攻方控制的球或对方传、射的球抢下，截断或破坏掉的技术动作，目的即争夺球的控制权。抢断球是由守转攻的重要手段，是防守技术中的主要内容。

（1）技术分类。

抢断球分正面和侧面抢断两大类，握板有单、双手之分，用板击打、捅、挡等方法进行。

抢断球技术由判断、抢位、抢断和联结等动作组合而成。判断是成败的第一因素，只有善于观察对方的动作意图，及时准确地做出判断，才能抓住抢断的时机。抢断时机有两种，一种是对方个人控球企图越过防守，持球者已无法改变球的运行路线时；另一种为球正在对方传送的过程中。时机选择与位置有直接关系，而抢截动作又与时机的选择有密切关系。

抢断球要有合理的选位。抢球是在对方控制球的情况下进行的，在抢球前首先要观察对手的意图和控球所在的位置，选择有可能抢触到球的位置。由于正手防守强于反手防守，所以抢断站位应始终在持球对手的右前方，以伺机抢球。若对手已经运球向前推进而自己又距球较远时，应在封堵其运球路线、减缓其向前推进速度的过程中，进行位置选择和距离调整。断球是抢断对方传、射出来的球，因此，断球前首先要观察对方出球的性质，选择有可能断球的位置，断球的一般站位，应选在对手和球门中点线连线之间稍偏向球的一侧。另外，选位动作要有突然性，以使对手无调整的机会。

抢断球动作的完成要迅速果断，将球控制在手意味着进攻的开始，要控制和处理好球。抢断球的基本原则是，不得因为自己的盲目行动给对方造成以多打少的局面。

抢断持球板可分为单手和双手、正手和反手、立板和横板等。

（2）拦截球技术。

拦截球是防守队员在合适的选位基础上突然出击，利用正手或反手推板挡住或破坏进攻者。

基本技术要求：截球者双手持板，随时调整与对手的距离，当持球者没注意或球将离板的一刹那，截球者出板击球，伸板动作要快而突然。但持板者触击球不要过于用力，便于得球进攻。断球者也可利用假动作，造成防守者分散注意力而获得抢断球的机会。

(3) 结合假动作抢断球技术。

基本技术要求：结合伸板假抢的假动作造成持球者动作产生变化，将持球者引向自己的右侧，快速伸板抢断球。

(4) 正手抢断球技术。

正手抢断球是抢断者将持球队员逼向右侧后，伺机用正手将球截获的一种防守技术。

基本技术要求：当持球者从自己右侧运球时，抢断者调整好与对手和球的距离，突然伸板挡停球，或将板横贴底面挡住来球。

(5) 正手板贴地封断球技术。

正手板贴地封断球的基本技术要求：面对持球者相机选位，身体重心前倾，单手或双手伸板在身体右侧横板断球并控制球。

(6) 抢断球常见错误。

①跑动中自身中心过于前倾，冲力过大，易造成对人犯规。

②身体选位不合理而先伸击球板，影响跑动。

③持板手过于紧张，发力不合理特别是单手持板，易犯规并使对手突破。

6. 运球突破

在规则允许的范围内，为取得对球的控制权，要努力突破对方防守，以达到射门得分的目的。为此，需要运用适时的个人控制球以寻找进攻机会，或者利用一对一的对抗突破对方的防守，制造射门的机会，这些都需运用运球技术和运球过人技术来完成。运球是个人控制球能力和个人进攻能力的集中体现，是完成战术配合和个人突破的主要技术之一。

动作要领：运球过人前的跑动要自然，身体重心要降低前倾，步幅小，频率快。这些要求应根据比赛的实际情况灵活运用，协调自然的跑动能使动作自如，变向、变速较易进行，身体重心低并前倾，便于实施突起和突停，变换方向时不易在对抗中失去平衡。频率快是为了便于随时变换动作，并能随时触到球以保持对球的控制，运动员在运球过程中要随时观察场上情况的变化，这样才有可能在临场发生突然变化时迅速采取措施。

（二）木球基本战术

木球比赛的阵形，以队员在场位置的排列和职责分工，可分为前锋、中锋、后卫等，由于场上没有守门员，因而后卫的防守任务较重。场上人数少，也要求每一名队员都要具备攻防的能力。场上的阵型可有"三二""二一二""二三""一二二"等不同站位。阵形必须与战术内容相统一，特别要与本队的技术技能、战术意识、身体素质、心理状态和全队的特长相适应。

1. 常见的木球战术

(1) 边路下底传中战术。

近似足球打法，利用场地的宽度，启用前锋的速度从两边闯开缺口，带球下底传中射门，是最常用的战术之一。两翼的拉开，常为中路突破创造机会，如此战术运用的合理，将使全场战术打活并取得主动权，这是一种常用的战术。

(2) 防守反击战术。

全面固守，利用对方全线压进，伺机抓住对方后方的空虚，以长传等简捷方式快速反击。无论在敌强我弱，还是在势均力敌的情况下，均能成功打开局面。

(3) 转移包抄战术。

虽然比赛中进攻的方向应该始终向前，但实战中也可回传后在转移进攻方面，利用三角配合式长传转移，由另一侧包抄突破或射门。

(4) 固定球战术。

在罚球区内或附近地域，利用规则，迫使对手犯规或违例，制造端线交叉点球（端线发球点上的发球）、任意球、点球或利用门前任意球、角球和边线球等机会，创造得分机会。

(5) 破坏性战术。

多用于守方，以维持现有场上局面为主而采用，干扰进攻并将球击出边线或端线，伺机偷袭进攻。

2. 进攻、防守战术

(1) 攻守战术。

个人战术包括：传球、假动作摆脱、跑位射门、选位盯人和封堵抢断等。

①假动作。假动作分为无球假动作和有球假动作。无球假动作包括变速、变向和抢断三种方法。有球假动作包括传球前假动作、接球前假动作和运球过人假动作。

②摆脱、跑位、接应与传接球。当本队做进攻配合时，每个队员都时刻面临着不是摆脱、跑位、接应，就是传接球，不断重复交替的传接与跑位直至进攻结束。这种个人的跑与传是进攻配合过程中的重要基础。空当的选择，穿跑时间的掌握，意识的强弱，直接影响到全队配合水平的高低。

③选位盯人。

有球紧逼无球松动防守：即对有球对手或有球区域防守要紧逼住人，对无球或无球一侧防守相对松动。防守队员站位靠有球一侧，以防止对手插入和便于保护同伴。

要中间放两边：中间部位正对球门，两边则易防守。当对方从中路进攻时，两侧的队员要稍往里收靠中央，迫使对方向两边转移，然后再组织力量在边路区域逼抢。

相互保护：邻近同伴相互间的保护，补位换人防守是阻挡对方进攻的有效措施之一。但要注意的是在同伴能防住对手的情况下，不要过早去补位，尽量以邻近的位置相互补位，不要牵涉更多的防守队员交换位置，如需要补位防守时，被突破的防守同伴一定要撤回补同伴补位后出现的空当。

④抢、断、堵、捅。

抢球：对手刚接到球的一刹那，对手尚还来不及处理球时，就争抢之。抢球的时机是：对手准备接球；对手主动迎球，接球动作较慢；对手原地接球或空中接球；不规则球；对方传球不准或球速缓慢。抢球时除判断准、行动快以外，还必须要有勇猛的气势。

断球：在对手接球前，抢先断截到球，断球队员要预测到对方传球意图，断球前突然起动，动作要敏捷。在断球跑动的路线上，要排除对方的干扰。断地面来球时应在断球后将球带向自己跑动的方向或直接传给同伴。断空中球时应将球先断下，尽快将球控制住。如断球不能实现时，就应当争取把球破坏掉。

堵抢：当对手已得球并控制住球时，防守者不能轻率盲动地伸板猛扑，而要保持好适当的距离，重心下降，将对手置于自己正手防守范围，观察对手控球的破绽，伺机再抢。如对手运球前进时，防守要相应后退，后撤的速度要与对手行进的速度相一致，以保持距离防止对手快速运球强行突破。在退守中要观察对手的真实意图，不要轻易被假动作所迷惑。这种防个人运球突破是被动而较困难的，因此动作要稳健，看准后再行动。盲目堵抢易被对方突破。

捅球：为弥补时间与位置上的差距而采取的主动行动，在对手回撤接应控球时或球距自己较远时，采用捅球方法，可破坏对方得球稳定性。捅球后防守队员要迅速恢复正常的防守状态。

前、侧扑倒地横板挡球：为提高争抢中拦截球的可靠性而被迫采取的行动，当双方争抢中球速较快，而立板又不可靠时或来球距身体较远时，可前扑、侧扑或跨步侧扑，单手使击球板横躺与地面平行，以板头部位拦截球，停住球后，身体重心快速跟上，进行下一个动作。

（2）区域的战术配合。

区域战术配合，是指2~3名队员之间有目的、有组织地通过良好的协同组成简单的配合。

①进攻区域的战术配合。

传切配合：当控球队员向防守队员身后的空隙传球时，另一进攻队员越过对手，切入得球。传切配合是2~3名队员利用传球和切入组成的简单配合（踢墙式二过一）。一般都在对方利用人盯人防守时或防守队员只注意球或失去正确防守位置时，利用各种假动作摆脱、超越对手，实施区域配合。

换位配合：持球进攻队员或无球队员相互间变换位置，造成防守混乱，出现空当，从而创造进攻机会。一般在防守方盯人时采用此战术效果较好。

突破分球配合：突破分球配合是进攻队员运用运球突破技术超越对手受到阻截或遇到对方补位、换人防守时，及时地将球传送给已摆脱防守（或无对方防守）的同伴，以便同伴获得进攻的机会。这种突破分球配合一般多在对方采用人盯人防守时运用。

掩护配合：掩护配合是进攻队员选择正确的位置，用自己的身体以合理的技术动作挡住防守同伴的对方队员的移动路线，使同伴借以摆脱防守，获得进攻机会。

掩护配合一般在对方人盯人防守时运用。特别是在对方罚球区附近，对方防守盯人较紧时，离球较远的同伴相互间利用掩护配合，造成对方防守混乱，交接人不清，进而摆脱对手，接球射门或进行其他配合。采用该战术时要防止离球太近时的掩护配合造成阻挡犯规。

策应配合：策应配合是指不持球同伴主动摆脱对手到空当接球或拉出空当让同伴接球。一般在对方采用紧逼人盯人防守时，在发外界球、任意球等固定球时采用。

②防守区域的战术配合。

保护：防守队员之间必须进行相互保护，协同防守。当距球较近的同伴逼抢持球的对手时，邻近的队员应撤到同伴的侧后方进行保护，对手一旦越过同伴的防守，便可随时补位。

补位：一种是补空位：后卫插上进攻时，应有一同伴暂时补他的位置，以防在后卫插上进攻失误时，对方利用这一空当进行反击。一种是相互补位：交换防守，这主要是指临近两个同伴之间相互交换防守，这样能减少漏洞。补位的队员一般比被补位的队员更接近本方球门，这样当同伴被对手突破时就能及时补位。

夹击围抢：夹击围抢是指比赛中场上某一位置，防守一方利用人数上的相对优势，通常是2~3名队员同时围抢对方的持球队员，以求在短暂时间内达到抢断球或破坏对方的进攻。

第四节　珍珠球

一、珍珠球运动概述

（一）珍珠球运动的简介

珍珠球比赛是一项对抗性比较强的集体竞赛项目。珍珠球运动形式与篮球和手球有很多相似之处，但其得分方式和防守与篮球和手球不完全相同。

（1）珍珠球的得分目标是不固定的，是在移动中的，而篮球和手球的篮和门都是固定的。在珍珠球比赛当中，如果掷球偏离目标，抄手在一定范围可弥补，将球抄入网内，因此加大了防守难度，防守者要保持在水区进攻队员和抄手之间比较困难。

（2）在水区活动的运动员只有 4 名，这样对于每个一个运动员来说，加大了其活动的范围，运动员需要进行大范围的跑动、穿插以及传、接球和运球的熟练运用，因此对运动员的体能和个人技术提出了更高的要求。

（3）由于珍珠球得分目标的不固定，要求水区和得分区的运动员要默契配合，同时得分区的运动员要有良好的移动、摆脱、占位和抄球的能力，视野要开阔，既要完成同水区队员的战术配合，同时还要摆脱对方的防守。

（4）篮球和手球的防守只是对进攻者防守、针对球，而珍珠球不仅有对进攻者和球的防守，对于球要达到的目标抄网也增设了防守，形成了双重防守阵容，因此水区和得分区的运动员要摆脱双重防守。

（二）珍珠球运动的起源与发展

"珍珠球"是满族的传统体育项目，现已列为我国民族传统体育运动会的正式比赛项目。满族是历史悠久、源远流长的民族，可以追溯到两千多年前的肃慎人。16 世纪至 19 世纪末，满族在中国历史上占有重要地位，为祖国的统一和促进各民族之间的经济、文化交流及发展做出了重要的贡献，出现了历史上罕见的"康乾盛世"。白山黑水的东北地区是满族人民最早居住的地方，当时他们以狩猎和猎鱼为生，同时采珍珠也是古代满族传统生产方式，佩戴珍珠是古代满族人的习俗。满族人在漫长的发展岁月中，通过这些生产劳动和生活方式，积累了丰富的有益于身心健康的体育活动。

劳动之余，满族人在陆地上以体育游戏的方式模仿在水中捞取珍珠的情形，满足自己的娱乐需要，创造了采珍珠游戏。随着满族迁入辽沈，后来满族人民分居于北京、河北、内蒙古、新疆等地，这项游戏也带到与汉族和其他少数民族杂居的地方。

珍珠球也叫采珍珠，这项运动是模仿满族采珠人的劳动，逐渐演变而成的。最初只是一种游戏。在松花江、牡丹江及嫩江一带开展比较普遍。游戏丰富了采珠人的文化生活，促进了他们的身心健康，提高了采珠人的生产技能。

珍珠球运动作为一项民族传统体育项目在民间流传，已有 300 多年的历史。它真实地再现了古代满族人在东北的江河、湖海中采珍珠的劳动情景。最早开展的珍珠球运动场地分水区、蛤蚌区、威呼区（"威呼"满语是船的意思）。在水区的队员手持珍珠球，可向任何方向传、接、投、拍、滚、运球，力争将珍珠球投进本队威呼区（也叫得分区）；蛤蚌区（也叫封锁区）内的队员手持蛤蚌拍阻挡和夹住对方水区队员投、滚来的球，并将球传给本方水区队员；威呼区队员手持抄网一个，在威呼区内采本方和对方投来的珍珠，在规定的时间内得分多的队为胜队。

珍珠球运动在1984年由北京市民族传统体育协会挖掘整理，先在北京新源里中学进行开展。后经北京市民族传统体育协会进一步整理，列入北京市第一、二、三届民族传统体育运动会的比赛项目。在新疆维吾尔自治区举行的第三届全国少数民族传统体育运动会上，北京队进行了珍珠球表演赛，受到观众的热烈欢迎和专家的好评，同时北京市受六省市委托举办了珍珠球比赛。在1991年第四届全国少数民族运动会上，被列为全国少数民族运动会正式比赛项目。

二、珍珠球运动基本技战术

（一）珍珠球基本技术

珍珠球技术是珍珠球比赛中为了一定目的而运用的专门动作方法的总称，也是珍珠球运动进攻和防守动作体系的总和。它们是珍珠球比赛的基础。

对珍珠球技术进行分类，为的是系统地、科学地组织珍珠球技术的教学与训练，深入地研究各类技术动作的作用、结构特点及其运用，并在此基础上，探讨技术动作之间和技术与战术的关系，从而促进珍珠球技术的发展。珍珠球技术根据它在比赛中的目的、任务分为进攻技术和防守技术，见下表。

表 11-1　珍珠球技术分类

进攻技术	水区进攻技术	移动技术、传接球技术、投球技术、持球突破技术
	得分区进攻技术	移动技术、抄网得分技术
防守技术	水区防守技术	移动技术、防守对手技术、抢球技术、打球技术、断球技术
	封锁区防守技术	移动技术、持拍封锁技术

1. 水区进攻技术

（1）移动技术。

移动是珍珠球比赛中队员为了改变位置、方向、速度和争取高度等所采用的各种脚步动作方法的通称。

移动是珍珠球技术的基础，它和掌握与运用进攻或防守技术有着密切的关系。在进攻中运用移动的目的，是为了选择位置，摆脱防守，便于接球、传球、投球、运球、持球突破、抄网得分等技术的运用。在防守中运用移动的目的是为了保持或抢占有利位置、堵截对手、防止摆脱、迫防、协防或是及时而果断地进行抢、打、断球及持拍封锁等。

（2）传球技术。

传球方法很多，根据传球的方式和出手部位可分为单手肩上传球、单手体侧传球、甩传、翻腕传球、背后传球、头后传球、低手传球和反弹传球。

（3）接球技术。

根据接球的手法有单手接球和双手接球两种。由于珍珠球体积小，球速快，所以在珍珠球比赛中，接长传球、接快速转移球等，大多采用双手接球的动作方法。根据来球的落点及其与身体部位的关系，分为接胸部高度的球、接高球、接低球和接反弹球四种。

（4）投球技术。

投球是进攻队员为将球投向抄网而采用的各种专门动作的总称。

从动作上，投球可分原地、跑动和跳起投球三种；从投球出手的部位上，可分为肩上、高手、体侧和低手等投球方式。由于投球脚步动作多变，出手方式多，形成了多种多样的投球技术。投球技术分为原地单手肩上投球、跑动单手肩上投球、向前跳起单手肩上投球、向上跳起高手投球和跳起体侧投球等五种。

（5）运球技术。

运球是持球队员用手按拍借助地面反弹起来球的动作。运球技术动作方法较多，主要包括高运球、低运球、运球急起急停、体前变向运球、体前变向换手运球、背后运球、运球转身和胯下运球等八种。

（6）持球突破。

持球突破是持球队员运用脚步动作和运球技术超越对手的一项攻击性很强的技术。持球突破可分为交叉步突破和顺步（同侧步）突破两种。

2. 得分区进攻技术

得分区进攻技术包括移动和抄网得分两种技术。

抄网得分是珍珠球运动中最主要的基本技术之一，是持抄网的队员借助抄网将投球队员投出的球抄入抄网内的技术。

抄网得分技术是由移动、身体姿势、手持网和抄网采球四个环节组成。移动在第一节中已经阐述，在这里就不再详述。

抄网得分基本技术：

身体姿势：抄网时，两脚前后或左右开立，两膝微屈，上体稍前倾，抬头平视。持网的手臂弯曲，网头斜向上，五指紧握网柄，以便随时抄网采球得分。抄网视来球的高低而定，来球高时，可以跳起抄网；来球低时，两腿弯曲可再稍屈些。

抄网采球：抄网时，应以肘关节或肩关节为轴，伸前臂，屈手腕，五指紧握网柄，对准投球，将球网入抄网内。抄网技术的关键，是手对网的控制能力，脚步移动的熟练程度以及手、脚的协调配合。

3. 水区防守技术

水区防守技术包括移动、防守对手技术、抢球技术、打球技术、断球技术。

（1）防守对手技术。

它是指防守队员合理地运用各种防守动作，积极抢占有利位置，阻挠和破坏对手进攻，以争夺控制球权为目的的一种动作方法。因此，在教学训练中，重视个人防守技术，提高个人防守能力，有利于促进集体防守与进攻技术，有利于战术的学习与提高。

（2）抢球、断球技术。

抢球、断球是攻击性很强的防守技术，它是积极防守战术的基础。

4. 封锁区防守技术

封锁区的防守是防守队员用球拍封锁住球，不让对方把球投入抄网内。封锁区内的队员不仅要把投球封锁好，还要在得球后迅速、准确地发动快攻，起到助攻的作用。

封锁区的防守包括选位、准备姿势、移动、持拍封锁。

(1) 位置选择。

封锁区防守队员选择位置的恰当与否，将直接关系到己方是否失分。防守队员应根据球的活动方向与位置，不断移动和调整自己的防守位置，使自己始终保持在投球人与抄网人之间。

(2) 准备姿势。

保持正确的准备姿势，就能迅速而准确地做出防守动作。正确姿势是：两脚自然开立，与肩同宽，身体重心落在前脚掌上，上体稍向前倾，两手各握住球拍，屈肘，手腕放松，两膝微屈，随时准备防守投球。

(3) 脚步移动。

防守队员经常以快速灵活的脚步移动，使自己保持正确的防守位置或及时进行封堵来球。

(4) 持拍封锁。

①夹球：当投来球的球速不快时，采用夹球。夹球时，双手举起球拍，一球拍对准来球，另一球拍迅速从球后方拍球，使球被球拍夹住，固定不动。夹住球后，迅速发球，组织本方的快攻。

②挡球：当投来球的球速较快时，采用挡球。挡球时把球拍举起，用球拍对准来球，当球触拍的一刹那，手腕前曲，球拍用力下压，将球挡落在水区内。所挡的球尽量挡给水区内己方队员，以组织快攻。

③捅球：当投来球太高时，采用捅球。捅球时，把球拍举起，身体后仰，用球拍上沿对准来球，当球触拍的一刹那，顺势将球捅出界外。

④挑球：当投来的球是反弹球时，采用挑球。挑球时，用球拍对准来球，拍头朝斜下方，将球挑起，在球触拍的一刹那，顺势将球挑给水区内己方队员。

⑤拨球：当投来的球是地滚球时，采用拨球。拨球时，用球拍对准来球，拍头朝下，将球拨出封锁区，在球触拍的刹那，顺势将球拨给水区内本方队员。

(二) 珍珠球基本战术

1. 水区战术

(1) 水区队员的个人战术行动。

个人战术行动是在珍珠球比赛中，根据本队战术的需要和对方攻、守特点以及战术变化的情况而采取的有针对性的策略行为，是队员有针对性地运用身体、技术、战术进行独立作战的行为。它是全队战术的组成部分。在珍珠球比赛中，水区中每队只有四名队员，所以个人战术行动在每场比赛中占有非常大的比重。

(2) 水区基础配合。

①传切配合。如传球给某队员后，向左侧做假动作，然后快速启动从右侧切入。

②侧掩护配合。掩护配合是合理地用自己的身体挡住同伴的防守者的路线或利用同伴的身体和位置使自己摆脱防守的一种配合方法。

③突分配合。突分配合是指持球者突破后利用传球与同伴配合的战术。

④中锋策应配合。策应配合是指处于内线的队员背对进攻方向接球后，与外线队员的空切相结合的一种里应外合的配合方法。

（3）水区防守战术。

根据珍珠球水区宽阔、易攻难守的特点，所以在水区的防守上一般不用区域联防，而均采用人盯人的防守战术。

2. 得分区、封锁区战术

（1）封锁区队员战术。

个人防守：封锁区队员应熟练掌握持拍基本的挡、夹、挑、捅等防守技术，还应加强防守位置的选择，做到人（抄网手）、球（投来球的线路）兼顾。尽最大可能地干扰抄网手的视线和判断，并识破对方的假动作及时移动，熟练运用侧跨步、侧滑步、侧向跳、后仰跳等技术动作。

集体防守：持拍队员的集体防守主要是通过分工合作，同步移动、多层次起跳来增大对抄网队员的防守面。并观察了解对手习惯的得分手段，进行干扰破坏。合理安排位置，互相照应，互相鼓励。

（2）得分区队员的战术。

要成为一名优秀的抄手，除了应具备速度快、弹跳好、灵活的基本素质外，还应具备良好的心理素质和临场应变能力。抄网队员发挥得好坏往往能决定一个队的胜负，所以对抄手的培养是全队训练的关键。

第十二章　民族传统体育之龙舟、舞龙、舞狮实践

第一节　龙舟

一、龙舟运动概述

龙是中华民族的象征，仿龙造型、以龙取名的龙舟，是我国各族人民在长期生产活动和社会活动中创造的一个具有独特民族风格的运动方式，盛行于南方水乡地区。"龙舟"一词，最早见于先秦古书《穆天子传·五》："天子乘鸟舟、龙舟浮于大沼。"南朝梁人宗懔《荆楚岁时记》载："五月五日，谓之浴兰节……是日，竞渡，竞采杂药。按五月五日竞渡，俗为屈原投汨罗日，人伤其死，故并命舟楫以拯之，至今竞渡是其遗俗。"因此，赛龙舟逐渐成为纪念爱国诗人屈原，表达人们心中爱国主义情怀的传统体育活动。每逢端午节，各地竞相举行龙舟竞渡，以缅怀先人和表示对龙的尊敬。新中国成立后，赛龙舟得到更大发展。1953年，第一届全国少数民族传统体育运动会将赛龙舟作为表演项目深受全国人民的喜爱。1984年，中华人民共和国体育运动委员会将龙舟竞渡列为比赛项目，同年在广州佛山举行了全国首届屈原杯龙舟赛，1985年中国龙舟协会在湖北省宜昌市成立。现在，世界上越来越多的国家和地区开展龙舟竞渡，并成立了国际龙舟运动联合会。

龙舟竞渡又称"赛龙舟"、"划龙船"等，各少数民族赛龙舟也延传不同的风俗。傣族赛龙舟于每年傣历六七月的泼水节举行；苗族的赛龙舟于每年农历五月二十四至二十七的龙舟节举行。当赛手们按鼓点划桨前进，数条龙舟在江上疾行时，两岸群众欢呼助威，场面壮观。

二、龙舟运动的基本技术教学与训练

（一）参赛人员

龙舟竞赛参赛人员有：舵手、桨手、鼓手、锣手和标手。

1. 舵手

舵手在平时训练中或在竞赛中扮演主要角色，他必须控制好龙舟的前进方向，使之按航道前进，按自己航道到达终点，不能犯规。竞赛采用夺标先后决定名次，更关系到夺标手能否顺利夺标。在平时训练中，应更加注意水面障碍物和水流及风向的变化，从而保证龙舟航向的安全。

2. 桨手

桨手是龙舟前进的动力，龙舟前进速度的快慢取决于龙舟桨手的多少和力量大小。龙舟上的桨手多少视龙舟的大小而定，传统龙舟（长龙）50～90人，标准龙舟（短龙）20人。划桨姿势有坐姿和跪姿，但姿势要统一。在长距离划行中也可以两种划桨姿势变换进行，但必须要熟

练、快速和整齐地变换，否则会影响竞赛的集体配合。

3. 鼓手和锣手

有些人可能认为龙舟上的鼓手和锣手是较轻松的人，其实，他们是龙舟上重量级的灵魂人物。锣鼓手的击鼓声可以让全体桨手划桨的快慢和动作一致，可快可慢，提振全队士气。龙舟在激烈的竞赛中，如何分配体力，每分钟划桨频率多少，什么时候冲刺，都要听他们的鼓声。因此，龙舟上的鼓手和锣手是龙舟竞赛战术的指挥者。

4. 标手

有些龙舟竞渡活动采用夺标形式决定胜负，因此，标手的任务是在龙舟将到终点时把标旗夺到手，标旗不能掉落水中。整队的胜负几乎都操在标手身上。但目前，龙舟竞赛活动较少采用夺标决定胜负，大部分采用计时淘汰制，所以一般都不设标手。

（二）划桨技术

龙舟主要是通过运动员划桨推动龙舟前进。目前运动员的划桨姿势基本有两种，一种是坐着划，另一种是站着划。但是不论坐着划还是站着划，划桨动作都是以一个划桨周期动作重复出现，即入水—拉桨—出水—回桨。

为了使龙舟获得较快的速度，划桨时一定要做到快、狠、稳，这种既狠又稳的划桨技术要求在划行阶段用力要狠，并要尽量减少桨叶在水中的移动。桨叶在水中移动与桨叶的结构和划桨技术有密切关系，桨叶在水中移动对龙舟前进速度很不利，因此，我们必须把桨叶在水中的移动减少到最低限度。龙舟在滑行阶段划桨动作要稳，并适当掌握回桨的速度，使参加划桨的肌肉在极短时间内得以放松，保证在下次划桨时仍有最大的力量。下面以坐姿划桨的动作结构进行讲述。

1. 桨叶的运动路线

（1）入水。

当运动员上身前倾70°时，双手前伸，迅速将桨叶插入水中，桨叶与水面成65°~70°顺着桨叶的方向插入水中。采取这种角度入水是因为桨叶从入水到划水只是一瞬间，桨叶以一定的角度插入水中，可以尽量减少由于龙舟前进产生的相对水流对桨叶的影响。

（2）拉桨。

划水效果的好坏会直接影响龙舟前进的速度，因此，拉桨是所有动作的关键。入水、转桨和划水这三个动作是紧密相连的，当桨叶入水后应立即转动桨叶90°，桨叶抓住水后立即开始划动，上手支撑、下手用爆发力向后拉，下肢用力支撑蹬腿，腰背也迅速向后，下肢通过蹬腿得到的反作用力通过上身参与拉桨。如果用力过早会形成打水而抓不住水，如果用力过晚就不能使整个划行动作发挥最大的作用，因此，这三个动作的协调配合是划桨技术重要一环。拉桨时应掌握下面几方面：

①桨叶在水中划行要保持垂直。一般在划行的后半段容易出现桨叶不能保持垂直的情况，甚至有时会出现挑水现象，这样会降低划水效果，使龙舟产生上下颠簸，甚至增加桨叶在水中移动。

②桨叶在水中要保持一定的深度，即水到桨颈的位置（满桨）。划水时桨叶在水中跳动，或在划水的前半段和后半段吃水的深度不一致，都会降低划水效果。当然桨叶入水的深度还应根

据龙舟的结构、船体吃水深浅、桨叶的面积大小和运动员的体力这四个因素来确定。如果桨叶在水中划起的水花是碎花，而桨叶在水中移位很大，那就是桨叶吃水太浅。如果桨与水面交界处受到相反方向的水流作用，就是桨叶吃水太深。

③拉桨时用力要均匀。在全部划行过程用力要保持均匀，避免用力出现先小后大或先大后小，两端小中间大或者两端大中间小的现象。这些都会降低划水效果，使龙舟产生颠簸，影响前进速度。

④拉桨过程上身要保持适当的前倾和后仰，使桨叶在水中有较大的划水弧度，也能更好地发挥上身腰腹肌肉的力量。虽然龙舟获得最大的前进力是在桨和龙舟成90°的时候，但龙舟在划行阶段是加速度运动，而且加速要持续到划水的后半段，直到桨叶出水，龙舟的速度才达到最高点。当然过分地前倾和后仰加大拉桨弧度也是不利的。

（3）出水。

当拉桨到最后时，应立即把桨叶提起，并转动桨叶使桨叶与水面成130°~150°，以减少桨叶的迎风阻力，同时要防止桨叶拉到最后时出现挑水现象。桨叶的出水动作是极其迅速的，在不到0.1 s时间内，要防止挑水以及要转动桨叶到理想角度，运动员的动作要做到熟练和协调是不容易的，必须经过严格和反复的训练。

（4）回桨。

在桨叶出水后，把桨叶转动到与水面130°~150°。桨叶离水面约20 cm，平行于水面推回，上身前倾，这种回桨方法可以减少空气对桨叶的阻力。运动员应当在这短暂的回桨时间内争取放松，为划动下一桨作力量准备。

站着划的划桨姿势是两腿站着，膝盖贴紧船旁成半跪式，面向船舷，不是正对前进方向。握桨方法是上手正握、下手正握或反握。在划行过程中，上身基本都是弯着的，腰背负担很大。因为全体划手都站起来，使整船体重心升高，大大增加了船体不稳定性，极容易造成翻船。同时，因划手站起来，使桨叶离水面距离增加了，桨叶的入水角度和出水深度难以保证，严重影响了划水效果。由于划手面向船舷和侧着上身划行，也会导致桨叶出水时出现严重挑水现象，加重了船体的上下起伏。同时因船体重心升高，对划手集体配合的影响极大，造成各人桨叶入水和出水时间不一致，桨叶的入水深浅也不一致。

但是当坐着划桨时间长了转为站着划，作为转换肌肉的用力方式，使坐着划时疲劳的肌肉得到短暂放松。在由坐姿转为站姿的过程中，全体划手的动作配合要相当熟练，不能影响原来的划桨节奏，否则就会影响龙舟的前进速度。

2. 人员的集体配合

龙舟竞渡有表演性质也有比赛性质，但不论是表演还是比赛，在一条龙舟里全体桨手动作的一致和统一很重要。如果龙舟划行表演，桨手动作不统一，给观众印象就是乱糟糟、不整齐和不美观；如果龙舟在激烈比赛中，全体桨手的划桨动作不一致，就不可能获得较强大的合力推动龙舟前进，龙舟就不可能获得较快的速度。

龙舟竞赛中除了桨手要动作一致外，舵手和鼓手的配合也极为重要。舵手是一条龙舟的灵魂，成功与失败都掌握在他手里，而鼓手是整条龙舟上运动员划桨节奏、桨频和体力分配的掌握者，是龙舟比赛中指挥全队贯彻战术意识的关键人物。

在龙舟竞渡中要取得理想的成绩，除了要求每位划手掌握个人基本技术外，还需要有较理想的集体配合。一条龙舟上几十名桨手在同一时间里重复做相同的动作,每分钟做60～80个快速划桨动作,因此,要求桨手必须有充足的体力和灵敏的动作,同时还要精神高度集中,才能做到这点。要使龙舟获得较好的集体配合,必须要做好几方面:

(1) 龙舟的桨位分左桨和右桨,以运动员握桨的上手和下手不同而分左桨和右桨。握桨时右手在下称为"右桨",左手在下称"左桨",也就是在舵手的右边称"右桨",舵手左边就是"左桨"。在安排两边桨手时必须考虑桨手的身高、体重和力量等因素,使左右两边的划桨力量相等,而不会出现偏航。

(2) 龙舟在高速前进中,桨手的划桨动作必须做到四个一致:
①桨手的上身前倾和后仰角度一致,移动速度一致。
②桨叶的入水和出水时间一致。
③桨叶的吃水深度和拉桨速度一致。
④桨叶回桨时在空中的高度和速度一致。

(3) 龙舟上运动员集体配合的好坏主要靠平时训练,而平时训练中舵手是主要的,因为平时训练中舵手对桨手的划桨动作看得非常清楚。桨手的桨叶高低,上身前倾和后仰角度的大小,桨叶的入水和出水时间等,在训练中舵手发现桨手动作不一致时,要敢于及时纠正,使他们在统一节奏中划出统一的动作。

(4) 龙舟上的鼓手在集体配合中也非常重要,桨手划桨动作的快慢是靠听鼓的声音——鼓声快他就划得快,鼓声慢他就划得慢。因此,鼓手是掌握龙舟比赛时桨手的桨频的,也掌握桨手体力分配的,是教练战术意图的贯彻的执行者。平时训练中,鼓手必须了解每个桨手的体力情况和全体桨手的体力情况,指挥在比赛中每段距离使用的桨频。在龙舟比赛中,运动员动作变形和集体配合混乱,往往都是因为运动员体力不支后出现的。

龙舟划桨集体配合必须做到几个统一,划手的上身前倾角度统一,桨叶的入水角度和深度统一,桨叶的出水时间及回桨速度统一。只有做到上述几个统一,才能使龙舟乘风破浪般地前进。

3. 起航

我们在前面龙舟竞渡的战术中讲过,龙舟取得领先位置所得到的优势是多方面的,在龙舟竞渡的实践中也多次地证明了这一点。当双方实力相差无几时,往往在起航时取得领先优势的龙舟会将优势一直保持到终点。因此,龙舟在起航后立即取得领先位置显得特别重要。

龙舟起航即龙舟从静止状态到在短时间内达到较高速度,优异的起航技术能保证龙舟在起航后立即取得领先位置。糟糕的起航必然会使龙舟处在落后的位置。

龙舟起航总的要求是准时、快速,龙舟起航方法有多种,因此要求也各不同。

(1) 活动起航。

活动起航是各参赛龙舟在各自航道起航线的后方,并且没有裁判船固定。各龙舟只能在听到发令枪声响后才能冲过起航线。一般长距离或超长距离的往返划或绕标划等比赛形式采取活动起航。活动起航要求龙舟上的运动员判断起航时间很准,要准时和全速通过起航线,但又不能抢航。如果出现两次抢航,会被取消比赛资格;如果不准时、全速通过起航线,则起航后龙舟必然处在落后位置。

(2) 固定起航。

固定起航是在起航线的后方，每条航道中都有一艘裁判船固定参赛龙舟，在听到起航发令枪声响起立即放船。在 2000 m 以内的 1000 m、500 m、200 m 的直道竞赛中，一般采用固定起航。短距离的直道竞赛要求有较标准的水面场地，有航道浮标，航道明显。龙舟在比赛中，始终要在本队的航道中划行。

龙舟固定起航要求运动员及时起划，迅速改变龙舟的静止状态，达到高速行驶。要做到这样，全体桨手必须做到准、狠、快、齐。

①准——准时，龙舟进入航道后，起航发令信号未发出之前，舵手或鼓手指挥全体桨手高度集中精神，使龙舟在起航线的中央，船头对准起航线。离发令信号还有 20 s 时，全体桨手的准备动作应该是一致的，只要发令信号一响，桨手同时迅速地把桨插入水中。

②狠——当桨叶插入水中后双臂即用百分之百的力量拉桨，在保证拉桨时的桨叶与水面的角度在 90°的前提下，用力要狠。

③快——快速划桨，桨频为 80~100 次/min 内。划桨弧度要短，快速划行 20~30 桨后，龙舟有了起动初速后，划桨弧度逐渐加大，划 60~70 桨后转入大弧度的途中划行。

④齐——龙舟在短短的几十秒的起航中，桨频快和弧度短，全力划的情况下如果桨手的划桨动作出现不一致，龙舟不可能在瞬间获得统一的力点，不可能迅速改变静止状态，达到高速前进。因此，要求桨手在高速划行中，桨叶入水深度一致，入水角度一致，动作速度一致。同时在回桨过程中不忘转动桨叶，以减少桨叶在空中的阻力。

龙舟在竞赛中，要有优异的起航技术，在平时的训练中绝不能忽视。龙舟是一个大集体体育项目，几十名桨手在起航时快速配合，没有经过较长时间的训练是不可能做到的，因此在每次训练课中都必须安排 10~15 次起航练习。

龙舟起航要全力和快速，因此，起航练习前必须做足准备活动，在全体桨手处于较兴奋状态下，训练起航效果更佳。起航练习一般安排在训练课的中下段时间较适合。

4. 竞渡的战术

龙舟竞渡战术对提高运动员技术水平，取得优异成绩是非常重要的。所以，战术训练和运用不能忽视。但是，战术是在良好技术基础上形成的，没有良好的技术就不可能形成良好的战术。

战术的训练和运用应当贯彻积极主动、机动灵活的指导思想。无论在平常训练中，还是在赛前制订的战术方案里，或是在战术的临场运用时，都应当从实际出发。

龙舟竞渡不论是长距离或短距离，都必须制订合理的战术。在制订战术方案时必须估计到以下一些实际情况：

①竞赛场地，水面情况、水流和气候等条件。

②竞赛的距离和形式（长距离、短距离或超长距离绕圈等）。

③竞赛使用的器材（重的或轻的）。

④参赛队伍的多少，是否进行预赛和决赛。

⑤运动员的技术和体力情况以及主要对手的技术和体力情况等，以便合理安排体力分配。

(1) 领先。

领先是龙舟竞赛的基本战术，不论是在长距离还是在短距离的竞赛中都占有极重要的地位。

领先的龙舟舵手可以清楚地监视尾随龙舟上的动作,这样就能及时地采取措施对付尾随龙舟的追赶,使自己完全掌握竞赛的主动权。同时龙舟在领先的位置上,还能鼓舞全体桨手的士气,增强取得胜利的信心,所以领先便成为龙舟竞赛的基本战术。

龙舟竞赛的战术贯彻手段很大程度体现在体力分配上,而体力分配主要方式是控制拉桨力的大小,划桨时的弧度长短和桨频的快慢。一般情况下,龙舟竞赛时运动员的体力分配原则是长距离比赛采取大弧度、低桨频的划法,使运动员在回桨过程得到短暂的放松,充分利用龙舟的惯性,特别是龙舟顺着水流划行时,这种划法更适用。短距离比赛则采取小弧度、高桨频的划法,此法也适合逆水流划行,能在短时间内充分发挥运动员的体力。龙舟在起航和最后冲刺时必须用高桨频、短弧度、百分之百的拉桨力。只有这样龙舟才能在起航后即冲出重围,超越对手,处于领先位置。龙舟起航后转入途中划行时,适当降低桨频,适当加大拉桨弧度。在途中本队处于领先位置,而对手还未出现超越的可能时可以继续保持原来的桨频。如果后面追赶的龙舟有可能超越,可及时使用高频划20~30桨,不让对手超越,继续保持领先位置。

龙舟竞赛的战术指挥应由舵手和鼓手负责,舵手通过口令指挥桨手,鼓手通过鼓声控制桨频。因为舵手和鼓手对本队运动员的技术、体力都非常了解,通常舵手和鼓手都是由经过长时间训练和有经验的人士担任,教练员制订战术时必须与舵手和鼓手共同商量决定,舵手和鼓手在全体桨手中应有较高的威信。

(2) 尾随。

前面说过领先是龙舟竞赛的基本战术,但是领先者在任何竞赛中都只有一个,因此在起航落后的情况下,如何运用战术也显得很重要。在确定战术时,应首先估计本队和对手的实力情况,否则,就算取得领先的位置也会有遭到失败的可能。如果本队运动员的耐力比对手好,也可以在起航后还未取得领先位置情况下,暂时不作超越,以保存力量准备在最后一段距离中(最后1/3距离)鼓足力量高速划行,以充沛体力战胜对手。

落后的龙舟为了取得领先的位置,应选择超越的时机,而超越时机是要根据现场对手和本队运动员的体力情况以及水区的情况来定。当决定超越对手时,舵手的决心要坚定,行动要果断,下达口令响亮清晰,全体桨手要统一思想。鼓手加快击鼓频率来提高桨频,争取做到一次成功。如果第一次超越失败了,要想继续组织第二次就会困难得多。龙舟在尾随时,要与领先的龙舟保持一定的横向距离,这样一方面可以避免领先龙舟划桨产生的水流影响,同时也可给领先龙舟上的运动员造成心理威胁,以便组织第二次超越。

(3) 终点冲刺。

在竞渡中,龙舟快要接近终点时,是竞赛的决胜时刻——领先的想继续领先,落后的则想超越领先者,如果两者前后距离相差不远,竞争就更为激烈。这时,正确掌握冲刺的时机是很重要的,过早或过迟冲刺都是不利的。因为过早冲刺会消耗运动员的体力,到最后几十米冲不起来,如果过迟会丧失争夺胜利的时机。所以,舵手或鼓手必须根据本队运动员的体力情况和对手的体力情况,果断做出冲刺决定。领先的龙舟如果保持原有的桨频能继续保持领先位置,则桨频不需要变,以便保留体力到最后100 m作全力冲刺,确保胜利。落后的龙舟如果与前面领先的龙舟相差10 m以内,则应加速划20~30桨尝试超越对手,或提早一些冲刺。

第二节 舞龙

一、舞龙运动概述

舞龙运动是一项极具中华民族特色的传统体育活动。千百年来，象征华夏民族精神的舞龙，气势磅礴，雄浑豪壮，广泛流传于祖国辽阔疆域内，与中国原始的自然崇拜、祭祀庆典等社会活动有着极密切的联系，具有浓郁的中国乡土文化特征。

（一）舞龙运动的简介

舞龙俗称"玩龙灯"，是我国民族传统体育项目。节日，尤其是在元宵节期间，随处可见舞龙活动的开展。

龙的形象是古人为寄托美好愿望而以丰富的想象力创造的，对龙的崇拜作为中国古老的神灵崇拜、图腾崇拜，在我国不同的历史时期，始终占据着重要的地位。这不仅与我国农业大国对水神的崇拜有着密切的关系，而且还有一个重要的原因，就是龙在中国古代的政治文化进程中，逐步形成了神权与政权合一的一个重要象征。正因为如此，作为主宰雨水之神的龙才备受尊崇，这从中国古代经典典籍的记载中就可见一斑。如《史记·三皇本纪》中就有记载："炎帝神农氏，姜姓。母曰女登，有蜗氏之女，为少典妃，感神龙而生炎帝。人身牛首，长于姜水，因以为姓。火德王，故曰炎帝。"另外，屈原《九歌·云中君》中所言，云神"龙驾兮帝服，聊翱游兮周章"、"天尊云神，使之乘龙，兼衣青黄五彩之色，后无常处。"这些都表明龙作为一种文化在中国古代的特殊地位。

舞龙作为民俗活动，最初是源于中国古代的祈雨祭祀舞蹈，它与古老的自然崇拜、图腾崇拜和祖先崇拜等民间信仰有着密切关系，这也成为舞龙习俗重要的文化源泉。在殷商的甲骨文记载中便有向龙卜雨的甲片。《论语·先进》中记述："暮春者，春服既成，冠者五六人，童子六七人，浴乎沂，风乎舞雩，咏而归。""舞雩"是一种多人在渡沂水时表演像龙一样的行列舞蹈，也是在暮春时节进行的一种祭礼，含有龙崇拜及祈雨等多种内涵。历史上最早记载的关于龙的表演活动，始于西汉，属于百戏范畴。《汉书·西域传赞》中有"曼衍鱼龙"的记载。西汉董仲舒《春秋繁露·卷十六·求雨》中记载："以甲乙日为大苍龙一，长八丈，居中央。为小龙七，各长四丈。于东方。皆东乡，其间相去八尺。小童八人，皆齐三日，服青衣而舞之。"进入唐宋，舞龙已经摆脱了原始祭祀式的祈神活动，更多的与民间传统节庆、民间社火等活动相结合。南宋孟元老在《东京梦华录》曾写道，北宋时的汴梁（今河南开封），每逢元宵节，"各以草把缚成戏龙之状，用青幕遮笼，草上密置灯烛万盏，望之蜿蜒如双龙飞走。"吴自牧在《梦梁录》中对于舞龙生动的描写道："往来出入之势，规模舞走，鱼龙变化夺真，功艺如神。"明万历三十三年刻本《嘉定县志》记载，正月十五"夜则燃灯……有龙灯之戏，联百千灯笼为身，辊球灯为珠，亘街穿巷，导以旌旐，夹以鼓吹，以迎神而祈水泽"。龙身联有百千只灯笼，至少有数百米长，"辊球灯"即指龙头前面的滚球，即常见的"双龙戏珠"。

在各种年节庙会上举行舞龙、耍龙灯等形式的群体式活动，在当时的社会环境下既有寄托人们敬仰怀念之情，又有祈求保护神福佑五谷丰登、人安畜旺之意。如今许多地方（尤其是农村地区）舞龙都要在龙王庙举行仪式，鞭炮齐鸣，鼓声四起，秉承着早时传统庙会的遗风。元宵节舞龙既可以求龙神保佑，同时又为节日增添喜庆气氛，因此元宵节舞龙传承至今，并成为深受群众喜爱的体育活动。近几年，通过挖掘整理和各种民间舞龙比赛，传统的民间舞龙习俗逐渐发展为寓身体锻炼于精彩表演中的群众体育活动。舞龙运动成为我国推行全民健身计划的特色项目，推动着大众体育运动的开展。

鉴于舞龙运动的竞技性，国家体育总局将舞龙运动列为全国正式比赛（四类）项目，批准成立了中国龙狮运动协会，并制定了《中国舞龙竞赛规则》，创编了两套竞赛规定套路。自1995年第一届全国舞龙锦标赛开始，中国龙狮运动协会先后举办了多届全国舞龙锦标赛；八届国际龙狮邀请赛；全国性和国际性邀请赛、精英赛、大奖赛和争霸赛数十次以上；三届"三龙"国际邀请赛以及全国十三个省（市）三十多个城市、六十多个县、乡、镇同时举行的"全民健身与奥运同行"龙腾狮跃闹元宵全国龙狮大联动活动。

目前，我国湖南、湖北、重庆、上海等地已经训练出一批具有较高运动技术水平的舞龙运动队伍。在我国，部分高等院校将舞龙运动列为课程，一些地区的中小学校也将其作为体育课的授课内容。多形式多渠道的推广舞龙运动，极大地促进了舞龙运动的普及和提高。通过系统训练，舞龙运动不断朝着运动技术含量高、创新意识强的方向发展。在舞龙运动的套路编排、动作内容、技术难度、开拓创意等方面，将传统的舞龙运动发扬光大，推动着舞龙运动朝着规范化、科学化、竞技化的方向发展，使之提升到一个新的水平。

（二）舞龙运动的特点与价值

舞龙运动作为中华民族传统文化的重要代表之一，蕴含有鲜明的民族特色。在种类繁多、形式多样的舞龙运动中，共同体现着传统的鼓乐伴奏、整齐的集体配合、独特的舞龙服饰等特点。舞龙运动内在的价值体现于民间原始文化意象的融合中。主要为禳祓性象征、祈福性象征、生殖性象征以及喜庆性象征四个方面。因此，它也成为乡土社会岁时节日和庙会社火等文化空间中的重要展演内容。

舞龙运动的价值功能随着时代的发展也在发生着嬗变，不断满足人们世俗生活的需求。就舞龙运动的原始价值追求而言，它带有浓重的原始迷信色彩。主要表现是，其信仰带有多元的神秘性，其仪式具有严格的规定性，其成员具有一定的松散性。民间广大民众信奉舞龙能够给他们纳福、禳灾、旺丁兴族，以此追求一种精神上的满足。然而，在当代语境下，传统舞龙所蕴含的价值功能进行着现代化的转型，主要表现在：舞龙运动中的文化传承功能得到彰显；舞龙运动中的教化功能得到发挥；舞龙运动中的健身娱心功能得到扩展；舞龙运动中的审美功能得到延续；舞龙运动中的民族凝聚力能得到强化。这种转变不仅反映了舞龙习俗所具有广泛的适应性，而且也体现出舞龙习俗作为国家安定、人民祥和的文化象征符号得到了中华民族的普遍认同。

二、舞龙运动基本技术

（一）舞龙运动的基本技术要素

舞龙运动的基本技术要素如图12-1所示。

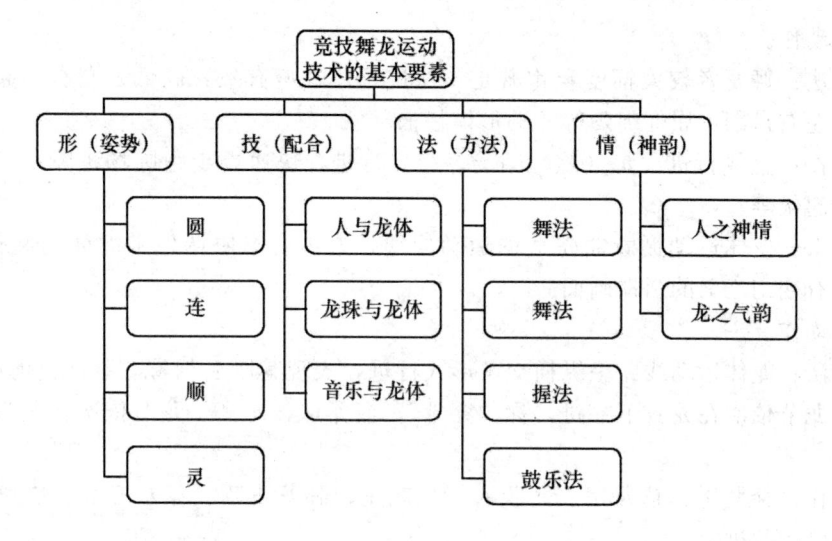

图 12-1　舞龙运动的基本技术要素

(二) 舞龙运动技术的风格特点

(1) 从南北地域上划分，舞龙运动具有北刚南柔的风格特点。
(2) 从技法运用上，舞龙运动具有游舞翻滚的风格特点。

(三) 舞龙运动的内容分类及分级

舞龙运动基本技术主要划分为五大类，即：8 字舞龙、游龙、穿腾、翻滚、组图造型。根据动作完成的难易程度又可划分为 A 级难度动作、B 级难度动作、C 级难度动作（图 12-2）。

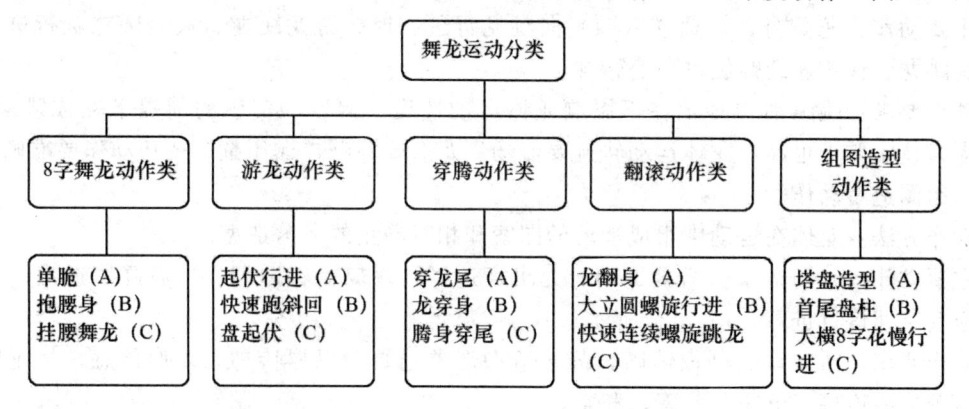

图 12-2　舞龙运动的内容分类及分级

(1) 8 字舞龙动作。

①动作方法：舞龙者将龙体在人体左右两侧交替做 8 字形环绕的舞龙动作，可快可慢，可原地定位，可行进间进行，也可利用人体组成多种姿态，多种方法做 8 字形状舞龙。

②主要动作：原地 8 字舞龙、单跪舞龙、抱腰舞龙、绕身舞龙、跳龙接—蹲—躺快舞龙、挂腰舞龙、K 式舞龙等。

③动作要求：前后队员的距离要适中，龙体运动轨迹要圆顺，人体造型姿态要优美，快舞龙要突出速度、幅度、力度，给人以力量美的感受。

(2) 游龙动作。

①动作方法：舞龙者较大幅度奔跑游走，通过龙体快慢有致，高低、左右的起伏行进，展现婉转回旋、左右盘翻、屈伸绵延等龙的形体特征。

②主要动作：直线行进、走（跑）圆场、起伏行进、快速矮步跑圆场越障碍、快速跑斜圆场、站肩平盘起伏等。

③动作要求：龙体运动循着曲弧线的运动规律，人体姿态协调地随龙体的起伏游动行进，组成一幅幅富有变幻之美的活动画面。

(3) 穿腾动作。

①动作方法：龙体运动线路呈纵横交叉形式行进，表现其腾云驾雾、翻江倒海的磅礴气势。龙珠、龙头、龙节依次在龙身下穿过，称"穿越"；或龙珠、龙头、龙节依次在龙身上越过，称"腾越"。

②主要动作：穿龙尾、越龙尾、龙脱衣、龙戏尾、卧龙飞腾、穿八五节、快速连续穿越行进、连续穿越腾越行进等。

③动作要求：穿越或腾越时，龙形保持饱满，速度均匀，运动轨迹流畅，穿腾动作轻松利落，不碰踩龙体，不拖地。

(4) 翻滚动作。

①动作方法：龙体做立圆或斜圆状运动，展现龙的飞腾跳跃的动势。龙体做立圆（或斜圆）状连续运动，当龙身运动到舞龙者脚下时，舞龙者利用跨越、跳跃等方法迅速依次跳过龙身，称"跳龙动作"；龙体同时或依次做360°翻转，舞龙者利用滚翻、手翻等方法越过龙身，称"翻滚动作"。

②主要动作：龙翻身、快速逆（顺）向跳龙行进、连续游龙跳龙、大立圆螺旋行进、快速连续螺旋跳龙、快速连续螺旋跳龙磨转等。

③动作要求：跳滚动作必须在不影响龙体运动速度、幅度、美感的前提下完成跳滚动作，难度较大，技术要求也高，龙体运动轨迹要流畅，龙形要圆顺，运用翻滚技巧动作要准确规范。

(5) 组图造型动作。

①动作方法：龙体在运动中组成活动的图案和相对静止的龙体造型。

②主要动作：龙门造型、塔盘造型、龙出宫造型、蝴蝶盘花造型、上肩高塔造型、龙尾高翘、大横8字花慢行进等。

③动作要求：活动图案画面清晰，静止造型形象逼真，以形传神，以形传意，与龙珠配合协调，组图造型连接，解脱要紧凑、利索。

第三节　舞狮

一、舞狮运动概述

舞狮也叫"狮舞"，俗称"耍狮子"，是我国广泛流传的一项健康有趣的民间传统娱乐活动，具有独特的民族风格和深厚的文化底蕴。每逢春节和元宵节，都要举行精彩的舞狮表演，这种隆重的喜庆仪式，预示国家民安、吉祥如意。它从历史的深处蜿蜒走来，发展至今，已经成为集武术、舞蹈、色彩、音律等于一体的具有较强的竞技性、健身性、娱乐性和观赏表演性的民族传统体育项目,深受海内外华人的喜爱。

(一) 舞狮运动的简介

舞狮运动的形成与发展,是随着中华民族文明的历程而发展的。狮子在东汉章帝章和元年(公元87年),由西域月氏国、安息国献狮于汉而进入中国,成为象征吉祥威武、权力和地位的瑞兽。我国关于舞狮的记载最早来自于《汉书·礼乐志》,"若今戏鱼、虾、狮子者也"。可以看出,在漫长的历史进程中,人们最初只是崇狮、敬狮,而后开始模仿狮子的外貌、动作和神态。至三国时发展成狮舞,南北朝时期则随佛教的兴起而开始盛行,在此后的两千多年里,历代艺术家将狮子与中国传统文化艺术有机地结合,创作了无以数计的有关狮子的绘画、石刻、陶塑、刺绣、织锦等艺术作品,并逐步形成了具有东方特色的狮舞和舞狮等民间民俗的"狮文化"。

古老传统的狮舞作用十分广泛。最基本、最古老的一项便是借其威仪以驱魔避邪。据《洛阳伽蓝记》记载,农历四月四日为佛教圣节,人们将佛像抬出庙宇游行,供俗人瞻仰,队伍前面便用避邪的狮舞开路。隋唐以降,狮舞广泛流行于民间、宫廷等各种自娱性和表演性场合。隋代的元宵节之夜可看到舞狮者与其他拟兽舞一起欢舞;唐代《新唐书·礼乐志》中有"五方狮舞"的记载:"戏有五方狮子,高丈余,各衣五色,每一狮子有十二人,戴红抹额,衣画衣,执红拂子,谓之'列狮子郎',舞太平乐曲。"由此可以想象出唐代宫廷舞狮的盛大场面。

"五方狮子"又叫"五帝狮子",它们披着青、赤、黄、白、黑5种色彩的狮被(又叫狮子皮),每个狮子都有一丈多高,分东、南、西、北、中五方站立。由12个穿着五彩画衣,扎着红抹额头饰的狮子郎,手持红拂子追引雄狮,狮子前俯后仰,活跃异常,在鼓乐喧天的龟兹乐伴奏下,140人的大型合唱队,高歌太平乐。这种宫廷齐装狮子的表演人众狮大,气势磅礴,蔚为壮观。

除舞狮表演外,在门墩、屋檐、石栏、印章、年画等静止的狮子艺术造型可窥见一二。狮雕艺术的繁衍也为舞狮运动进一步发展和完善提供了更加丰富的形式和内容。南宗苏汉臣画的《百子嬉春图》,给人们留下了宋代儿童狮舞的宝贵资料。宋代诸军百戏中的"七圣刀"、"抹跄变阵子"、"上杆板落"等杂技艺术,都直接受到舞狮和武术的影响而形成。舞狮不仅有成人表演的狮舞,还有儿童表演的狮子戏球舞,狮子合舞和狮子会等名目。在宋代还出现了以专门卖艺为生者,称作"路岐人"。当时南宋有多达100余人的卖艺团体,打拳、舞狮、弄枪使棒练习舞剑,还有各种杂技艺术,常在都城中的空地上进行表演,热闹非凡。明代初年,广东佛山怪兽肆虐,乡农舞狮头驱之。自此,逢年过节,当地人民都有敲锣打鼓,挨家舞狮,以示消除灾害,预报吉祥。清代,各地以舞狮为名组织起各种的狮子堂,舞狮内容更加丰富多彩,舞狮的种类和表演形式多起来,有赞狮、少狮、手狮舞、火狮子、板凳狮、文狮、武狮等。舞狮活动一般在春节、灯会、庙会和迎神赛会期间进行。正月初一至十五各路舞狮组织敲锣打鼓纷纷出动,走街串巷到各村镇去拜年、踩青。有时各路狮子欢聚一堂,与武术同场竞技表演,并伴有铿锵有力、节奏鲜明的锣鼓,使群狮欢腾活灵活现。不仅活跃了民间的文化生活,陶冶了情操,净化了灵魂,还鼓舞民心、催人奋进。

脱胎于中国传统民俗体育活动形式的舞狮运动,在经过从传统到现代、从单一到多元、从封闭到开放的整体转型后,已发展成集多种功能于一体的民族传统体育项目。现代舞狮运动是立足于传统舞狮活动的基础上，在大力弘扬民族体育文化的大潮中逐步发展起来的。

以1995年为标志，在坚持继承和保留自身基本特征的基础上，按照有法可依的原则，中国龙狮运动协会借鉴和吸收了其他竞技体育项目的竞赛办法和规则规定，历经五年时间研究制定了《舞龙、舞狮竞赛规则》和《舞龙、舞狮裁判法》，促使舞狮运动按照正规、有序的竞赛制度和办法运作，对舞狮运动的推广和普及发挥了重要的作用。目前，全国正式的龙狮竞赛包括全国舞狮（南北狮）锦标赛、全国龙狮精英赛、全国龙狮争霸赛、全国龙狮邀请赛、粤桂港澳台龙狮争霸赛、全国南北狮王争霸赛等不同赛制。

自1995年国家体育总局社会体育指导中心对舞狮运动进行挖掘整理，并在北京成立中国龙狮运动协会后，龙狮运动就正式成为一项规范的竞技体育项目。同年，国际龙狮运动总会在香港成立，至2006年，已有31个国家和地区加入了国际龙狮运动联合会成为该协会的会员。经过十余年的发展，我国舞龙舞狮运动的竞赛体制逐步完善，迄今已举办过全国性比赛100余次，国际性比赛30余次，在国内国际形成了较大影响。

（二）舞狮运动的特点与价值

在漫长的发展中，舞狮运动始终根植于中国传统社会的文化土壤之中。无论是舞狮的器材制作、表现形式，还是运作编排、表演手法都无不带有我国民族的传统文化气息，它集武术、舞蹈、编织、刺绣、绘画和音乐等多种艺术于一身，是我国广大劳动人民劳动智慧的结晶，是最能体现我国民俗民风的传统体育项目之一。舞狮运动发展到现代，除了保留早期人们对除暴安良、驱邪赈灾和对未知自然力的敬意和渴望外，更孕育着浓郁的民族情结与祈求风调雨顺、政通人和、五谷丰登、吉祥如意之愿望，是华夏民族物质与精神文化财富中的重要组成。人们参与舞狮运动，不仅促进了不同地区的文化交流，凝聚了各族人民的民族感情，更弘扬发展了我国优秀的舞狮文化。如今，舞狮运动不仅盛行于民间社火，民俗表演中，同时，也成为我国高校教育的一门学习课程，使得更多的学子认识并喜欢舞狮运动，参与舞狮运动，传承舞狮运动。

舞狮表演，是对表演者身体和精神的双重锻炼。表演由鼓乐手、一前一后两名舞狮者构成。将鼓乐节奏、武术技巧、传统舞蹈等元素有机结合，在欢快喜悦的气氛中完成各种造型、定势、表演动作，或惊险刺激，或俏皮可爱。对于舞狮运动的观看者来说，也是一种健康休闲、娱乐身心的方式。舞狮比赛和表演，精彩非凡，充满吉祥欢乐，在年节庆典之时，为节日平添欢乐喜庆，给生活增添几分情趣欢笑。在现代都市，它是一道充满浓郁民俗风情的独特景观，而在农村，它更是庆祝丰收及各种喜庆活动不可或缺的保留节目。

二、舞狮运动基本技术

（一）北狮的基本技术

1. 基本握法

（1）狮头握法。两手紧握头圈嘴巴下摆的关节处，以便于控制嘴巴张合。

（2）狮尾握法。双手扶位：狮尾队员双手虎口朝上，大拇指插入狮头腰带，四指并拢握，扶拉狮头队员腰带。单手扶位：狮尾队员单手扶拉狮头队员腰带，另一手扶拉狮囊。脱手扶位：狮尾队员双手松开狮头队员腰带，扶拉狮囊两侧下摆。

2. 基本手法

(1) 摇。双手扶头圈，双手交替做上下回旋动作。手的运动路线成立圆。

(2) 点。双手扶头圈，身体向左侧回旋，与地面的倾角成45°，左右手的运动路线为上下交替运动，右侧动作与左侧动作相同，方向相反。

(3) 摆。双手扶头圈，上左步时狮头摆至左侧，中心放置左腿。行走时右侧动作与左侧动作相同，方向相反。

(4) 错。双手扶头圈，然后双手拉至狮头向右侧做预摆动作，右手与右腰侧齐发力，摆至于身体左侧，成半马步，重心放置右腿。右侧动作与左侧动作相同，方向相反。

(5) 叼。一手扶头圈，另一手用前臂托头圈，手伸至狮嘴中央处拿绣球。

3. 基本步法

(1) 步行。狮头、狮尾队员重心微蹲，迈步时狮头队员先迈左脚，狮尾队员同时迈右脚，节奏一致。

(2) 跑步。要求同行步相同，节奏要快。

(3) 盖步。狮头队员向右盖步，左脚经右脚前先向右跳扣步，同时右脚向右跳半步亮相，狮尾队员与狮头队员动作相同；向左盖步，作相同，方向相反。

(4) 碎步。狮头狮尾队员同时向左（或右）小步平移，节奏快速、一致。

(5) 颠步。狮头狮尾队员按逆时针方向跳步行进，狮头队员迈左脚时，狮尾队员迈右脚，步法协调一致。

4. 形态动作

(1) 亮相。狮头队员呈偏右（或左）马步，使狮头由右（或左）下向上、向左（或右）下摆头；同时狮尾队员做左（或右）仆步配合。

(2) 卧势。狮头队员两腿开放夹角呈90°坐势，大、小腿夹角呈130°，吸气时使狮头由左下向右上、向前摆转，同时狮尾队员右手支撑地、左手一手拉扶狮头队员腰带，呈侧倒姿势，随吸气动作左手肘关节慢慢向上抬起，使狮肚呈球状，呼气时狮头队员使狮头由右上向下、向左摆转，同时狮尾队员左手肘关节慢慢放下。

(3) 高举（转体90°、180°）。狮头队员原地振脚给信号，上跳，头稍向后领，躯干与下肢在窄中呈"V"形，两脚面绷平，狮尾队员在狮头队员原地上跳时借力上举，两臂伸直。下落时，狮尾队员后撤步使狮头队员垂直下落，向左或向右摆头亮相。

(4) 侧滚翻。狮头队员原地振脚给信号，狮头和狮尾队员同时向左（或向右）滚翻，狮头队员要先转狮头再滚翻，狮尾队员滚翻时单手抓囊。

(5) 金狮直立。狮头队员原地上跳、提膝，脚尖外展，同时狮尾队员借力上提，使狮头队员脚尖外侧顺两肋下滑至大腿上，呈马步支撑。

(6) 金狮独立。转体180°金狮直立动作后，狮头队员在狮尾队员腿上做单腿提膝动作，同时狮头左、右、上、下晃动。狮头队员动作保持不变，狮尾队员以支撑腿脚跟为轴，带动狮头队员原地转体180°。

(7) 甩尾。狮头正对低条案一角亮相（左脚在前），狮头队员右后回摆狮头，然后向左后甩头，接右里合腿扣至左腿外侧，落地后转腰拧胯带动狮尾队员左腿上步、起跳腾空落至狮头队员身后，亮相。

（8）舔狮头。队员半马步亮相，使狮头道具张嘴向前脚小腿、大腿、肋部三处自上而下分三次舔出；狮尾队员配合节奏左右晃动尾部。

（9）啃狮头。队员半马步亮相，做完舔的动作后，把狮头自前腿甩至后腿方向，重心前移成仆步，然后顺后腿脚面向上经大腿、肋部左右抖动 6~8 次，上拉；狮尾队员同时也变仆步，配合节奏左右晃动尾部。

（10）挠狮头。队员做完舔尾动作后，拧腰转头使狮头后脑向斜下方，等狮尾队员抬起一只脚防在脑后时，同时摇头晃脚 4~6 次。

5．神态动作

（1）楞相。双手扶于头圈，拉狮头面向身体左侧作轻微预摆，然后由斜上 45°方向摆至身体左侧，动作幅度要小。

（2）美相。双手扶于头圈，使狮头做上、下回旋，身体要协调配合。

（3）惊相。双手扶于头圈，右手先拉狮头于右肩侧，然后顺势向左下摆头亮相。

（4）怕相。双手扶于头圈，两手腕内收，提至狮嘴下，向下做轻微回旋动作，然后右下至上将狮头慢慢抬起。

（5）急相。双手扶于头圈，做前后交替回拉动作，随之双脚与狮尾队员同时做急速振脚动作（振脚动作要低、快）。

（二）南狮基本技术

1．基本握法

（1）狮头握法。

单阴手：以大拇指托狮舌，其余四指在狮舌上方，手背朝上。握狮舌中间或一侧部位，另一手握在根耳的引动绳，两手前臂托顶着两条横木。

单阳手：握法与单阴手相反，其余与单阴手相同。

双阴手：握法与单阴手相同，但两手握于狮舌两侧头角处部位。

双阳手：握法与双阴手相反，握的部位相同。

开口式：多用于舞高架、下架舞狮时，根据狮神态意识的需要，确定张开口的大小角度及狮舌动的程度。

合口式：一般用于舞高架狮时合上或狮神意或喜、提等动作需要时，用合口式。

（2）狮尾的基本握法。

单手握法：一手抓住舞狮头者腰侧部位的腰带，另一手可做开摆尾、摆背等动作。

双手握法：双手同时用单手握法与狮头配合，做各种动作时则必须用力紧握。

摆尾：随狮意、动态，可用手摆动或用臀部挪动。

2．基本步形步法

（1）行礼步。

从基本站立姿势开始，以左为例。两脚用力蹬地，向上跃起，在中线落地，重心在右脚，成左虚步。右虚步与左虚步相同，方向相反。

（2）两移步。

从基本站立姿势开始，上体不动，左右脚交替前移约一脚掌距离。

第十二章　民族传统体育之龙舟、舞龙、舞狮实践

（3）大四平步。

两脚左右开立宽于肩，两腿弯曲，两大腿呈水平，上体正直，收腹挺胸。

（4）弓步。

右腿大小腿弯曲，大腿成水平，上体正对前方，成前弓后绷型。

（5）开合步。

从基本站立姿势开始，两脚蹬地，两腿向左右分开宽于肩，两脚蹬地，两腿并拢，完成动作的过程时，上体保持基本姿势。

（6）仆步（铲步）。

左腿大小腿弯曲全蹲，重心在左腿，右腿向右侧前伸，大小腿成一直线，脚掌内扣。左右动作相同，但方向相反。

（7）麒麟步。

从基本站立姿势开始，重心移至左脚，右脚经左腿前向左移步，左右腿交叉，两腿弯曲，重心在两腿中间，右与左动作相同，但方向相反。

（8）跪步。

从基本站立姿势开始，左腿大小腿弯曲约90°，右大小腿弯曲小于90°，右膝关节和右脚趾着地，上体稍前倾，重心在右脚。

（9）虚步。

左腿弯曲，重心在左腿，右脚大小腿微屈，脚尖前点，左与右动作相同，方向相反。

（10）吊步。

在虚步的基础上，提起右腿，支撑腿微屈，右大腿在体前成水平，膝关节放松，小腿自然下垂，脚尖绷直，左与右动作相同，方向相反。

（11）小跑步。

从基本站立姿势开始，脚跟提起，前脚掌着地，左右脚交替小跑前移。

（12）插步。

从基本站立姿势开始，重心移至左脚，右脚提起，从左脚的左后方下插，左右腿成交叉，右插步与左插步动作相同，方向相反。

（13）跃步。

从基本站立姿势开始，下蹲用力蹬地，向左（或右）上方跃起，下地后还原。

（14）探步。

从右虚步开始，右腿提起，右大腿成水平，以左膝关节为轴，小腿前伸，脚尖前点。左与右动作相同，方向相反。

（15）金鸡独立步。

右腿提起，大腿成水平，大小腿弯曲小于90°，脚尖绷直，上体稍前倾，左与右动作相同，方向相反。

（16）小跳步（跳步）。

两腿用力蹬地，向前方跳起，腾空的同时，稍向左转，两脚落地成侧向马步，左与右动作相同。

3. 基本动作

(1) 腾起。

预备式，狮头与狮尾的基本站位。狮头下蹲，向上跃起，狮尾在狮头跃起的同时，把狮头举起，落地还原。

(2) 上单腿。

狮头下蹲，用力蹬桩面，向上跃起，狮尾在狮头跃起的同时，把狮头举起，狮尾成半蹲，狮头右腿站立在狮尾右大腿上，左大腿提起成水平，小腿自然下垂。

(3) 上双腿。

在桩上成两人基本姿势，狮头下蹲，用力蹬桩面，向上跃起，狮尾在狮头跃起的同时，把狮头举起，狮尾成半蹲，狮头两脚站立在狮尾的左右大腿上。

(4) 占位上双腿。

狮头下蹲，两脚用力蹬桩面，向上跃起，狮尾在狮头跃起的同时，把狮头举起，狮尾两脚移至狮头的桩位上，狮尾成半蹲，狮头两脚站立在狮尾的右大腿上。

(5) 钳腰。

狮头下蹲，两脚用力蹬桩面，向上跃起，狮尾在狮头跃起的同时，狮尾两手把狮头举起后移至体前，尾成半蹲，狮头大腿紧夹狮尾的腰部，左右脚相扣。

(6) 占位钳腰。

狮头下蹲，两脚用力蹬桩面，向上跃起，狮尾在狮头跃起的同时，狮尾两手把狮头举起后移至体前，狮尾两脚蹬桩面移至狮头的桩位上，尾成半蹲，狮头大腿紧夹狮尾的腰部，左右脚相扣。

(7) 坐头。

狮头下蹲，两脚用力蹬桩面，向上跃起，狮尾在狮头跃起的同时，狮尾把狮头举起轻放于头上，狮头右大腿弯曲，脚尖绷直，左大腿提膝弯曲，脚尖绷直。

4. 形神表现

南狮表演，注重形象的表现，要求表现出狮子生动活泼、威武稳重、刚健、勇猛、多疑、贪玩、贪食等特征。如狮子睡醒后懒惰的动作，探洞时的多疑的性格，登山时的昂首阔步，过桥时看到水中影子时的惊愕，戏水时欢愉的情绪，采食灵芝时贪馋的表情，吞食时的问津，呕吐时的沮丧，月夜吐球时的谨慎，戏水时的乐趣等各种形神，都要生动全神地表现出来。形神表现主要由喜、怒、醉、乐、醒、动、静、惊、疑、猛等动作组成，舞狮者在鼓乐的伴奏下，需将其各种神态淋漓尽致地表现出来，配合生动的步型、步法，才可给予观众欣赏。各种形神的表演要求：

喜——狮子为了采青，不惜千辛万苦，排除万难，当采到青时兴高采烈的神态；

怒——狮子遇到物体阻断或外物骚扰时愤恨发怒的状态；

醉——狮子采青后自我陶醉的神态；

乐——狮子在桩上自由跳跃，落脚抓水时活泼畅快的动态；

醒——狮子清醒时威武雄壮的形态；

动——狮子行走时活泼好动的体态；

静——狮子休息时稳重安定的定态；

惊——狮子遇到危险时恐惧、抖颤的心态；
疑——狮子对周围事物的猜测或焦虑的意态；
猛——狮子跳跃或飞桩时的劲态。
形神表现，务求形似神似，切忌有骆驼狮（狮背凹凸不平）的出现。

第十三章　民族传统体育之常见项目实践

第一节　射弩

一、射弩运动概述

射弩是在瑶族、苗族、纳西族、佤族、黎族、锡伯族等民族中开展的传统体育活动，具有悠久的传承和发展历史，流传于云南、广西、贵州、海南、湖南等地区。

弩是中国古代作战使用的弹射武器。关于弩的起源，文献中说法不一。《事物纪原》中记载："楚琴氏以弓矢之势不足以威天下，乃横弓著臂旋机而廓，加之以力，即弩之始，出于楚琴氏也。"《吴越春秋》中说"弩生于弓"。1952 年在长沙南郊的战国楚墓中挖掘出来的弩，是至今发现年代最早的弩。这种弩不但制造精巧，而且机件是由青铜铸造的。从青铜考古实物证明，弩的历史至少有 2300 年以上。秦汉时期，射弩有了较大的发展，秦始皇兵马俑坑里发掘了不少秦代的弩，这说明秦代战争中非常重视弩的使用。汉代以后，弩的制作有了很大的进步，如三国时代诸葛亮改进的"连弩"，使之能"一弩十矢俱发"，明人茅元仪的《武备志》中，有诸葛弩的详细图解。南北朝时期，由于频繁的战争及民族大融合，使射术和骑射活动有了进一步的发展。唐代开始设立武举制，射术在武考中始终是主要的考试科目。两宋时期，民族矛盾尖锐，为了适应战争的需要，作为远射兵器的弓弩在军队装备中占有重要的地位。明代，弓射与弩仍是武艺的重要内容，明人程宗猷的《蹶张心法》中有"射弩兼用刀枪说"、"脚踏上弩图"、"膝上上弩"、"发弩图"和"轮流发弩"等射弩的内容，对射弩都有详细的记述。到了清代，清军入主中原，自诩"以弧矢定天下"，他们重视武技训练，清军中的八旗兵也以骑射为本。在民间，一些民族仍按自己传统的方式，使用自制的、形态各异的弩，用来防身自卫、狩猎和竞技娱乐，并一直流传下来。

湘、黔苗族人民使用的弩一般都是用岩桑木制作，并作为狩猎和御敌的武器。据《楚南苗志》载："苗人器械……旧有弩，以木为之。"《苗俗记》中有"诸苗恒用药弩，夜伏丛莽间，猎鸟兽"的记述。苗族男子从小就开始习练"娃娃弩"，该弩可射 10 m 的目标。到了节庆和民俗活动时，苗族人民会用自己制作的弩参加射弩比赛，比赛有立姿和跪姿两种。比赛时，用粑粑和肉片当靶子，射中者，以粑粑和肉片作为奖励，射中最多者还能获得其他奖励。

射弩在傈僳族、黎族、佤族等民族中也深受喜爱，他们在劳动之余经常开展射弩比赛，借以解除疲劳、振奋精神和增添生活乐趣。傈僳族的生活方式是以"射猎为主，农耕并举"，因此以善用弩弓和射技而闻名。据《景泰云南图经志书》中记载："有名栗粟者，亦罗罗之别种也，居山林……常带药箭弓弩，猎取禽兽，其妇人则掘取草木之根以给日食。"傈僳族群众除了在上山打猎时使用弩之外，还在阔时节等重大节日中邀请各地射弩高手前来比试绝技，射弩成为傈傈僳族人欢庆节日活动中的一个重要内容。

20世纪80年代初，我国民族体育工作者对射弩项目进行挖掘、整理，并对其进行不断改革和完善。在1982年内蒙古呼和浩特市召开的第二届全国少数民族传统体育运动会上，射弩作为表演项目出现，进行了精彩表演。1986年2月，国家体委制定了《射弩竞赛规则》。1986年8月，在新疆乌鲁木齐市举行的第三届少数民族传统体育运动会上，射弩被列为正式比赛项目。2003年，在宁夏回族自治区举行的第七届全国少数民族传统体育运动会上，确定由云南省为试点将射弩比赛分为民族传统弩和民族标准弩两部分进行，并获得了圆满的结果。从2007年的第八届全国少数民族传统体育运动会开始，将射弩竞赛项目分为标准（现代）弩和民族（传统）弩两大类。

射弩比赛可分为射准和射远等，正式的比赛为射准射弩。要求运动员在规定的时间范围内将弩射出，最终以环数多少来确定名次，环数高者名次列前。射弩的其他比赛形式由各地区少数民族根据本地传统习惯来决定。

二、射弩运动基本技术

射弩运动技术主要包括：拉弦置箭、射弩姿势、持弩、瞄准和击发等五部分。

（一）拉弦置箭

拉弦置箭指队员将弩弦拉入镶口，将箭放进箭道的方法。

动作要领：队员将弩置于体前，屈膝半蹲或坐在凳上，用双脚踩住弩的弓片（标准弩是用单脚踩住踏蹬），用双手握住弩弦中部，用力将其拉入镶口。然后双手将弩拿起，面对前方，一手托握弩身下部，一手将箭置于箭道中。

（二）射弩姿势

射弩姿势指队员在射弩竞赛或训练时的正确姿势。主要包括立姿和跪姿两种。

1. 立姿

立姿指队员以站立的形式射弩的姿势。

动作要领：两脚前后或左右开立，与肩同宽，左（右）手握弩身下部，右（左）手控制击发机，两臂悬空，弩身不得接触身体的其他部位。

2. 跪姿

跪姿指队员以下跪的姿势射弩的动作。

动作要领：左（右）腿屈膝全脚掌着地，右（左）腿膝盖和前脚掌着地与左（右）腿成三角支撑。臀部可坐在右（左）脚后跟上，脚跟和脚掌的中心垂直线，左右倾斜不超过45°。持弩手势同立姿，托举弩身，肘可放于膝上，弩身不得接触身体任何部位。

（三）持弩

持弩指射弩时手臂握持弩身的方法，是准确射击的基础。

动作要领：左手前伸托握弩身的中下部，左肘关节下垂向里合，右手握住弩柄，食指第一指节搭在击发机上。要将弩端成水平，与肩同高，同时两手协力使弩保持稳定。

（四）瞄准

瞄准指射手持弩后，用视线瞄准目标的方法。瞄准是射弩的主要技术，是达到高命中率的关键。

动作要领：以右（左）眼瞄准，从瞄准具的缺口视准星，对准目标（瞄准点），使缺口、准星、瞄准点在一直线上，要保持准星与缺口上沿的平齐，要集中主要精力于准星与出口的平正关系上。精确瞄准时，要屏止呼吸，一般是精确瞄准前先进行几次深呼吸，然后深吸一口气再呼出一部分空气，就屏止呼吸进行精确瞄准，屏止呼吸时间不要过长，一般不超过 15 s 为好。

瞄准可用单眼，也可用双眼瞄准，双眼瞄准可减少视力疲劳，有利射击。射手能否用双眼瞄准，可用以下方法检验，即右手伸直，用一张带有小圆孔的硬纸，睁开双眼，通过小圆孔瞄定目标，然后闭左眼，此时如仍能从小圆孔看到双眼时所瞄的目标，那么该射手则可用双眼瞄准。

（五）击发

击发指射手瞄准后用手扣动扳机的方法。正确熟练的击发技术，有助于命中率的提高。

动作要领：用右（左）手食指第一指关节均匀正直地向后扣压扳机，其余手指力量不变。当瞄准线接近瞄准点时，开始预压扳机，当瞄准线对准瞄准点时，食指最后用均匀、柔和的力量向正后方扣压扳机，使箭向目标射出。若瞄准线偏离瞄准点或不能继续屏止呼吸时，应既不放松，也不增加对扳机的压力，待修正或换气后，再扣压扳机。

第二节　跳绳

一、概述

跳绳是我国民间十分流行的一项体育活动。史书中都有关于跳绳的记载，唐代称跳绳为"透索"，每年八月十五以"透索"为戏。宋代称跳绳为"跳索"。明代的《帝京景物略》一书中称跳绳为"跳白索"，并生动地描述了当时的跳绳活动："二童子引索略地，如光轮，一童跳光中，曰跳白索。"清朝的《有益游戏图说》一书也有关于跳绳活动的记载，清朝人称跳绳为"绳飞"，直到中华民国以后才称为"跳绳"。

跳绳活动在我国有着深厚广泛的群众基础，许多机关、厂矿单位一直把跳绳列为职工运动会的常设项目，它也是中小学体育教学和课外活动中很好的项目，许多学校举行形式多样的跳绳比赛。20 世纪 90 年代以后，在我国全民健身计划的推动下，跳绳运动在全国上下形成了一股热潮，跳绳技术在继承传统的基础上，不断创新发展，涌现出了不少跳绳高手。跳绳作为一项古老的民族体育活动，在中国大地上一直生机勃勃地活跃着。

跳绳活动只需一条绳索、一块空地，在门庭、院中或街心花园等地都能进行，十分简单易行。它不受季节、场地的限制，老少皆宜，只要根据个人的身体情况，把握适宜的节奏和运动量，就能获得良好的健身效果。在我国的群众性体育健身活动中，跳绳可以说是开展得最为广泛和最普及的运动项目之一。

正规的跳绳比赛设有裁判长、发令员、计时员、记录员和宣告员等。比赛主要以速度绳为主，比赛类型有单人跳、双人跳和集体跳三种。单人跳又分为 30 s 单摇跳、30 s 双摇跳、30 s 编花单摇跳、30 s 编花双摇跳；双人跳分为 1 min 一人带一人单摇跳和 1 min 一人带一人双摇跳；集体跳主要是指 3 min 10 人跑"8"字跳长绳。比赛方法都是在规定的时间内以跳绳次数的多少来确定胜负，次数最多者为第一名，以此类推。

二、基本技术和方法

（一）单摇跳

绳摇一回环、跳跃一次叫"单摇跳"。单摇跳分前摇跳和后摇跳，它是最基本、最简单的跳绳技术。

1. 单摇双脚跳

前单摇双脚跳时，两手握绳，两臂自然弯曲，将跳绳放在体后，两手腕同时用力从体后向前做顺时针摇动，当跳绳摇转到体前下落触地时，双脚立即起跳让绳通过脚下，然后两脚同时落地，两腿屈膝缓冲，并准备再次起跳。后单摇双脚跳时，将绳放在体前，双手由体前向体后做逆时针摇动，当绳摇转到体后下落触地时双脚同时跳起让绳从体后向前通过。除摇绳方向相反以外，其他动作同前单摇双脚跳。

2. 单摇双脚交换跳

前摇单摇双脚交换跳时，由体后向体前摇绳一回环，双脚交替跳，即原地跑步跳绳。后摇双脚交换跳时，则从体前向体后摇绳做双脚交换跳。原地双脚交换跳时要求屈膝上抬，小腿不要后摆，双脚依次蹬地并交替放松休息。单摇双脚交换跳的特点是跳得高、跳得快和跳的时间比较持久。

3. 单摇交叉脚跳

前摇绳或后摇绳，双脚同时跳起，落地时两脚可左右交叉着地，也可前后交叉落地。如果交叉幅度大，摇绳回环速度可放慢。

（二）双摇跳

双摇跳又叫两摇跳。其技术动作为跳跃一次，摇绳绕身两回环。双摇跳分为前双摇跳和后双摇跳两种，要求在熟练掌握单摇跳的基础上进行练习。

1. 双摇双脚跳

双摇双脚跳是各种双摇跳的基础技术。学习前双摇跳时可先做几个前单摇跳，使向前摇绳回环有了初速度，再突然加快摇绳，双脚同时高跳，每跳跃一次向前摇绳两回环。前双摇跳技术的关键是摇绳与跳的配合，高速快摇有利于完成动作。初练双摇跳时，可多做收腹、屈腿，增加腾空时间，使跳绳顺利通过脚下两次，掌握技术后可以连续做双摇跳练习。后双摇双脚跳，是由前向后摇绳两回环跳，练习时可将跳绳放长一些，两臂稍外展，快速摇绳使绳打地有声，这样便于控制起跳时机和节奏。

2. 双摇单脚跳

双摇单脚跳与双摇双脚跳的方法基本相同，只是利用单脚跳起通过摇绳两回环。在掌握了双摇双脚跳以后既可做单脚跳练习，也可以做后双摇单脚跳。

3. 双摇双脚交替跳

先从单摇一回环单脚跳或两脚交替跳开始，然后加快摇绳速度，两回环跳一次，左右脚交替做双摇跳。双摇双脚交替跳较双摇单脚跳难学，但比双摇单脚跳持续的时间长、跳的次数多。

练习时先做双摇单脚跳，再向左右脚交替跳过渡，熟练掌握后再练习双摇双脚交替跳。

三、跳绳游戏

跳绳游戏种类繁多，形式多样，通常有带人跳绳和跳长绳两种。带人跳绳是一种常见的寓趣味性和娱乐性于一体的跳绳活动，包括一人带一人摇绳跳、钻绳洞、双人外手摇绳带人跳和带人双摇跳等。跳长绳有原地跳长绳、跳长绳拾物、集体跑"8"字跳长绳和长短绳齐摇跳等。

第三节　跳皮筋

一、概述

跳皮筋或跳橡皮筋又称为"踩跳"，是我国20世纪中叶发展起来的民间体育项目。新中国成立后，在中小学开展得较为普遍，是少年儿童尤其是女孩子喜欢的一项活动。

跳皮筋分为表演和比赛两种形式。表演时有单人、双人和集体跳三种，男女不限。一种方法是将皮筋绑在相邻而又距离适度的两棵树之间（其他固定物亦可），也可两人各持皮筋一端，其他人围绕皮筋踩跳出各种花样的动作。跳皮筋时可分为一对一、二对二和一人对数人等多种形式。还有一种方法是将一条、两条或数条皮筋拉成多种图案，如三角形、四角形、五角形、菱形、斜线形、人字形、波浪形、扇形等形状进行表演。

正式比赛也可按照单人、双人和集体跳三种进行。无论哪种类型的比赛，必须在三个不同高度上做出三组不同动作，每组动作不得少于2～3个。比赛时间因年龄而异，一般青年人长些，儿童短些，比赛时有音乐伴奏。

跳皮筋以下肢动作为主，辅以手臂和身体其他部位的配合，并伴以富有节奏感的儿歌或民谣。经常参加此项活动可以增强下肢肌肉力量，提高弹跳能力，并对提高灵活性、柔韧性和协调性有积极的促进作用，同时对改善心肌和呼吸系统，促进体内血液循环和新陈代谢等有辅助作用。此外，跳皮筋还可以培养青少年互相协作的团队精神。

二、基本动作方法

跳皮筋的基本动作有点、迈、顶、绕、勾、转、踩、踢等，组合起来就可以形成各种花样。

(1) 点。练习者站在皮筋中间的一侧，双手叉腰或两臂平举。一脚原地跳动一次，另一脚随之跳起用前脚掌点地。"点"也是每个踩跳动作的预备姿势。

(2) 迈。一腿自然弯曲，另一脚从皮筋一侧迈向另一侧。

(3) 顶。正顶就是面向皮筋站立，一腿屈膝向上，用小腿顶住皮筋。绕顶就是身体左（右）侧触皮筋，一腿屈膝向上，用小腿内侧或外侧顶住皮筋。

(4) 绕。一脚原地或迈向皮筋另一侧，然后小腿由里向外或由外向里绕皮筋，次数不限。

(5) 转。一脚原地跳一次，另一脚迈过皮筋，小腿由里向上或由外向里绕皮筋，然后随身体转动跳出皮筋；也可两腿同在皮筋一侧，身体触及皮筋，两脚交替向左（右）转动。

(6) 摆压。一腿举起用小腿将皮筋压下，然后用前脚掌点地。

(7) 摆勾。一腿向上摆起，用脚踝将超过头高的皮筋勾下。

(8) 踩。在皮筋一侧站立，一腿向上摆起用脚将超过头高的皮筋准确地踩下，也可一脚原地跳动一次，另一脚迈过皮筋，然后两脚踩着皮筋向左或向右移动。

(9) 踢。一脚将有一定高度的皮筋勾下，另一脚迈过皮筋，用脚面将皮筋踢起来。

三、比赛方法

(1) 高度。跳皮筋一般分为三个高度。第一高度，两臂自然下垂拉皮筋；第二高度，将皮筋举至与肩齐平；第三高度，一臂上举拉皮筋。比赛时必须在三个不同高度上做出三组不同的动作，每组不得少于 2~3 个动作，整套动作要求准确熟练、连贯协调、舒展活泼、自然大方。

(2) 时间。比赛时间因年龄而异。儿童组 1 分 30 s~2 分 30 s，少年组 2 分 30 s~3 分 30 s，青年组及成年组不超过 4 min，集体比赛可延长 1 min。

(3) 音乐。正式比赛要配以健康活泼、节奏感强的音乐，跳皮筋的动作节奏要和音乐节拍协调同步。

(4) 得分。比赛最高分为 10 分，其中高度 3 分、动作数量 5 分、动作质量与音乐 2 分，根据得分的高低确定名次。

第四节　秋千

一、秋千运动概述

(一) 秋千运动的简介

秋千，俗称荡秋千，是我国古代妇女、儿童喜爱的一项传统游戏，也是一项融技巧性、竞技性和观赏性于一体的运动项目。主要在我国北方地区和西南少数民族区域流行，朝鲜族、满族、蒙古族、白族、壮族、苗族、哈尼族、阿昌族、维吾尔族等少数民族地区的秋千活动已经成了节日里固定的活动项目。

秋千运动起源和发展甚早。据清人翟灏的《通俗编》卷三十一引《古今艺术图》记载："秋千，北方山戎之戏，以习轻趫者。齐桓公伐山戎，流传中国。"秋千原是进行军事训练的工具，春秋五霸之首的齐桓公带兵打败山戎后，将其土划归燕国，秋千也随之向南流传，后来逐渐演变成游戏的用具。另据文人高无际在《汉武帝后庭秋千赋》中记载："秋千者，千秋也，汉武帝祈千秋之寿，故后宫多秋千之乐。"可以说，秋千起源于汉武帝时代，为汉武帝宫中游戏，本为"千秋"，取千秋万寿的祝词，后来才倒读为秋千。明人王圻的《三才图会》中有记载："百戏起于秦汉，有弄瓯、吞剑、走火、缘杆、秋千、高跷等类，不可枚举。"认为秋千源于西域。至魏晋南北朝以后，秋千已由宫廷向民间传播。到了唐代，深为女子所钟爱的秋千运动随着其他体育活动也空前活跃起来。唐代诗人对秋千的盛况也多有描写，如杜甫在《清明二首》诗中写道："十年蹴鞠将雏远，万里秋千习俗同。"王维在《寒食城东即事》诗中写道："蹴鞠屡过飞鸟上，秋千竞出垂杨里。"王建的《秋千词》："长长丝绳紫复碧，袅袅横枝高百尺。少年儿女重秋千，盘中结带分两边。身轻裙薄易生力，双手向空如鸟翼。回回若与高树齐，头上宝钗从堕地。"描绘了在荡秋千时争强好胜，顾不得头上首饰飘飘落地的情景；刘禹锡的《同乐天和微之深春》一诗中,也有"秋千争次第,牵拽彩绳斜"的描写,刻画出少女们荡秋千时的场面。据五代王仁裕在其笔记《开元天宝遗事》中说:"天宝宫中,至寒食节,竟竖秋千,令宫嫔辈戏笑以为宴乐。帝呼为半仙之戏,都中市民因而呼之。"是说宫中妃嫔体态轻盈,在秋千上凌空飘荡时,身上的彩衣和绣裙随风飞舞,犹如飞天的仙女自天而降,唐玄宗看得高兴,因而给秋千起了一个颇为贴切的雅号——"半仙之戏",上有所好,下必甚焉。皇帝既有此喜好,长安市民自然竞相效仿,于是秋千游戏风靡一时。

此后的宋、元、明、清时期均有关于秋千的大量诗词和绘画作品,宋朝时还出现了"水秋千"的活动,如《东京梦华录》中的描述:"……又一人上蹴秋千,将架(荡)平,筋斗掷身入水,谓之水秋千。"充分反映了我国古代女子秋千活动开展由宫廷至民间的广泛及其深刻的社会影响。明朝的秋千活动也很盛行,万历年间太监刘若愚的《酌中志》中写道,"清明秋千节也,戴柳枝于鬓,坤宁后宫及各宫皆按秋千一架"。明代开先著的《闲居集》中也曾有诗记载,直到清朝,荡秋千的活动仍很盛行。

新中国成立后,传统体育项目得到迅速发展,荡秋千也成了一种群众性的娱乐体育活动,并且被列为全国民族传统体育运动会上的表演和比赛项目。随着秋千比赛规则的制定和不断修改完善,竞赛更加趋向于技术、技巧和力量的较量,具有很强的竞争性和观赏性,深受广大群众的青睐。1986年,在新疆乌鲁木齐举行的第三届全国少数民族传统体育运动会上,首次把秋千列为正式比赛项目,设有单人高度、单人触铃、双人高度三个小项。1991年,在广西南宁举行的第四届全国少数民族传统体育运动会上,增设双人触铃项目。秋千被列为全国少数民族运动会竞赛项目后,运动技术水平不断提高,设项和场地器材逐年改进。各地各民族开展得更为广泛,成为学校体育、全民健身和群众文化生活的重要内容。2006年5月,由吉林省申报,朝鲜族的秋千被列为第一批国家级非物质文化遗产名录。

(二)秋千运动的特点和价值

秋千运动要求人站立在秋千踏板上不断做蹲起的动作,从而获得动力,使整个秋千在空中形成钟摆式的摆荡运动。因此,秋千具有强度大、升空高、速度快、弧线往返等十分显著的特点。在运动形式方面,秋千以悬挂点为圆心做周期性的钟摆式圆弧运动,一个周期要完成两次站起和两次下蹲的动作,而且站起是在接近最低点时开始,按照单摆运动规律,这时运动速度最大,惯性离心率最大,站起需要克服的阻力很大。下蹲是在摆至最高点后迅速完成的,人需要克服高空运动的恐惧感。在身体动作方面,下肢需要反复做猛力站起和迅速下蹲的动作,站起时,肌肉做远固定向心性收缩,需要强大的爆发力,下蹲时肌肉做退让性离心收缩。上肢则需要配合反复做屈臂引体向上的动作,肌肉也是做远固定向心性收缩,同样需要强大的爆发力。

以上所述的秋千特点使其具有良好的锻炼价值,可以有效提高人体的力量、速度、耐力、平衡、灵敏和协调等身体素质,提高运动系统、呼吸系统、心血管系统、神经系统及前庭的功能水平,经常进行秋千锻炼可以发展腿部蹬力、臂及肩带引力和腕指抓握力,提高全身协调素质。同时,对于提高心肺功能和改善神经系统特别是自主性神经及前庭功能具有较高价值。此外,还能调节情感,培养机智勇敢、顽强拼搏的优良品质。

二、秋千运动基本技术

秋千技术可分为准备动作和基本动作两部分。

(一) 准备动作

1. 保护带高度合适

荡秋千都使用保护带，保护带的安装各有特点，要根据自己的身高、体形、训练水平和技术水平等具体条件进行选择，并使之符合下列要求。

(1) 保护带应套于手腕处。

(2) 保护带结头应在虎口方向。

(3) 下蹲时，感到保护带牵拉手腕，较舒适，不太紧，也不松，能充分发挥借力和保护作用。

(4) 下蹲时，髋关节与踏板基本能在一条直线上，以保证重心能充分下沉。

2. 踏板法

踏板分单人踏板和双人踏板两种方法。

(1) 单人踏板。

踏板的位置以运动员的两脚外侧贴近两侧秋绳为佳。

踏板脚的踩法：以有力脚作踏板脚上秋板，脚的前掌以大拇趾第一关节出板为准，紧扣踏板，后脚跟悬空，重心放在身体的垂直线两脚的中间，两膝同双脚站立宽度一致。

(2) 双人踏板。

送秋人先将有力脚踏上秋板边沿，紧贴秋绳，触铃人将上板脚踏在秋板另一侧，紧贴秋绳边沿。

送秋人先将有力脚踏上秋板中间，距踏板的 1/2 处，触铃人将上板脚踏在紧靠送秋人脚边上，两人的踏板脚内侧相对。

(二) 基本动作

1. 单人高度动作分析

(1) 预摆技术。

单人高度预摆技术由出发、预摆两个技术过程组成。

出发：出发包括出发前的准备姿势和起动动作，它的任务是使身体迅速摆脱静止状态，获得向前的最大冲力，为提高前荡高度创造有利条件。出发动作包括：准备、预备、起荡三个过程。

①准备：运动员在裁判员发出准备比赛口令后，方进入比赛场地，沉着而有信心走上起荡台，系好安全带，双手紧握秋千绳，将秋绳向后拖至最极限处，做几次深呼吸，然后将有力的一只脚踏上秋板的一端，将踏板腿大腿尽量抬高，回收小腿，双臂扣紧，背部微弓，颈部放松，眼睛平视，并向裁判员报告准备完毕，注意听"预备"口令。

②预备：听到"预备"口令后，从容地将站立支撑脚脚跟上提，以前脚掌支撑，踏板脚向后勾板，重心上提。集中注意力听"哨声"。

③起荡：听到哨声后，将重心从支撑脚移向踏板脚，同时支撑脚迅速向下蹬离起荡台，踏上秋板，深吸一口气。

预摆：保持下蹲姿势，大腿与小腿形成约 80°～100° 的角，臀部后翘，塌腰，重心尽量下沉，双肩充分下压，使双臂肌肉形成适宜的伸展拉长，胸向大腿贴近。全身的力量通过髋、膝、踝，集中在前脚掌和秋板上，全身关节紧张，双手紧握绳，为随后的蹬板加速用力做好准备，充分利用势能荡幅，待秋千下落至距秋柱约 20°～25°角时（距秋柱 2 m 左右），腿进行积极快速向前有力蹬伸，大腿积极下压，前蹬踏板的力量越大，产生的加速度越大，蹬伸角度为大腿与小腿约 160°～180°，蹬腿的同时，快速呼气，蹬板动作由伸展髋、膝、踝三个关节组成，待双腿充分蹬伸后，双手用力拉绳，迅速向前直膝、挺髋，同时将膝关节前送，使膝关节、髋关节的前移速度超过肩的移动速度，整个上体前挺贴绳，身体由各部位依次前提，膝关节蹬伸，顺着身体重心的运动方向上移，脚跟迅速上提，挺胸、抬头，身体直立。踝、膝、髋关节充分伸展，上体保持住充分伸展的姿势向上腾起，两臂锁肩，两手用力向两侧支撑分绳。秋千将荡上前摆的最高点，整个的动作身体各部位要充分协调配合。到达最高点，髋由上挺转向后翘，然后迅速后蹲，髋积极后压，大腿与小腿成约 80°～100°角，双臂充分伸展下压，全身的力量集中在前脚掌，扣在秋板上，顺势回落，待秋千落至距秋柱约 20°～25°角时，大腿膝关节双肩积极下压，重心尽量下沉，将大腿与小腿压至约 160°～180°，然后双脚迅速向后勾板，双手用力向后拉绳，顶膝、立髋。身体重心上提，膝关节、髋关节充分向上伸展，收腹、挺胸、抬头，后脚跟顺势上顶，双肩紧锁，双手用力向两侧支撑分绳。秋千将荡至后摆最高点时，臀由向上过渡后翘，塌腰为下一荡试荡出发作好充分准备。随着高度逐渐升高，重力原因，它的摆速加快，蹬板发力点也逐步提高，充分利用冲力及顺势提力，缩短摆荡时间。此时下蹲角度不变，但先前明显的蹬伸，压膝动作由约 160°～180°逐步缩小到下蹲约 110°～130°，由后摆下蹲后，双脚紧扣板，蹬板发力，随着前摆的逐步上升，立膝、挺髋、贴绳，后荡动作不变，但压膝、勾板也逐步提前。

（2）碰铃技术。

规则规定，只要脚不离开秋板，身体任何部位触铃都有效，且在同一高度上，谁的预摆次数少，谁的名次列前。在预摆过程中，达到一定高度时，心中要有抢荡念头，就是在高度未充分能使身体部位自然触铃前，提前一次碰铃。在高度较充分的最后一次预摆时，蹬、伸、挺速度稍加快，全身力量，注意力充分集中，当髋充分向前挺伸时，重心迅速上提，两臂向身体方向回收拉绳，上体前贴，两臂保持屈肘贴绳姿势，此时不分绳。当整个身体重心全部站在踏板的一瞬间，踝、膝、髋迅速向上伸展，重心上提。身体突然前腾，整个身体好似压缩的弹簧一样，猛地向前上方弹起。身体稍向前倾，单手或双手冲出碰铃。在这过程中，运动员具有一顺势起跳的感觉。

2. 单人触铃动作分析

（1）单人触铃预摆技术。

单人预摆技术同单人高度打法技术动作一样，发力点在距秋柱 20°～25°角左右（2 m 左右），蹬腿发力，挺髋和勾板回拖。前摆和后摆，两端不控制荡幅，身体充分展开上提，臀部后翘，拉长荡幅，增加幅长，以充分利用势能荡幅，力争提前触铃。

（2）第一次触铃后的技术动作。

此时高度不是很充分，因第一次触铃在比较勉强的情况下触响，就是抢荡。也就是说，是在身体未充分自然接近铃杆的情况下，用单手或者双手向前冲出而碰响铃的。所以在第一次触铃后，再加大力量摆荡一次，使高度充分，身体能自然明显碰铃，以保证后面不会因高度不够而紧张，产生多次用手强行触铃，这样容易消耗体力，对连续触铃非常不利。

(3) 身体触铃后技术动作。

此时高度充分（回摆力）势能相对大些，此时的大腿与小腿角度由预摆角增大至 100°~120°左右，着力点也相对提前，在距中柱 25°~35°之间（2~3 m 左右），蹬腿发力，此时可以充分调整身体将动作固定，充分利用势能（回摆力）荡幅。注意保持频率、保持体力。

3. 双人高度动作分析

(1) 预摆技术。

①准备：两名运动员面对面站好在起荡台上，双手套好保险带，抓住秋绳，触铃人双手向前抵紧秋绳，两人做几次深呼吸。送秋人将有力脚踏上踏板，脚大拇趾扣紧秋板，支撑脚脚跟提起，以支撑腿向后移动，将秋绳拉至极限处，背部微弓，颈部放松，成单人姿势，腿向后用力勾板，展髋，抬高大腿，回收小腿。待送秋人站好后，触铃人向送秋人靠近站立，双手抓绳支撑，保持住秋板的稳定，将一只腿踏上秋板，同样，充分展髋，抬高大腿，向对方压髋，将大腿压至与小腿折叠、支撑脚稍提后跟，重心前移，双肩前压，抓住秋绳。准备好后，报裁判完备，注意听"预备"口令。

②预备：听到"预备"声后，两人将重心上提，送秋人含胸收腹，触铃人挺胸收腹，保持好秋千的稳定，等待哨声。

③起荡：听到哨声后，两人一齐降重心，使重心从支撑脚移向踏板脚，支撑脚迅速向下蹬离起荡台，踏上秋板，同时深吸一口气。踏上秋板，保持下蹲姿势，双肩充分下压，送秋人将臀部后翘，塌腰，拉长荡幅，增加幅长，两人同时将髋向下压，由于重力原因，此时大腿与小腿不能充分展开，大腿与小腿扣紧在 20°~30° 左右角，将全身的力量集中在前腿掌压在秋板上，为随后的蹬板加速用力做好准备。待秋千落至秋柱中点时，两人迅速同时蹬压板发力，同时呼气，此时的蹬板与单人蹬板不同，大腿与小腿的角度，随着蹬板发力没什么改变（20°~30°），身体起伏不大，没有蹬伸动作，也就是没有膝关节伸展。如果两人此时的用力不当，将造成双方力量对立抵消，直接影响起荡高度。送秋人蹬板后，用力拉绳，快速送髋、顶膝、挺身，重心逐步上提。上体向对方贴绳，踝关节上顶。与此同时，触铃人双脚用力勾板，双手回拖秋绳，先将髋向后上方挺起，顶膝，重心蹬板挺身，贴绳动作须配合一致，同心协力，同蹲、同起，形同一人。随着重心的上提，两人同时收腹、挺胸、抬头，使秋板荡至前摆的最高点。到达最高点时感到秋千歪斜的话，两人须马上同时向外支撑分绳，迅速摆正。此时，触铃人和送秋人一齐吸气，为下面的后摆做好充分准备。后摆时两人动作与前摆时一样。预摆过程中，每一个前摆和后摆最高点都不控制荡幅，充分展开身体各关节上挺，积极利用势能，增加回摆力，提高每一荡预摆高度。在秋千逐步升高的过程中，它的回摆力越来越大，当运动员充分感受到有一种很大的自然回摆力时，此时随着高度的逐渐升高，蹬伸角度也有所变化，蹬板角从 0° 逐步提前，充分将势能和动能相结合，由于双人的重力原因，如果在势能完全体现出来后，再用力蹬伸和回拖，此时秋板感受的蹬力和回拖力因双人的重力而受阻，将直接影响秋千再向上继续加升。势能和动能需重叠一小段，以使两人的蹬伸和回拖充分展现，使秋千迅速且平稳地升高。

(2) 碰铃技术。

双人高度同单人高度规则一样，只要脚不离开秋板，身体任何部位触铃都有效，且在同一高度上，谁的预摆次数少，谁的名次列前。因此在秋千的高度未充分能使触铃方身体自然触铃前，可进行抢荡提前一次碰铃。在高度逐渐上升的过程中，它的回摆力和回摆速度越来越快，把握住机会进行抢荡碰非常关键。在预摆过程中，到达一定高度时，有可能碰铃，送铃人要提醒触铃人注意，触铃人要随时做好准备。在高度较充分的最后一次预摆时，两名运动员的蹬、伸、挺速度稍快，注意力高度集中，此时送铃人将身体挺身向前，紧贴对方回收拖绳，将绳拖至身体两侧，当秋达到最高点的一瞬间，快速向前推手发力，整个身体向前上方腾起，像举重运动那样将触铃人向前推出碰铃。与此同时，触铃人用力回拖绳，将身体向上拉起贴绳，整个身体各关节收紧，到达最高点感受到对方向前推动的一瞬间，快速向前支撑绳，将两臂伸直，锁肩将身体向后上方弹出，此时脊柱挺立，稍含胸、收下颌、头上顶，积极碰铃。

4. 双人触铃动作分析

（1）预摆技术。

同双人高度预摆碰铃技术一样，需两人有很好的默契感，同时蹬压板发力、挺身和回拉勾板呼吸、贴绳一致，形同一人，才能更快地提高预摆高度，减少预摆次数。

（2）第一次触铃技术动作。

同双人高度触铃技术动作一样。

（3）第一次触铃后技术动作。

同单人第一次触铃技术动作差不多，因第一次碰铃是在抢荡的情况下，且大多是头部触铃，所以触铃后，触铃人和送铃人要迅速有力地蹬摆一次，加高高度以便在下一次触铃时以身体充分碰铃。

（4）身体触铃后技术动作。

此时高度充分，双人重量大，相对势能（回摆力大）也大，着力点应提前在距秋柱中点30°～40°左右蹬腿发力，大腿与小腿角度为100°～120°，为使不浪费时间和过多地消耗体力，两端须控制荡幅，也就是说，前荡和后荡高度不要过高，下蹲、蹬板发力，上挺、贴绳速度稍较前加快一些，使荡幅时间减少，荡幅距缩短。像钟摆那样，固定摆幅，力争在有限的时间内多触铃。

第五节　放风筝

一、放风筝运动概述

（一）风筝的起源与发展

风筝是人们以重于空气的物质材料，经工艺美化制成的体积、重量、形状各异，利用自然的空气动力，不使用任何机械动力和电力能源于地面或水面，由人工操纵牵引的飞行器。风筝是一项在世界各国广泛开展的休闲娱乐活动。中国是风筝的故乡，中国风筝已有两千多年的历史。约12世纪，中国风筝传到西方，从此，这项古老的活动在各国的发展中形成各具特色的风筝文化。

风筝的起源可上溯到2 000多年前的春秋战国时期，由于战争的需要，古人以鸟为形，以木为料，制成可在空中飞行的"木鸢"。随着我国丝织业和造纸的发明，不断演变、发展。唐代建立后，由于采取了缓和阶级矛盾、安定社会秩序、减轻人民负担、发展经济生产等一系列措施，社会很快走向安定和繁荣，成为我国古代文化经济全面发展的时期。社会的安定、文化经济的发展，带来了中国传统节日的盛行。五代时期，亳州刺史李邺，在纸鸢上装制竹哨，风入竹哨，声如筝鸣，风筝之名由此而来。宋代城市文化经济的繁荣，民间手下业的兴起，传统的节日风俗的提倡，为风筝的发展和成为节日的娱乐活动提供了良好的条件。因此宋代成为我国风筝的发展阶段。明代以前，我国民间放风筝的习俗，主要流传在南方广大地区。清代，放风筝之戏在我国普遍兴起。清末，在内容、题材上，我国传统风筝都有了较大发展。风筝造型新颖，形式和内容更加新鲜，吸引了成千上万的民众观看放风筝，为我国风筝的发展开辟了广阔的道路。在潍坊，风筝运动极为兴盛，潍县风筝艺人扎制出的龙头蜈蚣风筝，从形式到内容，符合广大群众的文化心理和审美观点，加之其精湛的扎制工艺，别具特色的绘画艺术和最佳的放飞效果，被称为潍坊传统风筝一绝，受到中外风筝爱好者的好评。

放风筝是老幼皆宜且有利于身心健康的休闲娱乐活动。它既能就地取材、简易制作，也可以精工细作，显示不同民族的工艺水平和艺术构想。近年来，由于放飞技术的发展，风筝日益成为竞技性很强的体育活动，当今放风筝活动在对外支化交流、发展经济和旅游事业中发挥着重要作用。

（二）风筝的分类

风筝有着多种多样的类型，根据不同的划分标准，可以分成不同类型的风筝。

按照风筝的形象，可分为鸟形风筝、虫形风筝、水族风筝、人物风筝、字形风筝、器皿风筝、其他变形图案或几何图形的风筝等。

按风筝的构造分类，可分为硬翅风筝、软翅风筝、拍子风筝、直串风筝、平挑风筝、软风筝、桶形风筝等。

按风筝的功能分类，可分为玩具风筝、观赏风筝、特技风筝、实用风筝。玩具风筝作为一般玩具的风筝，简单、便宜、易于普及，是数量最多、流传最广的风筝品种；观赏风筝艺术价值较高，有着诱人的图案、色彩和造型，不只放上天空时十分优美，而且挂在屋子里也是很好的装饰品；特技风筝只注重特技性能，是一种技巧性很高、竞技性很强的风筝；实用风筝则能完成一定的下作任务。

按风筝的大小分类，可分为巨型风筝、微型风筝和中型风筝。巨型风筝指一切大型风筝，微型风筝指一切最小的风筝，中型风筝一般以风筝的最大宽度来分各种尺寸不同的风筝。

按不同的艺术风格分类，可分为传统的宫廷风筝、流传的民间风筝和发展了的民间风筝。传统的宫廷风筝价格较高，只有宫廷显贵和他们的子弟才不惜高价买风筝来玩，特点是工细、华丽，不过有些烦琐。流传的民间风筝大多是民间艺人为出售给一般平民百姓而制作的廉价风筝，也有一般平民自己制作的风筝，结构和画面都比较简练，色彩和图案比较明快、粗犷，充满着浓厚的生活气息和乡土味。发展了的民间风筝是在继承我国风筝传统的基础上，结合现代科学技术和他们自己的研究成果研制出来的风筝新品种。

二、放风筝运动的基本技术

从风筝的分类来看，风筝的种类很多，其中在总数量上占有较大的比重的是硬翅风筝，具有代表性，下面以硬翅风筝为例进行介绍。

（一）风筝提线

传统的硬翅风筝一般提线多为3根，超大型的需要相应增加提线数量，以保证风筝的刚度，这里仅讲一般的中小型风筝。风筝的提线位置，是由其风筝结构所确定的，只要按照风筝的制作要求在相应的位置绑上提线即可。一般来讲，对于膀翅宽度在 800 mm 以内的风筝，推荐采用二根提线为宜，这是因为二根提线在放飞时如果出现飞行不稳定的情况时，可以方便地进行调整。上提线与水平方向的夹角在 10°左右为宜。

（二）风筝的起飞方法

同其他普通的风筝一样，硬翅风筝的起飞可以采用以下几种方法：

（1）大型的风筝由于体积较大，不适于一个人放飞，这时需要一个助手帮助，一个人拿住放飞线，另外一人在远处十几米或几十米以外，迎风站立。待有风吹来之时，提线之人发出信号，拿风筝的人将风筝往上一举并松开手，而提线的人顺势收线。这时，风筝就会迎风而起。

（2）中小型风筝可以一手持线轮，一手提住风筝的提线，等到有一股来风之际，乘势将风筝放出。由于有人身体对风的影响，需要不断地边抖边放，克服风的扰流影响。风筝左偏向左甩线，风筝右偏向右甩线。

（3）对不稳定的飞行情况要及时调整。

（三）放风筝运动常见情况

有以下几种情况：

（1）前飘。即风筝上行无力的情况，稍微一拉提线风筝就势往下飘去，解决的方法是将下提线缩短。

（2）偏向一侧。解决的方法是重新组装翅膀，使其左右平衡；调整风筝的上提线，如果风筝偏向左侧，可以将上提线向左侧移动一点，直至风筝飞向稳定。

（3）左右摇晃。风筝像一只醉酒的鸟儿一样，忽左忽右。产生这种情况的原因主要是提线的重心位置靠上而造成的。调整的方法是将下提线缩短，逐渐调小，不要过多。

（4）扎跟头。风筝飞起后不久，不等飞行稳定，一遇到风力变化，风筝便一头扎下来，没有返起的机会。如果风筝是按照正常的绑扎提线以后，风筝放飞后就出现这种情况，产生这种飞行状态的因素较多。调整的方法是将风筝的尾部加重，先不要调整提线，如果还不行的话，再进行提线的调整，可将上提线缩短。两种方法试过以后仍然还有问题，说明这只风筝的制作是失败的，补救的方法是在风筝的尾部加上两根细细的线绳即可。

（5）风筝直往远飞，即见远不见高。调整的方法是将上提线索缩短一些，或是减轻尾部的重量。

（6）旋转。即风筝放起后还未稳定，就像风轮一样边转边往下飞去，如果风筝放飞以后出现这种情况，可以肯定地说，这只风筝制作已经失败。简单的补救方法是在尾部加上一细线作为尾巴。

第六节　打陀螺

一、陀螺运动概述

（一）陀螺运动的简介

陀螺运动是一项集对抗性、技巧性、趣味性为一体的体育项目。它对场地器材要求不高，易于掌握和推广。比赛可在平整无障碍物的平地上举行，比赛要求两队在场上必须按守、攻顺序进行互换。双方遵照规则，从守方放陀螺开始，由攻方将自己的陀螺抛掷，触击守方陀螺，将守方陀螺击出场区或与守方陀螺在场区内比赛旋转时间的长短。比赛只计攻方得分，以当场比赛的累计得分决定该场胜负，得分多的队为获胜队。

打陀螺的技术难度不高，但打陀螺要有高度的准确性和稳定的心理素质，要达到这些目的，必须坚持系统地训练，持之以恒。经常参加打陀螺运动，能够提高组织器官、系统的机能水平，培养健康的心理状态，树立良好的集体主义精神，促进人全面、协调的发展。通过打陀螺比赛，可以增进友谊，交流技艺，丰富人们的文化生活。

（二）陀螺运动的发展及其发展趋势

1. 陀螺运动的起源与发展概况

陀螺运动，也称打陀螺，又称"抽陀螺"、"赶老牛"、"打猴儿"、"拉拉牛"等，是瑶族、佤族、壮族、哈尼族、拉祜族、基诺族等民族流传已久的一项极有特色的传统体育项目。比赛时用鞭绳缠绕陀螺，互相旋放击打，互撞之后，以陀螺旋转时间较长者为胜。

关于陀螺的起源，据麻国钧等所著《中华传统游戏大全》考证，在北宋时已出现这个项目。宋人周密《武林旧事·小经纪》载："若夫儿戏之物，名件甚多，尤不可悉数，如……千千车、轮盘儿。"清人翟灏《通俗编》称："宋时儿戏物有千千，见《武林旧事》……皆陀螺之类。"另外，古代宫廷妇女喜欢玩耍的"妆域"之戏，亦与陀螺颇相关联。从上面的记载来看，"千千车"、"妆域"等旋转类玩具，都是陀螺的前身。1926年，山西省夏县西阴村仰韶期文化遗址中出土的陶制小陀螺表明，陀螺运动在我国已有4000年历史。明代刘侗、于奕正所作《帝京景物志》中有一首歌，"杨柳活，抽陀螺；杨柳青，玩空中；杨柳死，踢毽子。"一些古籍上也记载着陀螺的制作方法、形状、材料及游戏方法。

由于各地风俗不同，打陀螺也有着不同的玩法和开展形式。在我国北方地区叫"抽陀螺"，此项活动一般在冬春季进行，是用鞭子连续抽打陀螺，使之在冰面或平滑地面上不停地旋转，或相互碰撞，以旋转的时间长短判定胜负；宁夏人称之为"打老牛"；南方人叫"打陀螺"，是将一陀螺旋转后，其他人站在一定距离外，用旋转着的另一陀螺去击打它，看谁打得准，并看谁旋转的时间长的两个人对抗游戏，即一个旋放陀螺，另一个用自己的陀螺旋转撞击对方的陀螺，使之停转或破裂。比赛分单人对打、双人对打、旋散等多种方式。陀螺的形式各异，大小不一，佤族的陀螺像个鸡蛋，壮族的陀螺像个大盘子，瑶族的陀螺上部是圆形的，下部是圆锥形。据《中华民族传统体育志》记载，1945年，台湾桃源县大西镇成立了陀螺俱乐部，并制作了一个重达60 kg的陀螺，100多人来打这个堪称世界之最的大陀螺。

郭溪泮先生在《中国民间游戏与竞技》一书中，就详细介绍了瑶族人打陀螺比赛的情形。瑶族人民在每年十月到次年二月的农闲日，都要开展各种形式的打陀螺活动，其中以正月十五元宵节举行的打陀螺最为热闹。比赛方式为一队队员旋放陀螺，另一队队员在一定距离之外以陀螺击打对方旋转的陀螺，如果击打的一队没有人击中对方的陀螺，判定为负，如果击中对方陀螺中的一个或几个，则以击中和被击陀螺旋转时间的长短判定胜负，然后判罚负的一队旋放陀螺，胜的一队击打之。

佤族、拉祜族也非常喜爱这一民族传统体育活动，每逢新米节和春节期间，都要举行打鸡棕陀螺的比赛。他们在地上画两条线，分前、中、后三场，前场为旋转陀螺区，中场为打陀螺区，后场为甩陀螺区，参与活动的人轮流旋转陀螺和打陀螺。拉祜族人的打陀螺很有意义，传说拉祜族人种的棉花不结桃，先祖要他们打陀螺，把陀螺打开花，棉花也就开花结桃了。因此，为了祈求棉花丰收，拉祜族就兴起打陀螺，每逢节假日，都要举行对抗性的打陀螺比赛。

生活在我国的台湾省沿海及周围岛屿上的高山族人在打鱼和种田之余，将海螺和田螺倒过来尖朝下，制成了一个可以旋转的原始陀螺。从此，高山族的贝壳旋螺、术旋螺、竹旋螺、石旋螺、金属旋螺随之出现，形成了一个庞大的旋螺大家族。高山族的旋螺形式丰富多彩，有的项目比旋螺旋转时间长；有的用旋螺来相互碰撞；有的比旋螺的大小；有的比将旋螺打到指定位置；有的比打在同一位置谁打的距离远；还有在跳绳、跑动中的陀螺，各式各样，应有尽有。

此外，打陀螺也是苗族儿童所喜爱的一种活动。苗族地区有两种比较特殊的陀螺，一种是大陀螺，直径 20 cm，最大的有 2～2.5 kg，用于比赛碰撞；另一种是两头尖的陀螺，两头都可以旋转站立。比赛时，用鞭抽陀螺，使其旋转，双方陀螺相撞，被撞倒者为负。

在一些民族中，陀螺制作的好、技法高超的小伙子往往会成为姑娘的意中人。常胜不败者还会被人们称为"陀螺王"。如高山族青年男女，以旋螺比赛，以旋螺健身，以旋螺交友，以旋螺恋爱，其乐无穷。

早在 10 世纪以前，中国的这种民间体育游戏就传到了朝鲜、日本等国，并流传至今。新中国成立以后，在党的民族政策和民族传统体育方针的指引下，陀螺游戏在各民族地区广泛开展，成为学校体育和群众文化娱乐活动的重要内容。由于打陀螺具有对抗性，又有娱乐性，同时能增强人的体质，击打者的上下肢、腰、眼、大脑都在运动。泥地、草地、硬地均可开展，而且老少皆宜，深受各民族群众所喜爱。因此 1995 年，广东第一届少数民族传统体育运动会上，打陀螺被列为竞赛项目。之后又在第一届至第四届全国少数民族传统体育运动会上被列为表演项目，1994 年国家体委、国家民委把打陀螺列为第五届全国少数民族传统体育运动会的竞赛项目。全国民运会的正式立项，竞赛规则的逐步统一，各类邀请赛和地方民运会的举行，使陀螺运动在全国各地迅速发展起来。

2. 陀螺运动的发展趋势

作为一项少数民族传统体育项目，陀螺运动拥有良好的群众基础。陀螺运动寓锻炼身体于娱乐之中，能起到调节情绪，愉悦身心，陶冶情操，提高学习和工作效率的作用。因此，宜在工矿、机关团体、社区、学校和村镇中开展。但是地域打法的差异和规则的不够完善，制约了这项运动更快速、良性的发展。现行的陀螺竞赛与民间陀螺相比，运动量和强度以及比赛的精彩程度和观赏性都较民间差。竞赛主要以碰撞和碰撞之后的旋转时间长短来确定比赛的胜负。因此，陀螺竞赛是短时间的运动，双方在场上持续时间短，尤其是击准之后。对运动员的要求也仅仅包括把陀螺放得快速旋转和击准两方面，趣味性较民间的连续击打碰撞决定胜负的方式差。如何让陀螺比赛更具观赏性、趣味性，持续的时间更长，是摆在陀螺工作者和管理部门面前的一个课题。

二、陀螺运动的基本技战术

（一）陀螺运动的基本技术

打陀螺的技术可分为放陀技术和攻陀技术两种。

1. 放陀技术

（1）缠绕方法（以左手为例）。

左手握陀螺顶部，用左手拇指在陀螺脚槽处压住鞭子尾尖部，右手持鞭向内缠绕，并用鞭压其尾端，不使其松脱（图13-1）。缠绕时鞭子要绕得紧密，将鞭头缠在右手上，拉紧鞭绳，同时右手拇指压在陀螺顶部，食指、中指托住陀螺侧下方，无名指和小指握住鞭绳并顶在陀螺侧面（图13-2）。缠绕陀螺的关键在于鞭子要绕得紧密整齐。持陀螺的关键在于拉紧鞭绳，拇指压实防止绳子松脱或脱手。

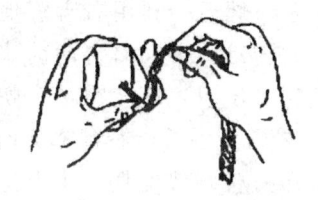

图 13-1　　　　图 13-2

（2）旋放陀螺。

①动作要领。将缠好的陀螺持握好，身体右侧对着旋放区（不能踩线）。放陀前两膝随上体旋动屈伸调整身体重心，左手持陀向左侧方引臂，右手持鞭随摆，重心随之移到左脚上，左膝稍屈，维持身体平衡，保证掷陀有较长的工作距离。引臂后，利用左脚蹬地和向右转体，带动左臂向前挥摆，使力量通过手臂和手指作用于陀螺，使陀螺平头朝上、锥尖朝下向旋放区飞出。右手持鞭顺势前摆，当陀螺飞到旋放区上方距地面 20 cm 左右，右脚用力蹬地向左转体，右手持鞭向左猛力回拉，使陀螺的旋转获得更大的动力，同时将向前飞旋的陀螺回拉而平稳地落于旋放区内。还可以右手持陀，左手持鞭，要领相同，方向相反。动作的关键是水平甩出和用力抽回要控制好。将缠好的陀螺持握好，身体右侧对着旋放区（图13-3）。

图 13-3

②动作要点。旋放陀螺技术要求准确，旋转要快，在放陀螺时必须确保落点准确的情况下加大旋转力量。

③动作重点。甩出力量大，抽回力量小，则落点远，反之则近。应根据具体情况控制甩出和抽回的力量大小选择落点。

④动作难点。加大平甩和抽回力量、速度，同时陀螺的落点和抽回的力量又密切相关。

2. 攻陀技术

（1）缠绕陀螺与持握陀螺。

攻陀技术与放陀技术在缠陀、持陀、持鞭的方法上是一样的。

（2）攻打陀螺。

旋打陀螺技术可分为助跑、最后用力、缓冲平衡三个部分。

①动作要领。

助跑是为最后用力发挥较大的力量和速度创造有利的条件。助跑一般是四步到五步左右，速度不能太快，应逐渐加快，步子放松自然，上体面向前方，眼睛瞄准目标，手臂自然摆动，到最后两步时，上体右转向后一步超越器械。

最后用力是旋打的关键部分。攻方瞄准守方陀螺后，利用右脚蹬地，向左转髋，使髋轴与肩轴交叉，腰背肌肉扭紧，上体以左侧为轴向右转动，带动右臂向前快速挥摆，重心向左脚移动，至肘关节伸直时上体带动右臂从右侧将陀螺掷出手，使陀螺平头朝上、锥尖朝下对准守方陀螺飞出。出手角度是水平向下5°~10°左右。陀螺出手后，右臂随势向左斜下摆动，腿屈膝维持身体平衡，防止踩越攻击线。这时，左手随即持鞭顺势左摆，用力拉动鞭绳，当鞭绳全部拉完后，陀螺即沿鞭绳拉力结束时的即时速度飞向守方陀螺。鞭绳拉完后迅速收回，防止鞭绳触及守方陀螺或鞭杆触及比赛场区。

陀螺出手时，由于惯性的作用，身体易失去平衡而冲出线外，这时应迅速降低身体重心，交换两腿，改变重心移动的方向，以维持身体的平衡。注意鞭子不能脱手掉地。

最后用力是旋打陀螺的关键部分，运用得好将会提高打陀螺的准确性和有效性。旋打者必须控制好出手角度、速度、抽回力量，才能准确地击中目标。

②动作要点。助跑的速度并不是完整技术的组成部分，在应用时应保持良好的身体平衡，使陀螺和旋打者成为一体，正确地摆好头的位置，眼睛始终盯着目标。

③动作重点。助跑的速度并不是越快越好。控制助跑的速度，与旋打者的技术熟练程度和身体素质水平相适应，要与最后用力紧密衔接。

④动作难点。在最后用力时，能否主动而准确地做出旋打动作，是衡量助跑速度是否适宜的标准。必须反复练习，熟练地掌握出手角度、速度、收回力量，才能控制击打点。

（二）基本战术

1. 防守战术

防守队员在旋放陀螺时应将陀螺旋放在离攻击线最远的旋放区内，使陀螺远离攻击线，增加进攻方的进攻难度。用左手反旋放陀螺，由于左手反旋放陀螺的旋转方向与旋打陀螺的旋转方向相反，而碰撞点方向相同，陀螺在受撞击时旋转不会减弱，因此，在团体赛中选用左手旋放的队员会对防守有利。

2. 进攻战术

战术实施必须有熟练的技术为前提条件。进攻的目的是击中防守者的陀螺。因此，在比赛中第一击显得尤为重要。第一击必须击中，用力适当，力求准确，为后面的进攻队员树立信心。团体赛中的第一击也是如此，第一击击中后，将鼓舞队员的士气，增强队员的信心。因此，在安排进攻顺序时，往往把准确性高的队员放在第一位。

第十四章　民族传统体育之其他项目实践

第一节　抖空竹

一、空竹运动概述

（一）抖空竹的简介

抖空竹在我国可谓历史悠久，关于空竹的记载，最早见于北宋宣和年间，至今已有近千年的历史。据载，宋江见人玩胡敲，他有感而发并赋诗一首："一声低来一声高，嘹亮声音透碧霄，空有许多雄气力，无人提挈漫徒劳。"依其所书写的时代，已经说明空竹是很常见的了。明代刘侗、于奕正在《帝京景物略》中曰："空钟者，刳木中空，旁口，荡以沥青。卓地如仰钟，而柄其上之平。另一线绕其柄，别一竹尺有孔，度其绳以抵格空钟。绳勒右却，竹勒左却。一勒，空钟轰而疾转。"到了清代，对空竹更是多有记载，坐观老人在《清代野记》中记载："京师儿童玩具，有所谓空钟者，即外省之地铃。两头以竹筒为之，中贯以柱，以绳拉之作声。唯京师之空钟，其形圆而扁，加一轴，贯两轮，其音较外省所制，清越而长。"这里的"空钟"就是空竹早期的称呼。清代《燕京岁时记》中记载："空竹者，形如车轮，中有短轴，儿童以双杖系棉线播弄之。"又有清代李若虹在《朝市从载》中记曰："抖空竹，每逢庙集，以绳抖响，抛起数丈之高，仍以绳承接，演习各样身段。"生动地记述了当时民间抖空竹的情景。特别在我国北方地区，曾风靡于城乡百姓之中，成为家喻户晓的健身娱乐玩具。

空竹的玩法多样，在历史的演进中使空竹因时、因地、因声、因形而形成多种称谓。以朝代分，明朝时称"空钟"，清朝时称"空竹"；以地区分，有"地嗡子"、"抖抖嗡"等称呼。虽然空竹的名称多样，却能够被广大人群接受，而且还激励了它自身的发展。抖空竹，早在民间广为流传，后为宫廷玩物。在古代，年轻女子玩空竹被视为高雅之举，现代年轻女子的空竹表演被视为绝妙之技。空竹在杂技节目中代表着中华传统体育文化的国粹精品，演遍世界各地，占尽风流。1986年中国杂技团曾一举荣获"明日杂技艺术节法兰西共和国金奖"，赢得巨大的荣誉。目前，抖空竹项目走进学校校园，成为部分大、中、小学校课程体育的教学内容之一。2006年6月，抖空竹入围中国首批国家非物质文化遗产名录，2008年，又成为北京奥运会开幕式的表演项目。

空竹发展至今，种类变化繁多。按外形结构来分，有单轮空竹、双轮空竹、双轴空竹；按制作的原材料来分，有竹木结构空竹，塑钢、塑木结构空竹，玻璃钢与木材结构空竹，塑胶加金属结构空竹；按功能来分，有健身空竹、工艺品空竹、电子空竹、盘丝空竹、橡皮空竹。一般大众日常接触的空竹多为单轮空竹和双轮空竹。

（二）抖空竹运动的特点与价值

我们在抖空竹时，心情舒畅，呼吸自然，骨骼肌肉的周期性的收缩与舒张保证了静脉的血液回流，加强了静脉的血液循环，从而促进人体各器官的组织供血、供氧充分，物质代谢也得到改善。因而使高血压、动脉硬化等情况得到缓解。古语有云："人身常动摇则谷气消，血脉通，病不生，人犹户枢不朽是也。"由于神经系统的活动能力提高，可以改善其他系统的机能活动。还有在抖空竹做各种花样时，注意力要高度集中，眼睛始终都要注视着空竹在空间旋转位置的变化，随时反映给大脑，做出正确的判断，准确无误地完成动作。所以，双眼和脑神经在抖空竹的过程中会不断受到锻炼和提高，尤其是在蓝天白云下眼球不停地转动，这能起到提高视力的作用。再加上我们上肢的肩、肘、腕关节，下肢的胯、膝、踝关节，还有颈、腰椎都在同时不同程度地运动着。以至带动身躯的前后、左右的移动和转动，两臂的舒张、收缩以及脚步的跟随等。经常练习抖空竹，能够促进四肢协调发展，增强人体的协调性和灵敏能力。尤其是青少年经常参加此项活动效果更佳，可不断地增强精神集中的能力，更快地接受新事物，提高学习成绩。

二、空竹运动的起动方法

（一）双轮空竹的起动方法

1. 滚动提拉启动法

将空竹的一个端面（大孔的薄端在右边的一头）对正自己放在右脚右前方，双手握竿，左手竿头高于右手竿头，把线绳垂直套在空竹轴上。启动时右手竿向左提拉，使空竹向左滚动，左绳顺势下垂跟随，右绳顺势将空竹提拉起来，以右手为主用力不断提拉，左手为辅放松跟随配合，上下不断抖动，空竹即会旋转起来（图14-1）。开始抖动时，左右竿头的距离在 20 cm 左右为宜。

图 14-1

也可以以直接提拉空竹的方法，仅靠线绳与空竹轴的摩擦力启动空竹，叫原地提拉法。

2. 手旋启动法

左手握双竿，竿头分开，右手手心向上，五指抓住空竹一端，使空竹挂在线绳的中央，拉紧线绳向左突然发力转动空竹，右手瞬间从左手接过一根竿，双手配合上下抖动。这时，右手用力，左手放松跟随配合，使空竹不断地向左旋转起来。

如果右手转动空竹的同时向空中抛出去，右手瞬间从左手接过一根竿顺势拉直线绳高举接住空竹，将空竹旋转起来的方法，则称为手旋高抛启动法。

（二）单轮空竹的启动方法

1. 绕线启动法

绕线法分左、右手启动，这里介绍右手启动法。将空竹大头向下，小头向上，平放在地上，用右手竿线对准中心细轴，由外向内顺时针缠绕中心细轴两周，尽量让右手竿紧挨空竹。左右手均把线绷紧。右手向上提起空竹 30 cm 左右的高度，同时右手抬高，左手略低，慢慢放松，空竹就会由上向下滑动，小头就会自动打开一圈。这时右手赶紧向上提起竿，左手向下送竿，上下提竿，右手用力空竹就会转动。由于空竹一头大，一头小，大头会由右向左自转。这时，身体也应该由右向左跟转，使空竹的小头正对着自己，空竹的大头和身体保持平行，这样空竹就不会缠线，空竹就转起来了。

2. 手旋启动法

把两竿交于左手，右手拿住空竹小头，用大头穿过两线中间，逆时针绕空竹细轴转两圈，使大头向左。用手顺时针拧转空竹（拧小头）后，马上把左手一竿交于右手。上下提竿，空竹就转起来了，这时身体不要动，空竹自转两圈后，空竹启动。此时也如绕线启动法，身体由右向左跟转。

三、空竹运动的抖动、调整、加速及基本动作

（一）空竹的抖动、调整、加速

1. 抖

抖空竹有两种姿势，一是上下抖动，二是横向抖动。

（1）上下抖动：手法是右拉左送，要做到轻拉慢抖线不松。右手用力，要上臂带动前臂，以前臂带动手腕，要把空竹抖的平稳，要把空竹抖嗡嗡之响声，空竹于身前上下浮动。

（2）横向抖动：在抖的过程中，空竹在身前左右移动。抖时右手用力向右上方抖拉，左手紧随，空竹右移。右手松线时，左手向左下回拉。以保持线不弯，空竹向左回落。

2. 调整方向

在抖动空竹时，应面向固定的方向，有时会发生空竹向左或向右偏转现象，如果需要向左方调整，其方法：左手高举竿把线绳拉紧，用稍倾斜的右竿头轻轻地触动空竹的后轮（竿与中轴线成45°角），空竹即转向左方；如果需向右方调整，其方法：左手高举竿把线绳拉紧，用稍倾斜的竿头侧面轻轻地触动空竹的前轮（竿头向内侧与中轴线成45°角），空竹即转向右方。

3. 加速技法

（1）下交叉加速（上扣）：空竹抖动起来平稳后，当右手提拉起空竹的瞬间，右手立即在空竹轴上从左至右绕上一圈形成下交叉状（上扣），右手竿将空竹向右斜上方拉起，左手配合做向右方送的动作，等空竹下落到底时再将空竹拉起，这样反复多次即可提高空竹的转速。

避免卷线提示：左手竿或送或收时，速度应与右手协调好，线绳不能出弯，也不能拉得太紧。在转速达到一定要求，需要摘扣时要注意在右手向上提拉空竹的一瞬间摘扣，在抖动时左手线稍靠前。

（2）另外还有横向加速法（抽拉、鲁班拉锯）、纵向加速法（鼓线）和环形加速法（大车

轮）等方法。

（二）抖空竹的花样技术

空竹花样技巧都是由"抖""捞月""盘丝"的基本运行技术演变而来，下面结合抖空竹的基本技术（以单轮空竹为例），罗列部分花样技巧和练习方法。

1. "回头望月"

使空竹转动起来，让空竹高速旋转，身体对准空竹小头，大头对外，空竹大头与身体平行，小头与身体垂直（抖的动作，不解扣）。然后，左右手同时用力，把空竹甩向左边高于头部，顺势把左手杆头架于空竹中心细轴上。同时，左腿退一步到右腿后面，身体向下半蹲，左右两手伸直，杆线绷紧，左手杆高于头部，右手杆低于头部，头向左转 90°，并用眼睛向上看着空竹，身体随空竹慢慢地转动，腿不用动，在 5~10 s 后，收势即完成。

2. "金猴翻杆"

使空竹转动起来，让空竹高速旋转，身体对准空竹小头，大头对外，空竹大头与身体平行，小头与身体垂直（抖的动作，不解扣），然后右脚向左脚前方跨一小步，身子向左转 15°左右。左手把杆向上高高举起，高于头部，右手向下稍稍用力，下压右杆线，不要猛地用力。右手杆稍稍松线，空竹慢慢地向下滑到右手杆底，接着再抖动空竹，完成动作。

3. "鲁班拉锯"

使空竹转动起来，身体对准空竹小头，大头对外，空竹大头与身体平行，小头与身体垂直（抖的动作，不解扣）。右手杆线用力把空竹拉甩向左边，使空竹从左手杆线内摆动到左手最远位置。然后右手杆线再向右拉甩空竹至右边最远位置，这样反复来回地拉甩（横向抖动技术），始终让空竹大头与身体平行，小头与身体垂直，身体应随着空竹转动而转动，反复做此动作。

4. "凤凰点头"

使空竹转动起来，让空竹中速旋转即可。空竹由右向左转动到大头对左、小头对右，空竹大头与身体垂直，小头与身体平行时。快速将左手杆向前伸出，使交叉于空竹中心细轴的两线分开。左右手同时用力，把空竹由下向上抛出半米左右，然后用右手杆接住下落空竹的中心细轴，使空竹落在杆上，顺势再将右手杆头放至底部，让空竹顺杆下滑至线上。同时，再把空竹由下向上抛出半米左右，然后用右手杆接住下落空竹的中心细轴，反复做此动作。此时，身体应随着空竹由右向左的转动而转动。

5. "张飞骗马"

使空竹转动起来，让空竹中速旋转即可。空竹由右向左转动到大头对左、小头对右，空竹大头与身体垂直，小头与身体平行时。快速将左手杆向前伸出，使交叉于空竹中心细轴的两线分开，先做一个"海底捞月"（挖），再做第二个（挖）时，顺势把右腿抬起 30 cm 左右。让空竹从右向左，从右腿下窜过，然后用右手杆接住从右腿过来的空竹，再做一个（挖），再过左腿，反复做此动作。

6. "上下翻飞"（抬花轿）

使空竹转动起来，让空竹中速旋转即可。空竹由右向左转动到大头对准自己，小头对向前面，空竹大头与身体平行，小头与身体垂直（此时空竹转动一圈），这时，交叉于空竹中心细轴的两线分开，此时空竹没有扣。顺势用右手杆线在空竹中心细轴上由右向左从大头缠绕一圈，这样空竹中心细轴上就带了一扣，然后左右两手同时用力，垂直把空竹抛向空中，同时右手向上松一下线，左手向下拉一下线，把左右手前后分开一点。当空竹垂直向上抛到线拉紧时，空竹自行垂直下落下来，再垂直把空竹抛向空中，反复做此动作。做动作时，不能太快，不能用力过猛，以防缠线。

7. "青云直上"（抛高）

使空竹转动起来，让空竹中高速旋转即可。空竹由右向左转动到大头对准自己，小头对向前面，空竹大头与身体平行，小头与身体垂直（此时空竹转动一圈），这时，交叉于空竹中心细轴的两线分开，此时空竹没有扣。顺势左右两手同时用力，把空竹垂直向上抛入空中 2~3 m，抬头向上两眼盯着空竹，同时举起左右手杆，并把两线绷紧，对准下落的空竹中心细轴，用线接住。练习时不必抛得太高，以防伤己、伤人。所以，如果有人喜欢抛高，就要多加练习。接的时候要特别注意脚下位置，如不要在带有露水的草坪上抛高等，最好在平坦的土地练习。

（三）抖空竹的多人技术

1. 分组

（1）两人对传一个空竹。

假设有甲、乙两人面向同一个方向相距 3 m 左右的同一条线上，右方甲将有一定转速的空竹停稳，右手杆高，左手杆低，抖线形成一个 45°~75° 夹角，将空竹向左方乙抛出，乙左手杆高右手杆低把抖线拉直（方向应与二人站位连线平行），将空竹接住，然后乙再将空竹传给甲，这样可反复进行数次，在转速许可下还可以加入一些花样技巧，互相传递，更富有观赏性。

（2）两人对传两个空竹。

假设有甲、乙两人按上述要求站好，各抖一个空竹，调整好空竹的角度，待两人同时将空竹停稳后，甲左手杆低右手杆高，抖线夹角为 45°~75°，乙右手杆低左手杆高，抖线夹角亦成 45°~75°，两人同时将空竹抛出，并互相接住对方传来的空竹，做此动作时，两人所抛出空竹不能相撞，要求一个高抛、一个低抛。这样可以反复进行，在转速允许下也可以加入多种花样技巧。

（3）四人传一个空竹（大过桥）。

假设有甲、乙、丙、丁四个人站成一排，间隔一臂距离，待甲将空竹加速到一定转速时，摘扣，把空竹滑到左杆头处高举双臂，撑直抖线，右手杆逐渐放低，使空竹滚向右边，此时，乙把抖线撑直，双手高举，左手杆插在甲的右手杆内侧，上举托起空竹，乙再按甲动作把空竹传递给丙，丙再传给丁，丁接过空竹快速抛给甲，整个过程结束，可以反复进行。

2. 团体操

（1）列队要求。

排成正方形、长方形均可。

（2）间距要求。

横队——两臂加一杆（左手持杆）。

纵队——一臂加一杆（左手持杆）。

（3）方法。

按空竹的花样技巧编排顺序，可听口令，看旗语变换队形，抖动加速空竹，表演空竹花样动作。

第二节 高脚竞速

一、高脚竞速运动概述

(一) 高脚竞速运动简介

高脚运动是通过完成各种走、跑、跳跃、转身、平衡、变换姿势等练习，进行竞速、角斗、竞艺等的比赛，其攻击性、对抗性、趣味性和观赏性极强。经常参加高脚活动和比赛，不仅可以发展和提高人体力量、速度、耐力、协调性、灵敏性及平衡能力等素质，有效提高神经系统和心血管系统的机能，全面增强体质，增进健康，而且还能培养顽强、勇敢、坚毅、进取等优秀的精神品质。

高脚竞速是高脚运动中的一种，隶属体能主导类速度性项目，它要求运动员具备更强的身体素质和协调能力。高脚竞速所采用的器械是高脚马，即用两根粗细均匀且笔直的青竹加工而成。运动员需踩在高脚马的离地 30~40 cm 的踏镫上，双手紧握高脚马扶手，以顺拐的形式跑步前进，在标准的田径场上完成 100 m、200 m 及各项接力比赛。高脚运动有如下特点：

1. 形式的多样性与广泛的适应性

高脚运动的前身是青少年在雨雪天用以防止泥水打湿鞋袜的代步工具，在闲暇时则进行竞速、对抗、竞艺的嬉戏娱乐。因此，其场地器材简单方便，制作器材的竹木随处可取，在泥地、沙地、草地、雪地甚至在浅水中都可以进行高脚活动，其活动形式多种多样，除了上述提到的竞速、对抗、竞艺形式外，还可以进行跳高、跳远、跳深、单脚跑跳等形式，甚至进行高脚踢足球的游戏。参加人数可多可少，运动负荷能大能小，适合不同年龄、性别、体质和训练水平的人在不同环境中进行活动，具有广泛的适应性，是全民健身活动的理想项目。

2. 技术的全面性与高度的技巧性

高脚运动有许多踩踏姿势，一般是双手各握一只跷的上端手柄，双脚各踩踏在一只跷的踏镫上，手脚配合提杆抬腿迈步，完成各种动作。按手与脚握踩的不同方式可分为同边式和异边式。通常情况下，人的上下肢摆动是上左下右或上右下左协调摆动，而踩踏在高跷上，这种习惯性协调完全被打破，最常用的同边式需要做上下肢同边的提摆动作，而异边式则更难以完成。此外，人踩在一定高度的踏镫上，重心升高，且跷的触地面小，维持平衡的难度增大，在这种情况下完成各种跑跳和闪转技巧动作，并进行竞速、竞艺、对抗的比赛，这些特点决定了高脚技术的全面性和高度的技巧性。

3. 激烈的对抗性与强烈的趣味性

高脚竞速比赛是以时间来计算成绩的，通过一定距离的时间越短则成绩越好，因此，比赛从起跑至冲刺达到终点，始终是在激烈的对抗中进行，而高脚对抗比赛则是以身体直接碰撞的方式迫使对方落地或出界，对抗争夺的激烈性不言而喻。同时，这类比赛的结果具有一定偶然性和不可预测性，给人以悬念美，具有强烈的趣味性。

(二) 高脚竞速运动的起源与发展

高脚，又称高跷或高脚马，苗语称"伽嘎嘟"，意为人踩在木制的高跷上，像又高又瘦的鬼；是我国民族传统体育的优秀项目，各地均有流行，其历史悠久，源自古代祭祀活动中的鬼神形象及百戏中的技艺表演。据说，这项古老的运动在很久以前是青少年在雨雪天作为"防湿"的步履工具，人骑在高脚马上可以通过山间小道，跨过溪河、稻田。在闲暇时进行竞速、角斗对抗、竞艺等的嬉戏娱乐。如今，其作为防湿工具的功能已基本消失，而作为嬉戏娱乐和锻炼身体的手段却仍然风行在广大青少年中。在运动方式上有以木跷直接固定于脚腿上的固定型和脚可灵活踩踏于踏镫上的手握型两种，固定型多流行于我国北方，而手握型多流行于南方各省。目前，手握型的高脚竞速竞赛方式已被列为全国民运会的正式比赛项目。

手握型高脚竞赛活动是根据湘鄂渝少数民族民间的青少年"高脚马"游戏发掘而来的。1986年，在湖南省第一届民运会上，高脚马竞速和对抗就被列为比赛项目，首次登上政府举办的体育赛场，实现了由民间娱乐向体育竞技项目的转变。同年，湖南省组团参加第三届全国民运会，高脚马与跳鼓舞、木棒球等七个湖南特色项目一道被带到乌鲁木齐赛场，成为全国民运会的表演项目，第一次向全国人民展示其独特魅力。后又经历了湖南省第二、三、四届民运会的比赛和全国第四、六届民运会的表演赛，高脚马独特的运动方式和竞技、健身、娱乐价值得到深刻的认识和广泛的认可。

经过十余年的探索与实践，高脚马比赛形式逐渐固定下来，形成较为完善的竞赛规则与裁判方法、技战术方法及场地器材逐渐规范化，发展成一个较成熟的民族传统体育项目。

二、高脚竞速运动的基本踩法及运动形式

（一）基本踩法

高脚踩法与高脚器材的制作形式有着紧密联系。在杆子上另加材料绑成踏镫的器材可以骑出的方法最多，而取竹木条天然形成的枝丫，用细棕绳缠绕加固成踏镫的器材只能踩出"犟骡子"一种方法。具体踩法是双手各握一根马杆的上端，双脚各踏在一只踏镫上，手脚配合提杆抬腿左右交替迈步，维持身体平衡，完成走、跑、跳跃、闪转等动作。其手握杆的方法可分为虎口向上的正握法和虎口向下的反握法两种。按脚踩踏镫的方法可分为一双内、一双外、一边顺、犟骡子、乌龙绞柱、夹夹脚、观音坐莲、苏秦背剑等。按手与脚的关系可分为同边和异边两种。

（1）一双内：即两脚横着踩踏镫，两踏镫相对朝内，两杆在两腿外侧的踩法。

（2）一双外：即两脚横着踩踏镫，两踏镫均朝外，两腿将两杆夹在中间的踩法。

（3）一边顺：即两脚横着踩踏镫，两踏镫同时向左或同时向右的踩法。

（4）犟骡子：即两脚顺着踩踏镫，两踏镫均朝后，杆在两腿侧前方的踩法。

（5）乌龙绞柱：以大小腿缠绕杆子后再用脚踩在踏镫上的踩法。缠绕可由内向外缠，也可由外向内缠，可以单缠，也可以双缠，可以缠90°，也可以缠180°、270°、360°等。

（6）夹夹脚：属于边踩法，即两杆子在体前交叉，左手握右脚踩的杆子，右手握左脚踩的杆子，迈左脚时，右手提杆，迈右脚时左手提杆。这种踩法使踏在后面杆子的脚迈步受到限制，只能采用跟步的方法进行。

（7）观音坐莲：属异边踩法，即一只杆子在身前，一只杆子在身后，左手握右脚踩的杆子，右手握左脚踩的杆子，手脚异边配合迈步的踩法。一般采用两手虎口向下的反握法握杆，这是

各种踩法中难度最大的一种，需要有良好的协调性、灵活性和平衡能力。

（8）苏秦背剑：属异边踩法，即一只杆子在身前，一只杆子在身后，左右握右脚踩的杆子，右手握左脚踩的杆子的踩法。

（9）转换技巧：踩在高脚上不下地而由一种踩踏姿势转换成另一种踩踏姿势的方法。如由同边踩法换成异边踩法，可以采用换手的方法，也可以采用换脚的方法，由夹夹脚换成观音坐莲，或由观音坐莲换成夹夹脚等技巧。

（二）高脚运动形式

踩在高脚上可以完成走、跑、跳跃、闪转、平衡等基本练习，在熟练掌握各种基本踩法后就可以进行高脚竞速、角斗对抗、竞艺等形式的竞赛了。

高脚竞速是运动员踩在高跷上进行速度比赛，与田径运动中的径赛方法相同，是以时间来计算成绩的运动项目。可进行短距离跑、中长距离跑、接力跑、障碍跑及越野跑等的比赛。目前，全国民运会比赛暂设男、女 200 m，2×200 m 接力及 4×100 m 男女混合接力等项目。

1. 短距离跑、中长距离跑

全国民运会比赛暂设男、女 200 m。

2. 高脚接力跑

是由接力队员依次接替跑完一定距离的集体比赛项目。常有男女 4×100 m 和 4×200 m。也有 4×50 m 接力，迎面接力或男女混合接力等。接力跑能发展速度和培养团队协作精神。由于高脚跑时双手均握杆子，无法传接接力棒，因此，采用在规定区域内完成接力的方法。可以全队共用一副高脚或每个运动员各用一副高脚的办法进行。

高脚接力跑是一项竞争激烈的比赛项目，比赛能否获胜，不仅取决于接力队员的跑速，在很大程度上还取决于他们接力时机的掌握。在 10 m 的接力区内，当前一个队员的高脚踏入接力区内，后一个队员即可跑离接力区。最理想的接力时机是后一个队员在接力区内预跑，当前一个队员一踏入接力区，后一个队员即以最快的速度跑离接力区。要做到这一点必须加强练习，增强彼此间的密切配合。根据传接两人跑速，通过多次实际跑动配合，后一个队员一般在接力区后端开始跑，并在接力区后 5~8 m 处做一标记，当前一个队员跑至标记后，立即转身起跑，当前一个队员踏入接力区时，后一个队员正好以较快速度跑离接力区。

为了发挥全队每个队员的特长，应根据队员的实力和对方运动员的情况安排顺序。有时把实力最强队员放在第一个，从一开始就超过对方，在心理上形成优势。在 4×100 m 接力中，第一个和第三个队员还应善于跑弯道，在一般情况下把实力最强、冲刺能力好的队员放在最后。

3. 障碍高脚跑

是在比赛场地上跨越一定障碍的竞赛，目前尚无定型的障碍高脚跑和作为规定的竞赛项目，但为了提高比赛和练习的趣味性和惊险性，教学中可以根据实际情况设置若干个不同性质的障碍，如可设栏障碍、独木桥、台阶、多个立杆、水池等，要求参与者踩在高脚上跨过栏，通过独桥，上下台阶，蛇形绕过立柱，跃过水池等。障碍高脚跑不仅要求运动员有较好的耐力，更要有跨越障碍的本领，技术要求比一般的跑要高得多。通过练习不仅可以提高技术发展耐力、灵巧和平衡素质，在对培养参加者果敢和坚毅等优秀心理品质方面具有独特的效用。

4. 高脚越野跑

在野外自然环境中进行的一种中长距离的比赛活动，目前亦无定型的比赛形式。由于活动在野外自然环境中进行，空气新鲜，阳光充足，风景优美，同时需要通过天然崎岖小路、稻田、沟渠等障碍，能培养勇敢顽强、机警、灵敏及吃苦耐劳的优良品质，对锻炼身体效果极好，是少数民族地区学校体育活动的理想形式。

5. 高脚角斗对抗

高脚角斗对抗是指两名运动员在一定区域内以自己最熟悉的一种踩法，在高脚上采用允许规则的方法，迫使对方落地或出界的一种运动形式。它不仅需要有娴熟的技术，还需要有较强力量、速度、耐力、灵敏等素质为基础，更需要有灵活机动、随机应变的战术，是高脚竞赛中最具对抗性、趣味性和观赏性的一种形式。比赛可按体重进行分级赛，也可不分体重级别。目前，部分省市民运会采取不分体重级别的方法进行男子和女子的对抗赛。比赛采用三局两胜制，每局 5 min，局间休息 2 min。在踩姿上，常可用一双内、一双外和翚骡子，尤以一双外或翚骡子见长。

6. 高脚竞艺

高脚竞艺竞赛是运动员在高跷上完成各种技巧动作，以完成的动作难度大小、姿势的优美程度、变换技巧及编排与表现力情况进行比赛的一种运动形式，属于技能表演类项目，具有较强的技巧性和艺术性。动作包括各种基本踩法、姿势变换方法及走、跑、跳跃、转体、平衡等。通过练习可以发展灵巧、协调、柔韧和平衡能力等身体素质，锻炼健美的体态，提高节奏感和表现力，也是进行美的教育的一种手段。

竞艺比赛是在直径 12 m 的圆圈平地上进行的，比赛可设男、女单人、双人、六人等各种项目，可以有音乐伴奏，要求编排合理，前后衔接和谐，表现出矫健、有力、勇猛的精神。裁判员根据运动员临场姿势变换多少、难度大小、变换技巧及编排与表现力情况进行评分。

三、高脚角斗对抗运动基本技战术

（一）基本技术

1. 格斗姿势

使身体处于强有力的待发状态，是完成进攻、防守和防守反击的最佳姿势，其特点是身体暴露面积小，机动性好，自身防护能力强，是一个既轻松自如，又能保持平衡的姿势。以左脚在前为例，起动作要领如下：

踩在高脚上两脚前后斜线开立，左脚在前，右脚在后，前后距离比肩稍宽，身体左侧在前；两脚尖向前，膝关节微屈，重心落于两腿之间稍偏向后；两手握平杆子上端，左上臂紧贴左肋部，右臂屈肘紧贴右肋部；下颌微收，含胸，目视前方；全身适当放松，处于灵活状态，并根据临场变化随时调整身体位置、方向和重心。

2. 移动

移动是高脚对抗中运用进攻与防守技术的先导，目的是为了及时调整与对方的位置，便于战术的运用与发挥。移动的常用步法有以下几种：

（1）上步：以格斗姿势站立，后脚经前脚内侧向前上一步成另一侧格斗姿势。

（2）撤步：以格斗姿势站立，前脚经后脚内侧向后退一步成另一侧格斗姿势。

（3）进步：以格斗姿势站立，前脚前进一步，后脚向后蹬地，随之跟进一步。

（4）退步：以格斗姿势站立，后脚后退一步，前脚用力蹬地，随之后跟一步。

(5) 前滑步：连续两次或两次以上的进步称前滑步。

(6) 后滑步：连续两次或两次以上的退步称后滑步。

(7) 前垫步：以格斗姿势站立，两脚用力蹬地（以前脚为主），使身体轻轻跃起，然后，后脚迅速跟进落在前脚原来位置附近，前脚向前进一步。

(8) 后垫步：与前垫步同，唯前后相反。

(9) 环绕步：以格斗姿势站立，重心前移，前脚环形向前上步，后脚迅速向同一方向跟进，连续进行。在与对方对峙时，围绕对方走环绕步，伺机发出攻击。

3. 冲撞

冲撞是指运动员踩在高脚上将撞击对方一侧的上臂紧贴身体，当靠近对方时，用肘关节以上部位冲撞对方躯干或相应部位，迫使对方落地或出界的方法。

冲撞是高脚对抗的主要技术。竞赛规则规定，不能用肘尖、膝冲撞对方，也不能用握杆的手及杆子弹击对方，因此，冲撞时冲撞接触一侧的上臂一定要紧贴身体。当冲撞已经发生，即双方接触后可以用力向外抬肘及转动上体，挤靠对方，迫使对方失去平衡落地或出界，或给对方以重创，削弱其进攻能力。

冲撞时既要做到撞击对方，同时还要维护好自己的平衡，特别要注意当对方使用冲撞假动作躲避时，要做到能够稳住自己的重心。

4. 扫绊

扫绊是指运动员踩在高脚上用自己的高脚扫、绊、拦、踢对方的高脚，迫使对方失去平衡落地或出界的方法。

竞赛规则规定，不能用高脚扫、踢对方踏镫以上的任何部位，因此，扫绊技术在使用时一定要注意攻击部位，不能造成犯规。扫绊技术使用得当能够轻松地迫使对方失去平衡落地或出界，其关键是掌握好使用时机，一般在冲撞后对方因冲撞失去平衡而调整步伐与重心的时候乘胜追击使用。使用时首先要保持住自己的平衡，因为这时只有一只脚在起支撑作用，使用不当反而会造成自己失去平衡，在双方对峙时一般忌用扫绊技术。

5. 假动作

假动作技术是指运动员运用各种动作的假象迷惑和调动对方，使其产生错误的判断或失去身体的平衡，从而取得时间、空间上的有利条件，更好地实现自己的意图。假动作与其说是一种技术，不如说是一种战术，其思想基础是虚与实的转换。在各种对抗性活动竞赛中，谁掌握好虚实转换的矛盾，谁就会轻松取得主动权。比赛中，单一的技术动作很容易被对手识破，在实力相当的情况下，谁能巧妙地运用好假动作，谁就能赢得胜利。

假动作必须做得逼真，才能迷惑对方，同时假动作要能及时变为实动作，在被对方识破为假动作时，要能将计就计地实施进攻与防守。假动作的运用要与真实动作夹杂进行，做到虚虚实实。实战中常用的假动作有冲撞假动作、挤靠假动作等。

（二）基本战术

熟练的技术是取胜的基础条件，但灵活多变的战术也是克敌制胜必不可少的，战术运用得当，有时能化弱为强。下面介绍几种不同情况下的战术运用方法。

(1) 速战速决：

在对方弱于我方或对抗中犹豫不决时，应主动攻击对方，多以强有力的冲撞技术猛烈攻击，使对方处于被动挨打的局面。

(2) 借力进攻：

在对方强于我方时，应多采用环绕步游走，与对方冲撞时运用步法及时躲闪，使对方进攻落空，然后再借力拦绊，迫使对方落地或出界。

(3) 以假乱真：

势均力敌时，可施以假乱真之计智取。故意暴露出破绽，诱敌深入，如露出站立不稳之势，诱使对方使用扫绊进攻，然后趁对方一脚支撑之机突然上步冲撞。又如做出与对方奋力冲撞之势，待对方全力上攻时，我方巧妙闪过，使其用力过猛而无支撑倒地等。

第三节　板鞋竞速

一、板鞋竞速运动概述

(一) 板鞋竞速运动的简介

板鞋竞速，又称"三人板鞋竞技"，是流传于广西境内壮族聚居区的一种集体运动项目。原则上板鞋上可以一人或多人，甚至多到十几、几十人，但是三人木枷练兵法广泛流行于民间，最后演变成三人板鞋竞速体育比赛项目。它是由间隔紧凑的三名队员纵队排列，脚穿同一副板鞋，徒手搭肩或扶腰后，以相近姿态和同一步频向前快速奔跑的团队竞速性运动项目。

板鞋竞速起源于广西河池南丹县那地土州壮族地区，相传明代倭寇侵扰我国沿海地区，广西河池地区的瓦氏夫人领旨率兵赴沿海抗倭。瓦氏夫人为了让士兵步调一致，令三名士兵同穿上一副长板鞋齐跑，长期如此训练，士兵的素质提高，斗志高涨，最后击败了倭寇，为壮乡人民立了大功。后来，南丹那地州壮族人民模仿瓦氏夫人练兵方法，在田间地头、房前屋后开展三人板鞋竞速自娱自乐活动，相习成俗，遂流传至今。

在广西壮族流行的三人板鞋竞速形式有三大类：第一类是传统民间板鞋竞技，以数量或速度判定胜负的趣味对抗比赛形式，如三人同踏一副板鞋（比技巧、抢粽粑、戏水、采香包、抛绣球、踩气球）等；第二类是以技巧难度及艺术表现力来判定优劣的，如三人同踏一副板鞋进行集体舞、扭秧歌和拳术等表演；第三类是三人同踏一副板鞋竞速，在规定的距离，以先抵达终点者为胜。三人板鞋竞速的形式多种多样，依据表演需要脚踏板鞋，手拿鲜花、花扇、彩带等道具和乐而舞，踏着欢快、协调的步伐，在民族音乐的伴奏下进行表演。展现出其特有的民族艺术魅力。尤其是广西武鸣壮乡一年一度"三月三"歌圩上，50人步调整齐走板鞋进行表演和竞赛，吸引众多人们参与。

板鞋竞速随着我国民族传统体育的发展而迅速发展。在广西少数民族传统体育运动会上居于重要的位置，更为继承和发展少数民族传统体育起到了极其重要的作用。自1986年起，在广西壮族自治区每一届民运会上，以三人板鞋竞速100 m、25 m折回跑，成为正式比赛项目。自此三人板鞋竞技由传统的板鞋娱乐登上竞技体育赛场，初步实现了由民族民间娱乐项目向民族体育竞赛项目的转化。1991年广西承办的全国第四届民运会上，把板鞋竞速融入民俗风情表演，展示三人抢粽粑、三人板鞋戏水、多人板鞋踩气球等独特表演和对抗赛魅力，也成为全国民运会的表演项目。随着板鞋竞速规则不断完善，运动技术的基本成熟和定型，并不断地被赋予竞技、健身、娱乐和教育等现代体育价值，其独特的运动方式得到广泛的认同和接受。2007年，在全国第八届民运会筹备会上，三人板鞋竞速定名为"板鞋竞速"，并被确定为全国民运会竞赛项目。

（二）板鞋竞速运动的特点和价值

板鞋竞速具有独特的运动特点，集竞技性、健身性、艺术性、欣赏性为一体，由传统的娱乐型发展为单人、双人及多人的板鞋竞速，在运动器材、表演道具、活动形式上经历了许多改进创新。板鞋竞速器材简单，不受年龄、性别、条件的限制，不仅能增强体质，而且运动时，要求行走灵活，步调一致，整齐划一，快速前进，由此受到各族人民的喜爱。每逢喜庆节假日，板鞋竞速成为体育爱好者及学校开展全民健身活动的项目之一。

板鞋竞速渗透着民族个性，充满特色的魅力，不仅能有效地培养人们互相协作的精神，还能有效提高运动节律感、身体协调性、心肺功能等，而且其健身和社会价值在新时期也焕发出了新的活力。

二、板鞋竞速运动基本技战术

（一）板鞋竞速技术动作要领

板鞋竞速的基本技术是由预备式、原地踏步、向前走、弯道走、快速跑和摆臂冲刺几个部分构成的。原地踏步和向前走决定板鞋竞速的速度，弯道走、快速跑和摆臂的幅度决定板鞋竞速步伐的稳定性。

1. 预备式

当同伴都穿好板鞋后，练习者站立，两眼平视，双手扶在前一同伴的肩或腰上，先上右脚后上左脚，准备踏步（图14-2）。

图 14-2

2. 原地踏步—向前走—快速跑

当队员预备式准备完毕，一人或一齐喊口令"一、二、一、二、一……"或"左、右、左、右、左……"原地踏步，声调押韵，步伐统一，摆腿屈角、高度等因素一致（图14-3）。熟练后，两手互相不再搭扶，自然摆臂向前走，再慢慢地过渡到自然跑、快速跑上，最终提高竞技速度。

图 14-3

3. 弯道走

本环节三名队员特别要保持身体重心，克服转弯时的倾斜度，以左转为例，走动时身体稍向内倾斜，右肩高于左肩，右臂摆动幅度稍大且稍向外，左臂摆幅略小些，右脚前抬时稍向内扣，用前脚掌的内侧扣紧板鞋，左脚外侧稍用力，在转弯后整个身体逐渐过渡到正常姿势，继续快速往前跑（图 14-4）。

图 14-4

4. 终点冲刺

接近终点时，目视前方，上体要稍前倾，两小腿积极前摆，带动两脚加大幅度，快速向前摆动，冲过终点线。

当然，板鞋竞速不完全等同于一般田径运动中的竞速类项目，它最大特点就是团队作战，依靠三人跑动的一致性为基础，逐渐提高配合能力与默契程度，从而提升跑动速度。

从根本上解决板鞋竞速速度的主要因素有：三名队员最大步长的合理性，三名队员步频的一致性，三名队员的默契程度等。通过合理选材，拟定系统训练计划，依靠教练员和队员刻苦努力，完成系列练习，会将以上个因素指标得到明显提高，从而加快移动速度，提高成绩。

（二）板鞋竞速技、战术运用

由于是三人或多人穿一副板鞋进行各种动作的运动，因此掌握板鞋竞速技术十分重要。板鞋竞速技术的灵活应用是为了在表演或对抗中争取时间和空间的优势，为完成具体的动作要求创造条件，因此队员应紧密配合，步调一致，比赛中根据动作规则要求，与同伴注意动作快慢与变换动作相结合，从而提高竞速水平。

第四节 抄杠

一、抄杠运动概述

抄杠是畲族的传统体育项目，它源自畲族古时的自卫强身活动。在旧社会，畲族是一个弱小民族，畲民不仅遭受历代统治阶级的欺凌、压迫，还遭受自然灾害和豺狼虎豹的无情袭扰，但勇敢坚强的畲族人民不畏强暴，勇敢地与大自然以及反动统治阶级、外来侵略者进行不屈不挠的抗争。在抗争过程中畲族人民更加意识到，必须要有强健的体魄和过硬的功夫才能克敌制胜。畲民大多深居山中，扁担、柱棒是他们的日常生产工具，也是他们自卫防身的武器。空闲时他们经常聚集一起，用柱棒、扁担、竹杠、木棍等物对顶、对拉、对推、对拧以此提高自身上下肢和腰腹力量，增强自卫能力。久而久之，这种活动便成为畲民喜爱的传统体育活动。从20世纪80年代开始，体育工作者开始对该活动进行挖掘整理和改进，使此活动形式方法、规则更加完善合理，并正式定名为"抄杠"。开始在部分中小学校推广。

抄杠运动是一项集健身、竞技、娱乐、观赏于一体的体育活动，抄杠动作简单易学，形式多样，不受场地、器材限制，适合不同年龄、性别的人操练。抄杠项目在全国第4～6届少数民族传统体育运动会上获表演赛银奖，在全国第7届民运会中获铜奖。

二、抄杠运动基本技术

抄杠运动是以木棒、竹杠、长板凳为主要器材，两人或多人在凳上持杠采用推、拉、拧、顶、拨等运动方法，进行各种形式的对抗活动。抄杠运动的主要技术包括：弓步抄杠、马步抄杠、金鸡独立抄杠、蹬腿步抄杠、腹抄杠、肩抄杠、"十字"抄杠、集体抄杠等。

（一）弓步抄杠

弓步抄杠是指两名队员各持杠一端在长凳面上，以弓步姿势对抄的方法。它分为迎面抄杠和背面抄杠两种。

1. 迎面抄杠

迎面抄杠是指两队员迎面弓步站立抄杠的方法。

动作要领：一手持杠端，一手叉腰，左（右）前弓步站在凳面上，两脚趾用力抓地，重心稳定，保持身体平衡，裁判下令后，持杠手用推、拉、拧等方法向对方使力，力争将对方抄下凳。

2. 背面抄杠

背面抄杠是指两名队员背向弓步站立抄杠的方法。

动作要领：背向弓步站立在凳面上，一手持杠端，另一手叉腰，脚趾抓地，保持身体平衡，裁判下令后，用腰、腹和上下肢力量，力争将杠拉过中线。

（二）马步抄杠

马步抄杠是指两队员在凳上以马步姿势对抄的方法。

动作要领：队员马步姿势站立侧向对方，一手持杠端，另一手叉腰间，裁判下令后，持杠手臂，开始用力，用拉、推等办法使对方失去平衡下凳。

(三) 金鸡独立抄杠

金鸡独立抄杠是指两队员在凳上，以单腿支撑姿势对操的方法。

动作要领：队员右（左）腿提膝，成左（右）腿支撑，面向对方，一手持杠端，另一手叉腰间，裁判下令后，持杠手臂开始用力，用推、拉、拧、拨等方法，使对方队员失去平衡，双脚落地或下凳。

(四) 蹬腿步抄杠

蹬腿步抄杠：是指两队员在凳上，连续做蹬腿步，同时操杠的方法。

动作要领：队员一腿全蹲，一腿前伸，一手持杠端，裁判下令后，两腿开始做连续的蹬腿步（两腿交替做蹬伸腿）动作，同时持杠手臂开始使力，用推、拉等办法，使对方蹬腿步失败（停止）或下凳。

(五) 腹抄杠

腹抄杠是指两队员在凳上（也可在地面上）以腹部顶住杠底部对操的方法。动作要领：队员一手持杠端，同时将杠的底部顶在腹部的位置。裁判下令后，开始使劲，主要靠腰、腹、髋、腿部以及持杠手臂的力量，将对方顶下凳或过中线。

(六) 肩抄杠

肩抄杠是指两队员在凳上，以肩部顶杠的底部对操的方法。

动作要领：队员用一手持杠端，同时将杠的底部顶在肩关节部位，裁判下令后，开始使劲，主要用肩顶、腿蹬以及全身的协调用力，将对方顶下凳或过中线。

(七) 十字抄杠

十字抄杠是指4名队员分别持十字形的一杠端对操的方法，十字抄杠也分为对面抄和背面抄两种。

1. 对面抄

对面抄是指4名队员面向中间，用双手抄杠的方法。

动作要领：队员用双手持杠端（或一手持杠，以杠的底部顶在腹部），两脚前后开立或弓步站立。裁判下令后，开始使劲，主要用手臂、腰、腿部力量将中点的物品捡起。

2. 背面抄

背面抄是指4名队员背向站立，用单手抄杠的方法。

动作要领：队员单手持杠端，背向站立。裁判下令后开始拉杠，力争将前方的物品（小圈）捡起。

第五节 稳凳

一、稳凳运动概述

稳凳是流传浙江一带畲族民间的一项传统体育项目。它起源于上古时代，原名"问凳"。当时人们处于愚昧时期，身染疾病，家受灾难，以问凳方式祈求神灵保佑，以期消灾驱邪保全安宁，是一项宗教祈祷活动。具体活动是在三脚架的一条长板凳上，两端各坐一人，上下翘动板凳，同时左右旋转，边问边答，告知除病的消灾方法，被称为"问凳"。随着社会的发展进步，这项活动逐步演变为带着浓厚体育色彩的传统体育项目。1987年开始体育工作者对其进行进一步挖掘、整理、改进，将问凳改名为"稳凳"。此后10多年时间里，从没停止过对稳凳项目的继续开发、研究。对稳凳的器材、动作、运动方法进行了多次改进，使此项目更具有民族性、健身性、竞技性、观赏性、普及性，深受广大民众的青睐。

稳凳活动形式主要是由2~4人在转翘的器械上做各种身体练习、竞赛或表演。主要动作包括：抓、摆、蹬、摇、翻、挺、屈、仰、投、抛等基本技术。竞赛或表演的形式主要有两种：

（1）"稳凳"套圈。方法是参与者分别站在凳的一端，手持凳板扶手，上凳后，在快速转翘板凳的过程中，将地上的10个小圈逐个捡起，并套进离凳3.5 m远处的标志杆中，最后以套中多者为胜。

（2）"稳凳"插旗。方法是，竞赛者每人手持一彩旗，上凳后在快速转翘板凳的过程中，将旗插入离凳0.6 m处的标杆内，先插上者为胜。

稳凳活动具有较强的健身、竞技、娱乐、表演、教育、传承民族文化及促进经济发展等价值。现已被丽水学院及周边部分民族中、小学列为体育教学和竞赛内容。

二、稳凳运动的基本技术

稳凳运动技术主要包括：上凳、凳上动作、下凳3部分。

（一）上凳

上凳，是指运动员登上离地一定高度的稳凳凳面的方法，根据凳的高矮或运动水平的高低，其技术分为直接上凳法和跑动上凳法两种。

1. 直接上凳法

直接上凳法适合初学者或在矮凳上（高1.2 m以下）使用。

动作要领：预备时，左手扶凳板，右手抓握板凳前扶手，上凳时上体侧前倾，左腿用力蹬离地面，同时右腿以髋为轴，直腿后摆，越过后扶手，分腿骑坐于凳上。

2. 跑动上凳法

跑动上凳法是指运动员通过助跑（走）的方式登上稳凳凳面的方法。

动作要领：预备时，左手扶凳，右手抓握前扶手，上凳时双方运动员先按逆时针方向跑动3~5步后，左腿用力蹬地，右腿后摆越过后扶手分腿骑坐于凳上。

（二）凳上动作

凳上动作：是指运动员上凳后所做的各种技术动作，包括：转翘板凳、套圈、分腿骑坐套圈、单挂膝翻下挺身套圈、双扣腿后仰套圈、分腿骑坐转身插旗等。

1. 转翘板凳

转翘板凳指运动员上凳后，通过双脚不停地蹬踩地面，使板凳沿逆时针方向转翘的方法。这是做好稳凳凳上动作的基础，是稳凳运动员必须掌握的基本技术。

动作要领：上凳后，运动员以左脚前掌内侧和右脚外侧，依次蹬踏地面，使板凳逆时针方向转、翘，转、翘的速度取决于运动员蹬地的力量，力量越大，转速越快。

2. 套圈动作

套圈动作指运动员在一定时间内，在快速转翘稳凳的状态下，将一定数量的小圈套向离凳 3.5m 远的标志杆内的方法，以套中多者为胜，因此正确掌握套圈技术显得尤为重要。

动作要领：用右手大拇指、食指、中指握圈，无名指、小指自然卷曲附后，将圈持在胸前，与地面成水平。套圈时，通过向前伸臂，后屈腕和展指的力量将圈抛出，使圈以平面顺时针方向转动向前飞行。整个动作要求协调、柔和。

3. 分腿骑坐套圈

分腿骑坐套圈指运动员上凳后成分腿骑坐姿势，在快速转翘稳凳的过程中，将小圈套进距凳 3.5 m 远的标志杆的方法。这是最基础的凳上套圈动作，是初学者必须掌握的基本技术。

动作要领：运动员通过用力蹬地使稳凳快速转翘后，左手握前扶手，右手持圈，当板凳转、翘接近最高点时，与目标（标志杆）成约 30°角时，上体右转，通过伸臂、后屈腕和手指的柔和力量将圈抛出。

4. 单挂膝挺身套圈

单挂膝挺身套圈指运动员在凳上采用侧身翻下成单挂膝挺身姿势，并将地上的小圈捡起套进标志杆的方法。此动作技术难度较大，要求运动员具有一定的力量、柔韧等素质。

动作要领：运动员在放圈处蹬离地面后，开始左臂屈肘，左手握前扶手，上体前倾，身体侧翻下，左膝顺势挂住后扶手，当凳转至一周，正好下落在放圈处，右手及时捡圈，并开始做挺身动作，在随凳上翘时，出手点与目标成约 30°角时，将圈抛出。因运动员身体下翻后，起抛点较低，因此在抛圈时，上体要尽量向上抬起。

5. 双扣腿后仰套圈

双扣腿后仰套圈指运动员在凳上采用双腿扣住凳板，上体后仰，将地上的圈捡起并套向目标的方法。这也是难度较大的动作之一，要求运动员具备一定的柔韧和力量素质。

动作要领：在放圈处蹬地后，当凳转翘至接近最高点时，开始左手换握后扶手，左右小腿交叉以脚踝扣住凳板，同时上体后仰。在凳端降至放圈处，右手捡圈，当凳转翘接近最高点与目标成约 10°角时，将圈向后抛出。

6. 分腿骑坐转身插旗

分腿骑坐转身插旗指运动员采用分腿骑坐的姿势，在快速转翘稳凳的状态下，将小旗插入离凳端 0.6 m 处，直径为 0.03 m 的插旗座内的方法。主要技术包括：持旗、插旗两部分。

持旗动作要领：用右手大拇指、食指、中指的第一指节握住离旗杆下端约 0.3 m 处，无名指及小指轻托旗杆内侧，使旗杆与地面成垂直状态。

插旗动作要领：左手扶前扶手，上体右后转，在凳下降与插旗座成 20°左右角时，瞄准目标，右手将旗杆稳、准地插进插旗座内。

（三）下凳

1. 依次下凳

依次下凳指一方队员先下凳后，另一方队员再下凳的方法。这是一般初学者或身体素质较差者的练习方法。

动作要领：当稳凳的速度逐渐减慢至将停住时，后下的运动员上体后仰、双腿微屈撑地停住稳凳；先下的运动员双手握撑扶手或左手握扶手右手扶凳板，上体稍前倾，右腿用力后摆，跨过后扶手着地（注意：用脚前掌着地做屈膝缓冲动作），这时后下的队员方可站起，一腿外摆过后扶手离凳。

2. 同时下凳

同时下凳指双方队员同时下稳凳的一种方法。它要求队员具有一定的运动基础和较好的身体素质。

动作要领：当稳凳的速度逐渐减慢时，由一方队员发出指令，一般是用叫口令的方法，如喊"1、2、3"的"3"时，双方队员同时做下凳动作。因转翘的惯性，稳凳仍在转动，这时双方队员均不能松开扶手；若在高凳上，应跟随稳凳转翘一两圈待凳停稳后，方可离手着地。

第六节 蹴石磉

一、蹴石磉运动概述

蹴石磉原名"操石磉"。它是畲族一项古老的民间传统体育项目。此项目起源于浙江省景宁畲族自治县的大均村。大均是一个依山傍水、风景迷人的村庄。据说，从前村里有一条用石板铺就的小街道，在村边的溪滩上布满了大小不一、光洁美丽的卵石。有一天，一群贪玩的畲族少男少女，挑了些大而圆滑的卵石拿到石板道上蹬蹴踩踏，嬉戏玩耍，招引了许多人观赏和参与。后来又逐渐演变为具有民族特色的传统体育项目，并取名"操石磉"。每逢丰收或节庆日子，畲族人便聚集在街头，开展精彩热烈的操石磉表演活动。

为使此活动更规范、合理，更具推广价值，2002年开始，对蹴石磉运动进一步挖掘、整理，并对原项目作了较大改进、创新。一是对运动器材的改进。以木制"石磉"代替卵石或石制"石磉"。原先的石磉有许多不足之处，如笨重，容易造成场地、器材损坏，更不宜在现代的体育场馆内表演、竞赛。而且，不易找到符合活动要求的卵石或石制品，制约了此项目的广泛开展。而改进后的木制"石磉"，具有容易制作，不易损坏，方便携带，场地适应性强等优点。二是对运动技术的改进。原先的蹴石磉活动技术较为单一，改进后的技术更为规范、全面。在传统蹴的基础上，又增加了撑杠蹴、夹杠蹴、磉上蹴等。三是对活动形式的改进。原先的活动，仅仅是一种娱乐形式，改进后使之更加具有现代体育特征。包括石磉竞速、石磉对抗、石磉竞艺，并制定了较为完善的竞赛方法、规则等。四是对名称的改进。将原名操石磉的"操"改为"蹴"，概念更为准确、合理。蹴石磉运动，技术简单易学、活动形式丰富多样，不受年龄、性别限制，具有较强的竞技性和趣味性，适合在各级各类和不同地域的学校及其他群体中开展教学和竞赛。经常参加蹴石磉活动，能有效地发展力量、速度、灵敏等身体素质，对提高人体平衡能力和协调性均有显著效果。

二、蹴石磉运动的基本技术

蹴石磉运动技术主要包括：传统蹴、撑杠蹴、夹杠蹴、磉上蹴四种。

（一）传统蹴

传统蹴是指动作相对较为简单、原始的一种蹴法，它分为传统前蹴和传统后蹴两种。

1. 传统前蹴

传统前蹴是指运动员用一脚支撑地面,一脚蹴动石磙向前滚动的一种技术。前蹴的方法主要有单脚前蹴、双脚前蹴、单人前蹴与双人前蹴。

(1) 单脚前蹴。

它是用固定一脚支撑地面,另一脚向前蹴动石磙的一种方法。

动作要领:预备时,面对石磙,支撑腿站在石磙正后方 40 cm 处,膝关节微屈,摆动腿屈膝、抬腿,以脚跟底部踩在石磙的后中下部。向前蹴动时,上体直立,支撑脚用力蹬踏地面,摆动腿同时用脚跟底部蹬蹴石磙,推动石磙向前。支撑腿和摆动腿要随石磙向前滚动及时跟进并重复前面的动作。为保持石磙快速直线前进,支撑腿要及时调整跟进方向,摆动腿要及时调整蹬蹴石磙的部位。

(2) 双脚前蹴。

它是用两脚轮换支撑与摆动,向前蹴动石磙的一种方法。

动作要领:同单脚前蹴,唯两腿轮换支撑和摆动,左、右脚交替蹬蹴石磙向前滚动。

(3) 单人前蹴。

它是一人独立完成单脚或双脚前蹴石磙的一种方法。

动作要领同前。

(4) 双人前蹴。

它是由两人协同配合向前蹴动石磙的一种方法。

动作要领:预备时,两人并排面对石磙站立,分别用内侧手扶对方后腰处,每人以左(右)腿为支撑腿站在石磙后方 40 cm 左右处。右(左)腿为摆动腿以脚跟底部踏在石磙中下部。向前蹴动石磙的动作要领基本同单人前蹴。需要注意的是需要两人协调配合,包括蹬蹴石磙的力度、部位、快慢节奏、方向等。

2. 传统后蹴

传统后蹴是指运动员用脚向身后蹴动石磙的一种技术。后蹴的方法有单脚后蹴、双脚后蹴、单人后蹴、双人后蹴。

(1) 单脚后蹴。

它是用固定一脚向后蹴动石磙的一种方法。

动作要领:预备时,背对石磙,支撑脚站在离石磙 40 cm 左右处,摆动腿屈膝、后摆,以脚前掌踏在石磙中、下部,上体稍前倾、低头,视线能从两腿间用余光看到身后石磙;蹴动时,上体前倾,支撑脚开始蹬踏地面,摆动腿同时用脚前掌部位蹬推石磙后滚动。随磙滚动的速度、距离变化,两腿要及时后退跟进,重复前面动作。为保持石磙的快速直线滚动,两腿要及时地调整蹬踏地面和石磙的部位。

(2) 双脚后蹴。

它是指用双脚轮换向后蹴动石磙的一种方法。

动作要领:同单脚后蹴,唯两腿轮换支撑和摆动,左、右脚交替蹬推石磙向身后滚动。

(3) 单人后蹴。

它是由一人完成单脚或双脚向后蹴动石磙的一种方法。

动作要领:同前。

（4）双人后蹴。

它是由两人互相配合向后蹴动石礤的一种方法。

动作要领：预备时，两人背对石礤内侧手互握，身体稍前倾，内（外）侧腿支撑于离石礤约 40 cm 处，外（内）侧腿为摆动腿，以脚前掌踩踏于石礤中下部，低头，眼睛余光能注视到身后石礤方向。向后蹴动时，其动作要领基本同单人后蹴，唯一要注意的是两人的协调配合包括蹴推的力度、节奏、方向、部位等。

（二）撑杠蹴

撑杠蹴是用双臂撑在由另两人抬着的竹杠上，用双脚向后蹴动石礤的一种方法。它实际上是由 3 人协同配合完成动作的一种运动方式。

动作要领：预备时，两人双臂在胸前抬一竹杠两端，面向石礤，站在石礤两侧后方，礤上蹴运动员，背对石礤双臂胸前平屈，双手握杠，双脚踏于石礤中下部，蹴动时，主要利用下肢的连续蹬踏动作，使石礤向身后滚动。两抬杠者必须随石礤滚动的速度而不断跟进，使礤上蹴运动员不落地连续蹬蹴石礤前进。

（三）夹杠蹴

夹杠蹴是用双臂（肘）夹住由另两人抬着的竹杠，用双脚向前蹴石礤的一种方法。它同样需要 3 人的协同配合。

动作要领：预备时，两人双臂抬竹杠的两端，面向石礤，站于石礤两侧后方；礤上蹴运动员面向石礤，双臂侧屈用双肘夹杠于身后，双脚踏于石礤中下部，蹴动时用下肢的连续协调的蹬、推动作，使石礤向前滚动，抬杠者必须随石礤滚动的速度及时跟进。使礤上蹴运动员不落地连续不断地蹬蹴石礤前进。

（四）礤上蹴

礤上蹴是指运动员下肢不直接接触地面，也没有他人协助，直接蹴动石礤的一种技术。礤上蹴的方法有单人前蹴、单人后蹴、双人前蹴、双人后蹴、双人前后蹴五种。

1. 单人前蹴

它是独自在石礤上完成向前蹴动石礤的一种方法。

动作要领：预备时，面向运动方向，双脚立于石礤顶部，眼睛正视前方，用余光看石礤。蹴动时，上体直立或稍后仰，膝微屈，利用下肢连续协调的蹬推动作，使石礤向前滚动。

2. 单人后蹴

它是独自在石礤上完成向后蹴动石礤的一种方法。

动作要领：预备时，背对运动方向，双脚立于石礤顶部，眼睛正视前方，用余光看石礤。蹴动时，上体稍前倾，利用下肢的连续、协调抓、扒动作，使石礤朝身后方向滚动。

3. 双人前蹴

它是指两人踏于石礤上，完成向前蹴动石礤的一种方法。

动作要领：预备时，两人相互扶腰，面向运动方向，并排站立于石礤顶部。蹴动时，两人需要协同配合，利用下肢的蹬推动作，使石礤向前滚动。

4. 双人后蹴

它是指两人踏于石礤上，完成向后蹴动石礤的一种方法。

动作要领：预备时，两人背对运动方向，并排站于石磙顶部，两人内侧手互握。蹴动时，两人要协同配合，利用下肢连续的抓扒动作，使石磙朝身后方向滚动。

5. 双人前后蹴

它是指两人逆向并排站于石磙上，完成前后蹴动石磙的一种方法。

动作要领：预备时，一人面对运动方向，一人背对运动方向并排站于石磙顶部，蹴动时，面对运动方向者做前蹴石磙动作，背对运动方向者做后蹴石磙动作。两人协同配合完成动作。

第十五章　民族传统体育之游戏项目实践

第一节　走的游戏

一、徒手走游戏

（一）平衡木走迎面接力

游戏目的：发展身体平衡能力。

游戏器材：长 5 m、高 0.5 m 的平衡木两根（或自然环境下的道沿等）。

练习方法：如图 15-1 所示，将学生分成人数相等的两队，每队再分成甲乙两组，分别成纵队面对面站在平衡木的两端。游戏开始后，各队甲组排头通过平衡木走到对面击乙组排头手掌并站到队尾，同时乙组排头也迅速通过平衡木走向甲组的第二人，依次进行，直至最后一人完成，先完成的队为胜。

练习规则：

（1）平衡木走时如掉下，应从掉下原位重新开始。

（2）不得抢走，走到一端尽头再下平衡木。

图 15-1

（二）脚内侧走接力

游戏目的：发展脚踝力量。

游戏器材：画两块 10 m 长的场地，标志杆 2 根。

练习方法：如图 15-2 所示，将学生分成人数相等的两队，各队成纵队站立在起跑线后。游戏开始后，每队排头迅速用脚内侧走至终点绕过标志杆再走回本队，与第二人击掌后，第二人接着再做，以后每人都依此法进行，直至都走完一次，先走完的队为胜。

练习规则：

（1）不准抢走。

(2) 只能用脚内侧走的方法完成游戏，要求直腿走。

图 15-2

(三) 矮人竞走接力

游戏目的：发展下肢力量、髋关节灵活性。

游戏器材：在场地上画 5 条相距 10 m 的平行线，并按顺序 1～5 编号，1 为起点线，5 为终点线。线的长度依分队数量而定。

练习方法：如图 15-3 所示，把学生分成 4 人一队，每队队员分别于 1～4 号线后成一路纵队面向终点线站立。游戏开始后，第一组各队排头迅速蹲下，以蹲姿向前走，当走到本队第二人身后时站起，同时拍击第二人肩部，第二人立即蹲下，同样蹲着走向第三人，依次接着走，以最后一人到达终点的先后顺序排列名次。

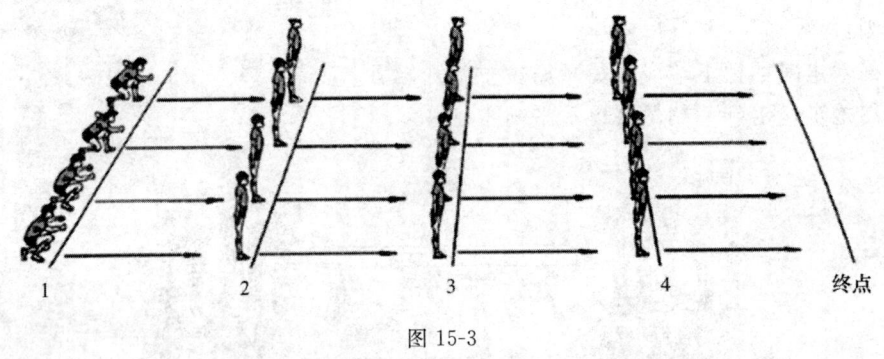

图 15-3

练习规则：
(1) 不准抢走。
(2) 不允许半蹲和站立行走，只许深蹲（全蹲）行走。
(3) 以最后一人脚过终点线先后顺序判定名次。

(四) 三人同进走接力

游戏目的：发展多人的合作能力。

游戏器材：在场地上画相距 10 m 的平行线，标志杆 2 根。

练习方法：如图 15-4 所示，将学生分成人数相等的两队，每队中每 3 人组合为一组，两人面向前方，中间一人面向后方，3 人手臂相挽。游戏开始后，每队组合在一起的 3 人向标志杆的方向走，并绕过标志杆返回起点并与下一组击掌，下一个组依此行进，直至最后一人完成，先完成的队为胜。

练习规则:
(1) 3人同进走时不能跑,手臂不能松开。
(2) 不得抢走。

图 15-4

(五) 二人三足走接力

游戏目的:发展多人的合作能力与协调性。

游戏器材:在场地上画相距 10 m 的平行线,绑腿绳 4 根,标志杆 2 根。

练习方法:如图 15-5 所示,将学生分成人数相等的两队,每队中每两人组合为一组,两人将内侧的小腿捆绑在一起,两人内侧臂互相搭肩做好准备。游戏开始后,每队组合向标志杆方向快走,并绕过标志杆返回起点,下一组击掌后再接着走,直至最后一人完成,先完成的队为胜。

练习规则:
(1) 二人三足走时捆绑在一起的两腿不能松开,如松开后。应在原地重新绑好。
(2) 不得抢走。

图 15-5

(六) 脚跟走往返接力

游戏目的:发展身体协调性。

游戏器材:画两块 10 m 长的场地,标志杆 2 根。

练习方法:如图 15-6 所示,将学生分成人数相等的两队,各队成纵队站立在起跑线后。游戏开始后,每队排头迅速用脚跟走至终点绕过标志杆再走回本队,与第二人击掌后,第二人接着再做,以后每人都依此法进行,直至最后一人走完,先走完的队为胜。

练习规则：
(1) 不准抢走。
(2) 只能用脚跟走的方法完成游戏，前脚掌不得触地，走时腿应直。

图 15-6

二、持器械走游戏

(一) 持哑铃走迎面接力

游戏目的：发展学生的手臂的力量。

游戏器材：哑铃 2 副，在场地上画相距 10 m 的平行线。

练习方法：如图 15-7 所示，将学生分成人数相等的两队，每队再分成甲乙两组，分别成纵队面对面站在两条平行线后。游戏开始后，各队甲组排头两臂侧平举双手持哑铃向前走，走到对面将哑铃交给乙组排头，站到队尾，同时乙组排头手持哑铃，向对面走，再将哑铃交给甲组的第二人，依次交接哑铃行进，直至最后一人完成，先完成的队为胜。

练习规则：
(1) 手持哑铃走时必须保持两臂侧平举，不允许跑。
(2) 不得抢走。

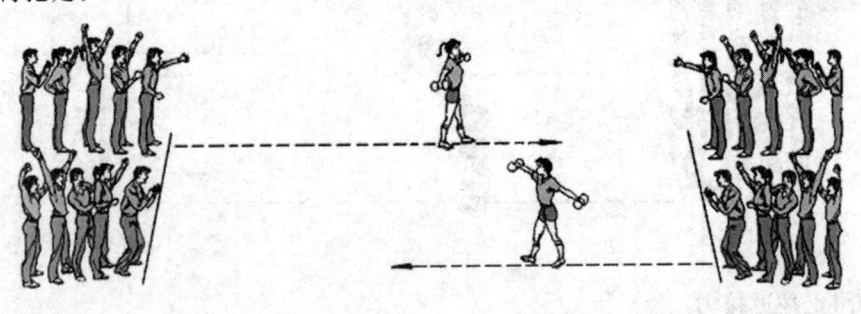

图 15-7

(二) 踩石过河

游戏目的：增加课堂趣味性和培养团队精神。

游戏器材：4 块边长 30 cm 的正方形纸板，两条相距 10 m 的平行线，中间作为一条假想的小河。

练习方法：如图 15-8 所示，将学生分成人数相等的两队，每队又分成人数相等的甲乙两组，面对面成纵队分别站在起点线后。游戏开始后，各队甲组排头手拿两块纸板作为活动的垫脚石，依次向前挪动纸板并踩在脚下，迅速渡过这条河，将纸板交给乙组的排头，乙组排头用同样的方法渡过这条河，直至全部完成为止，先完成的队为胜。

练习规则：游戏进行中，脚必须完全踩在纸板上，如果踩在地上，要再补做一次。

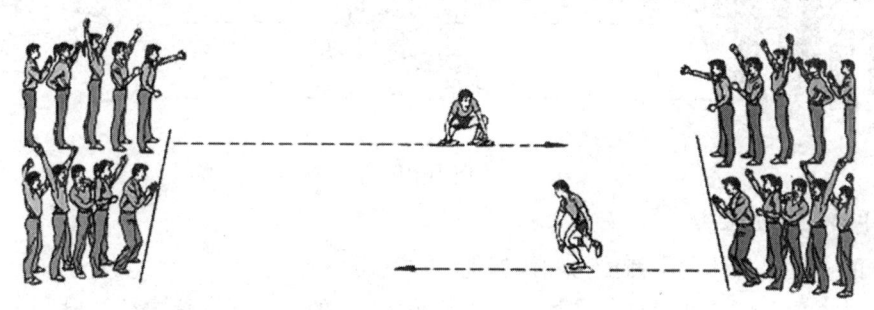

图 15-8

（三）滚雪球

游戏目的：在自然环境下锻炼身体、陶冶情操、团结进取。

游戏器材：大雪后操场或雪地。

练习方法：如图 15-9 所示，将学生分为 3 人一组，站在雪地上。游戏开始后，先用手堆成一个小雪球，逐渐使小雪球在雪地上滚动，使滚动的雪球越滚越大，在规定的时间内，比哪组的雪球最大且最圆。

练习规则：遵守开始与结束时间。

图 15-9

（四）蚂蚁运粮

游戏目的：烘托课堂气氛及培养团队精神。

游戏器材：在平坦场地上画两条相距 10 m 的平行线，篮球 2 个，标志杆 2 根。

练习方法：如图 15-10 所示，将学生分成人数相等的两队，成纵队站在起点线后，终点放置标志杆一根。在起点线后成屈体屈腿仰撑姿势，头朝前进方向，腹部放一个篮球。游戏开始后，各队排头迅速移动手脚行进，绕过标志杆后回到本队起点，将球交与第二人后，第二人依此法再做直至全队完成为止，先完成且扣分少的队为胜。

练习规则：行进途中篮球滚下，原地捡起再行进，并扣 1 分。

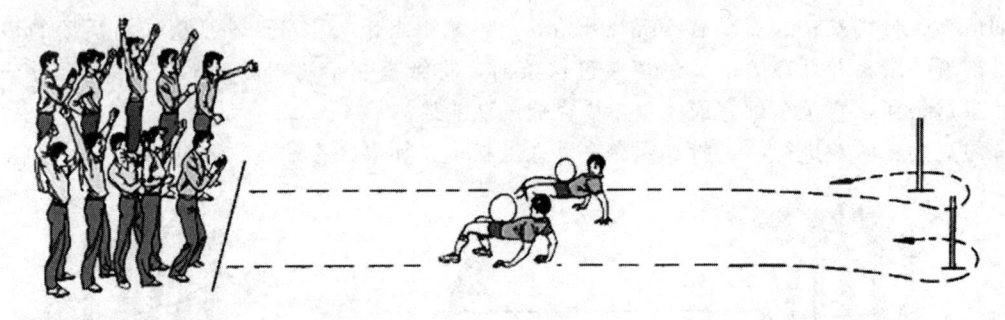

图 15-10

(五) 手持轻物走接力

游戏目的：发展身体的平衡能力和协调性。

游戏器材：羽毛球拍和网球，在场地上画相距 10 m 的平行线，标志杆 2 根。

练习方法：如图 15-11 所示，将学生分成人数相等的两队，成纵队分别站在起点线后。游戏开始后，各队排头手持羽毛球拍，将网球放在拍面上向前走，并绕过标志杆返回到起点，第二个人接过同组排头手上的羽毛球拍和网球，沿着排头的路线前行，直至最后一人完成，先完成的队为胜。

练习规则：

(1) 手持轻物走时不得跑，轻物掉下应在原位放好再前行。

(2) 不得抢走。

图 15-11

(六) 头顶轻物走迎面接力

游戏目的：发展身体平衡能力。

游戏器材：课本或者能放在头上的轻物，在场地上画相距 10 m 的平行线。

练习方法：如图 15-12 所示，将学生分成人数相等的两队，每队再分成甲乙两组，分别成纵队面对面站在两条平行线后。游戏开始后，各队甲组排头头顶轻物向前走，走到对面与乙组排头击手掌，站到队尾，同时乙组排头将甲组排头头顶上的轻物放在自己的头上，依次接着走，直至最后一人完成，先完成的队为胜。

练习规则：

(1) 头顶轻物走时不得跑，轻物掉下应在原位放好再前行。

(2) 不得抢走。

图 15-12

第二节　跑的游戏

一、徒手跑游戏

(一) 背向起跑

游戏目的：锻炼反应、快速起跑能力和灵活性。

游戏器材：跑道 30 m 长。

练习方法：将练习者分成若干组，每组 6～8 人，开始时背对在起跑线后，做好蹲踞式起跑的预备姿势或呈站立式起跑姿势。听到发令枪响后，迅速转身起跑，根据到达终点的先后排出名次（图 15-13）。

练习规则：

(1) 不得抢跑和越线。

(2) 不得进入别人跑道。

图 15-13

(二) 喊数组队

游戏目的：提高反应能力。

游戏器材：平坦场地 1 个。

练习方法：沿圆圈跑进，突然喊出一个数字，例如"2""3"……听到数字后，立即与邻近的同伴按所喊出的数字抱成一团。最后没有抱成团的人适当惩罚（图 15-14）。

练习规则：

(1) 不能用推、拉等动作挤出已抱团的练习者，否则是犯规。

(2) 只能相邻的练习者结组抱团。

图 15-14

(三) 转身起跑冲刺

游戏目的：提高反应、快速转身起跑能力、身体平衡能力和灵活性。

游戏器材：在跑道或平整场地上画两条相距 15 m 的平行线，分别为起点线和终点线。

练习方法：将练习者分成若干组。每组 8~10 人。游戏开始，第一组背对跑道蹲在起跑线后，两手扶地做好起跑的预备姿势。听到发令枪响，迅速转身起跑。在终点处设有裁判员，根据到达先后排出名次。将各组同名次者排在一起，再进行比赛（图 15-15）。

练习规则：预备时要求全蹲，如提前起动或抬臀为犯规。

图 15-15

(四) 相互追赶

游戏目的：培养快速奔跑能力和团结协作的精神。

游戏器材：在场地上画一边长 10 m 的正方形，每个角外画一个直径 2 m 的圆圈。

练习方法：把练习者分成人数相等的甲、乙、丙、丁 4 个队，各队站在规定的边线外。游戏开始，各队第一名站在本队圆圈内；发令后，立即按逆时针方向奔跑，各自追拍前面的人，即甲追乙、乙追丙、丙追丁、丁追甲，直到有人被拍着或跑完规定时间为止，然后各队第二人进入圆圈继续比赛。依次进行，最后以拍着人多的队获胜（图 15-16）。

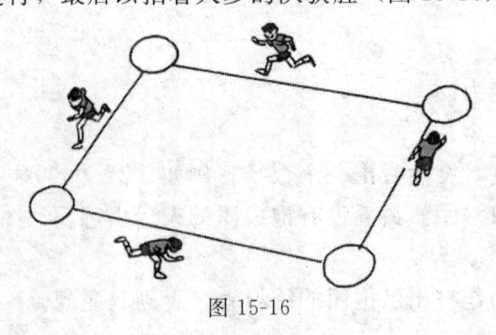

图 15-16

练习规则：
（1）每个人都要通过角上的圆圈在边线外跑动，否则算作被后者拍着。
（2）只准拍，不准推、拉、绊前面的队友。

（五）蛇头抓蛇尾

游戏目的：提高灵活性和奔跑能力。

游戏器材：平坦场地1个。

练习方法：练习者用双手抱住前面一人的腰部排成单行，形成"蛇"。游戏开始后，蛇头努力去抓蛇尾的人，前半部练习者努力帮助蛇头尽可能抓住蛇尾，后半部的练习者努力帮助蛇尾不让被蛇头捉到（图15-17）。

练习规则：
（1）队伍不能被拉断，拉断后重新开始，即使抓到蛇尾也是无效。
（2）蛇头触到蛇尾时，即换人做蛇头和蛇尾，重新开始游戏。

（六）贴人

游戏目的：提高奔跑能力及灵敏性。

游戏器材：直径10 m的圆形场地1个。

练习方法：每两位练习者一组并排面向圆心站立，各组练习者左右间隔2 m。从练习者中选出两人作为追逐者与逃跑者，追逐者可以在圈内圈外及各组之间穿插跑动，逃跑者只能沿圈外跑进。追逐过程中，追者如果用手拍到逃者，则两人互换角色，但如果逃者贴住任意一组的一侧。则这组的另一侧同伴立即成为新的逃跑者（图15-18）。

练习规则：
（1）逃跑者不得跑出规定的圆圈附近以外范围。
（2）逃跑者贴人时只能沿跑进方向贴人，不能向回贴。

图15-17 　　　　　　图15-18

二、持器械跑游戏

（一）钻跨越栏架跑

游戏目的：发展速度素质和协调性、反应能力。

游戏器材：跑道一段，栏架8个，栏间距8.5 m，标志杆2根。

练习方法：将练习者分成人数相等的两队，各队成纵队站在距第一栏12 m线后。发令后，排头迅速起跑跨过第一栏架,钻过第二栏架,再跨过第三栏架,钻过第四栏架,经标志杆外侧绕过,从栏外侧跑回,拍到第二个人的手,然后站到排尾,第二人、第三人依次进行,每人一次,先跑完的队为胜(图15-19)。

练习规则:

(1) 不得抢跑和越线。

(2) 栏架移动或倒下应放好再跑。

图 15-19

(二) 丢手绢

游戏目的:提高快速反应能力和奔跑速度能力。

游戏器材:直径15 m的圆形场地1个,手绢1块。

练习方法:练习者面向圆内坐在圆圈上,选出一人做丢手绢人。游戏开始后,丢手绢人在圈外沿逆时针方向行进,可将手绢任意丢在圈上练习者的背后,然后继续行进,当跑到此人位置时轻拍其背部,被拍者代替丢手绢人。如果被拍者发现背后有手绢,应捡起手绢追赶丢手绢人,若中途追上,两人角色不变,若跑一圈没能追上,两人互换角色,游戏继续进行(图15-20)。

练习规则:

(1) 相邻练习者不准提示,不然提示人换作丢手绢人。

(2) 追赶者用手轻拍对方肩膀即可。

图 15-20

(三) 背人接力跑

游戏目的:培养团队协作精神和发展力量素质。

游戏器材:两条相距10 m的平行线,标志杆2根。

练习方法:将练习者分成人数相等的两队,再将各队按两人一组分成若干组,成纵队站在起跑线后。游戏开始后，各队排头背着同伴跑至终点绕过标志杆，然后二人互相换位跑回本队起点，以后各组依次循环进行，直至完成为止，先完成的队获胜（图 15-21）。

练习规则：

(1) 被背着的同伴脚不能着地，中途也不能掉下。

(2) 换位背好人后才能向回跑进。

图 15-21

（四）插拔旗接力跑

游戏目的：增强奔跑能力和培养团队精神。

游戏器材：跑道 50 m，2 面小旗，2 个空瓶。

练习方法：将练习者分成人数相等的两队，成纵队站在起跑线后，跑道终点放置空瓶两个。游戏开始后，各队排头拿一面小旗迅速跑至终点，将小旗插入空瓶中跑回本队起点，与第二人击掌后，第二人立即跑至空瓶处将小旗拔出，再跑回本队交给第三人，依次插一面拔一面直至完成为止，先完成的队伍获胜（图 15-22）。

练习规则：

(1) 每次插旗时，都要将旗稳插在空瓶内才能跑回。

(2) 交旗或击掌后才能跑出，不得抢跑。

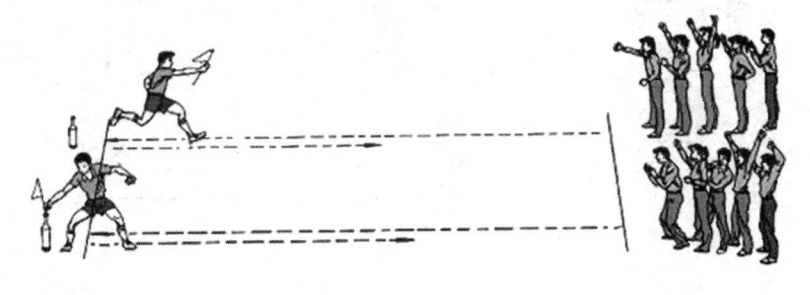

图 15-22

（五）搬人接力

游戏目的：培养协作精神。

游戏器材：两条相距 15 m 的平行线，标志杆 2 根。

练习方法：将练习者分成人数相等的两队，再将各队按 3 人一组分成若干组，成纵队站在起跑线后。游戏开始后，各队排头小组两人搬起一人跑至终点绕过标志杆，然后其中两人互相换位跑回本队起点，以后各组依此法循环进行，直至完成为止，先完成的队获胜（图 15-23）。

练习规则：

(1) 被搬人在跑动中脚不得着地。

(2) 按规定的统一搬运方法进行。

图 15-23

(六) 绑足接力跑

游戏目的：培养协调、敏捷和相互协作的能力。

游戏器材：布带子2条，标志杆2个，跑道长 30 m。

练习方法：将练习者分成人数相等的两队，成两路纵队站在起跑线后。每队第一组两人用布带将内侧脚踝关节处绑在一起，双臂互相搭肩，准备起跑。游戏开始后，每队第一组向前跑进，到达终点绕过标志杆跑回起跑线，解开布带交给下一组，游戏照上述方法进行，每组都跑一次，先跑完的队获胜（图 15-24）。

练习规则：

(1) 不得抢跑和越线，把脚绑好。

(2) 途中带子松开，原地绑好后再跑。

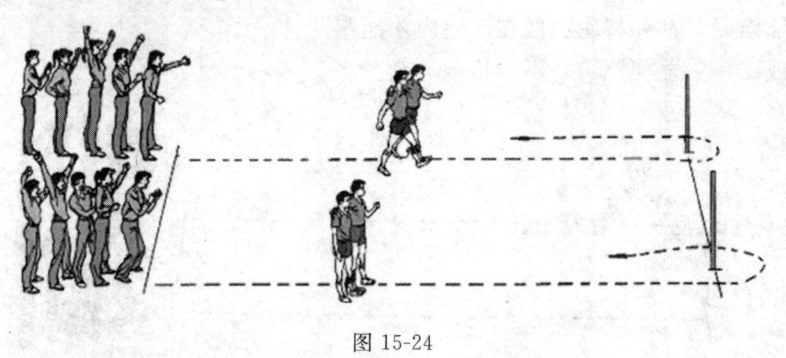

图 15-24

第三节　跳的游戏

一、徒手跳游戏

(一) 步步高

游戏目的：发展灵敏素质和腿部力量，培养勇敢果断的品质。

游戏器材：踏跳板2块，不同高度的跳箱6架。在场地上画一条直线作为起跳线，线前依次并排放置 2 块踏跳板、2 架一节跳箱、2 架二节跳箱和 2 架三节跳箱。

练习方法：将练习者分成人数相等的两队，分别成一路纵队面向跳箱站立。组织者发令后，各队列队依次双脚跳在踏跳板上、跳箱上，最后向前跳在地上，然后左队从左侧、右队从右侧跑回起跳线，以全部跑回起跳线最快的队为胜（图 15-25）。

练习规则：
(1) 发令后才能开始跳跃。
(2) 练习者必须用双脚同时向前跳，必须依次跳在各个跳箱上，不准漏跳，否则重跳。
(3) 跳箱的高低和放置距离要根据练习者的能力设置。
(4) 提醒练习者注意安全，最后的落地处可放一块海绵垫子。

图 15-25

(二) 连续跳横绳

游戏目的：发展灵敏素质，提高下肢力量和连续跳跃能力及身体的协调性。

游戏器材：画一条起跳线，线前每隔 1.5 m 拉一道橡皮筋，其高度依次为 30 cm、40 cm、50 cm、60 cm、70 cm。

练习方法：把练习者分成人数相等的 2~4 个纵队。组织者发令后，各队排头按规定的方法依次连续跳过每条橡皮筋，全部跳过者得 5 分，每触及皮筋一次扣 1 分。当排头跳过第三条橡皮筋时，第二人开始起动，如此依次进行，最后以累计得分多的队为胜（图 15-26）。

练习规则：
(1) 必须按规定的方法跳越。
(2) 不得触及橡皮筋和支架。

图 15-26

(三) 踏石过河

游戏目的：发展弹跳力及判断能力，培养勇敢顽强的精神。

游戏器材：在场地上画两条相距 10~15 m 的平行线，两线间为河道，两线外为河岸，在河道内画大小不同、距离不等的圆圈两组作为石块（两组圆圈的大小、位置要相等）。

练习方法：将练习者分成人数相等的两队，各队再分成甲乙两组，分别成纵队面对面站在线外河岸上。游戏开始，组织者发令后，各队甲组第一人从河岸出发开始跨跳，依次踩过每一块石头到达对岸，拍乙组第一人的手后站到乙组队尾。乙组第一人同法踩石跨跳过河，以此类推，最后以先渡完河的队为胜（图 15-27）。

练习规则：

（1）发令后或被拍手后方可跨跳。

（2）跨跳时脚只能踩石头，踩着圈外的地面为落水，应退回重跳。

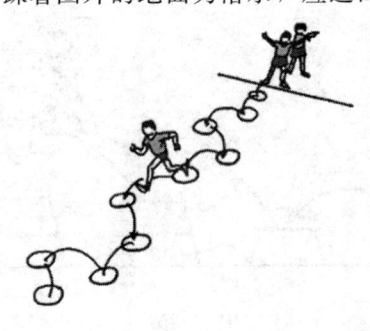

图 15-27

（四）跳远比赛

游戏目的：发展腿部力量，提高跳跃能力。

游戏器材：在场地上画两条相距 8~10 m 的平行线，一条为起跑线，一条为起跳线，起跳线前 2 m 处间隔一定的距离，并排画 4 个长 3 m 的落地区域，区域划分为"近"、"中"、"远"三格，每格为 1 m。

练习方法：将练习者分成人数相等的 4 队，面对落地区，成纵队站在起跑线后。组织者发令后，各排头从起跑线快速助跑，至起跳线起跳，按落地的位置计成绩，落在"近"处得 1 分，"中"处得 2 分，"远"处得 3 分，以此类推，各队跳完一轮后，以积分多的队为胜（图 15-28）。

练习规则：

（1）起跳时，脚踩起跳线不得分；落地时脚踩落地区域内的线以低分记。

（2）做此游戏应注意安全。起跳线离落地区的距离或三区之间的距离，应根据练习者的素质情况而定。

图 15-28

（五）跳四方橡皮筋

游戏目的：提高弹跳力，发展腿部力量。

游戏器材：在平坦空地上成正方形竖立 4 根木柱，柱间拉适当高度的橡皮筋 4 根。

练习方法：将练习者分成人数相等的两队，各成纵队对角排列在一根木柱边。比赛开始，发令后，各组第一人开始沿着四边的橡皮筋（单、双脚）从外向内跳，然后由内向外跳出，每人跳过四边后。回本队拍第二人的手，第二人也按上述方法继续进行，各组全部完成后，以速度快的队为胜（图 15-29）。

图 15-29

练习规则：

（1）跳越橡皮筋时，脚不准碰到橡皮筋，如碰到则应从头做起。

（2）跳越前可稍加助跑。

（3）可以超越对方，超越时不得相互影响。

（4）橡皮筋高度可以调整，但四边高度必须均等。

（六）穿梭跳远

游戏目的：发展弹跳素质和下肢力量。

游戏器材：在场上画两条相距 10 m 的平行线。

练习方法：如图 15-30 所示，将练习者分成人数相等的两队，各队分成两组，成纵队分别站在平行线后面。发令后，各队排头用立定跳远方式，连续跳到对面拍排头的手后站到排尾，对面排头依次再跳到对面拍下一人的手，依次进行，以先跳完的一队为胜。

练习规则：

（1）必须用双脚起跳，双脚落地。

（2）拍手后第二人才能开始跳。

（3）采取措施防止练习者提前抢跳。

图 15-30

二、持器械跳游戏

(一) 跳棒接力赛

游戏目的：集中注意力，发展弹跳力，锻炼快速反应和协调、敏捷等素质。

游戏器材：在空地上画一条起跑线，离起跑线前10 m处并排摆放两个标志物。体操棒2根。

练习方法：将练习者分成人数相等的两队，各成一路纵队正对本队标志物，站在起跑线后，各队排头持体操棒。游戏开始，组织者发出信号后，排头持棒前跑，绕过标志物跑回本队，将棒的另一端递给第二个人，然后两人各握住棒的一端，将棒放低，沿着本队队员的脚下横扫而过。大家都跳过木棒后，第一人留在本队的队尾，而第二人拿着棒向前跑，绕过标志物，再跑回本队，将棒的另一端递给站在最前面的人，并按照上面的方法，将棒从本队队员的脚下横扫而过，然后自己排在队尾，依次进行下去。当最后一名队员和原排头队员持棒横扫本队队员脚下后，将棒交与排头，排头则将棒上举为结束。以先完成的队为胜（图15-31）。

练习规则：

(1) 游戏开始前，应规定带棒回来时的路线和接棒人所站的位置。

(2) 前后队员之间的距离不应小于一步，这样便于队员们看见木棒，做好起跳准备。

(3) 棒横过脚下时，不应太高，以防队员碰棒摔倒，同时握棒人不得脱手。

(4) 站在队伍最前面的人，必须位于起跑线后面，不得越线。

(5) 绕过标志物后，才能跑回。

图15-31

(二) 撑竿过河接力

游戏目的：提高撑竿跳跃能力，培养勇敢精神。

游戏器材：平坦场地一个，撑竿2根，垫子4块。

练习方法：如图15-32所示，画两条相距3 m的平行线作为"河"，在河的两边各放两块垫子，在距离河10 m的两边各画一条起点线。将练习者分成人数相等的两队，每个队又分成甲乙两个组，成纵队分别站在2条起点线后，其中甲组排头拿一根撑竿。组织者发令后，各队甲组排头拿起撑竿向前跑，跑至河边，将竿插入河中，撑竿跳过河，再跑至本队乙组，将撑竿交给乙组排头，按甲组排头的方法继续做，直至全队做完为止。先完成的队为胜。

练习规则：

(1) 接住撑竿后再起动。

(2) 脚踏入河内或踩线者，要在游戏一轮次的最后补做1次。

（3）为使撑竿不打滑，可在河中挖一个小坑，用以插竿。
（4）可先练习捅竿起跳技术后，再进行游戏。

图 15-32

（三）触球跳

游戏目的：发展跳跃能力，提高助跑起跳技术。

游戏器材：吊球若干，平坦场地一个。

练习方法：如图 15-33 所示，将练习者分成若干组，各组成一路纵队，每组前方同等距离同等高度各置吊球一个。练习者按要求做助跑起跳后用手触球，触到球得 1 分。每个吊球处设一人，随时报出本队得分。一轮次完成后，得分多的组为胜。

图 15-33

练习规则：
（1）挂吊球的带子不要太长，否则触球后的摆动太大，影响下一个触球。
（2）吊球的高度应根据练习者的能力而定。
（3）必须用单脚起跳后触球。

（四）龙腾虎跃

游戏目的：发展弹跳力和集体主义精神。

游戏器材：平地一块，1.5 m 长皮管 2 根。

练习方法：如图 15-34 所示，将练习者分成人数相等的两队，每队成纵队站立，每人前后相距 1 m，队与队间隔至少 4 m，每队由排头第一、二名练习者手持皮管的两端站在队前。游戏开始时，2 人抬着皮管经过练习者脚下，自排头两侧跑向排尾，练习者跳起躲避皮管，跑到排尾后第一名练习者留在排尾，第二名练习者持管跑回队首，与第三名练习者合作，重复上述动作跑到排尾，第二名练习者留下，第三名练习者跑回队首，依此循环，先做完的队为胜。

练习规则：
(1) 两人持皮管的高度自定。
(2) 进行中必须保持队列整齐的顺序。
(3) 皮管脱手或被踩掉应从原位重新开始。

图 15-34

(五) 绕障碍跳

游戏目的：发展跳跃能力，提高灵敏素质。

游戏器材：画 2 条相距 18 m 的平行线，一条为起跳线，一条为终点线。在起跳线前，每隔 3 m 插一个小旗（或放实心球），共插 5 面。在终点线前面画一直径 2 m 的圆圈。

练习方法：如图 15-35 所示，将练习者分成人数相等的两队，分别成纵队站在起跳线后。组织者发令后，各队排头沿曲线用单脚绕障碍旗跳到终点，然后逆时针向用双脚绕圆圈跳跃一周，再换另一脚沿曲线用单脚绕障碍旗跳回起点，击拍第二人的手，自己走回排尾。第二人被击拍后向前跳跃，方法同第一人。依次进行，先完成的队为胜。

练习规则：
(1) 跳跃距离可根据练习者的情况加长或缩短。
(2) 必须按照规定的跳法和路线进行，不得抢跳。
(3) 往返单脚跳不得用同一脚。
(4) 此游戏可只做单程跳，即跳跃圆圈后站到圆圈的后面，第二人再开始做跳跃练习。

图 15-35

(六) 跳上跳下

游戏目的：发展弹跳能力，培养勇敢精神。

游戏器材：1 m 高跳箱 2 副，平行摆放在跳远沙坑前。

练习方法：如图 15-36 所示，将练习者分成人数相等的两组。列纵队站立在跳箱前。组织者发令后，排头用双脚跳上跳箱后，向前跳下落入沙坑，再用双脚跳的方式跳出沙坑，跳出沙坑落在地面后，本组第二名练习者重复第一人的动作。依次练习，全组每人进行一次，先完成的组为胜。

练习规则：
(1) 跳箱的高度应根据练习者的情况降低或升高。
(2) 第一人跳出沙坑后，第二人才能跳上跳箱。
(3) 跳上、跳下必须采用双脚跳。
(4) 往上跳时双手触摸跳箱者退回重新起跳。

图 15-36

第四节　投的游戏

一、投准游戏

（一）投弹掷靶

游戏目的：发展上肢力量，提高投掷能力。

游戏器材：在空地上画一条直线为投掷线，自投掷线向前 15 m 起，每 5 m 画一横线为一个区，共画 5 个区，由近而远，分别标明 2、4、6、8、10 的得分号码，沙包 10 枚。

练习方法：把练习者分成人数相等的甲乙两队，排列在助跑道的两边，各队前 5 人手拿沙包做好准备，两队各派一人站在落沙包区外做记录员。游戏开始，甲队前 5 人按顺序依次助跑向前投掷，每沙包落地后记录员即大声报告得分，5 人均投完后统一拾沙包，并跑步归队，将沙包交给本队下 5 位队员后，排至队尾。当甲队队员拾沙包离区后，乙队前 5 人即助跑向前投，方法同前。各队交叉依次进行，每人均投一次后计算累积分，以积分多的队为胜（图 15-37）。

图 15-37

练习规则：

(1) 必须用助跑投掷，其他同沙包投掷规则。

(2) 投出最远区而有效者得20分。

(二) 冲过防火线

游戏目的：提高灵敏性和奔跑能力。

游戏器材：在场地上画一个边线长18 m、端线宽12 m的长方形，然后在两条边线中间画宽1 m的跑道，2个软球。

练习方法：将练习者分成人数相等的两队，一队为攻方，另一队为守方，守方队员拿两个软球，均匀地站在边线之外阻击，攻方队员成纵队站在一条端线后面。游戏开始后，攻方队员依次从跑道中跑过，并尽量避免被球击中，守方队员要准确快速地用球击打正在通过的攻方队员腰部以下部位，被击中者退出游戏，攻方来回3次冲过火力网后，两队交换角色，被击中人少的队获胜（图15-38）。

练习规则：

(1) 攻方队员只能在跑道中通过。

(2) 不许用球击打头部，球击中腰部以上无效。

(3) 掷球击人的队员不得跑入圈内，否则击中无效。

图15-38

(三) 四面攻击

游戏目的：增强力量素质，提高投准能力。

游戏器材：空场地1个，沙包4个，小木板1块。

练习方法：在空场地上画一个边长20 m的正方形，中间画一个直径2 m的圆，将练习者4人一组分成若干组，先由一组进攻，另一组防守。组织者发令后，攻队每人手持一沙包，按顺时针方向依次向守卫者投掷，防守队出一名练习者在圆内用小黑板挡沙包，反复进行。如守卫员的身体任何部位被击中，攻队得分，守队换另一人重新防守。在规定的时间内，攻队未击中守卫员，守队得分。每队所有练习者完成进攻与防守后以积分数量决定胜负（图15-39）。

练习规则：

(1) 攻者不得越线投沙包，守者不得出圈。

(2) 沙包落地时，守卫员可将沙包踢出线外，进攻者可进场地内捡沙包。

图 15-39

（四）打靶

游戏目的：发展上肢力量和视觉判断能力，提高掷准能力。

游戏器材：在场地上画一条投掷线，距线 8 m 前的地方并排放 3 个空水瓶，间隔 2 m。沙包若干个。

练习方法：把练习者分成人数相等的 4 个队，面对空水瓶成纵队站在投掷线后，手拿小沙包。游戏开始，各队第一人用沙包投掷自己前面的空水瓶，击倒得 1 分。然后把空水瓶竖起；第二人接着投，依次进行，直至每人均投 3 次后结束，最后得分多的队获胜（图 15-40）。

练习规则：

（1）要听口令进行投击和捡包。

（2）击倒别人的空水瓶扣 1 分。

图 15-40

二、投远游戏

（一）抛球比赛

游戏目的：提高投掷能力，增强竞争意识。

游戏器材：空场地 1 个，在空场地上画 1 条投掷线，在距投掷线 10 m 处每隔 1 m 画 1 条线，直到 20 m。另备实心球若干。

练习方法：将练习者分成人数相等的几组，第一组练习者站在投掷线后手持实心球，其他组练习者整齐地站在第一组练习者后面准备。游戏开始后，第一组练习者将实心球用力前抛。其他组依次进行，以抛的远度记分决定胜负（图 15-41）。

练习规则：

（1）必须原地抛球，且脚不能过线。

(2) 最后以每组总分决定胜负。
(3) 以第一落点计算成绩。

图 15-41

（二）推铅球掷远计分赛

游戏目的：发展力量素质。

游戏器材：空场地 1 块，铅球 4 个。

练习方法：画 5 m 直径的圆，圆内每隔 1 m 再画一个同心圆，在离圆心 14 m 处的四边各画一条投掷线。把练习者分成人数相等的 4 个队，分别站在投掷线后，各队排头手持铅球。组织者发令后，各队排头同时将铅球推向圆内，推到第一圆得 1 分，第二圆得 2 分，以此类推，圆心圈得 5 分。第一个人推完第二人推，各队可进行多轮次比赛，游戏结束后，统计各队得分数，排定各队名次（图 15-42）。

练习规则：
(1) 听组织者口令推、捡铅球。
(2) 按指定方法推铅球。
(3) 球落在线上，以分数少的计算得分。

图 15-42

（三）轻物掷远

游戏目的：发展投掷技巧和动手能力。

游戏器材：空场地 1 块，轻球或沙包等轻物若干。

练习方法：在场地上画一横线，练习者手持轻球在线后站成一排。游戏开始后，练习者以最大的力量将轻球向远投出。组织者测出轻球落点距横线的距离，以最远者为胜（图 15-43）。

练习规则：
(1) 投掷球时脚不能越过横线，否则无效。
(2) 投掷球时可加助跑，但不能踩线。

图 15-43

(四) 抛球过河

游戏目的：增强上肢力量。

游戏器材：空场地 1 个，画长 15 m、宽 8 m 的长方形，并设中间画相距 1.5 m 的线为河。实心球若干。

练习方法：将练习者分成人数相等的两队，各队手持同样数量的实心球分散在两个半场内。游戏开始后，双方练习者努力将本方的实心球抛过河，投到对方场内。同时再把对方投来的实心球拾起来投向对方半场内，游戏进行 1 min，组织者发出"停"的口令，比较两个半场球数。球少的队为胜（图 15-44）。

练习规则：
(1) 投进"河里"或投出界的实心球不计数。
(2) 投球要按规定动作要投掷，如双手后抛、前抛、肩上推球等。

图 15-44

第五节　对抗游戏

一、拔河比赛

游戏目的：发展力量素质，培养团结协作的精神。

游戏器材：画 3 条间隔 1.5 m 的平行短线，中间的为中线，两边的为河界。拔河绳中点处系一根红带子为标志带。将拔河绳垂直于中线放在场地中间，并使标志带对准中线。

练习方法：将练习者分成人数相等的两队，每队选指挥员一人，其余队员分别站在河界线后拔河绳两侧，左右相间站立。组织者发出预备的口令后，双方队员站好位置，拿起绳来，拉直。做好准备，这时绳上标志带应垂直于中线。组织者鸣笛后，双方在指挥员的指挥下，一齐用力拉，把标志带拉过本队河界的队为胜（图15-45）。

练习规则：

(1) 必须鸣笛后才能够用力拉。

(2) 不得在场地上挖坑或借助外力。

(3) 胜负以标志带过河界垂直面为准。

(4) 不得随意松手。

图 15-45

二、横绳拔河

游戏目的：发展力量素质，培养团结协作的精神。

游戏器材：10 m 的粗绳 1 根。画 3 条间距 3 m 的平行线，中间一条为中线，边上的 2 条为限制线，绳子沿中线放好（图15-46）。

练习方法：把练习者分成人数相等的两队，各成横队在中线两侧面相对错肩站立，双手握绳子，组织者发令后，两队用力向后拉，哪队先将对方拉过限制线，哪队为胜。

练习规则：

(1) 不得抢先拉绳子，绳子必须横拉。

(2) 全队 1/3 以上的人被对方拉过限制线即为失败。

图 15-46

三、夺旗比赛

游戏目的：发展力量素质，培养练习者坚毅顽强的意志品质。

游戏器材：在场地上画两个边长分别为 6 m、3 m 的同一中心且四边分别互相平行的正方形，在外面的大正方形的4个角上分别插上一面小旗，长12 m的粗绳圈一根，压在里面的小正方形上，使其与小正方形的四边重合，并在与顶点重合处的绳圈上做上标记。

练习方法：14人一组，站在小正方形的顶点外，用一只手拉住绳圈的标记处。游戏开始，组织者发令后，每人用一只手用力拉绳，同时用另一只手去拔身后的小旗，以先取得小旗者为胜。然后再换另一组继续游戏（图15-47）。

练习规则：不得随意松手，以免造成伤害。

图 15-47

四、看谁踢得多

游戏目的：发展协调性和腿部力量。

游戏器材：根据人数画若干直径为2 m的圆。每两人1只毽子。

练习方法：将练习者分为每两人一组，其中一人站于圆圈内，按规定的踢毽子方法，听信号开始连续踢毽子，直至中断为止，再交给另一人进圆圈踢，看谁踢得多，多者为胜（图15-48）。

练习规则：

（1）以连续踢计数，失误一次即终止。

（2）必须在圆圈内踢，出圆圈判为终止。

（3）必须按规定动作踢。

图 15-48

五、抢收抢种

游戏目的：发展灵敏素质，提高奔跑能力。

游戏器材：在场地上画若干条20 m的跑道，在跑道的起跑线前，每隔5 m做1个标志（共设4个标志），每个标志处放1根接力棒（作为农作物）。

练习方法：将练习者分成人数相等的几个组，每组成纵队站在起跑线后。游戏开始，组织者发令后，各组第一人顺着自己的跑道，依次将接力棒捡起（表示抢收），跑回起点，并将接力棒交给第二人后站到排尾，而第二人依次将接力棒放回原来的位置（表示抢种），种完后，跑回起点拍第三人的手后站到排尾。第三人进行抢收……依次抢"收"、抢"种"，以最后一人先跑回起跑线的组为优胜（图15-49）。

练习规则：

(1) 要按顺序进行抢收和抢种。

(2) 完成交接接力棒或被拍手后，才能越过起跑线。

(3) 抢种时，接力棒必须放到每个标志上，否则应重做。

图 15-49

六、钻山洞

游戏目的：发展反应速度，提高灵敏素质。

游戏器材：小旗4面，藤圈4个，垫子4块。在场地上画一条起跑线，起跑线前5m处，画两条相距2m的平行线为"河沟"，15m处并排间隔适当距离放4块垫子和4个藤圈，25m处对准垫子各插一面小旗。

练习方法：把练习者分成人数相等的4队，成纵队分别站在起跑线后，各队选出一人，在垫子前拿一藤圈做成山洞，"洞口"对准本队排头。发令后，各排头迅速前跑，跳过"河沟"，钻出"山洞"，跑到终点绕小旗从左侧返回，返回时再跳过"河沟"，拍第二人的手掌。第二人用同样方法进行游戏，以此类推。以先完成的队为胜（图15-50）。

练习规则：

(1) 必须按规定的方法"过河"、"钻山洞"，绕过小旗，否则判该队失败。

(2) 后面的人不能踩线，必须被拍手后再跑。

图 15-50

第十六章 民族传统体育运动的科学保健

第一节 民族传统体育运动的科学营养补充

我国的民族传统体育运动项目较多,在进行运动训练前需要了解有关民族传统体育运动的营养保健知识,以避免运动中意外状况的发生,或者在发生意外状况时能很好地及时采取措施解决问题。

一、民族传统体育运动营养保健的基本原则

(一)适当性原则

适当是指人体所摄取的各种营养成分之间的配比要合理,即在全面和均衡的基础上进行适当的饮食搭配。人体元素组成与不同状况下,各种营养素的需要量是有一定比例的。只有合理的营养搭配,尤其是热量中的蛋白质、脂肪和碳水化合物三者的比例合理适当,才能有利于人更好地吸收与利用,保证机体的各种需要。

(二)平衡性原则

平衡是指人所摄取的各种营养成分,应与身体的生理需要之间形成相对平衡。反之则称为"营养失衡"。营养失衡的一个方面是营养不良,主要表现为头晕、怕冷、易倦、体重减轻等,严重者也可能发生营养不良的疾病;营养失衡的另一个方面是营养过剩,主要表现为营养补充过度,人的体重过量增加,并引起肥胖等疾病。因此,人体营养需求与补充之间应保持相对平衡,营养的摄入既不要欠缺也不要过量。

(三)全面性原则

全面是指人体所摄取的各种营养成分要全面,不能偏食。人体所需的营养有蛋白质、脂类、碳水化合物、维生素、无机盐、水、纤维素等。任何一种营养素都对人体的健康有独特的贡献,如有欠缺都会直接影响机体的健康。饮食全面才能获取全面的营养。任何一种单一的食物都不能完全满足人体的需要,因而,必须有多种食物来源,要注意荤素、粗细、主副食物全面搭配,花、果、根都食用才能达到全面营养。

二、民族传统体育运动营养保健的必备条件

(一)保持良好的食欲

保持良好的食欲对人体营养的摄入是非常重要的。食欲是胃液分泌的兴奋剂,食欲旺盛才能吃得香。饭菜搭配得再好,只有食欲旺盛时,才能为人体充分吸收。因为旺盛的食欲使消化腺的分泌和消化道的运动都处于活跃状态。因此,进餐时,任何与吃饭无关的事情都会影响食

欲。情绪激动、心不在焉、疲劳、争吵或为不幸的事而悲痛等都应视作食物消化的敌人。食欲好坏在很大程度上取决于进餐时的气氛，欢笑是帮助食物消化的最好朋友。

（二）选择良好的饮食环境

良好的饮食环境不仅卫生，同时还有利于人的身心愉悦。所以，良好的饮食环境也是进行民族传统体育运动中营养保健应具备的条件之一。因此，饮食环境要整齐清洁、卫生、优美、舒适，应远离污染环境。在餐厅可悬挂一些色彩调和引人愉快的图画或陈设一些美丽的花卉，伴随一些悦耳的轻音乐，使进食者能够轻松愉快地专心进食，消除工作中的疲劳，以引起食欲，从而有利于食物的消化吸收。餐厅也需要有良好的采光和充足的照明，使进食者能清楚地看到食物的外观，以便促进食欲。

（三）保持日常饮食的平衡

要想保持日常饮食的平衡，就要在平时多注意食物品种之间的搭配和多样化，营养素之间有的可以互相转换、互相补充，有的则会互相抵消、互相对抗。例如，某些鱼、肉、禽、蛋来源有困难的地方，可以多吃些豆类，以植物蛋白补充动物蛋白的不足。在蛋白质总体摄入不够的情况下，应充分保证碳水化合物和脂肪的供应，以便提供足够的能量，避免人体结构中已存的蛋白质为单纯供能而消耗。

在日常饮食中，要尽量做到摄入能量和消耗热量均衡，做到收支平衡，保持体重，警惕肥胖。有研究表明，每日饮食中，三大营养成分所提供热量最佳比例为：60%的热量应来自碳水化合物，15%来自蛋白质，25%来自脂肪。

（四）注意两餐的间隔时间及三餐比例

在日常饮食中，两餐间隔时间不能太长也不能太短。间隔时间过长会引起明显的饥饿感，血糖也会降低，工作能力下降。间隔时间太短无良好的食欲，进食后会影响食物的消化与吸收，一般两餐间隔时间以 4~5 h 为宜。

一日三餐的分配与学习、休息时间相适应，高蛋白食物应在学习、工作前面，不应在睡眠前摄取，因为蛋白质较难消化，会影响睡眠。合理的一日三餐的比例关系如下：

（1）早餐占 25%~30%，早餐中的蛋白质、脂肪食物应多一些，以便满足上午学习、工作的需要。有些大学生膳食早餐分配偏低，仅占全日总热能量的 10%~15%，甚至不吃早餐，这与上午学习、工作的热能消耗是很不适应的，既影响健康，又影响学习效果。

（2）午餐占 40%，糖、蛋白质和脂肪的供给均应增加，由于午餐既补偿饭前的热能消耗，又储备饭后学习、工作之需要，所以在全天各餐中应占热能最多。

（3）晚餐应占 30%~35%，晚餐可多吃些谷类、蔬菜和易于消化的食物，而应少吃些富含蛋白质、脂肪和较难消化的食物。

（五）运动前后不宜立即进食

大部分人在参加完运动后，由于体力消耗较大常感觉到空腹感，便选择立即进食，这种做法是不可取的。据研究发现，人体在进行剧烈运动时，交感神经系统高度兴奋，引起胃肠道的血管收缩，血流量减少，消化腺分泌减少，同时，迷走神经受到抑制，胃肠道的运动减弱。这样，导致运动时的消化与吸收能力都下降。即使运动停止后这种抑制状态还会延续一段时间才逐渐恢复。因此，进餐前后都不宜立即进行剧烈运动。在紧张激烈的比赛期间，运动前进餐不宜过饱，应吃一些营养丰富而又易于消化的食物。

三、民族传统体育运动营养保健的基本要求

（一）加强营养补充

1. 基本营养物质的补充

青少年儿童正处于生长发育的关键时期，体内新陈代谢旺盛，因此，对各种营养素的需要量相对地比成年人高。此时，如果营养调配不合理，造成营养过剩或不足，都将影响他们的生长发育和身心健康。

热量是维持人体生理代谢和活动能力的能量。热量主要靠食物中的营养成分供给。提供热量的营养物质主要有碳水化合物、蛋白质和脂肪。碳水化合物每克可供热量为 16.7 kJ（4 kcal）；蛋白质每克供给热量为 16.7 kJ（4 kcal）；脂肪每克供热量为 37.7 kJ（9 kcal）。一般来说，年龄越小，按公斤体重计算的热量需要量越大。

但是，需要注意的是，切忌摄入过多的糖类，以避免食物的产热量超过需要量，导致体内脂肪积聚过多而出现肥胖。此外，若糖（碳水化合物）摄入不足时，肌体对蛋白质的需要量增加。我国 3～13 岁儿童蛋白质供给量占热能供给量的 12%～14%，青少年期占 12%～15%，每日每公斤体重的供给标准是 1.6～1.9 g，男少年每日为 80～90 g，女少年为 75～80 g。

2. 维生素

青少年时期，维生素的补充尤为重要。一般来说，维生素 A 的供给量 3～5 岁的儿童每日应为 0.5 mg，相当于胡萝卜素 3 mg，5 岁以上儿童的每日供给量与成人相同。

维生素 C 的供给量，3～6 岁为 40～50 mg，7～10 岁为 50～65 mg，11～13 岁为 75 mg，青少年为 90 mg。

维生素 B_1、B_2、PP 的供给量可按热量每 4185 kJ 供给维生素 B_1 0.6 mg，维生素 B_2 0.5 mg，维生素 PP 5 mg。

3. 无机盐

人体对无机盐的需要量最大的为钙、磷、铁等。我国钙的供给量标准是 10 岁以下为 500 mg/d，10～13 岁为 700 mg/d。钙与磷的比例为 1：2 或 1：1。铁的供给量是 3～13 岁为 7～12 mg/d，青少年为 15 mg/d。锌是青少年生长发育时期不可缺少的微量元素，这一时期尤应注意适当补充。

4. 水

水是生命之源，只有保持水分的稳定，才有利于物质代谢的进行和维持正常机能。一般来说，年龄越小，需水量相对较高。

同时，青少年儿童要注意膳食平衡，饮食多样化和均匀化、不偏食、不挑食、按时进餐，防止营养不足或过剩，纠正不良的饮食卫生习惯。

（二）加强运动锻炼

青少年儿童要想更好地成长发育，合理的体育锻炼是必需的。因此，在安排一些具有趣味的民族传统体育活动时，必须严格遵守体育锻炼的卫生原则，在运动项目内容和方式的选择上要同青少年的身心发展的特点相结合。

1. 运动项目的选择

青少年儿童的骨骼承受压力的能力较弱,容易发生弯曲、变形。因此,在运动项目的选择上,要避免选择力量性练习。因为过早从事力量性练习,若练习重量过重、时间过长、次数过多,不仅影响下肢的正常发育,还会导致腿部变形和足弓下降(扁平足)。另外,还应避免在硬的地面上反复进行跳跃练习,防止下肢骨过早骨化或引起软骨损伤,从而影响骨的正常生长发育和身高的增长。

一般在运动项目的选择上,青少年儿童要注意选择有氧运动,尤其注意选择一些方法简便易行、运动形式对技巧要求不高的项目。如跳绳、踢毽子、打陀螺、放风筝、跳皮筋等均适宜少年儿童的健身运动。

2. 运动强度

不同年龄、不同性别、不同体质的人运动强度有一定的差别。但一般均有一个大致的范围和一定的规律。例如,美国运动医学会近年来提出,保健运动适宜的运动负荷为个人最大负荷的 60% 左右,活动时间大体控制在 2～4 min,对心肺功能的锻炼,运动强度在心脏每搏输出量最大时,对心脏锻炼效果最佳。我国健身运动常用的运动强度公式是:

运动时心率=180-年龄

在达到适宜心率后,要在此基础上至少持续 10 min 以上才显效。

第二节 民族传统体育运动性疲劳的产生与消除

一、运动性疲劳的产生原因

在经过一段时间的民族传统体育运动之后,人体就会出现肌糖原大量消耗,血液中的血糖浓度也会下降,水分和无机盐丢失严重,体内乳酸堆积较多等现象,在这种情况下,就会产生运动性疲劳。另外,在非周期性的民族传统体育运动项目中,技术动作的不断变化和动作技能的复杂程度是影响运动性疲劳的重要因素。运动性疲劳主要的产生原因主要有以下几个方面:

(一)能量物质耗竭

以传统武术训练为例,在武术运动中,其主要以无氧糖酵解供能为主,直接能量来源于骨骼肌中的 ATP 分解,而 ATP 主要是通过 CP 的分解和糖酵解形成的。在武术运动中,ATP 主要是通过无氧酵解来合成,伴随着运动负荷的增大,体内肌糖原大量分解消耗,肌肉中的 ATP 和 CP 也大量消耗,同时产生大量的乳酸。因此,在运动时出现 HL 值升高,血 pH 值降低,发生失代偿性酸中毒,致使 ATP 合成量减少,肌肉的运动能力降低,进而产生疲劳。

(二)中枢神经失调

在民族传统体育项目中,有很多的项目具有复杂的动作,变化较多。在运动的过程中,运动者需要内外合一、形神兼备,做到神情专注、情绪饱满,将内在的精、气、神与外部的形体动作紧密结合,手眼相随、手到眼到、形断意连,意识与呼吸、动作协调一致。例如武术运动,它独特的运动形式使大量兴奋冲动向大脑皮层相应的神经细胞传递。在神经细胞长时间的兴奋冲动中，能源物质大量消耗，为了避免能源物质消耗过多，当消耗到一定程度时，相应的神经细胞就会产生保护性抑制，出现中枢神经的支配失调，运动能力下降，进而产生疲劳。另外，大运动量体育运动，会使血液大量地流入肌肉，从而使大脑的血流量减少，致使脑 pH 值下降，大脑神经细胞的供氧量暂时不足，造成运动能力下降，进而导致疲劳产生。

（三）内环境物质代谢失调

在民族传统体育项目中，武术运动属于亚极量强度的无氧练习，其能量主要来源于糖、脂肪、蛋白质的有氧代谢或无氧代谢。一些研究资料表明，长拳运动的能量主要来自乳酸能，在运动后 5 min 左右，血乳酸浓度达到最高。大运动量的武术训练，由于能源物质的大量消耗，使得体内维生素含量下降，无机盐、水分等大量丢失，进而引起机体内环境物质代谢功能失调而产生疲劳。

二、运动性疲劳的表现

通常情况下，将疲劳分为轻度疲劳、中度疲劳和重度疲劳三种。

（一）轻度疲劳

人体在经过运动之后必然会产生疲劳，例如呼吸变浅、变快，心跳加快等。这类疲劳属于轻度疲劳，轻度疲劳在短时间内可以消除。

（二）中度疲劳

中度疲劳表现在以下三个方面：
（1）在自我感觉方面表现为全身疲倦、嗜睡、头晕、无力等；
（2）在精神方面表现为精神不集中、焦躁不安、没有耐性、无热心、情绪低落、经常出差错等；
（3）在全身方面表现为眩晕、面色苍白、肌肉抽搐、呼吸困难、口舌干燥、声音嘶哑、腰酸腿疼等。

在一般情况下，通过采取一系列手段也能很快消除中度疲劳，并且不会对身体健康产生影响。

（三）重度疲劳

当人体出现神经反应迟钝、不易兴奋、烦躁、抵触等现象时，就意味着产生了重度疲劳。表现为肌肉力量下降，收缩速度放慢，肌肉出现僵硬、肿胀和疼痛，动作变得缓慢、不协调。同时，机体抵抗或适应阶段所获得的各种能力消失，并出现应激相关疾病，表现器官功能衰退，导致重度疲劳。在出现重度疲劳后，如果不采取相应的措施使其及时消除，那么必然会对学习和生活产生影响，并使身体受到损伤。表 16-1 为不同程度疲劳对比。

表 16-1 不同程度疲劳表征对比表

	轻度疲劳	中度疲劳	重度疲劳
自我感觉	无任何不适	疲乏、腿痛、心悸	恶心呕吐等征象
血色	稍红	相当红	十分红，有时呈紫色

续表

	轻度疲劳	中度疲劳	重度疲劳
排汗量	不多	较多	非常多，尤其是整个躯干部，在颈部以及汗衫上可以出现白色痕迹
动作	中等轻快	显著加快	显著加快，有时呼吸节律紊乱
呼吸	步态轻稳	步伐摇摆不稳	摇摆现象显著，出现动作不协调

1935年，西蒙森提出疲劳包括下列几个基本过程：

(1) 代谢基质疲劳产物的积累（积累学说）；

(2) 活动所需基质耗竭（衰竭假说）；

(3) 基质的生理化学状态改变；

(4) 调节和协调机能失调。

从运动的性质、持续时间和强度分析，运动性疲劳可以分为短时间运动中产生的肌肉性疲劳和持久运动产生的全身性疲劳两类。但是，由于运动性疲劳的产生是多种因素综合形成的，一个因素或者多个因素的相互作用都有可能导致疲劳的产生，因此，在1982年，英国爱德华提出了运动性疲劳的突变理论，也就是说，当身体能量物质下降到一定程度时，兴奋性突然崩溃了，使身体的输出功率迅速下降，在细胞遭受损害之前以疲劳出现迫使运动停止，起到了保护身体的作用。当然，从体育训练的角度来看，如果运动不产生疲劳，就不会有超量恢复，那么运动也就没有任何的效果。话虽如此，但在运动的过程中，也要防止过度疲劳的出现，以防对身体造成损伤。表16-2为不同运动时间身体疲劳的特点。

表16-2　不同运动时间身体疲劳的特点

运动时间	疲劳的生化特点
0～5 s	神经肌肉接点处
5～10 s	ATP、CP下降，乳酸堆积
10～30 s	ATP、CP消耗最大，乳酸堆积多
30 s～10 min～15 min	ATP、CP消耗，3～4 min乳酸最高，10 min时乳酸升高达30倍，肌肉pH值下降
15～60 min	ATP、CP消耗，肌糖原消耗最多，体温升高
1～6 h	肌糖原趋向于零，肝糖原量消耗，血糖下降，体温上升，脱水，电解质紊乱
5～6 h以上	能力物质大量消耗，代谢失调，体温上升，脱水，电解质紊乱，身体结构变化

三、运动性心理疲劳的表现

进行民族传统体育运动项目训练，除了会产生身体疲劳之外，还会产生心理疲劳，出现心理疲劳的主要表现就是厌恶训练，此外，运动者的心理技能表现主要有以下几个方面。

（一）主观体验和行为表现

当运动者产生心理疲劳时，其主观上就会感觉乏力，对接下来的训练和比赛缺乏积极性，运动动机和训练热情都会下降，并且烦躁易怒，对外界刺激特别敏感。在某些情况下，会因对个别技战术缺乏认识或兴趣而产生极度的厌倦心理，进而以一种消极被动的态度应付训练。

（二）适应性

在运动性心理疲劳产生后，如果不能恢复或恢复不足时，心理疲劳会逐渐地累积，当累积到一定程度时，就会对运动者的运动行为产生负面影响，从而使他们无法快速地适应训练和比赛。

（三）情绪性抑制反应

运动者在心理疲劳产生之后，其运动能力就会下降，情绪也会不稳定，意志力减弱，甚至还可能导致情感紊乱的加重。相关研究表明，抑郁是心理疲劳产生的征兆。

四、民族传统体育实践中运动性疲劳的消除

（一）运动中的恢复手段

在经过一定强度的民族传统体育项目训练之后，人体的肌肉中就会堆积一定量的乳酸，这些堆积的乳酸会直接导致肌肉机能的下降。在经过剧烈运动之后，如果采取完全静止休息的方式来恢复，那么肌肉中的乳酸排除就较慢，从而延长恢复所需要的时间，但如果采用一定时间的强度较小的运动，则可以加快乳酸的分解，从而实现快速恢复。另外，如果在运动结束阶段进行一些游戏性的活动，也能加快恢复的速度，这些都是运动者运用较多的恢复手段。

（二）运动后的恢复手段

运动后加快肌肉恢复的方法比较多，以下主要对睡眠、按摩、拉伸练习、药物疗法、整理活动进行说明。

1. 睡眠

充足的睡眠是消除疲劳和恢复体力的有效方法。在睡眠的时候，大脑皮层的兴奋程度低，体内的分解代谢会处于最低水平，而合成代谢则高于分解代谢，这种此消彼长的关系有利于蓄积体内能量。因此，运动者在运动之后，应当保证充足的睡眠时间，一般不可少于 $8 \sim 9 \, h$，保证机体的恢复。如果是在大运动量训练和比赛期间，则睡眠时间应适当延长。

2. 按摩

按摩也是一种积极的消除运动性疲劳的方式。通过对机体进行按摩，可以缓解大脑皮层的兴奋，使神经调节趋于正常，另外，通过按摩还可以促进身体局部或全身的血液循环状况，促进代谢产物的消除，从而减轻肌肉的酸痛和僵硬，提高肌肉的收缩力，改善关节的灵活性。按摩的方式有人工按摩、机械按摩、水力按摩和气压按摩四种，其中，人工手法按摩是最受运动者欢迎的方法，在按摩时以揉捏为主，并交替使用按压、叩击等手法，使运动员在放松的过程中获得恢复。按摩的时间可以是在运动结束后，也可以在晚上睡觉前进行，然后根据运动者承受运动的负荷部位，进行局部或全身按摩。在条件允许的情况下，运动者也可采用有振动的机械按摩和脉冲水力按摩及气压按摩。这几种按摩的主要手法是推拿、揉搓、捏拉、拍打、抖动、按压等。

3. 拉伸练习

拉伸练习是根据肌牵张反射引起肌肉放松的原理而给肌肉施加的一种刺激，这种刺激有利于肌肉的放松。对开始出现弹性下降的肌肉进行伸展，可以使挛缩的肌纤维伸展，达到放松、

促进血液循环的目的。拉伸练习的生理效果在于改善肌肉血液循环,减轻因运动性疲劳而造成的肌肉疼痛,消除肌僵硬现象,使缩短的肌纤维重新拉长,恢复弹性。

4. 药物疗法

适当地服用一些药物也能有效地消除运动疲劳,例如,中药黄芪、参三七、刺五加、维生素 B_1 和 B_{12}、维生素 C 和 E 等。这些药物可以对人体的生理机能进行调节,促进人体新陈代谢,补充能量,改善血液循环,减少组织耗氧量,补充肌肉营养,从而能够有效地促进疲劳的消除。

5. 整理活动

在出现运动性疲劳之后,进行适当的整理活动也能有效地促进疲劳的消除和体力的恢复。在运动后做整理活动,能够使心血管系统、呼吸系统仍保持在较高水平,从而有利于偿还运动时所欠的氧债,使生理机能水平逐渐平缓并逐渐下降到一定的水平上。整理活动的形式有很多种,可以是慢跑,也可以是呼吸操等。

第三节 民族传统体育运动性损伤的预防与处理

长期参加民族传统体育运动锻炼,难免会发生一定的运动损伤,下面就重点阐述一下民族传统体育运动中常见的运动损伤的预防与处理。

一、常见运动损伤的预防

(一) 全面了解自身的健康状况

运动中的损伤是不可避免的,做好预防措施是非常必要的。运动者在锻炼前要对自身状况有一个大体的了解。在发现问题时,要及时向老师或医生反映运动过程中的不良反应,进而采取一定的措施和手段尽量减少因身体条件所造成的运动损伤的发生。

(二) 合理提高身体素质

在民族传统体育教学中,出现运动损伤是有多方面原因的,其中主要原因是由于自身身体素质的不足而造成的。因此,在教学中,教师要以学生的年龄、性别以及在锻炼中的运动情绪来对学生的运动负荷、运动强度进行合理的调控。同时还要根据不同的教学内容,对学生进行有针对性的运动灵敏性、力量、耐力、柔韧性、平衡性、协调性等方面的训练,提高学生的运动能力。这样做不但对防止运动损伤有直接作用,而且有助于人们身体素质的提高。

(三) 运动前做好准备活动

进行准备活动的目的就是为了提高机体中枢神经系统的兴奋性,使它达到适宜的水平,加强各器官系统的活动,克服各种功能,特别是植物性功能的惰性。通过恢复全身各关节肌肉力量和弹性,并恢复因休息而减退了的条件反射性联系,为正式运动做好充分的准备。

进行准备活动要选择合理的运动量,应根据气候条件、个人各器官系统的功能状况和运动项目的情况而定。若机体兴奋性较低或气温较低,准备活动就应充分些。一般情况下,以身体感到发热、微微出汗为宜。准备活动内容的选择,应以运动项目和比赛的内容而定,要将一般性准备活动和专项准备活动结合起来,做到有针对性。

(四) 运动中注意保护

在少数民族传统体育教学中，难免会发生一定的运动损伤或意外，这时就需要加强运动中的保护，提高学生的自我保护能力。教师要教会学生保护和自我保护的正确方法。如摔倒时要立即屈肘、低头、团身，以肩背部着地顺势滚翻，而不可直臂撑地；从高处跳下时，要用前脚掌先着地并同时屈膝，以增加缓冲作用等。

(五) 加强易伤部位的训练

在从事一些民族传统体育活动时，较易伤到一些易伤部位，这就需要加强这些易伤部位的训练，这样可以有效加强该部位承受运动压力的能力，减少运动性损伤的发生。例如，为了预防髌骨劳损，可用站桩的方法来提高股四头肌和髌骨的功能。又如，为了预防腰部损伤，应注意加强腰腹的训练，提高腰腹肌的力量。从某种意义上讲，腹肌是腰背肌的对抗肌，而且相对较弱，若腹肌力量不足，在运动中易发生脊柱过伸而造成腰部损伤。所以，在进行腰背肌力量训练的同时，要注意腹肌力量的训练。

(六) 做好医务监督和场地管理

要定期做好体格检查，并按时复查，这样可让自己对自己的身体状况有一个很好的了解。如果患有各种慢性病，还要加强医学观察并定期做体格检查。禁止伤病患者或身体缺乏训练的人参加强烈的运动或比赛。同时还要做好医务监督，当身体出现不良反应时，要及时做全面的检查，并采取必要的保健措施，要严格掌握运动量，不宜练习高难动作。

在课前，教师要对运动场地、器械设备及个人的防护用具（如护腕、护膝、护踝等）进行认真的安全卫生检查和管理，对于不符合体育卫生要求的场地或穿着不符合体育卫生要求的服装、鞋子等要做谨慎处理。

二、常见运动损伤的处理

(一) 挫伤

肌体某部受钝性外力作用，导致该处及其深部组织的闭合性损伤，称为挫伤。民族传统体育教学中一些跑、跳的游戏和动作等都非常容易发生挫伤，最常见的部位是大腿的肱四头肌和小腿前部的骨膜和后部的小腿三头肌、腓肠肌，此外，上肢、腹部、头部的挫伤也时有发生。挫伤后，以肿胀、疼痛、皮下出血和功能障碍的症状为主。

处理方法：在发生运动损伤后应马上进行局部冷敷、外敷新伤药等，适当加压包扎，并抬高患肢，以减少出血和肿胀。肱四头肌和小腿后群肌肉的严重挫伤，多伴有部分肌纤维的损伤或断裂，组织内出血形成血肿，应将肢体包扎固定后，迅速送医院诊治。头部和躯干部的严重挫伤可能会伴有休克症状，应认真观察呼吸、脉搏等情况，休克时应首先进行抗休克处理，使伤员平卧休息、保温、止血、止痛，疼痛严重者，可口服可卡因，或肌肉注射哌替啶，并立即送医院进行诊治。

(二) 擦伤

肌体表面与粗糙的物体相互摩擦而导致的皮肤表层的损害，叫作擦伤。擦伤的症状为表皮剥脱，有小出血点和组织液渗出。

处理方法：擦伤较轻者，可用生理盐水或其他药水冲洗伤部，涂抹红药水或紫药水，无须包扎，一周左右即可痊愈，其中，面部擦伤宜涂抹0.1%新洁尔灭溶液；对于擦伤较重者，需用碘酒或酒精在伤口周围消毒，如果创面中嵌入沙粒、炭渣、碎石等，应用生理盐水棉球轻轻刷洗，消除异物，消毒后撒上云南白药或纯三七粉，盖上凡士林纱布，适当包扎。若不发生感染，两周左右即可痊愈。关节周围的擦伤，在清洗、消毒后，最好用磺胺软膏或青霉素软膏等涂敷，否则会影响活动，并易重复破损。

（三）拉伤

肌肉受到强烈牵拉所引起的肌肉微细损伤、部分撕裂或者完全断裂，叫作拉伤。在民族传统体育教学中，常会发生大腿后群肌肉和小腿后群肌肉的拉伤。发生拉伤后，拉伤部位局部出现肿胀、疼痛、压痛、肌肉发硬、痉挛、功能障碍。如果肌肉断裂，伤员受伤时多有撕裂感，随之失去控制相应关节的能力，并可在断裂处摸到凹陷，在凹陷附近可摸到异常隆起的肌肉断端。

处理方法：拉伤时应立即采用氯乙烷镇痛喷雾剂等进行局部冷敷，加压包扎，并把患肢放在使受伤肌肉松弛的位置，以减轻疼痛。肌纤维轻度拉伤及肌肉痉挛者，用针刺疗法会取得良好的效果。肌肉、肌腱部分或完全断裂者应在局部加压包扎，固定患肢后，马上送医院诊治。

（四）皮肤撕裂伤

皮肤撕裂伤是指皮肤受外力严重摩擦或碰撞所致的皮肤撕裂、出血。

处理方法：撕裂伤轻者，首先进行消毒，然后以胶布黏合或用创可贴敷盖即可；撕裂面积较大者，则需止血缝合和包扎，如有必要可酌用破伤风抗毒素肌内注射，以免引起破伤风。

（五）骨折

骨的完整性遭到破坏的损伤称为骨折。骨折主要有闭合性骨折和开放性骨折两种。闭合性骨折，即骨折处皮肤完整，骨折端不与外界相通。开放性骨折，即骨椎端穿破皮肤，直接与外界相通，这种骨折极易感染，易发生骨髓炎与败血症。除此之外，还有复杂性骨折，即骨折断端刺伤了血管、神经等主要的组织与器官，发生严重的并发症，引发危及生命的一些症状，这种骨折比较严重，发生损伤后应立即送往医院进行专业的治疗。

处理方法：

（1）骨折固定前最好不要移动伤肢，以免增加伤员的痛苦和伤情，应尽快固定伤肢，限制骨折断端的活动，对大腿、小腿和脊柱骨折应就地固定。

（2）若有休克和大出血等危及生命的并发症时，应立即抢救休克和止血，给予伤员较强的止痛药物，平卧保暖，针刺人中等，这时可以采取简便的止休克措施。

（3）对有伤口或开放性骨折的伤员，首先要止血，止血多采用止血带法和压迫法。然后，用消毒巾或纱布包扎后，及时送到医院治疗。同时也要注意，对已暴露在伤口外的骨折断端不要放回伤口内，以免引起感染，也不可任意去除。

（4）使用固定用具，长短宽窄要合适，长度须超过骨折部的上、下两个关节，夹板与皮肤之间要有垫衬物固定，先固定骨折部的上面和下面，再固定上下两个关节。

（5）伤肢固定后要注意保暖，检查固定是否牢靠。四肢固定时要观察肢端是否疼痛、麻木、发冷、苍白或青紫，如出现这些情况则说明包扎过紧，需放松一些。

（六）关节扭伤

关节扭伤是指在运动中关节发生异常扭转，引起关节囊、关节周围韧带和关节附近的其他组织结构损伤。关节扭伤后，关节及周围出现疼痛、肿胀，有明显的压痛感觉，关节活动障碍。

处理方法：急救时应仔细检查韧带是否部分撕裂或完全断裂，关节是否失去功能，注意以冷敷、加压包扎或固定关节为主，外敷活血止痛的药物，受伤严重时马上送医院做进一步的诊治。

（七）关节脱位

关节面失去正常的联系，叫作关节脱位。关节脱位时，通常伴有关节囊撕裂，关节周围的软组织损伤或破裂。关节脱位后，受伤关节疼痛，有压痛和肿胀，关节功能丧失，受伤的关节完全不能活动，出现畸形，关节内发生血肿。如果不及时复位，血肿会机化而发生关节粘连，增加关节复位的困难。如果没有修复技术，关节脱位后不可做修复回位的手术，以免加重损伤，应马上用夹板和绷带在脱位所形成的姿势下固定伤肢，尽快送医院治疗。

处理方法：肩关节脱位时，取三角巾两条，分别折成宽带，一条悬挂前臂，另一条绕过伤肢上臂，于肩侧腋下缚结。肘关节脱位时，用铁丝夹板，弯成合适的角度，置于肘后，用绷带缠稳，再用小悬臂带挂起前臂，也可直接用大悬臂带包扎固定。

（八）大腿后部屈肌拉伤

在完成各种动作时，当肌肉主动收缩或被动拉长超出其所能承担的能力时，可造成大腿部肌肉的急性拉伤。准备活动不充分、不当地使用猛力、疲劳或负荷过度、技术动作有缺点、气温过低、场地粗糙是常见的致伤原因。该肌群训练不充分，肌肉弹性、伸展性差，肌力弱是发生损伤的内在因素。肌肉拉伤轻者，可仅有少许肌纤维撕裂或肌膜破裂；重者，可造成肌肉大部或完全断裂。

处理方法：

（1）肌肉微细损伤或伴有少量肌纤维撕裂者，伤后应迅速给予冷敷，局部加压包扎，休息时应抬高患肢。

（2）24~48 h之后可开始理疗和按摩，按摩时手法宜轻柔，伤部仅能做些轻推摩，伤部周围可做揉、捏、搓等，同时配合点压穴位（宜取伤周穴位）。

（3）如肌肉大部或完全断裂者，在局部加压包扎并适当固定患肢后，应及时送往医院诊治。

（九）腰肌劳损

腰肌劳损就是医学上经常提到的腰肌筋膜炎，其病理改变是多种多样的，包括神经、血管、筋膜、肌肉、脂肪及肌腱的附着区等不同组织的变化。通常多系急性扭伤腰部后，治疗不彻底即参加运动，逐渐劳损所致，另外，锻炼中出汗受凉也是重要成因之一。发生腰肌劳损时，腰部会出现局部酸疼发沉等自发性疼痛，最常见的疼痛部位是腰椎3、4、5两侧骶棘肌鞘部，不少患者同时感觉有疼麻感放射到臀部或大腿外侧。大部分伤者尚能坚持中小运动量的锻炼，一般表现为练习前后疼痛。而在脊柱活动中，尤其是前屈时常在某一角度内出现腰痛。

处理方法：可采用理疗、针灸、按摩、封闭、口服药物、用保护带（围腰）及加强背肌练习等非手术治疗手段，对顽固病例可手术治疗。

(十) 肌肉拉伤

肌肉拉伤是指在外力直接或间接作用下，使肌肉过度主动收缩或被动拉长所致的肌肉纤维损伤或断裂。拉伤时局部疼痛、压痛、肿胀、肌肉紧张、发硬、痉挛。当受伤肌肉主动或被动拉长时疼痛加重。有些损伤有疼痛、撕裂样感，肿胀明显及皮下瘀血严重，触摸局部有凹陷及一端异常隆起者，可能为肌肉断裂。

处理方法：轻者可立即休息，抬高患肢，局部冷敷并加压包扎。疼痛明显者，可酌情给止痛药，24 h 后开始理疗和按摩。如肌肉大部分或完全断裂，应加压包扎并立即送往医院处理。

(十一) 胫骨痛

胫骨痛在运动医学中又称为胫腓骨疲劳性骨膜炎。此病多发生在跑、跳等运动项目中。由于这类活动使大腿屈肌群不断收缩，而过度牵扯其胫腓骨的附着部分，致使骨膜松弛，骨膜下出血，产生肿胀、疼痛等炎症反应，导致出现此病。胫骨痛时骨膜松弛，骨膜下出血，并产生肿胀、疼痛等炎症反应。

处理方法：发生胫骨痛后，要注意足尖跑、跳的运动量，不要加重下肢的负担，进行少量的运动以促进慢慢恢复。在进行运动前一定要做好准备活动，运动后做好整理活动，可进行局部按摩。伤势严重者，立即就医。

(十二) 踝关节扭伤

踝关节扭伤属于关节韧带损伤，在运动训练中最为常见。造成踝关节上扭伤的原因是踝关节过度内翻或外翻而导致的踝关节内、外侧韧带受损。发生扭伤时，伤者伤处疼痛、肿胀，韧带损伤处有明显压痛，皮下有瘀血。

处理方法：暂停运动，冷敷，加压包扎，抬高患肢，24 h 后可以进行热敷和按摩。严重的扭伤或怀疑有韧带撕裂时应及时求医。

(十三) 肘关节损伤

肘关节损伤是由于运动技术不合理、运动方法不得当而发生的损伤。在进行小球类运动锻炼时常发生肘关节损伤。

要避免肘关节损伤的发生，就应该做好充分的准备活动，合理安排运动量与负荷。在运动结束后，要做好整理活动，按摩肘部，以促进疲劳的恢复，加强保护。

处理方法：

(1) 发生损伤后要对伤肘做特殊处理，并适当的休息，以促进恢复。

(2) 损伤发生后，可以局部冷敷，加压包扎，外敷新伤药。24 h 之后，可进行理疗、按摩、外敷中药。

(3) 可采取局部封闭注射肾上腺皮质激素类药物的方法，对慢性伤者，应以理疗、按摩、针灸治疗为主。

(4) 对有肌肉韧带断裂或伴有撕脱骨折者，宜进行手术缝合术等。

(5) 发生急性损伤后，在治疗期间要禁止参加大强度的运动训练，以免加重损伤。

(6) 进行处理后，如果伤者损伤部位没有疼痛，即可进行运动，但运动负荷的量与强度要适宜。

(7) 伤者在练习与康复时，要佩戴必要的保护装置，如护肘、弹力绷带等，以免加重机体的负担，造成其他的运动损伤。

第四节 民族传统体育运动性疾病的预防与治疗

一、过度紧张

（一）原因

过度紧张是由于一时性运动负荷过大或者过于剧烈，并超过机体一定的承受能力而产生的一系列急性病理现象，常以急性心血管病变为多见，多在剧烈运动后出现。

（二）预防

（1）运动前做体格检查。运动者参加训练或比赛前应做全面的体格检查，凡患有急性疾病（如感冒、胃肠炎、扁桃体炎、高热等）患者、心血管功能不佳者均不宜进行剧烈的运动和参加比赛。

（2）对于因某些缘故中断锻炼时间较长者，若需再活动时，不应突然加大运动量，以防止过度紧张状态发生。

（3）加强身体的全面训练，遵循科学的训练原则。如运动训练时，要注意循序渐进、个别对待、充分做好准备活动等。尤其对于训练水平低或身体素质较差者，要根据实际情况量力而行，绝不可勉强要求其完成运动负荷。

（4）加强医务监督。在平时运动训练时要注重医务人员的监督指导，比赛期间加强临场医务工作。

（三）治疗

当运动者在运动过程中出现头晕、恶心、心悸等症状时，应立即停止运动，并嘱患者保持安静、保暖、平卧、松解衣领、裤带。救护员点掐患者内关、足三里穴位。如有昏迷者，再加用人中、百会、涌泉、合谷等穴。如呼吸、心跳停止者，应做人工呼吸和胸外心脏按压。在进行上述初步急救处理的同时，要及时请专职医生诊治或速送上级医院进行抢救处理。

二、运动性晕厥

（一）原因

晕厥是指突然发生的、暂时性的意识、行为能力丧失的一种生理现象。运动者发生晕厥多是在大强度训练或者激烈比赛中或者比赛后。它可以是过度紧张的一种表现。其主要发病机理是脑部一时性缺血、缺氧所致。

（二）预防

经常坚持民族传统体育运动锻炼，能有效地提高心血管系统的机能。需要注意的是，在饥饿或空腹时不宜参加体育活动；做力量性运动时要注意呼吸与运动配合，避免过度憋气；在进行剧烈运动后，应休息约半小时再洗浴，防止因周围血管扩张而导致心脑组织缺血，避免晕厥的发生。另外,一旦感觉有晕厥前兆发生时,应立即俯身低头或平卧。

(三) 治疗

首先使病人处于平卧或头略低位,松解衣领及束带,立即用热毛巾做面部热敷,同时,做双下肢向心性按摩,手法采用重推或重揉捏,并点掐或针刺人中、百会、涌泉等穴。待患者清醒后给以热饮料或热开水,并注意休息。若经上述处理神志仍未能及时恢复,应将患者及时送医院做进一步抢救。

三、肌肉酸痛

(一) 原因

运动者在运动时肌肉活动量过大,而引起局部肌纤维及结缔组织的细微损伤,以及部分肌纤维的痉挛所致。主要表现为:局部肌肉纤维细微损伤及痉挛;整块肌肉运动时存在酸痛感。

(二) 预防

(1) 做好充分的准备活动,注意运动中有关局部肌肉的活动锻炼要充分。
(2) 科学、合理地安排运动负荷。
(3) 避免长时间锻炼身体某一部位。以免加重局部肌肉的负担,造成额外的运动损伤。
(4) 运动结束后,要做好整理运动,可采用一般放松练习和肌肉伸展牵引练习。

(三) 治疗

(1) 对酸痛局部进行静力牵引练习,保持拉伸状态 2 min,然后休息 1 min,重复练习。
(2) 对酸痛的局部肌肉进行热敷,促进血液循环及代谢过程,有助于损伤组织的修复及痉挛的缓解。
(3) 对酸痛局部进行按摩,使肌肉放松,促进肌肉血液循环,有助损伤修复及痉挛缓解。
(4) 口服维生素 C。维生素 C 有促进结缔组织中胶原合成的作用,能加速受损组织的修复和缓解酸痛。
(5) 补充微量元素锌元素,锌元素有利于损伤肌肉的修复。

四、肌肉痉挛

(一) 原因

肌肉痉挛俗称抽筋,是肌肉不自主地强直性收缩的一种现象。任何运动项目均可能由于某种原因而引起肌肉痉挛,最多见于游泳、举重、长跑、蹴球、跳绳等运动过程中。最易发生痉挛的肌肉为小腿腓肠肌,其次是屈拇肌、屈趾肌。

(二) 预防

注意加强体育锻炼,提高机体的耐寒能力。每次运动前要做好充分的准备活动。对于运动中承受负荷大或易发生痉挛的肌肉,进行适当的运动前按摩。冬季运动要注意做好保暖措施。夏季运动时或剧烈运动或长时间运动时,要及时补充水分、电解质和维生素。饥饿、疲劳时不宜进行剧烈运动。游泳下水前注意用冷水冲淋全身,以提高身体对寒冷环境的适应能力。

（三）治疗

较轻微的肌肉痉挛，一般只要采用以牵引痉挛肌肉的方法，即可得到缓解。一旦某块肌肉出现强直性收缩（痉挛），即用手握住其相应肢体，向其肌肉收缩的相反方向牵拉。注意牵引时切忌用暴力，用力宜均匀、缓慢，以免造成肌肉拉伤。

例如，小腿腓肠肌痉挛时，嘱患者取坐位或平卧位，伸直膝关节，医者双手握住患者足部，用力使踝关节充分背伸（绷脚）；当屈拇、屈趾肌痉挛时，用力使踝关节、足趾背伸。同时，在局部均可配合按摩疗法，如用重力揉捏和按压等，以缓解肌肉僵硬，还可采用点掐法或针刺承山、涌泉、委中、阿是穴等缓解肌肉痉挛。

五、运动性腹痛

（一）原因

腹痛是疾病的一种症状。运动中腹痛是指体育运动引起或者诱发的腹部疼痛，一些耐力性、较激烈的运动项目中其发病率较高，其疼痛的程度与运动量的大小、运动强度等因素成正比关系。

（二）预防

运动前合理安排膳食，不宜过饱、过饥或过度饮水，安排好进餐与运动的间隔时间，一般进餐后应休息两小时左右，再进行剧烈运动。运动前充分做好准备活动，运动中注意呼吸的节奏，中长跑运动时应合理控制速度。平时注意加强全面身体训练，以提高生理机能，并在训练时遵守科学训练的原则，循序渐进地增加运动负荷。对于因各种疾患引起的腹痛，应及早就医确诊，彻底治疗。病愈后须在医生指导下进行体育活动。

（三）治疗

若在运动中出现腹痛，应立即降低运动强度或减慢运动速度，加深呼吸，调整呼吸及运动节奏；用手按压疼痛部位，或弯腰慢跑，一般疼痛症状可减轻或消失。如经过少许时间仍无缓解，即应停止运动。如果疾病诊断明确，还可口服解痉药物，如阿托品、普鲁苯辛等，同时，还可进行腹部热敷，或点掐或针刺足三里、大肠俞、内关、三阴交等穴。如果仍无好转，则需立即送医院进行诊治。

六、运动性血尿

（一）原因

血尿是一种临床症状，意为尿液在显微镜下见到有数个或者数十个红细胞，即为血尿。引起血尿的原因很多，若在无器质性疾病前提下，单纯由于剧烈运动而引起血尿者，称为运动性血尿。据报道，运动者中的血尿约有49%属于运动性血尿，发病年龄多在19～25岁，男性多于女性，在跑、跳、球类和拳击项目中较为多见，民族传统体育中的抢花炮、跳绳、高脚马、摔跤、散打等多项运动亦可能发生运动性血尿。

（二）预防

合理安排运动量，注意个人防护和个人卫生。如运动时的服装、鞋袜要符合卫生要求，防止在过硬的地面上反复跑跳，避免长时间做腰部的猛烈屈伸运动。

（三）治疗

运动性血尿诊断成立之后，可以参加运动锻炼，但要调整好运动量和运动强度。加强医务监督，定期尿检，并给予适当的治疗，如服用维生素 C 或肌注卡巴克洛、维生素 K，还可用中草药如小蓟饮子药方：生地黄 30 g、滑石 15 g、小蓟 15 g、木通 9 g、炒蒲黄 9 g、藕节 9 g、淡竹叶 9 g、山栀子 9 g、当归 6 g、炙甘草 6 g。辨证施治，疗效显著。

七、运动性疲劳

（一）原因

运动性疲劳是由于长期练习的方法不当，疲劳积累所引起的一种病理状态。运动负荷过大、缺少必要的调整是过度疲劳产生的主要原因。除此之外，违反循序渐进原则和系统性原则，没有合理、科学地进行锻炼，身体状况不佳，练习者没有针对性地进行锻炼，在急性疲劳状态下强行锻炼等也易发生过度疲劳。

发生运动性疲劳时，患者常感到浑身乏力、精神不振、头昏脑涨，不愿参加任何活动。

（二）预防

（1）运动锻炼前做好充分的准备活动。

（2）缺乏运动锻炼者要选择较低的量与负荷，避免长时间的剧烈运动。

（三）治疗

（1）调整训练计划和项目，减少运动量，并注意休息，保证充足的睡眠时间，2～3 周以后即可恢复正常。

（2）如未能早期发现，过度练习发展到中、后期，病情进一步发展，必要时应立即停止技术动作的练习，调整作息制度，并加强营养。

（3）同时可根据病情进行药物治疗，如服用 VC、VB_1、VB_6、VB_{12}、葡萄糖、ATP 等。

八、岔气

（一）原因

岔气是指运动时发生与腹痛位置不同的突然性胸壁或上腹近肋骨处的疼痛现象。"岔气"出现的原因主要有以下两个：一是没有进行准备运动或准备活动不充分；二是呼吸节奏紊乱或心肌功能不佳。

（二）预防

（1）运动前做好充分的准备活动，使身体适应逐步加大的运动量。

（2）没有特殊情况不要中断锻炼，运动锻炼中要掌握好呼吸的方法和节奏。

（三）治疗

（1）深吸气后憋住不放，握拳从上到下依次捶击胸腔左、右两侧，亦可用拍击手法拍击腋下，再缓缓作深呼气。

(2) 深吸气憋住气后，请别人捶击患者侧背部及腋下，再慢慢呼气。
(3) 连续做深呼吸，同时用手紧压疼痛处可有一定程度的缓解。
(4) 用食指和拇指用力捻捏内关和外关穴，同时做深呼吸和左右扭转身躯的动作。
(5) 可深吸气后憋住不放，用手握空拳锤击疼痛部位。

九、低血糖症

(一) 原因

(1) 运动前体内肝糖原储备不足，运动时不能及时补充血糖的消耗。
(2) 长时间的运动导致运动者体内血糖量的大量减少。
(3) 中枢神经系统功能紊乱，导致胰岛素分泌量增加。
(4) 患者没有遵医嘱而参加运动训练。

(二) 预防

(1) 在进行大运动量的运动时，应准备一些含糖的饮料。
(2) 日常运动锻炼较少或者体能素质较差者，不宜参加长时间的剧烈运动。

(三) 治疗

(1) 低血糖患者应平卧，注意保暖。
(2) 较轻者可饮浓糖水或吃少量食品，一般短时间内即可恢复。
(3) 可静脉注射 50% 葡萄糖 40~100 mL。
(4) 昏迷不醒者，可针刺人中、百会、涌泉、合谷等穴，并及时就医。

参考文献

[1] 石爱桥. 民族传统体育概论 [M]. 北京：人民体育出版社，2014.

[2] 于振海，阎彬. 民族传统体育教程 [M]. 西安：西安交通大学出版社，2014.

[3] 王亚琼，杨庆辞，罗曦娟. 民族传统体育学 [M]. 北京：北京师范大学出版社，2013.

[4] 刘伟，文烨，陈兴亮. 少数民族传统体育教程 [M]. 成都：西南交通大学出版社，2010.

[5] 韦丽春. 少数民族传统体育教学研究 [M]. 北京：中国书籍出版社，2014.

[6] 杨林，杨焦，崔景辉. 高校民族传统体育课程教学与实践研究 [M]. 长春：吉林大学出版社，2012.

[7] 张选惠，李传国，文善恬. 民族传统体育概论 [M]. 成都：成都电子科技大学出版社，2013.

[8] 戴国斌. 民族传统体育概论 [M]. 北京：高等教育出版社，2015.

[9] 刘万武. 民族传统体育理论与项目教学研究 [M]. 北京：中国水利水电出版社，2014.

[10] 郭颂，陈强，刘云. 少数民族传统体育 [M]. 北京：北京师范大学出版社，2015.

[11] 赵伟，李跃生. 民族传统体育运动 [M]. 北京：学苑出版社，2010.

[12] 蔡龙云. 武术运动基本训练 [M]. 北京：人民体育出版社，2013.

[13] 周争蔚. 散打教学与训练 [M]. 北京：人民体育出版社，2010.

[14] 白晋湘. 民族民间体育 [M]. 北京：高等教育出版社，2010.

[15] 方哲红. 民族传统体育教学与训练 [M]. 北京：北京体育大学出版社，2010.

[16] 黄益苏，张东宇，蔡开明. 传统体育运动 [M]. 北京：高等教育出版社，2007.

[17] 向奎. 现代化进程中我国民族传统体育在学校体育中的发展趋势与对策 [D]. 长沙：湖南师范大学，2012.

[18] 汤立许. 我国民族传统体育项目分层评价体系及发展战略研究 [D]. 上海：上海体育学院，2011.

[19] 冯发金. 我国少数民族传统体育研究态势分析 [D]. 重庆：西南大学，2011.

[20] 陈阳光，王帅. 从民族传统体育的概念分析其现代价值 [J]. 搏击，2013（5）：106−109.

[21] 卢涛. 文化生态学视域下中华民族传统体育的文化成因 [J]. 当代体育科技，2012（6）：86−88.

[22] 李斌. 民族传统体育研究综述 [J]. 搏击，2010（3）：75−77.

[23] 韩兵. 探索高校民族传统体育拓展的新思路 [J]. 河南科技，2013（2）：257−258.

[24] 肖谋远，陈家明. 高校加强民族传统体育课程发展的主要对策 [J]. 当代体育科技，2013（15）：55−57.

[25] 邓磊. 高校民族传统体育教育体系的构建 [J]. 中国成人教育，2013（19）：159−161.